周紹良　主編
趙　超　副主編

唐代墓誌彙編（修訂本）

七

上海古籍出版社

歷代碑誌彙編

貞元

貞元〇〇一

【蓋】失。

【誌文】

成紀府左果毅張公墓誌銘」

公諱希超，字少逸，其先清河人也。漢末因避地過江，遂居於杭州鹽官縣焉。祖楷，成王府咨議；父徵，隱遯邱園，高尚不仕。公即徵之次子也。公性實惠和，材兼文武，行必由本，言皆中規。忽以貞元元年五月五日寢疾，終於袁花里之私第，享年五十有七。即以其年十月十一日遷窆於皇堈村北平原，禮也。公有一子曰灞，少習典墳，游心文囿，銜悲泣血，愿有誌焉。其詞曰：

高岸爲谷，深谷爲陵，千年萬歲，惟斯可憑。」

（録自《古誌石華》卷十四）

貞元〇〇二

【蓋】失。

【誌文】

大唐故上柱國梁府君墓誌并序

君諱思，字恭，其先安定人也。昔秦仲伐西戎有功，周平王東遷，封少子康於夏陽梁山，因而命氏。其後竦因才著，冀以榮稱，禮樂弓裘，千載不墜。曾祖志成，祖從政，父當意，并立言立德，爲龍爲光，前史詳矣。君幼重儒素，長好交遊，義及友于，信誠鄰里。不羨榮貴，以素琴濁酒爲娱。屬荒郊有事，大國用師，公奮不顧身，埽清邊鄙，特蒙累功加上柱國，錦衣綵服，宗族爲榮。嗚呼！四時流謝，易往難追，優哉遊哉，聊以卒歲。大曆十二年七月三日遘疾，終於家也，春秋八十有七。夫人清河張氏。閨闈秉德，婉孌宜家，蓬首終年，不移霜操。廣德二年八月八日奄然長往。公有二子，伯曰崇璧，次曰廣濟，孝情克著，追遠思深，遂展靈儀，旋開兆域。以貞元元年歲在癸酉十月十四日卜麟鳳福慶之穴，得鷄犬鳴吠之辰，合葬於平遥城西北一里舊塋，禮也。詞曰：

寒郊十月，四序旋周，白日朝暗，黄雲暮愁。蕭蕭曠野，鬱起荒丘，人世此謝，泉臺路幽，惟餘劖石，萬古千秋。」

（録自《山右石刻叢編》卷八）

貞元〇〇三

【蓋】 失。

【誌文】

故夫人京兆郡杜氏墓誌銘并序」

嗚呼！五陵之右，邙山之前，□墳削成，其誰謂」焉？曰有夫人杜氏之墓矣。本乎京兆，帝堯之」之後，浚祉遥源，傳芳於牒簡；柔規淑行，播美」於宗親。加以早晤玄空，夙探微，空閨養德，虚」室生白，不尚華綵，志唯簡素，冀期永慶，叶□」庭闈。嗚呼彼蒼，殲此明淑，以貞元元年歲次」乙丑五月廿日嬰以十旬，俄成萬古，春秋五」十有二。嗣子前試左武衛兵曹參軍穎川郡」陳叔清，早□□嚴訓，已傷陟屺之憂；旋及」尊親，永慕採蘭之養。悲纏風樹，痛結寒泉，以」十一月十七日權殯於邙山之足王寇村，卜」奇勝也。恐陵谷代遷，式旌銘記。詞曰：

彼美淑媛，降自星津，貞姿皎皎，素範彬彬。壽」也奚促，遽奄窮塵，痛音容兮永訣，空令德兮」惟新。

貞元元年十月十四日建。」

（周紹良藏拓本）

貞元〇〇四

【蓋】 楊君故夫人裴氏墓誌

【誌文】

唐絳州聞喜縣令楊君故夫人裴氏墓誌銘并序　尚書度支郎中隴西李衡述」

維唐貞元元年仲冬十一月十有七日，聞喜縣令楊君故夫人河」東裴氏葬於京兆之九畂原，禮也。裴氏其先，自周漢命氏，爰及晉魏，」衣冠煒盛，八裴之稱，爲冠族歟。至于隋唐，藴而不竭，與韋柳薛，」關中之四姓焉。曾祖友直，皇朝給事中，簡要清通，鬱有時望。」給事生子九人，並以文學懿德，盛於當時。祖伯義，皇朝彭州刺」史，即給事府君之第四子也。履歷顯官，至于二千石，元純茂于閨閫，」教化布于州人。烈考諱就，皇朝大理評事，重以德義，聞於盛朝，何」才高而位卑，復積慶而無嗣，神亦輔德，故鍾美於二女焉。夫人即」評事府君次女也。性根大孝，禮自生知，幼辭嚴母之訓，長習仁姊之」教，是有令問，光昭六姻。及笄而嫁楊君，君弘農人也，四代五公，寔當」榮耀，雅有才器，登于子男。夫人輔佐周旋，韻諧琴瑟；楊君叶和敦」敬，禮達閨闈。豈期風落夭桃，露萎芳蕙，神理不昧，泉臺已深。嗚呼哀」哉！夫人伯姊嫁於吴氏。吴君大曆之中，爲國元舅，志匡」帝室，」承國寵榮。伯姊居貴柔謙，敦睦親族，痛鮮兄弟，哀于禋祀，」乃與季妹形影相隨，永言霜露之思，乃發筐篋之有。夫人述伯姊」之志，赴東周之宅，由是裴氏之三代祖考而松檟脩焉。建中歲，」大盜移國，夫人東北喪朋，從人故絳，天遥地隔，支折形分，乃不茹」葷血，積憂成疾，以至於瞑目。哀哉！吴氏伯姊」遠自巴蜀，含酸護喪。遠」日有期，陵谷攸記，志于泉户，見託斯文。銘曰：」

和氣氤氲，與物青春，芳爲夭桃，茂爲淑嬪。展矣淑嬪，禮誠德富，奪松」之貞，踰玉之素。爰及笄字，適彼良門，婦道光儀，百氏稱云。不有令姊，」孰茲歸妹？義隔存亡，名傳中外。□彼芳質，朝露何先，泉扃一閟，萬古」千年。」

（録自《金石苑・蒐古彙編》卷三十一）

貞元〇〇五

【蓋】失。

【誌文】

唐贈尚書左僕射嗣曹王故妃滎陽鄭氏墓誌銘并叙　東都留守判官將仕郎監察御史裏行賜緋魚袋河南穆員纂」

大唐貞元景寅歲秋七月己酉，荆南節度觀察使、户部尚書，兼御史大夫、江陵尹、嗣曹王」皐奉先太妃滎陽鄭氏之喪歸于先王贈尚書左僕射諱戢之居，實洛陽邙山」之原。先是皇帝使中謁者詔東京有司備鹵簿鼓吹洎祖載儀衛之物，且監視」之。事之前日，嗣王有虞乎山墳泉隧，不常陵穴，迺以百世之後，貽厥來者之義，屬于小生。太」妃諱中，字正和，恒州司兵文恪之孫，郴州司户休叡之子。鄭之於百族也，如羣嶽之聳衆山」焉，溢于世聞，事不待紀。太妃以禮之節爲質，以樂之和爲性，以詩之鵲巢、采蘩、小星、殷雷、」易之坤、蠱、家人爲德，小大由之，且以其餘，施之於外，夫是以賢，子是以貴，以利于家」邦。年十有四，歸於公族。居廿四歲而先嗣王即世。王屋天壇之下，有別墅焉，太妃挈」今之嗣王與女子子，洎夫族之叔妹未冠笄者，與本族凋喪之遺無告者，合而家之。」居無生資，勤儉自力，仁以卹，智以圖，使夫飢待我粒，寒待我纊，婚姻宦學蒸嘗之禮，」待我以時。嗣王年甫及弁，其所以導成慈訓者，則以父嚴師敬之道兼而濟之。于時天」下晏然而事有將亂之兆，太妃念嗣王之狀，必及經綸，不患不貴，患不更賤；不患不」聞先王之訓，患不知下人之生；率以仲尼鄙事爲教。及其長也，見其爲龔黄，見其爲」方召，享其孝敬、勳庸、禄位三者日躋之報焉。烏呼！月望而虧，天之道也，以建中三年」冬十月九日遘疾，薨于潭州官舍之寢，壽七十有二。嗣王奉喪歸葬，達于南荆，國難」方興，天下否塞。朝廷倚宗周維城之固，加於羣帥一等，迺用魯公伯禽有爲爲之」之變，俾復其位，且使即其次而窆焉。嗣王銜恤奉詔，以戰克，以攻拔，統江西，換江陵。」其展墓也如生平之侍，其哀號也執干戈者悲之。今茲龜筮協謩，優詔惟允。議者」或曰：東南之鎮，荆州爲大，鄰寇僅滅，多虞未忘，遺羊杜之重，徇曾閔之節，越三千里，」執喪釋位，謂安危何？員以爲否。嗣王之於朝廷也，曩竭之以忠；朝廷之於嗣王也，」今遂之以孝。君臣家國之際，於是乎古無以踰。況其奉先之志不可以奪，臨下之政」必可以保，且用崇厥孝理，始于本枝，在此舉也，其至德要道之事歟！初，湖南部將有王國良者，嘗危疑負固，歷年不下。嗣王爲帥，恭太妃之教，以子召之。國良捧檄如歸，」撫之以信。其後入衛中禁，錫名惟新，乃曰爾來之生，今日之寵，罔極之德也。哀請」赴葬，上嘉而許之。其執禮致慕，視於苫塊，是以係之于篇。銘曰：」

抑抑母儀，稟訓德門，來嬪王族，慶集宗臣。如彼崇山，膺時出雲，霈然作雨，澤潤生人。」裕我之蠱，啓茲寵勛，匡戴中興，爲唐晉文。宜爾百禄，享茲萬春，運奪其養，天胡匪仁。」清洛之陽，脩邙之阜，我歸我居，我從我友，維邙與洛，將安宅之相久。」

前山南東道節度推官試大理司直飛騎尉范陽張勸書。」　鐫字匠馬瞻。」

（周紹良藏拓本）

貞元〇〇六

【蓋】 大唐故封府君墓誌銘

【誌文】

唐故梁州城固縣令渤海封君墓誌銘并叙　前山南東道節度推官試大理司直飛騎尉范陽張勸纂并書」君諱揆，字揆，渤海蓨人也。其裔胄聯茂，詳乎史諜，纓冕嗣世，見乎」官婚。王父諱哲；皇考諱議，蓬、集、閬、明四州刺史；君即明州府君之」冢嗣也。年肇弱冠，中原無象，豺虎塞路，華夏始戎，其上供縣官，中」賦軍實吏匪，析毫理棼，難以濟衆矣。時河南元帥太尉李公以君」利入無間，奏君徐州彭城縣尉。以君□能舉目，轉君楚州安宜主」簿。劍南東川節使鮮于公與君通舊，知君理材，奏君巴西督郵；工部尚書，」兼御史大夫、魏國公之節制惟梁也，君懷刺首謁，以君有仁恤惠」政，奏君城固縣令。及公之遷府也，君返服寰遊，展舊京轂。屬」聖上舉君陳方叔之德，保釐東夏，公於是有成周之拜。是行也，政謀」惟新，官亦求舊；迺檄君爲戎介焉。時三河旱蝗，路多餧莩，而舟車」繼運，餽餉滋阜，卒免半菽，繄君是賴。豈神忘福善，爲命之必，至遘癘」未幾，閱川行暮。貞元丙寅歲七月戊午朔，六日癸巳，終於洛陽道」光里昭成精舍，春秋五十二。嗚呼！諸侯之愛遺四州，所宜積慶；大」夫之惠敷百里，克享大官。壽僅中身，位終縣長，何報施之謬歟？君」伉儷滎陽鄭氏，先君而逝，殯於故林。君之遺胤，四男一女，男逾捧雉，女未及笄，孺慕哀哀，止於天漢，及今繼酷，以遠未聞。故主」莫自其家臣，高曾闕於官諱，其窀穸誠信之事，皆府公之賻贈也。以其月廿二日己酉，藁厝於邙山南原。塗車在門，祖奠在庭，一辭昭」代，千祀幽宅。雖天地悠久，懼陵谷有遷，期琬琰貞堅，故銘誌斯刻。銘曰：」積行之門，永綏福履，單父之宰，潁川之子，方騁長衢，忽隨逝水。都」門之路，密邇邙山，素車一送，綷旐無還，藐藐諸孤，遠隔秦關。塊」然荒墳，獨弔夜月，宿草轉茂，貞松就列，祔禮從周，會將同穴。」

（周紹良藏拓本　河南千唐誌齋藏石）

貞元〇〇七

【蓋】失。

【誌文】

唐故汝州魯山縣丞司馬府君墓誌銘并序　試左驍衛兵曹參軍劉震述

公諱齊卿，字　。受姓命氏，嶽峻源長，祚有其晉，丕踐」主業，衣冠盛族，勳華傳□。祖父辭榮邁俗，高臥雲林。」公出身入仕，特允時望，霜臺粉署，皆總歷焉。凡所爲官，」政美人服，遷汝州魯山縣丞。□逆臣李希烈鼎沸之□，」哥舒元戎，驅兵問罪，公應士馬，巨細而集。軍頓境上，邑」部肅然。繁務日增，犬不夜吠，螻蟻熾聚，我師退衄，旋旌」入洛，隨使言歸，民吏拜辭，如離父母，古之賢良，何以嘉」此。樂極哀生，膏肓莫救，權宜別業，方俟吉朝。夫人太」原王氏，笄年移慶，中饋母儀，鸞鳳和鳴，秦晉而疋，備歷」艱險，女成男立，齊眉之道，怡敬若賓。遭公之喪，形影相」弔，髮罷香油，面絶鉛粉，經佛在心，多哭爲疾。以貞元二」年十二月十四日，竟終于建春坊私第机筵之傍，享年」六十有三，中外痛心，行路□□，偕老同穴，今其是歟？以」三年二月十七日，合祔於洛陽縣平陰鄉先君之塋，禮」也。一子寬，文林郎試左衛率府兵曹參軍，痛深滄海，號」叫旻天，恐變桑田，爲銘刊石。詞曰：」

鄧林一枝，荆山片玉，未展驊騮，俄然歎鵩。」南洛之汭，北邙之曲，先公之塋，禮從昭穆。」地啓青烏，墳開白鵠，芳名勒石，恐遷陵谷。

文林郎前恒王府參軍直集賢院張文哲書。」

（周紹良藏拓本　河南千唐誌齋藏石）

貞元〇〇八

【蓋】似無。

【誌文】兩石分刻，佚前一石。

十一年。以貞元三年歲次丁卯，合祔於」衛州衛縣君子鄉平原舊塋，禮也。長子」濬，前汾州西河縣丞；次子澄，前綏州大」斌縣令；季子湜，見任棣州壓次縣令。興」言泣血，恨不殞身，哀纏罔極之誠，慟絶斯文之下，多慙不敏，敢綴銘云：」

江山降祉，繼世公侯，君之立德，」克嗣徽猷。天不與命，才高禄淺，」獨有休風，光揚茂典。」司馬稟岳瀆之靈，挺淳懿之德，砥礪百」行，囊括羣有，掎摭合度，行藏適時，孝友」天資，仁惠性授，風儀亮拔，禮敬明粹，揖」之者罕究其器度矣。此而言者，義比春」秋後序。

大唐貞元三年四月一日記。」

（周紹良藏拓本）

貞元〇〇九

【蓋】失。

【誌文】

唐故汝州司户參軍張君墓誌銘并序」前同州司士參軍尹雲撰」

君諱佪，字佪，清河人也。本枝源流之廣，衣冠人物之盛，籌」畫傳於帷幄，貂璫襲於□裘，國史家諜詳焉。曾祖□」禄，皇朝刑部郎中；大父識，皇趙州司馬；先考炅，」皇朝散大夫、河南新安縣令。君經明昇第，解褐補濮州范縣主」簿，歷鄭州新鄭縣尉，授汝州司户參軍。以鸞鳳之姿，蕴神仙之」才有餘力，政有餘譽，方將足騁萬里，背摩九宵，康濟生靈，」光贊明主。而時不我與，官止詞曹，無非命歟？於戲！仕進之徒，」馳競者衆，世冑之所傾奪，財貨之所相傾，至於任直守常，安」貧樂道，其爲不達，固亦宜然，斯所謂不以其道得之不處者」也。建中四年十月七日寢疾，終於鄭州私第，享年七十八。夫人賈氏，」殿中侍御史、江南道採訪使晉之女。清規令範，理家訓子，則班」姬之儔，孟母之列，於是乎在矣。乾元二年十月二日，先君而終，春秋」卌有三。以貞元三年四月十九日，合祔於洛陽縣平陰鄉先塋，禮也。」嗣子沼，前寧州司兵參軍。哀過常禮，以情居瘠，爰託篆刻，式」傳遺芳。銘曰：」

瞻彼逝川，其流滔滔，嗟我哲人，憂心忉忉。鶯谷既昇，龍泉」既操，如何不偶，止於詞曹？大廈莫構，良材自高，已矣終古，令」人鬱陶。

從姪孫文林郎前恒王府參軍直集賢院文哲書并篆蓋。」

（北京圖書館藏拓本）

貞元〇一〇

【蓋】 扶風竇氏墓誌

【誌文】

唐故淮南節度使司徒同平章事贈太尉陳公女婦竇氏墓誌銘并序」　前秘書省校書郎盧益撰」

夫人扶風人也，漢丞相之裔。高祖衍，唐駙馬」都尉，中外歷職廿餘政，終蒲州刺史，贈工部尚」書；曾祖壽，越州餘姚縣令；祖翰，國子監丞；」父穆，寧王府掾。夫人貴自高門，榮歸盛族，瑰姿」絶代，秀行過人，剪縷蝶驚，調弦魚躍。雍和即其」性也，敬讓乃其心也。以貞元三年五月廿日，終」於廣陵郡太平里之私第。嗚呼！人誰不逝，哀夫」人之盛年；家誰無喪，嘆夫人之偏禍。夫靈猶在，」父釁又鍾，不閉苫廬，已開泉室。復緣擇日未便，」尚乖同穴之文；移天所從，終冀合墳之義。即以」其年六月三日權厝於郭東北一十里臨灣之」原，禮也。夫人一子曰從修，哀毀過禮，迨不任喪」事。有表姊羅氏者，御史大夫盧公夫人也。情感」偏深會諸親以送，哀哉！銘曰：」

冥寞何之？朱幡繐帷。江雲散鬢，海月銷眉。」慟哭鄰巷，感傷路岐。泉門一閉，人世長辭。」

（《南京博物院集刊》一九八一年第三期一八四頁）

貞元〇一一

【蓋】佚。

【誌文】

大唐河南府汜水縣丞邢倨夫人景氏墓誌銘并序」前守汜水縣丞邢倨撰」

夫人姓景氏，丹楊人也。其先在漢爲守，居楚稱王，道消之」時，袚禳兇醜；鼎沸之際，剪除荆棘。成帝業於既亂，從人望」於未安。曾祖愷，皇梓州長史；祖象名，皇越州剡縣令；」父浚，皇棣王府倉曹參軍；忠貞奉上，史不絕書；孝悌」承家，人皆仰德。夫人即倉曹府君之季女，故左相李公之」出也。夫人令儀令範，聞禮聞詩，三復大家之書，三從仁者」之里。睦姻之義尤著，均養之愛頗深。自夫人之歸于我也，」屢遭歲歉，頻遇國艱，或家乏斗儲，或財無尺布。夫人乃」躬自紡績，率下耕種，不愛難得之貨，不受苟得之財。雖定」性未入於空門，而雅操自偕於一貫。賢而不壽，命也如何！」厥初寢疾，逮乎一紀，靡神不禱，靡醫不求。道可延生，乃登」壇齋請；釋可拔苦，必罄家捨施。靈官不祐，厲鬼纏災，嗚呼！」所歎官卑禄薄，不霑一日之榮；追往悼今，空負百年之恨。」以貞元三年六月十一日，終於時邕里之私第，享年五十」有五。以其年七月廿一日殯于北邙之原，禮也。長子曰少」覽，次子曰少通，皆泣血茹荼，柴毀骨立。恐時移歲異，谷徙」陵遷，乃刊貞石，以誌幽壤。銘曰：」

天生夫人，代資令德，作嬪于我，其儀不忒。其一。婦道雍穆，母」儀慈和，非禮勿動，執心無頗。其二。澣濯是服，鉛華不御，違道」輒言，非情必恕。其三。風悲月苦，桂折蘭摧，淒涼落景，沉冥夜」臺。其四。宅兆斯存，松櫝斯列，百歲之後，同歸其穴。其五。」

（周紹良藏拓本　河南千唐誌齋藏石）

貞元〇一二

【蓋】　大唐故郯國大長公主墓誌銘

【誌文】

大唐故郯國大長公主墓誌銘并序」　正議大夫守殿中少監賜紫金魚袋馬錫撰」

坤以陰德居永貞，兑以秋令成萬物，處謙履順，體柔乘剛，敷含育之功，廣博」厚之化，騭定羣有，實惟母道者哉！郯國大長公主，雲房降質，月彩曜靈，氣」分瑶池，精應婺宿。曾祖睿宗大聖皇帝，祖玄宗至道皇帝，肅宗孝感」皇帝之女，今上之姑。承累聖之耿光，蔭羣龍之丕慶，生自霄漢，長於彤闈，」習禮度於公宫，脩威儀於紫禁。不務簫管，志勤組紃。爰始總笄，出嬪於外。」駙馬都尉范陽張清，即玄宗之表姪，肅宗張后之愛弟，蟬聯戚屬，稠疊」國姻，家列五侯，門榮三戟。世傾許史，時重金張，雖王鳳之輝華，郭況之豐富，」無以尚也。公主克諧婦道，行叶螽斯，賓敬齊眉，不失其德。事姑以孝養著，」恤下以慈惠稱，承夫以婉順和，檢身以貞白立。不矜貴以滿假，能撝謙而益」光，義聞六姻，賢備四德，允釐家政，率禮内成，鳳凰噰噰，琴瑟偕老。而歡娱不」駐，隟駟難留，芳蕙早凋，猗桐半折，形隨運化，張公先主而薨。哀斷女蘿之」心，誓切栢舟之志，粉鉛罷飾，紈綺絶身，訓子以義方，成家以嚴恪。每至時移」歲序，祭及蒸嘗，祀事聿修，罇俎蠲潔。展冀妻之敬，懷杞婦之哀，精意明神，不」懈夙夜，求諸淑哲，難以比方。嗚呼！福善虛無，神理茫昧，忽遘四時之癘，俄成」二豎之災，貞元二年十月七日寢疾，薨於宣陽里之私第，享年五十八。悲懷」蘭殿，哀感冕旒，國族惜其仁賢，親戚思其孝愛。初疚也，王人賜藥，御醫視」疾；及薨也，天子癈朝，中使臨弔。唅玉之禮，賵贈之恩，寵厚諸姑，有加一」等，以貞元三年八月四日，合祔於咸陽舊塋，禮也。紫臺歌吹，永罷於芳春；白」楊秋風，獨悲於玄夜。嗣子怙，痛深欒棘，哀結寒泉，號毀絶漿，崩摧泣血，情發」曾參之至，禮過高柴之喪，以余疇昔舊姻，見託銘誌，輒稽實德，敬述徽猷。乃」爲銘曰：」

邈矣天孫，遐哉帝子，方祇秀質，圓魄曜美。祖宗明聖，邦國化理，德邁軒頊，」道光圖史。其一。猗歟郯國，温恭允塞，外成剛健，内備柔則。禮法孔嘉，威儀不忒，」虔修蘋藻，率履正直。其二。賢宜家室，訓睦閨房，操行嚴潔，節槩貞良。積善倏應，」神欺降殃，令胤荼蓼，親懿摧傷。其三。乃卜宅穸，及兹吉辰，泉扃啓舊，隧路開新。」孺慕哀子，汍瀾送親，山門莫曉，松徑無春。鏡臺埋玉，蠶績藏銀，年來月往，萬」古同塵。

貞元三年歲次丁卯八月四日建。」

（北京圖書館藏拓本）

貞元〇一三

【蓋】田府君墓誌銘

【誌文】

唐故淮南節度討擊副使光祿大夫試殿中監兼泗州長史上柱國」北平縣開國伯田府君墓誌銘并序」 左衛率府騎曹參軍桑叔文撰」右金吾兵曹參軍儲彥琛書」

公諱侁，京兆府涇陽人也。 鐘鼎之族，被于前史。 高祖宏；皇」光祿大夫，靈、冀等州刺史； 祖崇，朝散大夫、恒王府司」馬； 父仁俊，朝議大夫、朔州刺史； 並公望驟歸，德映臺閣，冰」壺表節，水鏡居心。 公惟岳降神，妙年獨秀，才高捧日，詞美」朝天。 懷百勝之謀，有七擒之略，故淮南節度使、工部尚書」潁川陳公特達見許，殊禮相遇。 屈公入幕，補節度討擊副」使； 累奏光祿大夫、試殿中監兼泗州長史、上柱國、北平縣開」國伯。 且楚有子玉； 文公爲之側席； 漢有汲黯，當朝爲之正色。」若非功高衛、霍，名比關、張，孰能有此榮貴。 方將匡讚臺階，」剋隆元老。 何期智士石折，賢人星殞，積善無徵，奄然辭位。」貞元三年七月七日告終于江都縣贊賢坊之私第，春秋」五十有一。 未得歸其枌榆，且欲卜其宅兆，即以其年八月四」日歸葬于江都縣山光寺南原之塋，禮也。 公孝德純深，風」表牆仞，舒卷風雲之際，從容淮海之間，挺生不羣，保此全德，一」朝休息，平生已矣，豪梁之上，無復魚臺； 仲蔚之園，空餘」榛棘。 嗚呼哀哉！ 乃爲銘曰：」

森然秀氣，鬱爾嘉猷，彎弧月滿，長劍星流。 肅肅轅門，稜稜」霜氣； 日耀金戈，雲連鐵騎。 南陽菊散，西鄂芝沉，摧殘壯志，」埋没雄心。 琴覆弦寬，書埋簡落，平陵松樹，潁川石槨。 曠野蕭條，悲風寂寞。」

（周紹良藏拓本）

貞元〇一四

【蓋】 失。

【誌文】

張氏系自帝軒，世載英達。我府君諱延賞，河東」人也。祖義府君，以經明仕成紀丞，贈秦州都督；父」嘉貞府君，皇中書令；光佐玄宗，名焯四海。粵我」府君受天正性，文武命世，開國魏土，再昇台曜，三」十年間，以德行政事爲天下宗師。貞元三年正月，」自尚書左僕射同平章事。其年秋七月壬申，薨于」長安，享年六十有一。上以哀痛之誥，追贈太保。」嗚呼！昔周公輔政六年而天下甫定，公在位七」月而運奪其成，天不降康，何辜今之人？豈一時之」痛，實百代之痛。長子調，次子諗，肅奉遺命，百度從」儉。以其年冬十月乙酉寧神于此。夫人祁國夫」人，故太師苗韓公之女。內則柔範聞于天下，俾志」以頌曰：

浩浩昊天，育此庶類，曷勤其生，而秘其治；」大化久微，生靈瘁矣，時屬府君；顒若一紀。帝方叩成，」□政兹始，運之不叶，緬焉中止。於惟顯烈，繼相開魏，」□□□□□□□□□□□□□地，卜之占曰原。」

（周紹良藏拓本）

貞元〇一五

【蓋】失。

【誌文】

故莫州長豐縣令李君墓誌銘并序

唐貞元三祀五月，故長豐宰李君丕卒於幽州潞縣。嗚呼逝水，古今悲夫！公隴西人也，世襲軒裳，地清才幹。曾祖知禮，宣州司功參軍；祖懷璧，汴州陳留縣丞；考□，許州隱陵縣令。公洒然深心，抱義育德，士林咸器重之，乃昌言薦於元戎，遂徵辟爲潞縣丞。佐理高標，令名遠著。後墨綬長豐，化百里之風，樂四人之業。俄改任莫州司法參軍，蘇息萌隸，鈐鍵奸譎，凡登仕踐位，時議茂宰良掾也。每處其厚，不居其華，果行溫良，發言砥厲。豈期餘慶罔祐，而禍兮有階，故鵩鳥作孽，二豎爲祟，沉疾於故林私第。即代之日，春秋六十有三。無嗣。夫人元氏，晝哭靈帳，恨無三從。傷肝膈之痿憒，痛終身之惸獨。長女適河東柳氏名峴，試太常寺奉禮郎。感深仁之厚恩，盡半子之禮節，力窆棺櫬，手植松楸，扶塗車，封馬鬣，粵三年建子月葬於縣之南三里潞水之右。託一片之琬琰，記平生之徽，俾山壑之變，風烈有遺。而爲銘曰：

屹然孤墳，長城之東，死生永隔，天地不同。于嗟英靈，窮泉之中，悄悄原野，旦暮悲風。

（録自《金石續編卷九》）

貞元〇一六

【蓋】失。

【誌文】

唐故源夫人墓誌銘并序　朝散郎前左衛率府兵曹參軍陶戴撰」

夫人姓源氏，河南洛陽人也。侍中乾曜之曾孫，同州别駕廣津」之孫，右驍衛胄曹寰之女，大理評事兼鄆州東阿令劉君之妻。」夫人長自膏腴，成於禮法，宿承世胄，早含淑於椒蘭；爰以宜家，」乃和鳴於鸞鳳。十年不出，嘗聞閱史之勤；三月有成，式備採蘋」之禮。婦儀冰映，女憲霜潔，一門風範，九族光輝。若乃骨弱肌豐，」聲和色婉，嬋娟皓齒，南國赧容；窈窕纖腰，西施掩面。調絃春日，」艷態無雙；剪綵花前，多能第一。羅敷之姿尚在，孟光之德猶存。」所謂俗號昭姬，家稱美媛者也。劉君名揩，即常州别駕玘之元」子也。兩門冠蓋，四海具瞻，鄉黨號其賢夫，宗族稱其哲婦。有誚」畫眉之愛，無聞反目之談。閨門雍容，六姻敦睦。必籍齊姜之女，」終成禮樂之家。夫人孝悌資天，專貞配地，屬丁驍衛府君之喪，」毀瘠過禮，嘔血無度。嗚呼！彼蒼不弔，俄而降禍，以大唐貞元」元年五月十五日卒於洛陽尊賢里之私第，享年廿三。嗚呼！家」喪婦儀，俗傾女憲，無華元之令子，有曾參之哲夫，痛一劍而長」埋，嗟孤桐而半死。伏日割肉，遺細君而何期？冬月持刑，思執燭」而無日。慕王龔之合禮，惡苻融之不仁。爰修祔域之儀，式備送」終之禮。粤以貞元四年歲次戊辰五月戊申朔十九日景寅，窆」于邙山之原常州府君舊塋之東南側，禮也。邙山之上，先域之」東，丘塋接壠，松栢聯封。嗚呼哀哉！蟬鬢永沉嵩里，蛾眉鎮掩泉」臺。銘曰：」
彼美一人，既哲且芳，桃李花開，忽罹春霜。邙山之北原，先塋之」東廂，松栢兮鬱鬱，丘壠兮蒼茫。」
（周紹良藏拓本　河南千唐誌齋藏石）

貞元〇一七

【蓋】失。

【誌文】右行。

唐故焦府君墓誌并序　王初撰」

府君諱朝，其先廣平人，因事遷居，今爲洛陽人也。」祖父單嗣相承，嫡長流裔。公即少自成立，特達風雲。」公不好從事，交結横才，信義爲心，上德其志，優遊壽考，」訓子有方，積善之餘，果後嗣有福禄矣。有女適人」隨夫江左，公即偏念難捨，遂就之行。何圖天不輔人，貞元」三年十月廿九日寢疾，終於蘇州吴縣别業，春秋七十五。」嗚呼夫人隴西李氏，先公早世，終已多年，難述其德。然見」子孝存敬，即知母之全淑，餘風慈愛，殁後尚乃存焉。傾者時」屬干戈，亂兵侵業，人皆流離，多闕享祀，權厝之所，不墳」無以誌識，後嗣罔極，合祔無由，既禮有明文，許招集啓請」骨肉歸伏於土命也。即魂無不之志，咸感神幽途叶義，是」以束茅像形，號訴申論，謹招先妣之魂，合葬事終之」禮，以貞元四年八月七日，安厝於洛陽縣平陰鄉之地有子」□華。哀哀號天，聲盡泣血，□於雨露，崩迫窀穸。詞曰：」

邙山之南，洛水之陰，冥路難惻，窮泉苦深。將閉貞石」，□永遺德音。」

（北京圖書館藏拓本）

貞元〇一八

【蓋】失。

【誌文】

唐故游擊將軍行蜀州金堤府左果毅都尉張府君夫人吴興姚氏墓誌銘并序」 前將作監丞賜緋魚袋甘佃撰 前楚州盱眙縣尉麋寬書并篆蓋」

夫人姚氏，其先吴興人也，虞舜之後。舜生姚墟，因以命氏，其後子孫徙居吴郡。吴分」丹楊置吴興郡，歷代居此，以爲家焉。夫人因六代祖僧垣典郡關中，今爲華陰人也。」家傳文史，代襲簪纓，遠承帝王之宗，近繼諸侯之胤，昔者崇勳霸業，如斯之盛者也。」曾祖履謙，皇朝中散大夫行武功縣令；祖珪，皇朝丹州司馬； 父擇友，」皇朝凉州神烏縣令。 夫人即神烏宰君之長女也。 芳姿婉麗，秀質穠華，禀内則之令」儀，蘊閨門之雅操。尤善琴瑟，其道幽深，造五音之微，窮六律之要，得在纖指，悟於寸」心，生而知之，非其學也。后妃之德，進於彼乎？斯淑女也，年十有五，歸于張府君。事舅」姑以敬，仰親族以睦，主中饋以正直致肅，祀先宗以蘋蘩立誠，内外協從，上下咸序，」斯孝婦也。嗚呼！府君先没，不享偕老，有子有女各三人焉。痛兮無怙，思之罔極。夫人」恩情轉甚，鞠育如初，教子以義方，誡女以貞順，無改三年之道，俾遵嚴父之規，免墜」家風，匪虧名教，斯慈母也。孀居毁容，迴心入道，捨之繒綵，棄以珍華，轉法華經，欲終」千部；尋諸佛意，頗悟微言。與先輩座主爲門人，與後學講流爲道友，曾不退轉，久而彌堅，斯善人也。何期彼蒼不憖，殲我良嬪，春秋六十有七，貞元四年五月八日寢疾，」終於上京平康里之私第也。嗟乎！夫人臨終遺令，屬念誠深，憂之季男，恤于仲女。仲」女久披緇服，竟無房院住持；季男初長成人，未有職事依附。緬想爾等，栖栖者歟！吾」言及痛心，不忍瞑目，深思兩遂，在爾諸男，速宜勉旃，無負吾志。言畢而謝，可不哀哉！」夫人亡夫張府君諱暈，字暈，其先清河人也。曾祖顗，皇朝唐元功臣、忠武將」軍、左清道率；祖克恭，皇朝游擊將軍、雍州歸政府折衝都尉；父處廉，」皇朝太倉令。府君即先君之第二子也。少年豪俠，志氣風雲，棄筆從戎，留心學劍。應」武舉擢第，以常選授官，歷職優深，加拜五品，大曆十三年五月十三日暴卒于金堤」府之任也，時年六十三。於戲！遠之巴蜀，永別鄉關，亡櫬委灰，歸魂未葬，歲月滋久，神」識無依。嗣子季良等泣血漣洏，銜哀永感。以夫人奄逝之年，太歲戊辰八月辛酉九」日甲申，號天叩地，拜手招魂，合祔葬於萬年縣龍首鄉原，禮也。嗚呼哀哉！生涯暫隔，」死路同歸，挽駕臨埏，傷今悼昔。泉扃永閟，聖代長辭，子兮涕盡一哀，女也痛」深五内。以佃忝承半子之眷，命刊幽石之銘，自媿淺才，曷以紀德。銘曰：」

河岳之秀氣兮坤德靈，窈窕淑女兮婦道貞。禋于六宗兮表精誠，睦和九族兮彰孝」名。葬高崗兮□地形，開玄堂兮應天星。保家人兮長清寧，昌胤嗣兮封公卿。晝颼飀」兮松風聲，夜皎潔兮山月明。黃泉白日永相隔，壙下那堪兮母子情！凡八百六十七言。」

（北京圖書館藏拓本）

貞元〇一九

【蓋】鄭公之銘

【誌文】

大唐故趙州司法參軍鄭公墓誌銘并序」

公諱晃，字晃，其先滎陽人也。祖希巖，懷州長史；父忠」客，宣州録事參軍；并瓌材敏行，慶流及公。公孝友純深，詢惠通」辯，襟期暢朗，白黑分明。至於陰陽圖緯之經，易象精微之術，人謀」鬼謀之奥，出生入死之玄，皆研覈真源，窮理盡性；杳冥不能」越其境，神化不能遁其情。連率聞其風而悦之，訪以機要。」公算無遺策，言必中情，當設伏宵軍，決之晷候，公進以」奇秘，授以神機，故得拾敵如遺，剪凶如草。用酬公高邑縣尉，」轉趙州司法參軍。邦伯敇庾是憂，委以監守。軍人之稍食，」官府之禄廩，出納惟吝，胥徒憚焉。是以菽粟京坻，紅腐流」衍。於戲！白鷄之年，自知命定；青烏之兆，亦授生前。所謂鏡窮」達而洞吉凶，雖古之哲人，無以過也。以貞元四年四月廿二日終於官」舍，春秋六十有一。夫人清河張氏。克配君子，佐理成家，哀不」踰閑，儉不過禮，以其年八月十五日葬于高邑縣西古原十」里，禮也。恐陵谷遷貿，勒石昭德。銘曰：」

研精六位兮通貫二儀，深無不測兮隱無不知。君之脩短兮早」定前期，不可奈何兮安而順之。方應變而隨適，念存者之空悲。」

（周紹良藏拓本）

貞元〇二〇

【蓋】失。

【誌文】

大唐故左武衛翊府左郎將趙府君夫人漁陽縣太君漁陽李氏墓」誌銘并序　閬州刺史平昌縣開國男孟栩撰　趙同□書。」

大唐貞元四年正月十九日戊辰，漁陽縣太君終於蒼溪縣之私第，」壽八十二。以其年十一月廿二日景寅，葬於縣北之□□□從武衛」之塋，溝而不祔，遵理命也，從釋教也。嗚嘑哀哉！嗚嘑賢哉！凡今□□」之家，以母儀訓子，而享二千石之養者，斯固尠矣，而太君實□□焉。」太君本宗鮮于氏，漁陽人也。因曾叔祖匡紹剖符閬中，子孫寓居，今爲閬」人焉。後因堂弟左僕射叔明節制東川，勳高王室，詔賜屬籍，太君又以屬從，則爲宗正氏矣。曾祖匡贊，皇通議大夫、魏州冠氏令；祖」迴，高道不仕；父享，皇通州司馬；堂長兄仲通，皇御史中丞、劍南節度」使、京兆尹，即東川僕射之親兄也。兄韶雲，皇大理評事；弟晃采，皇榮」州刺史。慶積于前，位崇于後，旌旄交輝於里閈，鍾鼎對列於廟銚，鬱茂□」宗，勳載盟府。太君毓德含粹，其儀有聞，生元侯之門，嬪君子之室□」武衛早徇王事，遺孤尚孩，太君指栢舟以誓節，鏡卜鄰以宅土，其□」子也，克昇於朝；其理家也，無恃於歲。及長子珉都督利州諸軍事，太君」授封漁陽郡，彤襜繡服，榮養當年，美宅良土，贍恤閭里。加以歸依覺路，深」入法門，遠近緇黄，幼艾瞻仰，六姻荷慈顔之睦，四部成善果之緣，宜乎」駐齡，爲郡之母。孰謂寒暑推謝，緯度之必然；生滅輪迴，人天所未免。終於」□月日，葬於兹川原。嗚嘑哀哉！長子珉，中散大夫、檢校太府少卿、兼果州」刺史、成紀縣開國男；夙承慈訓，大致芳名，乘驄飛霜，建隼時雨。次子珣，」朝請大夫、前梓州長史；累佐藩部，載揚政聲。息女二人：幼女早卒，長女適」光禄寺主簿李鉷。兄弟銜哀，苴斬衰事，凡祔於玄堂者，必誠必信，而罄産」焉。嗟呼！風樹一摇，泉扉永閉，他山之石，見託題銘，蓋嘗同僚，安敢不盡。□」曰：

玄鳥之後，白馬歸周，永錫子孫，迭爲王侯。夫人傳慶，君□」好逑，如塤如箎，奉祀春秋。未及偕老，俄稱未亡，煙凄栢隧，月慘蘭堂。□」訓孤藐，就成忠良，吾門以大，去日何長？嘉陵北壖，石舟南趾，川闊氣□，」源長□起。武衛太君，雙墳對峙，靈龜負墨，□□千祀。」

（北京圖書館藏拓本）

貞元〇一二

【蓋】　王公墓銘

【誌文】

大唐故瀛州司馬兼侍御史太原王府君墓誌銘并序　安次縣令李再撰」

公諱郅，字郅，太原祁縣人也。至若衣冠鐘鼎之盛，婚姻甲乙之選；則源流自遠，」歷代稱之，列在縑緗，備諸史策。公五代祖隆，隋監察御史，製興衰論七篇；高祖□」一，皇諫議大夫、涇州刺史，有集廿卷；并文章風雅，行於當時。曾祖暠，尚書」金部郎；祖鈇，沂州長史；父浚，蔡州西平縣尉；皆金玉其行，鸞鶴之姿，崇」德脩仁，積慶相襲。公則西平府君第二子也。幼而岐嶷，弱冠知名。起家棣」州厭次尉，累至定州功曹掾。玉壺清瑩，水鏡澄明，廉使昇聞，移拜本州」陘邑令。自陘邑轉深州安平令，自安平遷涿郡范陽令；教誨不倦，視人如」傷；勝殘革弊，日新其德。雖昔人雨螽之避境，夜漁之不欺，千載同風也。□」故幽州牧大司徒朱公器重偉材，飽聞盛美，擇公爲牙門將軍，謀戎事，多」諮訪焉。洎我尚書嗣守先封，恢弘盛業，表公爲瀛州司馬帶侍御」史，仍兼管内郵驛使。門無留事，賓至如歸。公西赤之束帶，行人揮之，脩飾」何以加也。嗚呼！才既鍾於上智，命不登于中壽。傷哉！不幸以貞元五年三月」遘疾，廿一日終於官舍，享年五十三。知與不知，無不痛惜。公從父弟固安主」簿酆，長子瀛州參軍逵，次子遘，三子邈，四子迢，並銜痛茹毒，經營喪葬，」起墳於薊縣姚村南一里之原，禮也。慮東海或變，古墓爲田，既備送終之」禮，見託平生之誌，再忝公知己之顧，亦直書而無愧焉。其銘云：」

儒風素業，代不乏賢，惟公嗣之，無忝所先。懿文允武，自趙來燕，」夙夜在公，明德日宣。哲人云亡，邦國無先，胡不慭遺，嗚呼彼蒼。」

貞元六年正月廿四日刻」

（録自《考古》一九八〇年第六期《北京市發現的幾座唐墓》）

貞元〇二二

【蓋】失。

【誌文】

大唐故詹事府司直孫公夫人隴西李氏墓誌銘并序」　第十三姪承議郎行河南府陸渾縣丞公輔撰并書」

夫人姓李氏，其先隴西成紀人也。三代已上，圖諜詳矣。曾祖元」綷，皇密州長史；祖寔，皇懷州司户參軍；考朏，皇石州方山縣令。」靈慶發祥，賢明紹颸，甲一門於百氏，充四海以六姻，懿哉洪支，」生此淑媛。夫人方山府君第三女也。悦懌圖史，優游組紃，多」稟生知，罕從師授。是以詹府季父聆其風而敬之，諮諏行人，」納幣于方山之室。龜筮不僭，父兄協從，三星夕中，百兩雲布，鳳」皇飛而小宗慶，熊羆夢而中饋吉。夫道契者類寡，氣靈者物祥，」一子曰嬰，百行無玷，如嬰也不天而早孤，年十一而府君棄」世，卅四而夫人終堂，即孤子嬰荷育我之恩，展事親之禮，殆」卅三歲矣。至若上慈下孝，不愧於昔人；侍色撫孤，俱及於華髮；」此非獨今之難，亦古之難也。嗚呼！天道有終始，人事有貞悔，出」入無朕，難逃其中，以貞元四年十月卅日殁于厥子嬰藍田之」官舍，時年六十一。喪葬之禮酌嬰也，事生之禮則可知矣。且公」輔大閲乎生人之數，存則庇之以棟宇，殁則處之以泉壤，曾是」不免，孝思若何，以殁之明年己巳歲五月廿日辛酉，啓府君邙山」之故兆，合而葬之，禮也。昔詹府殁而先君誌其墓，今」夫人終而小子載其文，感與恨并，幽豈明顯，永懷同穴之義，敢」藉他人之手，刎淚書石，誌之終天。銘曰：」

寇陷洛陽，權輿玄堂，歲臨己巳，遷祔内子。季父作主，夫人」爲賓，神期克配，孝嗣尊親。下固龍崗，上横馬鬣，幽陰潛翳，勝勢」重疊。草絡衰蔓，松駢古根，將爲空山，不見墓門。既安且靜兮多」福祉，地久天長兮宜子孫。」

（周紹良藏拓本　河南千唐誌齋藏石）

貞元〇二三

【蓋】 大唐故桑府君夫人太原王氏墓誌之銘

【誌文】

唐故朗州武陵縣主簿桑公墓誌銘并序」 試左驍衛兵曹參軍劉震述」

公諱甹，字甹，受姓命氏，編于史册。曾祖克誠，皇朝」左羽林軍長上；祖瓌，皇朝江夏郡司馬；父倩，皇」朝試廬州長史。公閥閱勳華，世爲顯族，博究書傳，達」不因人。肅政推能，歷有梅香之任。清規迴秀，服稱時」輩；虛心應物，士歸雅望。天寶五載，奄從大夜，夫人太」原王氏，東都閑廄使知古第三女也。聰惠柔順，賢和」早彰，笄歲移天，主公中饋。既諧琴瑟，鸞鳳和鳴。居公」之喪，棄膏捐粉，敬依佛道，齋戒爲心，訓子孀儀，親姻」仰則。天寶末，賊將禄山掩有河洛，乾元之中思明繼」禍，中原鼎沸，塗炭生靈，十室九空，人煙斷絶，少有疾」疹，遂至膏肓。辛丑年中十一月而卒，櫕窆洛城南纏」私第，從時宜也。日諸月諸，卅餘祀。愛子曰初，朝散大」夫、試鴻臚卿。累朝忠臣，佐輔戎幕，盪滌邊羯，拂鋤」羣醜，功逾衛霍，計拔良平。久俟通年，獲此龜吉，以貞」元五年八月廿一日歸祔河南縣平樂鄉先君，禮也。」傾家盡産，卜宅從儀。恐陵谷難常，刊石將爲不朽。詞」曰：」

積德餘慶，福垂後昆，高門是封，龍虎風雲。」先君舊域，孝婦新墳，千秋萬古，盛嗣存存。」

（録自《芒洛冢墓遺文》卷中）

貞元〇二四

【蓋】 唐故李府君墓誌之銘

【誌文】

唐故魏州貴鄉縣尉隴西李府君墓誌銘并序」 嗣子承奉郎前監察御史裏行賜緋魚袋彙撰并書」

咎繇爲理官而得姓，老聃指李樹而有言，家諜國史，無不」詳載，凡歷千祀，時稱盛族。夫源深流長，根固條永，信非謬」歟！高祖德基，隋太僕卿、秋官侍郎、汾益二州牧；植性謇諤，」天資孝友，汪汪萬頃，直上千尋。曾祖思貞，延王友、壽州」司馬；儀範文藻，爲世作程，精於吐論，江湖不竭。大父楚」球，右衛長史，貶郴州資興縣尉；直言正詞，忠信獲戾，時」議稱屈，翛然自安。先父巒，學總九流，德行兼備，遭」時位下，自古有之。夫人清河崔氏，父子源，禮部侍郎、魏同」懷三州牧。閨門令淑，百行具美，承積慶之嚴訓，實中」外爲標准。長兄伯臣，該覽羣書，不幸早世，今乃絶祀，言及」涕零。姊妹五人，彫喪太半，見存者二，形影相隨。獨身孤」立，材行淺薄，日夜如疚，浮生幾何？天寶末，屬國步艱」難，版輿江介，雲陽避地，殃釁所鍾，二紀于兹，中間多故，」歲月遄邁，奄至兹辰。今罄其有無，選以時日，宅兆既近，玄」堂啓扉，泣血痛心，瞑目何及？乃爲銘曰：」

哀哀父母，生我劬勞，長我育我，興言號咷。觸目崩摧，撫」心如刀，精誠宅兆，匍匐蓬蒿。山川爲之感咽，草木爲之」涕流，千秋萬古兮從兹永隔，痛深徹骨兮淚不能收。」

貞元五年，歲次己巳，十二月戊辰朔，廿三日庚寅勒。」

（周紹良藏拓本）

貞元〇二五

【蓋】失。

【誌文】

大唐華州下邽縣丞京兆韋公夫人墓誌銘并序」　哀子前鄉貢進士縝謹撰并書」

維唐大曆十三年三月廿五日，韋公夫人遘疾，終于長安親」仁里之私第。夏四月，遷殯萬年縣加川鄉西原，時無良，禮不」備故也。貞元庚午歲二月廿三日卜叶禮具，返葬洪固鄉東之」舊壠，祔皇姑也。享年卅九，孝子之感倍焉。夫人姓王氏，其」先太原晉陽人也。九代祖亮，後魏比部尚書、西河郡公、尚書」令、中山郡王叡之弟也。曾祖真行，有唐汝州葉縣令。」祖怡，河南尹東都留守；初爲御史，正憚姦息。父毗，京兆府奉」先縣丞。夫人少喪怙恃，終鮮昆弟，年十七，歸于下邽公。」公五代祖孝寬，周爲大司空，隋爲雍州牧，其後登三台，列八」座，焜煌國史，此不具舉。夫人惠和懿柔，稟之自然，故韋□」門大族茂，能卑以自約，柢上接下，而人無間言。事姑惟勤，□」夫以敬，踰廿載，婦道睦如也。訓子均育，免懷就傅，親賢愍□」母儀温如也。華靡不改欲，榮耀不汩志，安買臣之尚貧，知□□」之未遇，敬孟齊□梁鴻比德，君子謂之無愧辭，宜乎鍾壽畀□□」何先露早世，時□彼蒼，仁者之惑。嗚呼哀哉！有子五人：曰縝、曰」潔、曰系、曰縉、曰紓。免三年之喪，茹終身之痛。恭守儉薄，爰卜」安兆。封樹將立，日月有時，攀塗車而莫及，軫泉扃以罔極，恩盡」苴枲，悲長霜露，是用祗述景行，式揚幽穸。銘曰：」

行備德充，反殲其躬，哀子泣盡，良人室空。辭殯還鄉，」魂安孝終，松檟有折，慕思無窮。」

貞元六年二月十九日書。」

（周紹良藏拓本）

貞元〇二六

【蓋】失。

【誌文】

唐故中大夫守桂州刺史兼御史中丞充桂州本管都防禦經略招討觀察處置等使上柱國樂安縣開國男賜紫金魚袋孫府君墓誌銘并序」　仲兄河東觀察判官攝北都副留守檢校尚書户部郎中兼侍御史絳撰」

君諱成，字思退。孫氏之先，蓋齊大夫書之後，晉有長秋卿道恭生顗，避地于魏之武水。武水故屬樂安，後世居焉。顗」五代孫惠蔚仕魏爲光禄大夫，以儒學風鑒稱，君即光禄玄孫之玄孫也。五代祖孝敏，隋大業中并州晉陽令，故聊」攝之人稱所居爲晉陽里。高祖仲將，皇朝鄆州壽張丞；曾祖諱希莊，皇朝韓王府典籤；祖諱嘉之，皇朝」朝散大夫、宋州司馬，贈秘書監；邁迹全德，懿文積學。萬石之訓，德行爲門；長岑之才，銘誄行代。烈考刑部侍郎，贈」右僕射文公諱逖；才應賢期，望歸人傑，文工天下，名赫宇内，道圖於王佐，位躓於亞卿。君即文公之第三子也。髫歲」崇文館明經及第，參調選部，年甫志學，考判登等，竦聽一時，解褐授左内率府兵曹參軍。乾元初，荆州長史張惟一」表授荆州江陵縣尉，本以章奏見託，假名徒勞之職，終以遠身江漢，卑棲枳棘，迫於衆議，竟不隨牒。俄而昊蒼不惠，」文公違代，痛百創鉅，食歉蔬溢，期有時既，情不殺哀，苴枲外除，形氣纔屬。居累月，劉晏爲京兆，採掇後來，以佐畿劇，」遂奏授京兆府雲陽縣尉。邑中庶務，劉並委達，一境決遣而生風，諸曹僕遫而何數。聲溢朝聽，最歸府庭。尋除長」安縣尉。佐劇轂下，名灼京師，宰府急賢，意如不及。不三旬，而拜監察御史。鷹隼爲姿，稱桓典之職；鴻麗振藻，管阮瑀」之書。時李涼公作鎮汧岐，盛選官屬，遂辟爲隴右節度判官兼掌書記。始辭憲府，言赴前軍，涼公器異禮優，實主畫」諾，尋轉殿中侍御史，依前充判官。雖幕府賴籌，而省閣求俊，徵拜尚書屯田員外郎。班令公田，事舉而能損益，尋充」山、劍等三道租庸使。貞賦庸部，財羨而有蠲貸，使乎著稱，公議當遷，進轉司勳員外郎。以詔勳爵國之懋賞，能守司」存，發明草議，一臺歸妙，兩掖思遊，沉鬱歲時，寒暑流易，荼蓼奄集，各罰所鍾。博陵太夫人奄棄高堂，哀迷幾絶，扶」杖而起，如居文公之制。終紀久之，除洛陽縣令。議者謂仕於關外，實非僉屬，未之官，拜長安縣令。風望素高，豪奪」沮氣，枹鼓日靜，俠窟自還。屬權臣計賦，主餉得罪，悉罷使務，歸於有司，遂命爲倉部郎中。雖投艱有餘，圖難每易，深」自引退，湔洒前政。無何，命爲澤潞太原盧龍等道宣慰使，與王定、裴冀分道同出。往能諭旨，歸奏承渥，衆謂」必踐紫垣，紹揮宸翰，遽遷京兆少尹。善佐京轂，威霽事益，當時議昇邊延之任，以肅浩穰之地。與楊中書曩以意」爲友，未嘗進退於人，當軸不親，及放受譴，出爲信州刺史，曾不愠懷，務於修職，問以謡俗，因而行化，或豪桀負阻，敓」攘於白晝，兼風俗剽輕，未漸於教義。下令糾慢，盜止而山空；敦學尚儒，户曉而人勸。雖伏湛之降盜，文翁之化蜀，儔」其功緒，異日而論也。亦既報政，朝廷選第，遂遷蘇州刺史。制略曰：列在時彦，鬱爲才臣，文參教化之本，學務經」通之略。今舉高第，鎮茲雄郡，深荷睿旨，勵分聖憂，信人悒然，吳下歌暮，兩州連最，百郡爲式。特增金章紫綬。綸」旨焕發，姻族爲榮。數歲積勞，除桂州刺史兼御史中丞，充本管都防禦、經略、招討、觀察等使。麾幢詣部，纍若新綬，雖」越徼地偏，而朝命寄切。臨存未幾，風政載揚，寧壹十連，清變遠俗，福潤零桂，聲頌迎沓，天何不仁，萎夭明哲。欻以」貞元五年五月廿一日即代於桂州理所，春秋五十三。嗚呼哀哉！識與不識，皆深惻愴，況分形共氣，斷其手足耶？搯」膺怨旻，心榷淚盡。噫夫！國悴其華，門喪其寶，體備四氣而主於春，德全百行而根於孝，心盡雅故之地，禄均祖曾之」親。學貫羣書，上下數千載；文道峻格，優遊漢魏間。璨若瓊枝，冏如秋月，百事閑練於朝典，萬殊折中於筆端，使爾爲」相，則管晏子産，爲則穰苴羊杜，典選則山濤之儷，平刑則于張之儔，定禮則叔孫高堂；博聞則仲舒政□。官不至平」章庶績，便繁達官，此所以尼父委命，文人致論，蓋爲此也。烏有仁德之厚而期阻於黄髮，廊廟之姿而宦移於南□。」斯則爲善者懼，孰究夫杳冥之數，嗚呼哀哉！夫人范陽盧氏，旻之孫，宗之女，齊姜冠族，才淑宜室，星霜一紀，夫□」妻榮，生鼓琴瑟，歿主喪祭。其孤惟肖，保衡、微仲、審象等，皆童稚差肩，哭踴過禮，提挈江徼，辛苦風潮，行道所憐，豈不」堪慟。粤以貞元六年五月壬申卜阜于北芒山陶村之西原，祔于王父舊塋，禮也。諸孤銜恤抒情，愿余綴録，雖辭」則無愧，而哀不能文。含酸足言，投筆氣索。其詞曰：

大夫佐齊，俶落慶傳。長秋仕晉，弈葉枝連。光禄儒首，前□藹然。」僕射照曜，益揚祖先。文宗大國，期應一賢。乃生才子，朝之髦士。郁穆雄詞，懸解奥旨。白珪無玷，□□儷美。周孔道躅，」顔閔行比。居爲家法，動作人紀。執憲漢臺，佐幕岐陽。管記稱職，題柱爲郎。撥煩劇縣，佐理前張。江南連守，膠東繼□。」陟明就拜，紫紱金章。將儀上京，謂亞六卿。馳心北闕，建隼南征。績申刺舉，俗詠賢明。孟嘗遠嗣，任延莫京。殲良□」及，罷市傷情。遠依舊園，崗連古原。栢廷幽拱，苔逕蒼痕。陰陰古木，寂寂山村。何止孔懷，痛欲斷魂。嗚呼此丘，季子□」□。後誰與歸？唯我桂州。」

（周紹良藏拓本　河南千唐誌齋藏石）

* 貞元〇二七（與殘誌〇一〇重出，此當存）

【蓋】失。

【誌文】

唐贈涇州司馬李府君改葬墓銘并序」　檢校户部員外郎兼侍御史張惟儉撰」

府君以辛丑之夏，即世褒中；庚午之秋，改塋洛下。前」推甲子三十一年。向非哲婦成家，良嗣克構，孰能漏」皇恩於重壤，開白日於佳城，揚顯哀榮，於斯備矣。府」君名庭玉，字庭玉，家本祁人，自齊車騎將軍至皇祖」兩當令諱業，或隱或出，有武有文；及皇考琛，洎於司」馬，咸服仁義，保蒙丘園，雖生不及榮名，而慶鍾於後」胤。嗣子曰嶼，以廉恪聞，端揆魏公嘉其周慎，」委以腹心，終無悔尤。歲深議勞，再命署滎澤尉，唯俯」唯傴，逾謹逾勤，中無閒言，暇即强學，行已如是，前期」未量。去年軍例賞功，嶼請迴追贈，故有涇州之命錫，」類者榮之。丘隴改封，章綬更襚，夫人姚氏扶老護喪，」有孟母之賢，秉恭姜之操，享嶼之養，人曰宜哉。其所」擇之辰，孟秋上旬之三日；所卜之地，洛陽清風之古」原。夫孝於所親，必忠於所奉，尚其哀敬得禮，故謂其」旌墓云。其銘曰：」

遠自褒斜來洛濱，荒丘重改襚衣新。誠敬哀榮萃此」辰，于嗟之子孝於親。」

（李希泌藏拓本）

貞元〇二八

【蓋】失。

【誌文】

唐故左千牛京兆府折衝右率府郎將李府君夫人楊氏」墓誌銘并序郡君夫人　野人皇甫翰撰」

君諱葶，隴西人也。其先有虞氏之裔，漢太尉之後矣。於戲！」遥源敻緒，燦乎縑緗；茂實英聲，炳于史諜。曾祖德懋，臨」川郡公、兵部尚書、上柱國、金紫光禄大夫，贈荆府都督；」祖思温，太子通事舍人、尚舍直長、襄州别駕、左監門衛郎」將、東京副留守，贈徐州都督；并甘棠作頌，河岳之靈。」披雲霧而睹青天，舞翔鸞而馴綵翟。君降神璿」岳，襲慶珍裘，利用鹽梅，巨川舟檝。天胡禍降，崩喪」鳳翔。招魂歸葬。夫人弘農楊氏，夙清蘭茝，名德惟馨，」積善無徵，皇天不憖，藥餌不愈，倏忽樑摧，權瘞」于楚州。届兹貞元六年四月廿七日，扶櫬歸于東京。七月」乙丑朔，十八日壬午，窆于洛陽縣界之原，禮也。嗚呼！卜其宅」兆，龜筮叶從，若不勒此徽猷，無以旌其令則。孫女陳氏」廿四娘，號天陟屺，泣血臨泉，追悼紈瀾，敬刊銘曰：」

我祖考兮振英聲，惟忠惟孝兮葬咸京，訴皇穹兮殲」仁明，寄幽石兮刊令名。□天長兮地久，播萬祀兮千齡。」

（周紹良藏拓本　河南千唐誌齋藏石）

貞元〇二九

【蓋】 大唐故尼正性墓誌銘

【誌文】

唐故法界寺比丘尼正性墓誌銘并序」

夫釋氏正法浸遠，像法頹靡，其捨家求道，率自草野」鄽闬而入。由是六識昧暗，難悟知見。如或佛性照融，」宿惠圓朗，澄心利智，默契真諦者，見之於闍梨。闍梨」裴族，釋號正性，河東聞喜人。曾祖諱光庭，皇朝」侍中、吏部尚書、忠獻公；祖諱稹，祠部員外郎、贈太子」賓客、正平公；考諱倚，駕部郎中、御史中丞。闍梨即郎」中之愛女，胤襲卿相，福流聰明，翛然離塵，資於積善。」故能棄鉛華而甘落髮，斥綺縠而披壞衣。繁曜不棲」於心，嗜愛永離於著，則定惠之香，常樂之淨，不待詞」而昭昭可睹也。嗚呼！貞元六年八月十日，現滅於櫟」陽縣修善鄉之別墅，稟春秋之年四十有八，受菩提」之夏二十有三。以其年十月八日遷神於城南神禾」原□郎中之塋，從俗禮也。闍梨初隸上都法界寺，」嘗云清淨者心，心常解脱，故生不居伽藍之地；嚴飾」者相，相本無形，故歿不建荼毗之塔。從始愿也。夫垂」空文，刻貞石，非所以頌休美於泉扃，亦虞陵谷之遷」變。銘曰：」

崇崇相門，克生至仁，捐俗從道，觀空悟真。此生何生？」此滅何滅？想法身兮常寂，痛世心兮永絶。」

（周紹良藏拓本）

貞元〇三〇

【蓋】唐故程府君墓誌之銘

【誌文】共二石。

唐齊州豐齊縣令程府君墓誌銘并序」

公諱俊，字崧，姬姓程氏，帝顓頊之後。始祖重黎，高辛」命火官；中祖□伯，周武命司馬。因官爲氏者望河内，」以勳食邑者望河東。河東程爲郡著族，國令門蔭，」得貫附二京。入關元年，爲河南緱氏縣人也。曾父」智玄，學希黄老，志傲侯王，室有方外朋交，門多本郡」車轍。生大父遵，郡舉孝廉，娶太原王氏女，生烈」考藥珍，游擊將軍，蜀州廣漢府左果毅。公廣漢長」子也。妣譙縣君戴氏，倉部郎中，饒陽、潁川二太守」休琁之伯姊也。廣漢辭官歸侍，蜀伯旌行上聞，」致親壽於百歲，由家慶於二學。縣君□德，時謂二」焉。公生知五常，年纔七□，公之□家曰：夫誦習之」學，匡飾中人之性，豈爲吾兒設耶？雖至于學，不責于」成。補太廟齋郎，解褐恒州參軍。刺史張公愿居上不」寬，惟公是任，遷青州司户。會天寶九年冬，詔下」□□□□縣令。時張移密州，公膺首舉。明年春，」□□□□□策試，稱旨，制授齊州豐齊縣令，仁以」勤恤，義以閑邪，惠愛結於民心，績用聞於□□」□壽見奪，上天胡爲？天寶十二年癸巳十月十四」日，終於官舍，享齡五十七。夫人南陽張氏，朝散大」夫、綿州別駕楚之女，有懿德，有令儀，内範惟精，外」姻自睦，後天而逝，享年五十六。顏孤當幼童，養在」伯舅，恩承訓導，宦宰洛陽。以貞元六年庚午十月」癸巳朔廿八日庚申，遷祔于河南縣平樂鄉徐婁」村西南二里，申報復也。四子曰造、曰遂、曰建。遂，沂」州沂水縣令，今也則亡。曰遇，前楚州司法，今僑于」楚；卜遠以吉，會病莫來。孫裳，遂之子，俾主祭焉。銘曰：」

才膺國器，學振家風，善恒晦跡，動必時中。既深」人望，方代天工，登朝是佇，爲邑不終。幾歲權厝，」茲年大通。賢得清崗，神啓玄堂，一旦播遂，千秋洛陽。」

外生洛陽縣令王顔撰。」　洛陽縣丞李同系書并篆額。」

（周紹良藏拓本　河南千唐誌齋藏石）

貞元〇三一

【蓋】　失。

【誌文】

大唐故宣義郎行曹州乘氏縣尉薛府」君墓誌銘并序」公諱懋，河東汾陰人也。曾祖寶胤，皇朝」豳州刺史。祖續，皇朝朝散大夫、雍州富」平縣令。父恒，皇朝朝請大夫、太府寺丞」公以開元廿七年六月十日遘疾，終於洛」陽縣歸義里之私第，時年卌五。夫人滎陽」鄭氏，以貞元二年十二月十七日終於魏」州貴鄉縣臨川里之私第，時年九十四，以」貞元六年歲次庚午十月癸巳朔廿八日」庚申，合祔葬於河南縣平洛里之原，禮也。」刊石刻銘，紀之泉户。其詞曰：」

河汾之靈，棟梁之器，如芷如蘭，傳芳無已。」墳高突兀，泉下陰深，千秋萬古，松檟森森。」

（周紹良藏拓本　河南千唐誌齋藏石）

貞元〇三二

【蓋】失。

【誌文】

唐故宋州宋城縣尉河南閻公墓誌銘并序」太原喬融撰」

公諱士熊，茂族承家，河南縣人也。考劬，邢州南和縣」令，公弱冠明經出身，解褐綏州大斌縣丞。公之仕也，」屬幽將叛恩，天兵討逆，熊羆忠勇，所在雲屯，芻糗」徵輸，實惟山積。公佐議不擾，當繁必濟，由是朔方節」度天下副元帥郭公知之，奏授隰州司田參軍，酬」吏用也。秩滿，調授亳州酇縣尉。時相國劉公總戎」鎮汴。天子以宋亳隸，供備資糧。公清白之規，忠貞」之量，處下奉上，無隱無虧。劉公韙之，特奏改宋州」襄邑縣尉，復奏轉宋城尉。以爲鴻鵠之資，必飛千里；」豈期溟鯤未化，長逝九泉。以貞元六年六月九日終」疾于官舍，年五十。夫人清河張氏，柔和蘊德，慈撫纏」哀。公有息男四，息女三。長曰聿，太常寺奉禮郎。皆淚」血崩心，懼禮存性，號護自宋，歸卜于周。以十一月十」日安厝于洛陽縣平陰鄉呂樂里都城之隅，近親姨」塋前西之右，蓍龜告勝也。銘貞石永誌幽泉。銘曰：」

邙山之趾，洛邑之隅，龍蛇伏崗，水陸前衢。蓍龜協告，」封樹攸圖，猗明靈兮永此，與厚地兮長俱。」

（周紹良藏拓本　河南千唐誌齋藏石）

貞元〇三三

【蓋】 失。

【誌文】

唐故江夏李府君墓誌」 姪將仕郎前殿中侍御史內供奉鄘述」

公諱岐，字伯道，廣武君左車之後，趙人也。至九」代孫，就徙江夏，後漢會稽太守、高陽侯。高祖賾，」隋連州司馬；曾祖元哲，皇朝沂州別駕；祖善，」皇朝蘭臺郎、集賢殿學士，注文選。考邕，皇朝」北海郡太守、贈秘書監，有文集一百八卷行於」代。唐書有傳。公即北海之第二子也。少以文詞」氣概，冠絕當時，天下翕然，聲名藉甚。屬奸臣當」國，忌刻忠賢，陰中一門，連禍再世，以天寶七載三」月十六日，終于桂州私第，享年三十。以九載十月」七日，權厝于鄭州管城縣之南原。嗣子虔州刺史」正臣，童丱惸單，流離蕩析。今也丘封已立，日月有」時，盡思飾終，銜恤襄事。以貞元六年十一月廿八」日護葬於河南縣金谷鄉之北原附先君之塋，」禮也。夫人瑯耶王氏，明州司馬志清之女。德心秉彝，」禮道弘訓，韶年早謝，厚夜同歸。嗚呼！誌所以備陵谷」之遷變，藏諸泉户而已。我叔父也，言不能文。」

（北京圖書館藏拓本）

貞元〇三四

【蓋】 失。

【誌文】

唐故銀青光祿大夫尚書兵部侍郎壽春郡開國公黎公墓誌銘并序」 故吏守殿中侍御史賜緋魚袋宇文邈撰」

公諱幹，字貞固，壽春人也。其先出自顓頊，厥後彌大。大夫於齊，食侯於漢，翼相」安平於晉。七代祖魏東平將軍壽春侯；高王父瑠璘，隋戎州刺史；曾」王父大父以道腴德華，與商皓蜀嚴爲徒，時莫得而祿也。烈考道弘，皇越巂縣令贈華州刺史；先太夫人宇文氏，以眉壽享封薛國。蓋壽春公忠」孝令德，耿光于前人矣。公涵毓淳粹，發焉英華，材膺閒氣，略不代出。天寶中，隱」于岷山，垂廿年，笥書萬卷，靡不習復。酌三代之統制，窮六經之微旨，究極天」人，貫穿古今；咸摭菁華，尤覈理術，嘗所著書，殆千餘卷，皆百王洪本，九流雅奥。」河朔初梗，天下徵兵，詔求非常之才，召公乘馹詣行在，肅宗師」焉。初拜左驍衛兵曹參軍，旋拜太子通事舍人、翰林學士，陳天人之事，建置南」都，遂詔授殿中侍御史、荆南等十八州節度行軍司馬、江陵少尹，還京兆少」尹，尋拜諫議大夫。有替，南渡江漢，願終養不仕，累詔徵至，復拜京兆少尹。寶」應之後，歲惡人流，道殣相屬，市無赤米，罔發滯積，利歸强家，授公檢校京兆」尹兼御史中丞。公承命莅止，科防不設，威嚴秋霜，仁扇和風，以易簡便人，以」忠信逮下，不浹辰而蓄斂者輿輦轂擊於道，趨之恐不及，由是郊野無餓殍，閭」里無藴年，遂臻和平，俗用丕變。上嘉休績，真拜京兆尹兼御史大夫，加」秩銀青光祿大夫，爵爲壽春縣開國男。以奸臣居權，遂改刑部侍郎，尋除桂州」刺史、桂管觀察等使兼御史大夫。道中丁太夫人喪，哀過乎毁。外除，復拜京」兆尹兼御史大夫。疲氓再安，政化尤異。尚以四渠九堰，堙廢積年，興未及旬，功」乃大集，國減半賦，人受永利。久之，改兵部侍郎。公踐履四朝，有簡沃」匡贊之功，開物易俗之政，著在國史。至於郊丘大事，軍國急政，必別殿延問，」依經條對，僅千餘篇。惜乎既削藁矣，事多中祕，少下史官，經紀典章，没而無述，」可歎息也！大曆十四祀，詔徙端州，以素疾而終，享年六十四。尋沐鴻恩昭雪，以」本官歸葬。先夫人扶風郡夫人萬氏，先公而逝。至貞元庚午歲十一月廿八日庚寅，遷」宅于洛陽翟縣清風鄉之原，禮也。子九人：前監察御史姚、河南府士曹燧、成都尉」炬、陽翟尉熠、陸渾尉煖、煉、燭、焕、炤等，皆肆業承學，克荷令名。以邈嘗忝趨府，獲同揖」客，授簡爲志，粗紀侍聞。銘曰：

岷峨蒼蒼，含靈發祥，降生壽春，鳳彩龍章。謀」猷允迪，神用無方，化流京師，德重巖廊。雲生何歸，星隕無光，寒風蕭蕭，隱嶙高崗。」

（北京圖書館藏拓本）

貞元〇三五

【蓋】失。

【誌文】

大唐靈山寺故大德禪師塔銘并序　比丘潭衍撰」

嘗聞前師祖末，唯心與心，江沱異流，湍流」不別，炬有焰性，因人爇之，道方是行，吾師」然矣。大師厥姓喬氏，法諱慧照，晉州洪同」人也。可謂家傳鼎族，承先緒餘，禀氣挺生，」風骨猶乂，素有文墨，札亂松風，遂屏儒書，」精□釋教，博聞經律，專學一乘，唯慈是修，」唯□□務，之少林寺，師授心印，豁悟真宗，」潛逢□臺，晦跡藏用，後福聚寺寥㢝致請」大□□□傳□智燈，皎鏡幽暗。屬士馬騷」動，飛□懷覃，至□□善積等寺。及諸王請」留，偏裨問道，庖丁綸□，□業參尋，慢俗閑儒，無不僉伏。和上春秋六十有七，臘四十」六，時貞元五年八月十一日示疾未久，隨」生順流，至十四日，不捨威儀，儼然而化。是」日奇雲五色，悲鶴旋空，啼鴉噪林，舉川號」慟，攀慕無及。迴斜去疑，方知定慧有功，位」登不退。有門人神祐、義廣、普耀、法空、寶意」等，入方便門，悟真實相，咸共扶護，歸□□」山。哀哀撫膺，鯁鯁心疚，樹偃風拔，神將欣」來於靈山之寺，河壖勝地，周迴屺峰，起塔」供養。于時良工競能，屹立孤起，殫此所有，」用將報恩，圖寫真儀，刊石紀德，迺爲頌曰：」

亭亭法雄，祖末之嫡，人自推先，方知禪勳。」艾日邐迤，投師問疑，爾來何晚，蓮臺有期。」□猿夜華，林鳥朝喧，塔廟寂□，門人何攀？孜孜利生，自昏達署，舟人不迴，問津無處。」

貞元七年歲次辛未正月壬戌」

（周紹良藏拓本）

貞元〇三六

【蓋】失。

【誌文】

唐故舒州太湖縣丞弘農楊府君墓誌銘并序」

府君諱頌，字頌，弘農人也。以先祖食采於馮翊，」今爲馮翊人焉。曾祖、祖具于郴州府君石記。府」君即郴州刺史府君仲敏之第五子也。弱歲放」傲，不拘細行，以五音六律爲美，以鷹犬畋遊爲」事，當時豪俊，慕而友焉。嘗旅泊江介，有地之長」署爲舒州太湖丞，非其欲也。俄而遘疾，以大曆」元年七月十三日終于官舍，權厝于鄂州蒲圻」縣接離里之原，時年廿有九。華而不實，哀哉！貞」元六年七月十八日，與先父郴州府君洎尊夫」人同歸旅櫬，浮于江漢，達于洛汭，以貞元七年」四月十九日祔葬于此原，禮也。喪事有進，具於」維私。府君娶于趙郡李氏女，有子一人曰遺直。」銜哀啓兆，不違龜筮。痛防墓之斯瘞，卜周原之」攸吉。銘曰：」

英英府君，氣概凌雲，早世歸真，窆于江墳。迎魂」故園，卜葬周原，並列窀穸，不違晨昏。爰志斯文，」以旌泉門。」

（周紹良藏拓本　河南千唐誌齋藏石）

貞元〇三七

【蓋】失。

【誌文】

大唐東都敬愛寺故開法臨檀大德法玩禪師塔銘并序」　太中大夫守京兆尹上護軍賜紫金魚袋李充撰」

禪師諱法玩，俗姓張氏，其先魏人也。年十八，學道於」大照大師，廿受具戒，報年七十六，僧夏五十七，以貞元六」年秋八月十三日寂滅于東都敬愛寺。越十九日，門弟子」等奉全身建塔于嵩丘少林寺之西偏，縗杖執紼赴喪會」葬者以萬數。弟子安國寺尼法名寂然。師以志性堅」操，菩提心猛利，故號爲精進軍，即予之從母也，躬護厥事。」其明年冬十月，新塔既立，將以抒門人永慕之志，播先師」玄邈之風，俾予叙銘，以示來裔。曰：嘗聞拯羣迷」者根乎道，弘至道者存乎人。至若布甘露於法林，架慈舟」於苦海，反邪歸正，化昏作明，教被瀍洛，德高嵩少，實」我禪師其人也。夫紀無相之士，宜略其族譜；述無爲之教，」宜捨其示現。故不書姓系，不□□行，直言秘旨，用闡真宗」而已。自像教東流，法門弘闢，以戒律攝妄行，以禪寂滅諸」相，以辯惠通無礙。禪師總斯三學，濟彼羣生，或居嵩高，」或住洛邑。道俗師仰，遐邇攸歸，應用無方，稱物施化。惠日」恒照，無暗不除，寶鏡常懸，有昏斯明。嘗謂門人曰：正法無」著，真性不起，苟能睹衆色，聽衆聲，辯衆香，味衆味，受衆觸，」演衆法，而心恒湛然，道斯得矣。大凡禪師設教導人，必」形於行。以爲法無憎愛，故喜愠不見於色；以爲法無分别，」故貴賤視之若一；以爲法無取捨，故齊於得喪；以爲法無」去來，故泯於生滅；是以訪道者聽言昏解，觀行學成，非夫」心契真如，識通妙有，孰能脩身演化如此其盛者歟？清川」東注，白日西匿，歸真於此，空山杳然。銘曰：」

嵩山之陽兮靈塔尊，色身既滅兮妙法誌存，此貞石兮弘」教門。」

少林寺弟子上座淨業、寺主靈湊、都維那智寰、專檢校修塔智圓、」開法道義、明悟、寶壽、臨壇智詮、臨壇義暉、惟肅、秀清、惟清、」惟秀、道悟、幽湛、常賁、明進、智惠、照心、志恭、敬愛寺開法志堅、」講律圓暉、體悟、恒濬、行滿、難勝、會善寺臨壇靈珍、永泰寺曇藏、」岳寺臨壇智深、那靈鋭、道詮、善才寺上座法液、寺主法俊、寺主詮表、」都維那迥秀、脩行寺尼寺主明詮、寧刹寺尼臨壇契一、」安國寺尼志元、惠凝。

貞元七年十月廿八日新塔建立，扶風馬士瞻書。清河張文湊等刻字。」

（《録自《東都冢墓遺文》）

貞元〇三八

【蓋】失。

【誌文】「魏」字似添刻，「正始」二字乃改刻，「太和」乃「貞元」二字改，尚隱約可見。

魏故處士李君墓誌銘」

君諱端，字行端，隴西城紀人也，緣官流宅河南焉。」漢將軍廣之苗裔。自玉弩西遷，金刀東徙，河南起」通家之號，灞陵有故時之名，豈直弈葉紛披，翹枝」葰茂而已。祖遊并器宇凝邃，風規秀逸，顧犧鷄之」絶尾，輕軒駟之將危，取適芳年，優遊語默。君志敦」冲寂，性鄙囂訛，不干禄以希榮，不矯時而激俗，棲」衡自得，澹若依玄。既而風樹長遥，逝川難駐，驚飈」拂木，迴榦先摧，以正始二年五月十四日卒於嘉」善坊，春秋六十八。夫人樂安任氏，即任少君之後」也。少閑四德，早備三從，既曰終天，果窮斯志。以去」太和八年正月四日殁於私寢。偕老之期雖爽，共」穴之路同歸。即以其月廿五日合葬於北芒平樂」鄉郝里，禮也。故勒斯誌，式旌泉户。其詞曰：

唯人有哲，如蘭有薰，神途何爽，獨昧斯君。匪伊人」百，孰可爲羣？持孤競酌，空挹餘芬。其一。崗連鶴岫，墳」邇龍津，□□□□，山水遊神。信封巒之可固，依武」庫之□辰。□□□勇夫，番番良士，國之藩扞，實唯斯子。□□難謀，高行誰擬？蘭摧玉碎，掩歸山阯。隴」霧晨浮，松風夜起，千載傳名，流芳不已。其□。」

（周紹良藏拓本）

貞元〇三九

【蓋】 王府君銘

【誌文】

大唐故王府君墓誌銘并序」

府君瑯琊甲族，諱俊。門傳鐘鼎，代襲簪纓，宗族」阻隔，嗣子幼稚，不知其先祖考官諱，故今」之所述，但叙貫屬而已。府君以志好幽閒，行惟靜」默，怡情風月，養性優遊，匿影潛形，隱於朝市，」惻其事無能代也。享年五十有三，倏而遘疾，良醫」不痊，以貞元八年孟春之月三日終於桓府之」私第。以其歲春二月五日遷厝於城西北六里冰」河鄉界長原，禮也。子郎有三。夫人廣平宋氏。長」子志寧，新婚武氏，悲□□事，見茲傾背；次」子恒□，□迹出家，性融釋道，理達玄宗，小子志忠等，絕漿□□□□哀氣竭，逐於靈車，」以送永終矣。孝子□恐陵谷改變，故刻石彰銘，」已旌墓□□□曰：」古原蒼蒼，荒野□□□□府君，窆此玄堂，刊銘墓」道，萬古不忘。

樂安參軍李宣□」

（録自《京畿冢墓遺文》卷中）

貞元〇四〇

【蓋】 失。

【誌文】

唐故張都尉墓誌銘并叙」

君諱石，字子清，其先南陽人也。父茂賓，海内衣冠，寰中人物，」而根深蒂固，亦葉暉映，持危扶顛，善文善武，克忠克孝者，莫」能具紀。或因官置業，或錫土分茅，遠□□□□汾川人也。學古入」官，經明守職，白珪有玷，清慎無尤，鐘鼎衣冠，布在青史。屬天寶」末，賊臣亂常，華夏鼎沸，挺霜戈以爲國，奮長策而經綸，掃」滌祓氛，式遏寇虐，授昭義節度副使、中郎將，賜紫金魚袋、上柱國。」公骨氣不恒，風標秀拔，虚心豁達，莫之與源。飛月羽以清邊，奮霜」戈而報國，凱歌獻捷，飲王策勳。公志氣高亢，心神特拔，孝親已畢，」微誠爲誰，知文非拯難之心，具武定禍亂之急，遂投筆從戎，挺劍沙」漠，論功則最，累踐榮班，授汝州梁川府折衝都尉。爪牙之臣，天道禍善，以貞」元七年痾瘵纏，經過歲月，至八年歲次壬申正月廿九日，終于潞府上黨」縣臨泉鄉私第，春秋二十有八。以其年二月十七日，殯於潞府城西七里」景雲之原，禮。父茂賓恐陵谷遷移，桑田改變，爰召墨客，請」余爲文。乃爲銘曰：

古往今來何悠悠，四時運兮春復秋。」白日西傾不可留，青松向晚何飀飀。人生修短各有分，」聖兮賢兮同此休。」

（周紹良藏拓本）

貞元〇四一

【蓋】 大唐故范陽盧府君誌

【誌文】

唐故給事郎守永州司馬賜緋魚袋范陽盧府君墓誌銘并序」　前鄉貢進士趙佶撰」

有唐給事郎守永州司馬賜緋魚袋范陽盧公，以貞元七年五月廿六」日寢疾終于澧州仙丘里之私第，享年七十六。秋八月，夫人清河崔氏」奉公之喪歸葬河洛，明年二月癸卯，宅神于河南縣萬安山之南原，禮」也。公諱嶠，字嶠，其先姜姓，翼舜弼禹，道光舊册。自周尚父左右文王」武王，恢天功，基帝業，就封歸老，建國于齊，厥後子孫嗣勳德者，派別支」流，或曰柴氏，或曰盧氏。公其裔也。世有明範，以濟厥美，天錫乃慶，鍾于後昆。顯祖安壽，皇朝綿州長史；大父正紀，汝州司馬；烈考」抗，絳州聞喜令；皆以廉簡柔直恪慎克孝聞，而休嘉之稱，未嘗奪於羣」心。公即聞喜之元子也。幼服儒訓，周流以禮，言不華而行顧，性不醨」而志得，澹然自逸，神與道俱。君子曰：後世雖有朴而簡者，其亦不可及。」已弱冠，補齋郎，調陳州參軍。大曆初，衡州刺史兼御史大夫湖南觀察」處置等使韋公之晉，嘉乃休懿，表公爲衡州司法參軍。暨韋公下世，」後使兼御史大夫隴西辛公京杲奏改邵州司馬賜緋魚袋，轉永州司」馬，勳賜如故。以公之戴仁抱義，晦用頤貞，自筮仕至于捐舍，」三十年間，而榮秩不至，何哉？以道不苟合，利不苟容故也。公之令季陜虢觀」察處置等使兼御史中丞岳，以宏略佐時，端順承訓，天奪其善，先」公而薨，越三歲而公又長往。神之與直，胡期戾歟？嗣子嘉瑗，不幸早」世。嘉瑗之子曰立，哀纏於自性，禮得於生知，號先父而斬焉無怙，追皇」祖而逮事不及。猶子載，廣孝根天，執喪逾禮，泣次遺懿，愿樹芳猷，以佶」嘗業於儒，曾學舊史，表能旌美，見徵斯文，庶德音孔昭，永垂休於後嗣；」神心不昧，將誌善於幽穸。詞曰：」

氣歸於天，形復于地，肇有生人，斯理不墜。英英我公，寔邦之基，謂其」善積，乃亦福隨。光而能耀，焯焯有輝，清風載穆，高位攸宜。今也反是，淑」人疇依？彼雨惟天，尚時而日。公之云逝，胡永閟乎泉室。令胤早世，慶」孫尚孩，祖奠誰主？猶子銜哀。萬安之下，新壠始開，神返真宅，風悲夜臺。」唯有休問，永昭將來。

給事郎前行陝州芮城縣主簿李謙書。」

（周紹良藏拓本）

貞元〇四二

【蓋】　失。

【誌文】

大唐故劉府君屈夫人合祔墓誌銘并序　楊遂撰」

嗚呼！有凌穹之巨材，徒聳鬱而奄腐，傷琅玕之久瘞，」啓璲彌欽其餘芳。漢後弈葉洪源，天下知矣，先」人官諱，前誌已具，今不叙也。公昔以貞固道長，亦以」純粹孝光，景壽迅馳，追傷積愍，哲人感後，孰不懷賢。」夫人武陵屈氏。父諱尚高不仕。夫人即徵君之」長女也。以邕和歸于我公，德比齊姜，相賓婉順，居」孀恤幼，率禮循規。有二子：長曰琇璋，次沔，勗勵安親，」皆邕養有節，雖中原擾攘，供不闕如，晨昏雁行，迄于」剋復，既善奬之所致，爲當代之高仰。夫人又性慈心，」義修十善，於亂年好法勤經，保一門之慶。然榮必有」謝，藥不能救夫人之疾，以貞元七年四月十八日，終」于東都嘉善里之私第，春秋六十有二。以八年二月」廿四日，啓府君之墱合祔，從周公之禮也。嗚呼！嗣胤」思劬勞之恩，臨幽扃以泣血，慮陵谷之或變，請誌以」記之。迺爲銘曰：」

邙山之阯，宛洛之陽，佳城鬱鬱，野色蒼蒼。泉扉再啓，」乾坤無光，長夜雙櫬，哀增斷腸。

貞元八年歲次壬申二月丙戌朔廿四日己酉建。」

（北京圖書館藏拓本）

貞元〇四三

【蓋】大唐故夫人王氏墓誌

【誌文】大唐南陽張公故太原郡太夫人王氏墓誌銘并序」　前大理評事楊自政撰」

夫人先裔之太原，曾祖文武不墜，才藝餘美，」隱迹丘園，父處泰之二女也。夫人四德」備身，内和外睦，敬上撫下，愛之六姻，一念真」如，修持衆行，三歸淨戒，滅即示生。奈何積善」無徵，有染來疾，日月已累，厚夜長辭。貞元八」年二月廿九日，終於京長安縣義寧里之私」第，春秋七十有五。即以三月廿二日，葬于城」西龍首原，禮也。嗣子奉天定難功臣、雲麾將」軍、守左金吾衛大將軍、兼試太常卿、上柱國、」開國伯、右神策軍副將，專知苑内都巡突。孤」女笄于高氏。並號叫擗地，氣絶無聲，以託斯」文，刻之銘記。詞曰：」

張公之室，太原郡君，名家遠族，」非晉即秦。前之與後，永閉雙春，」白楊風悲，傷之見人。」

（周紹良藏拓本）

貞元〇四四

【蓋】失。

【誌文】

大唐故清河張夫人墓誌銘并序」 弘農楊暄撰 外孫子壻彭城劉釙書

夫人號威德，清河之族，積善承家。祖考諱延昌二」女也。不乏世賢，園林隱跡。夫人既笄之後，嫡于閻」氏，婉順和睦，克柔母儀，淑慎於家，聲聞於里。況乎」先覺，早悟色空，齋戒在心，持念閉目。奈何善不增」壽，命也自來，染疾月旬，歲過不減。貞元八年二月」廿八日，終於京長安縣義寧里之私第，春秋六十」有九。即以其年五月十八日擇兆吉辰，葬於長安」城西龍首原，之禮也。嗣子庭萼，右龍武軍宿衛；忠」孝之道，號絶過禮。次子庭珍，右羽林軍宿衛。邠州」節使尚書張獻甫奏赴行營，遂忠於國，孝不並」行，報哀之情，昊天何極，嗚呼痛哉！又足悲也。一女」四德，嫡於白氏，半子之分，禮以恭仁，攀慕痛深，將」刻斯石。其銘曰：」

清河夫人，嫡於閻氏，二男一女，忠孝誰理？其一。公之獨守，痛傷靈機，」四時定省，賴之半子。其二。楚挽送終，染疾一周，」死生命也，念之何求？其三。孤墳寂寂，松柏颼颼，泉門永掩，」萬古千秋。其四。

外孫太清刻字。」

（録自《金石續編》卷九）

貞元〇四五

【蓋】失。

【誌文】

大唐故扶風郡夫人馮氏墓誌銘并序」　前邠州三水縣令史恒撰

夫人門傳高族，鐘鼎承家，既笄之年，配于君子，即故通議大夫、行内侍省員外置同正員、太原王公庭瓌之夫人也。公則厲節立身，忠以奉主，出承王命，入侍禁闈，累秩成勞，頻遷禄位。何期不壽，逝我良臣，以興元元年薨於私第。夫人孀居苦節，備禮從家，婉順執心，三隨婦道，常依釋衆，齋戒有時，早悟空緣，脩持真諦。奈何積善無徵，德昭禍及，昔掩空堂，梧桐半折；今歸厚夜，琴瑟兩亡。嗚呼哀哉！又足悲也。貞元八年歲集壬申九月廿八日終於京大寧里之私第，春秋五十有六。即以其年冬十月廿七日，合祔於長安縣龍首原，送終禮也。嗣子德進，次子德逸、次子德遜、晏等，孤女適于劉氏，并號絶擗地，毀骨傷神，痛割於心，昊天何極。恐陵谷海變，託石銘云：」

太原王公，厲節奉忠，不圖早世，禍降先薨。郡君夫人，四德能恭，生之秦晉，死之穴同。

（録自《芮清館石文輯存》）

貞元〇四六

【蓋】失。

【誌文】

大唐故朝議郎前行曹州司法參軍上柱國李府君墓誌銘并序」　弟前房州司户參軍宰文」

府君諱宏，字文秀，趙郡人也。曾祖嶷、祖朂、父丘，累葉多才，養高不」仕，崇善脩德，留心釋門。君即朂之孫、丘之嗣子也。爰自趙郡，迄于」洛陽，年始十五，文翰天縱，詞華日新，清陽玉顔，白皙雲秀，保家昌」焉。養氣冲和，生而知之，學無常矣。永泰初，故特進門下侍郎」平章事王公舉薦奏聞，恩制授文林郎、許州鄢陵縣丞。公」威若秋霜，惠如春雨。大曆中，恩制特加階朝議郎、行曹州」司法參軍事，勳上柱國，皆貞幹也。忽染風疾，束身歸家，遂躬率家」僮，灌藜蔬而自給，以貞元八年壬申歲寢疾彌月，冬十月十七日」傾逝于時邕里，春秋七十四。時遺曰：自古無不死。嗚呼哀哉！松堅」摧殞，竹固堂存，感棣萼之長衰，痛荆條之永顇。夫人京兆杜氏，即」皇朝太府寺右藏署丞海潮之長女也。罪釁所鍾，早丁艱罰，死亡」無日，側息待時。君有三子：長子佚，次子佺，季子沙彌寶月等，泣血」在疚，不知所從，乃卜兆玄龜，露蓍靈筮，即以其年冬十二月十五」日景申，遷厝于北邙山之陽原，祔先妣之塋兆，禮也。後枕邙」山，前臨别業，嗚呼哀哉！玄臺永閟，白日長辭，寂寂幽途，冥冥詎曉，」寒松風勁，霜凝萬草。宰等孝思罔極，泣血昊天，痛門風之將衰，唯」代業之何託？古不封樹，今則墳焉，銜哀叙誌，嗚呼孔懷！銘曰：」

匍匐山原，號咷墳闕，楊木悲風，孤塋苦月。樹欲靜兮風哀聲，栢已」枯兮涕霑血，唯題紀兮克終，傷哀慟兮無歇！其一。」山憑鳳原，城嚮龍隰，霜草霜勁，風松晚急，哀哀孝思，瞻戀」不及。其二。」

（周紹良藏拓本　河南千唐誌齋藏石）

貞元〇四七

【蓋】失。

【誌文】

唐故賈府君墓誌銘并序」

君諱琁，字十□，洪同人也。因祖任洛陽，今爲洛陽人」矣。賈誼之後，后稷之枝。曾祖少以從戎，不得其」名。祖偃定，偃卧丘園，躬耕南畝，詩書爲業，」逸性自閑。父暉，守道自德，鄉人仰之。君少且孤，」安寢其親，愛育季弟，炯誡其子，恭惟剋身，」閭里爲則，歡賞其賓，義方多見，忠信博聞。何期太」山頹，梁木壞，哲人長往，鄉人流涕。君即於其日呼弟」命子而言曰：吾疾將衰。歎曰：日月逝矣，歲不我與！人」生幾何，俄成終古。吾當逝矣！吾當逝矣！君六十有二，於貞元八年」十月廿八日卒於家亭。是時也，愁雲變色，寒草抽心，季」弟失誨而行悲，貞妻孀居而懷泣，穉子落陰，孤幼無」依。嗚呼！即以來年正月卅廿九日殯於平原祖父之塋側，去」都城東北五里。其地左右合宜，青山之陰，邙山之陽，松」栢森森而永固，野櫂萬頃而蒼蒼。其詞曰：」男踴傷神，女涕崩𡑞，鏡轉孤鸞，琴哀白鶴。」

（周紹良藏拓本　河南千唐誌齋藏石）

貞元〇四八

【蓋】失。

【誌文】

唐前虢州金門府折衝張公夫人太原王氏墓誌銘并序」

夫人其先周司徒公龜之後，以譜牒而知。唐騎都尉約之」女也，適金門府折衝南陽張公，世居上谷郡，夫人禮從之，表」作嬪也。節義並著，方凌冬之松；豔質孤標，映當春之李。同」陶母之剪髮，類鴻妻之齊眉，奉先廟以蘋蘩，饋北堂」以甘旨。德先表於三月，禮無違於四時。冀言行可範，威儀是則。」豈意福壽之年，纓此羸疾，藥不眩效，溘然其萎，嗚呼哀哉！觸」目增痛，以貞元八年正月十六日終於定州官舍，享年七十」六。長男傳弓，承嚴訓立身，備藝能從事，以軍功授開府儀」同三司試殿中監，進封南陽縣開國侯，職遷」義武節度衙前將；次子重華，文武全才，腹心效職，授」左金吾衛大將軍試太常卿；并叩地號天，顧漿忘歠，」悲深斷淚，哀極無聲，居喪之禮未終，先遠之期俄」及，以今年癸酉歲二月廿四日卜窆於世業東南一里」平原，禮也。得銜印之鳳兮長引，抱子龍腹兮正居。」西俯郵亭，車馬爭馳之區，前臨易水，公侯流慶之鄉。」洋洋乎永保斯吉。至孝恐陵礪河帶，世變時移，命」菲才以修文，召良工以刊石，彰奉親之禮」有終，紀盛德之銘斯立。其銘曰：」

肅肅婦容，穆如清風，昭昭婦德，其儀不忒。霧慘松檟，魂掩窀穸，四德三從，紀乎貞石。」

（録自《京畿冢墓遺文》卷中）

貞元〇四九

【蓋】失。

【誌文】

唐故蔡府君墓誌銘并序」

守純素之道，保逍遥而自得者，惟君克之。君諱崇敏，字崇敏，」其先陳留人也。命氏之本，肇乎周姬。夫其賢傑間出，將相繼，爰及」漢魏，迄于盛朝，代必有矣。遠祖從官，因居於潞長子縣焉。洎乎」高曾，皆練實從志。祖諱仲景，彌循老萊；先考諱海，亦罔移前」志。而君幼則純孝，長惟謙巽，重朋友而以信，敬宗屬而以親，加以」養閑東皋，奉税南畝，蔭門柳以散志，玩典墳以寬身。雖木雁」以未愜，終腐鼠而不顧。故得任真之途，無機鉤之失；從運之理，靡」亡羊之虧。任乎天年脩短，高邁於終始之患，同塗中之志矣，豈」夫浮休終齊於物化。時天寶八年三月十八日，遘疾不愈，終長子之私」舍，春秋卌五。夫人孟氏，箴誡早服，容止先著，齊眉清規，未始差忒。」雖劍龍先隕，而孀操無黜，撫育孤稚，咸從義方，同府君之嚴」訓不失者也。時貞元二年七月四日，衰瘵彌留，棄孝誠於私舍，享年七十。嗣」子涇州四門府别將賜上護軍庭倩，血泣骨立，號訴無逮，禄養猶淺，而」慈顔忽違，對風樹而增痛，捧泉龜而莫及，親養不待，崩心若何。即以」貞元九年癸酉歲三月七日乙酉合葬于長子縣城西北　里原，從吉兆也。東據千」花之苑，西臨九女之泉，高崗應玄武之宜，流水動閲川之歎，旌厥盛德，」終憑誌云，故紀之於貞石。銘曰：

英然府君，志若松竹，名節方」立，生涯遽促。肅肅孀操，其惟夫人，皓齒雖暮，清規尚新。嗚呼」德音，存没斯隔，弈弈餘慶，□焉松栢。」

（録自《山右冢墓遺文》）

貞元〇五〇

【蓋】　大唐故王府君墓誌銘

【誌文】

唐故鄜坊節度都營田使兼後軍兵馬使軍前討擊使同節度副使雲麾將」軍試鴻臚卿兼試殿中監太原縣開國子食邑五百户上柱國王府君墓誌」銘并序」　承議郎前行坊州司田參軍徐釗撰」

唐貞元八年七月七日，太原王君諱崇俊，春秋六十有九，終於坊州中部縣玉華」川北剛之私第。高祖福，以文學著，皇恒王府户曹參軍。祖元貞，軍謀」稱，皇太原府晉源府折衝都尉。伯崇仙，以武藝聞，皇延州金明府别將。孤」子良劍。太夫人清河郡君。公則都尉之子也，年卅，鄉賦薦用，歷官任職，頗有功」勳，撫恤衆心，咸稱畏愛。初爲禄山作逆，交鋒刃於桃林，特授折衝都尉。次破黨項，」又授雲麾將軍。後以西戎逼畿，先聖幸陝，公竭誠□王，盡力致身，大破」逆徒，尋授公鴻臚卿。則四門來賓，遠方咸貢。興元初，充節度都營田遷殿中監。」聖上移宫奉天，巡狩梁蜀，公與御史中丞竇公同收鄜坊等州，兼討懷光叛逆，又」授後軍兵馬使，又充關内同州支度營田。公文武兼備，自少及長，懷策從軍，亟」獲攻戎，唯公而已。有鄭侯饋糧；云能懷□，逆六奇之策。以身奉國，竭力盡忠，可」以圖麟閣，可以書簡策。公有子四人，長曰彥，折衝都尉，不幸少亡；次曰少華、少珍，」無禄早世；次曰良劍，見充節度散將、忠武將軍、守左武衛大將軍。孝行過人，」友于情切，有子騫之德，懷參也之心，於國盡忠，居家孝弟，以貞元九年七月」廿六日安厝先亡於順義鄉彭村西北剛左，懼陵谷之遷易，遂勒銘云。銘曰：」王子登仙，休徵求魚，中尉解義，太常注書，漢興五侯，晉重司徒。」繼賢奉國，卅餘年，勳高柱國，官歷鴻臚。行路悲歎，弔置生蒭，」朝聞鳴鶴，夜聽寒烏。孤子泣血，遺妻孀居，天長地久，掩終白駒。」

貞元九年歲在癸酉朔七月丁丑廿六日辰壬寅，禮也。」

（陝西鄠縣出土　靳之林先生藏拓）

貞元〇五一

【蓋】　唐故澄空闍梨墓銘石

【誌文】

唐東都安國寺故臨壇大德塔下銘并序」　安定梁寧撰　姪宣德郎前祕書省校書郎閱書」

律德號澄空，長安功德寺尼德淨因之子弟，姓皇甫氏，世」迺予之郡人也。贈揚州都督諱瓘之愛女；元兄浙東觀察」使兼御史大夫贈太子太師邠國公曰温，勳業恩榮，光于」史諜。師幼無華飾，性與道俱，未式義以持心，元身淨而進」戒。宗崇福疏，誦讀精通；總諸部律，周徽制止。洛中事法嘗」闕，共難其人，蓋求者多而讓者寡，師以疾辭之而不免，皆」舊德之所與也。首度弟子尼道徽，念茲慧悟，庶可傳持，堂」置法筵，身移正寢。永爲弘闡，將利後徒。事未行而報齡謝，」業已著而理命從，致真俗之情禮矣。貞元九年夏四月廿」六日，委順於本寺所居院，享年五十七，自恣三十四。懷菩薩」行，體物歸根；奉毘尼藏，臨終無懼。秋八月癸酉，就窆于龍」門西南所置之蘭若，居大智和尚塔之右，金剛三藏塔之」左，若隱香山、乾元等寺，得清冏之勝界。其赴葬斂，皆知法」同人，修行上德。物無互用，禮備檀供。姪女子沙彌契源，教」育恩深，執喪孺慕，暨戒依緇侶，殞叩呼天，於戲！慎所從也，」弔惟名聞；周所惠也，哭無虛慟。大理評事弟涓、秘省校書姪」閲等，哀申至行，見託泉銘，謂予敬知，不以文屬。辭曰：」

慈善道品，閑徽律儀，優遊四梵，調伏七支。」智度方便，菩薩父母，灌育成實，當生淨土。」卜建靈塔，叶從名山，朝踞形遠，龍禽勢全。」晨昭旭日，世閲伊川，嗚呼自性，與月常圓。」

（周紹良藏拓本）

貞元〇五二

【蓋】失。

【誌文】

大唐故朝散大夫太子左贊善大夫南陽樊府君墓誌銘并序」　從孫宗師撰上」

公諱説，字説，南陽郡高陽里，姓樊氏。其先仲山甫以不吐剛不茹柔，光輔周宣，食菜于」樊，因地建氏，遂著樊氏，其來尚矣。祖弘，皇太中大夫、金州刺史；父元珍，皇太中大」夫、光州別駕；公第二子也。率性沉深，雅尚易簡，立事惟精，發言惟微，見賢思齊，剋己復」禮，勞勤膚革，研覈心力，所以窮理盡性也。於勞勤之中，睹規矩之奧；於研覈之際，析去」就之機。規矩去就，時流標準，立本生道，揚名益榮，可謂加於一人等矣。外削去其浮華，」內包含其坦蕩，不惑趨於勢利，不妄馳於怪迂，被於爍之休嘉，禀丕慶之醇醲，蓄爲智」謀，播爲文章，言談光明，識見清淨，議者奇公，若開雲霧而觀青天也。解褐授簡州金水」縣尉，繇金水尉調授蜀州唐安縣丞青城縣丞。時觜參之分宜安，戎蠻之心將化，故連」帥高公適思彼卑下，辟公賢能，公籌策刀筆，當時居最。魏絳之功再舉，文翁之理復振，」公有力焉。由是恩賜朝散大夫、太子左贊善大夫。凡歷理人之官者三，所届之邑皆」以信謹節儉祇其上，慈仁明察莅其下，上懷其德，下敢其恩，剽狡不斥而遁去，敦厚不」名而員來，可謂上下和矣，神祇孚矣。夫縣尉處部，仰承縣令，俯佐縣事，事劇位卑，務弊」權輕，徇令則廢事，守事則忤令。其或徇令廢事，則下人胥怨，得無咎乎？其或守事忤令，」則上情憤惋，得無咎乎？虐下不仁也，違上非禮也，公上重下愛，不其難乎？縣丞雖加尉」之二等也，下監上承，猶不得顓斷。遇利不得而便致，遇屈不得而特伸，當清平之時，俗」尚肆奢，人惟棄本，歆公化者廉潔；及艱虞已來，俗罕土著，時而狼顧，歆公化者泰寧。厥」後升階遷官，賞勞績也。夫人富春孫氏，以蘭芬玉炳妍姿淑德歸于我，夭桃無實，采蘩」不永。公少而恭恪，長而敦敏，先人後己，尊賢容衆，宜其胤嗣繁昌，不幸無子，以大曆十」年五月三日遘疾，終于青城縣之私第，享年七十。家無十金，篋有萬卷，著文凡三百篇。」洪範嚮用五福，公荷其一者攸好德，獲其一者考終命，其壽富康寧三者不知去公而」適誰。書曰天道福善，公貞明剛簡，獨遭不惠。又曰：天命不僭。公密察精微，獨罹不弔。公」始被病，常謂其左右曰：吾聞夫樂者樂其所自生，而禮及其所自始。遲暮遠宦，不克旋」歸，存既不獲以歲時而洒掃，歿又長限乎道途之遼遠。吾今且死，魂魄長恨，恨終天地，」其誰知之？今則離乎蜀都，歸乎洛師，以貞元九年歲次癸酉十月丁未朔哉生明之吉」時安固於邙

山，夾輔其先塋，夫人孫氏，永合祔焉。叶成周之禮，契孝思之至也。從孫」宗師奉命上紀，徘徊怵惕，
敢述銘曰：」
禮智義仁，以潔其身，孝敬恭恪，以奉其親。秉心方正，莅事貞純，昊天不傭，介福不臻。」雄文否塞，不
典綸言，直躬屯隘，不登史官。昔之旅殯，蜀都崤巒，今也歸祔，洛師邙」原。崇邙邐迤，洪河屈盤，栱木
蔓草，壽宮斯安。」

（周紹良藏拓本　河南千唐誌齋藏石）

貞元〇五三

【蓋】唐故盧君夫人崔氏銘

【誌文】

唐故永州盧司馬夫人崔氏墓誌銘并序　子壻再從姪前潞州長子縣尉延贊撰」
夫人諱　字　，清河武城人也。禮度詳明，志行恭孝，哲婦有虞，於則」動履，光叶典規，先自太公，本枝
百世。漢末尚書琰字季珪，即夫人十」六代祖，人物推爲第一貴族，玉葉金柯。七代祖休，後魏右僕射，
以明」範佐時，代傳芳烈，華夏欽德，故封建氏望，居衆姓冠首。曾祖合州」司馬諱玄默，祖漢州德陽令
諱思慶，父朝散大夫、太原祁縣令諱」庭賓，皆禮訓承襲，敦宗儒墨，字人多諸惠政，化理光于頌聲。外
祖度」支郎中軍器監范陽盧諱福會。夫人兄弟八人，姊妹八人，各備聲」華之美，時稱皆有盛名，男女異
長。夫人即祁令第五女，笄年嬪于」盧君，君諱嶠，少補齋郎，歷陳州參軍，衡州司法，邵、永二州司馬，

賜緋」魚袋，行履清素，才德弘廣，齊人約已，茂譽播彰。頃任江南，寓居衡澧，」去辛未歲，疾歿澧陽。夫人護喪事，携幼孫，遠涉江漢，歸葬河南縣」萬安山陽之大塋。蓋志烈誠懇，得就其禮，加以哀毀過傷，瘵疾逾歲，」貞元九年龍次癸酉六月廿六日，終于洛陽履信里之私第，享年六」十有九。嗣孫在府君禫制，遭夫人禍釁。嗚呼！蘭堂無主，孤煢莫」依，追慕平昔，人望崇美，母儀貞正。于嗟哲人，天不憖遺！夫人一男」二女，男名嘉瑗，潭州長沙尉，早夭即世。瑗子小字陳三，代父衰絰，」今則十歲矣。延贊才微，姑以温公見託，即長女也。小女適故大理司」直滎陽鄭纘，咸卜期以斯年十月三日還祔于府君之塋，得同穴」之禮也。嗚呼！慈顔愛澤，自此長辭，定省晨昏，於兹永絶，幼孫孤女，」陟屺號天，甥姪近親，悲深厚地。紀終遐邈，斯介石焉。銘曰：」

山川頽逝，怨喻增悲，人之殂落，返不有時，撫棺臨穴，親愛別離。」白日天上，玄堂地中，幽明隔絶，年月無窮，唯兹貞石，永紀其終。」鸞鏡罷兮臺寂寞，鳳簫去兮樓虚閑。神昇仙兮人不見，」幹同穴兮于其間。」

（周紹良藏拓本）

貞元〇五四

【蓋】失。

【誌文】上柱國梁府君墓誌銘

君諱思，字恭，其先安定人也。昔秦仲伐西戎，有功；周平王東遷，封少子康於夏陽梁山，因而命氏。

其後竦因才著，冀以榮稱，禮樂弓裘，千載不墜。曾祖志誠，祖從政，父當意，并立德立言，爲龍爲光，前史詳矣。君幼重儒素，長好交遊，義及友于，信誠鄰里，不羨榮貴，以素琴濁酒爲娱。屬荒郊有事，大國用師，公奮不顧身，埽清邊鄙，特蒙累功加上柱國，錦衣綵服，宗族爲榮。於戲！四時流謝，易往難追，優哉游哉，聊以卒歲。大曆十二年七月三日遘疾，終於家也，春秋八十有七。夫人清河張氏。閨闈秉德，婉孌宜家，蓬首終身，不移霜操。廣德二年八月八日，奄然長往。公有二子：伯曰崇璧，次曰廣濟，孝情克著，追遠思深，遂展靈儀，旋開兆域，以貞元九年歲在癸酉十月十四日卜麟鳳福慶之穴，得鷄犬嗚吠之辰，合葬於平遥城西北一里舊塋，禮也。辭曰：

寒郊十月，四序旋周，白日朝暗，黄雲暮愁，蕭蕭曠野，鬱起荒邱。人世此謝，泉臺路幽，雖餘刓石，萬古千秋。」

（録自《古誌石華》卷十四）

貞元〇五五

【蓋】失。

【誌文】

唐故朝議郎行尚書屯田員外郎上柱國梁縣開國子賜緋魚袋河」南于君墓誌銘并序　從叔朝散大夫前行尚書祠部員外郎公異撰」

維唐貞元九年歲次癸酉八月十三日，尚書屯田員外郎于君殁於開化里私第，春秋卌，嗚呼哀哉！君諱申，字伯厚，河南洛陽人也。八代祖諱謹，周太師柱國三老燕國文公；七代祖諱寔，周司空燕國安公；曾祖諱汪，贈邠州刺史；祖諱庭謂，贈刑部尚書；皆勳德炳耀，貽裕于後人。父金紫光禄大夫、太子少保，譙郡公曰頎，陳力三朝，爲國元老。君鍾粹而生，依訓以立，内積和易，外敷英華，總角屬文，韻諧金石，成童探學，義窮壼要。譙公匡時成務，君亦延慶楙官，懇辭而罷。十八擢進士上第，授校書郎、櫟陽尉，監察御史，轉殿中、京兆府户曹，又拜左臺監察御史，轉殿中，遷屯田員外郎。凡一賓戎幕，一掾京邑，四執憲簡，一入文昌，所莅皆以端重器敏稱。先時詔賜百寮宴麟德殿，上賦詩俾中外屬而和之，君時在闕下，因獻頌鋪陳王風，瓌博温麗，及是奏御，上甚異之，□□求左右史，此即其人。屬宰政傲才，外俞内否，是以有户曹之授，尋有監察真拜之命，伸前事也。惟君衆華紛目，約己者真；百行叢身，根心者孝。幼長所恃，霜露晚悲，長當問安，冠帶無税，嚴諸父，友衆弟，取捨而必推其厚，顛沛而曾不違恭，君子哉！譙公歷京河尹、御史大夫，有擢冠之清，躬慎獨之行，德可以肥九族，仁可以垂無窮。今則喪我克家，已臨於暮齒，惟君早世，不及於中身，則徵積善論報應者，滋無據矣。以其年十月十五日，歸祔於城南長安縣居安鄉高陽原祖母之故塋，禮也。其有邦彦聞人會葬執紼，皆曰粢盛可薦，嘉穀中零，壇壝始陳，琮璋忽折。噫！兹不幸未若屯田之不幸也。哀哉！一子□和，幼而有文，足以當室。公異蒙譙公器遇，與君前後登科，於存也由恩以加親，於殁也由親而加痛，故譔叙其詞也哀而繁。銘曰：

柱國司空，有德有功，胤羡丕赫，譙公纂戎。惟君之生，世閥克開，孝以鍾性，文以暢才，萬石宗建，子服推回。登科結綬，直躬行古，學簉孔徒，頌追吉甫。頡頏時英，含香振纓，臺閣表式，吾門重輕，如何先秋，竟負高名。屯田約仁，譙公邁德，與善不徵，考祥斯惑。收跡盛時，□神故域，萬古九原，懷風歎息。

（録自《陝西金石志》卷十六補遺上）

貞元〇五六

【蓋】 失。

【誌文】

唐故太子司議郎盧府君墓誌銘并序」 子婿朝散郎前河南府河陽縣尉柳寥撰」

府君諱寂，字子靜，范陽涿人也。即北齊黄門侍郎思道之耳孫。曾祖承基，皇」主客郎中、郢州刺史；祖元莊，沔、普、嘉三州刺史；父光遠，京兆府奉先縣丞；妣扶」風馬氏；父士會南州刺史。公奉先之次子也。自太廟齋郎，歷濟、泗、台三州」録事參軍，轉嘉興、常山二縣令，次授城門郎、司農寺丞、太子司議郎，詔命致」仕，凡八遷焉。公忠讜亮直，臨大難而不撓；屏奸嫉惡，奉至公而無愧。嘗爲泗」上從事，是時安賊亂□，郡守李通誣州將陳彪獻欵於寇，遂縶深狴。公躳到」誠請，彪乃雪枉。及彪□臨海，因薦公爲録曹掾。斯讜直也。又爲嘉興令，當廉」使李栖筠之臨焉，邑人陸曾者居客梁東道者，曾實險詖，在江湖爲羣賊之藪，」道則詭異，結權勢爲一門之援。公至止之日，曾乃移鄉，道則就刑，斯屏惡也。」噫！夫事長義而東平不録，宰邑正而元戎靡聞，何策名於聖代，秖没身於議」郎。以貞元九年五月八日終於河南縣道光里，享年八十一。夫人河東裴氏，祖」守忠，寧州刺史；父子餘，銀青光禄大夫、給事中、冀州刺史。夫人威容端肅，惠和」柔順，主祀多蘋藻之誠，居家罕喜愠之色。既而神不福善，倏殲明德，以公莅」常山歲奄終，遂權窆丹楊北崗。今卜宅兆，議兹遷祔，取其年癸酉十月廿六日」葬於河南縣侯村南原，禮也。女實三□□實二賢，闔則公堂，輝映蟬聯。男之長」曰炎，攝嶺外諸郡，茂績昭著，廉使頻表，竟不真拜，徐方伯遜聽屈聲，辟爲節度」巡官，奏授大理評事兼下邳令，賜緋魚袋；男之次曰愜，少工真、草二書，善棋畫，」通史傳，疾不愿仕，放情希夷，有子若此，得不謂賢乎哉？孟女環適河東柳寥，仲」女某適博陵崔蒙，季女某適河東薛當。寥爲河陽尉，蒙爲石邑丞，當爲故陝縣」□有齋三女操行貞明，或琴比文姬，或識侔周姒，而孟也罹殃，季也早孀，有蒙」之□，孝性尤異，竭力事姑，十年一志，有女若此，豈非士也焉？公年高卜性，胤」天惟三，二宗儒學，一從釋氏，雖幼冲而未立，亦訓導而可至。寥弱齡結好，一紀」于兹，顧中堂之以闃，哀外舅之俄謝，盧氏子嘗以寥備聞私家之政，庶工述作」之體，俾揚盛列，用刻貞石。銘曰：」

涿野氣清，府君間生，有述有德，維亮維貞。爰紀于泗，讜言可聽，及化于輿，奸人」就刑。上國拜位，東宫議曹，桑榆落日，几杖全高。無士行之夢翼，豈休徵之佩」刀，旋車轔轔，逝水滔滔，宴喜之地，他爲哀號。先室維裴，孤櫬東來，洗川美氣，」班女良材。移窆此矣，同歸在哉。門門生恨積，胤子悲纏，出送靈轜，佳城古原，樹」墟接連，草樹芊眠，誓河山兮險固，期永代兮猶傳。」

（録自《芒洛冢墓遺文》四編卷六）

貞元〇五七

【蓋】失。

【誌文】

唐呂公墓誌銘并序　將仕郎行扶風縣尉任皓撰」

公字思禮，東海人也。公即師尚父之遺裔。自雲雷饗帝，高陽分五聖之墟；」唐代封王，廟建三秦之地。運籌海内，氣徹於滄溟；據石磻磎，勢臨於吴」岳。靈姿間出，寶契潛生，充周文之師，義申明主，陰謀奇計，疾惡傾商，長」策奮發於朝端，高風磊落於寰宇，衣冠所被，鍾鼎所纏，西伯爲之仁賢，」東海爲之茂族。高祖雲，唐陪戎副尉、左武衛長上；出入禁闈，翼衛」金闕，忠能竭國，孝乃於家。曾祖巽，唐許州司馬；題輿之任，政已聞於」聖朝；半刺分憂，名實著於列國。祖定疑，不事。公即之元子也。大略鳴謙，」冲機勇退，不樂公侯之秩，性好林泉，敦閱詩書，畜道自養。跡慕劉寵，犬」吠邪山；忽去鄧攸，鷄鳴吴郡。豈期積善無慶，以乾元二年十一月廿一」日遘疾，薨于河南縣道光坊，春秋七十有三。夫人隴西李氏。四德夙備，」聲重敬姜；三從有聞，恩隆孟母。以上元二年九月十二日，薨于道政坊」私第，春秋六十有八。蘧瑗之論葬地，不及瑕丘；高慎之遺孫謀，空傳□」業。以貞元九年歲次癸酉十二月景午朔廿七日壬申，葬于河南縣平」樂鄉朱陽村西也。嗚呼哀哉！海曲殘金，與百年而共盡；阿蒙奇計，與五」策而同埋。旃旌肅而上路寒，簫吹動而嚴郊晚。邙山鬱鬱，陟屺岵而難」望，洛水悠悠，與逝川而長往。嗣子奉天定難功臣、特進、試殿中監、上柱」國、天水縣開國子、食邑五百户、扶風縣鎮遏使翊，悲深叫地，痛極號天，」惟孝莫大於揚親，旌德自歸於時傑。實慚詞拙，不獲已而爲之，爰抽弱」思，式叙雄規，刻石題金，瘞碑銘於此日。迺爲銘曰：」

大道歸兮絶世緣，人生過隙兮俄百年，松門寂寂和煙閉，」蒿里悠悠陌與阡。素車轉兮載白骨，旃旐引兮入黃泉，」兒孫慟哭兮將扣地，氣竭息兮上告天。背邙山兮塋域，」面洛水兮逝川。弟端，左威衛太原府靜智府折衝。乾元三年正月十二日亡，春秋廿，」招魂於堂內。 妹花子，廣德二年三月十二日亡，收在母傍。」

（北京圖書館藏拓本）

貞元〇五八

【蓋】失。

【誌文】已殘。

大唐故右領軍衛左果毅都尉樊□言墓銘并序

垂裕後昆者義也，揚名顯親者孝也。唯孝與義，光先」代閨門焉。皇朝右金吾引駕仗宿衛，貫蒲州」臨晉縣人也。特禀異氣，雅度高深。冰霜自居，風塵不雜。」邁種厥德，仁遊藝川。鄉黨稱孝焉，朋友稱信焉。以春」秋七十有八，元和三年歲次戊子八月十一日已終。」嗟乎！天長地久，人豈恒存。逝水無返，人歸夜臺。昔仲」尼之嘆，由悲逝川。貞元九年於龍門鄉萬壽寺東」園買地建先脩勝□，故得（下闕）

（北京圖書館藏拓本）

貞元〇五九

【蓋】失。

【誌文】

唐故朝議郎并州清□□□□□妻蕭墓誌銘」

夫人其先蘭陵人，梁□帝□代孫。曾祖符，光禄」卿；祖卿，雍州三原縣令；父禮，潭州衡山令。夫」人君之第二女也。禀秀洛川，降神星婺，□知」四德，爲天下之母儀；光飾三從，作寰中之内」則。故能春花起頌，秋菊裁銘，梁家慚舉案之」聲，冀野得如賓之敬。豈意□靈不造，天難匪」忱，明月方昇，淪金波於□夕；李蹊初秀，委琁」霜而遂凋。嗚呼哀哉！春秋廿有六，即以其年」五月廿一日，殯於都北邙山下。鬱鬱佳城，蒼」蒼孤隴，惜魚軒之永閟，痛鶴隧之長湮。潘家」之簟，雖明夜月；楚臣之夢，無復朝雲。嗚呼！恐」海變桑田，陵移谷徙，庶銘貞石，永紀泉扃。其」辭曰：

天道無知，與善徒欺，何積仁而不祐，」何中年而夭之？愴黄泉兮既掩，恨白日兮長辭。」

貞元十年五月十一日亡，其月廿一日殯。」

（北京圖書館藏拓本）

貞元〇六〇

【蓋】有唐故蔣夫人墓誌銘

【誌文】

唐故楚州長史源公夫人樂安蔣氏墓誌銘」　嗣子晉述」

夫人諱婉，唐故延州都督公諱挺之順孫，東都留」守禮部尚書贈太師公諱涣之愛女。蔣氏望樂安，」裔吳郡，清風禮範世所稱，太師仁明，有唐是仰。夫人」承德門之重，守禮訓之則，德仇君子，故歸我家。性弘」寬和，志氣靜檢，事上精於孝敬，撫下積于仁慈，禮行」汪汪，美談衆口。於戲！況德蘊山岳，期壽齊天地，何昊」穹不仁，萎我哲人。以貞元九年歲次癸酉十二月景」午朔，四日己酉，遇疾逝于澠池縣之別業，嚮年五十」有七。則以貞元十年甲戌歲九月辛未朔二日壬申，」永祔河南縣張陽村同長史府君塋，別墳在長史墳」東南九步而窆，禮也。夫人有子唯晉，有子一人曰令，」適清河張玘。晉等承慈愛之重，蹈劬勞之忉，仰天殞」首，纏地割心，煞身不獲，泣淚唯血。祔塋之議，是記年」月，叙述事實，罔敢繁詞。慮歲代徙遷，故立重誌。銘曰：」

禮行天孕，令範世傳，德望齡壽，災何已年，」割心舊館，刻石新阡。」

（周紹良藏拓本　河南千唐誌齋藏石）

貞元〇六一

【蓋】失。

【誌文】

唐故鴻臚少卿□□□君墓誌銘并序　鄉貢進士河東薛長儒撰

張氏之先，運籌博物，風靡萬代，公其裔焉。公諱敬詵，馮翊同川人也。皇朝左金吾衛大將軍太常卿元長府君之孫，皇朝中散大夫撫州長史崇讓府君之次子。公禮度清曠，育德含章，蘊燕樂佐理之謀猷，懷吳周匡弼之骨梗。弓裘不墜，文武攸稱，清貫克序，加朝請大夫，以博雅周才，授鴻臚少卿，以公忠推德，錫金章紫綬。東都副留守河南尹裴公請命公爲押衙。奉上以忠貞，撫下以信義，休聲遐著，寮友欽之。方申召父之榮，遽染劉楨之疾，以貞元十年八月廿三日卒於洛陽縣永泰里之私第，春秋六十八。以其年九月廿四日窆於瀍澗之陽邙山之新塋，禮也。胤子三人：曰叔重、叔威、叔齊，皆年始能言，昂昂逸足；有女五人：長女從緇，隸寧刹寺；次歸杜氏，三女歸王氏；兩女尚幼。夫人樊氏，淑順傳芳，霜明勁節，移天墜翼，同穴後時。哭不絕聲，撫孤增慟，永懷陵谷，爰託松銘。其詞云：

神理茫茫兮倏明忽幽，人世營營兮生勞死休。更相泣送兮萬古千秋，隴頭白楊兮悲風颼颼。

（録自《芒洛冢墓遺文補遺》）

貞元〇六二

【蓋】失。

【誌文】

唐朝散大夫行著作佐郎襲安平縣男□□崔公夫人隴西縣君李氏墓誌銘并序」　安平公第子朝議郎行太子文學契臣述」

夫人諱金，字如地，隴西成紀人也，後魏姑臧穆侯承第二子司徒彦之八代孫。世保中和，」門稱上族，軒蓋相襲，開國」承家。曾祖正禮，皇朝成都尉郜陽丞；祖元珪，皇晉原尉；父」紹宗，皇太常寺主簿、萊州司馬；能守素業，載揚清風，道純德茂，是生良淑。夫人即萊州」季女。幼而婉惠，長而端莊，柔和孝友之德，生而知之；裁製組紃之功，習無不利。行成藝備，」作配華宗。崔公時爲濟源丞，亦既有行，宜其家室，竭誠盡順，中饋克脩。著作府君累」代爲嫡孫，虔奉三廟，以親九族。夫人屬爲宗婦，能先意承志，敬無違德，礿祠蒸嘗，吉」蠲爲饎，齋明盛服，奉而薦之。居常則秉禮蹈道，弗自暇逸。故能事伯叔敬，友同等和，撫甥」姪慈，接姻戚義，下逮支庶，弗略幼賤，致其忠愛，加之敬慎。故中外歎譽。夫人以情切撫」孤，自洛如魏，久之盜起北方，憑陵中土，先公時爲麟遊縣令，夫人乃提挈孤弱，南奔」依于二叔，自周達蔡，逾淮泝江，寓于洪州。時玄宗幸蜀，先公棄官以從，恩加」朝散大夫、著作佐郎，夫人授隴西縣君。至德元載，先公至自蜀，中外相依，一百八口。」夫人上承下撫，言行無怨。時先公頻有天倫之感，既寓荒服，家素清貧，夫人有黃」金數兩，命貨之，衣食孤幼，財不入己，皆如此類。寶應初，著作府君薨于江外，夫人竭」所有以奉喪，致哀慼而合禮。家既窘乏，依于季叔太傅，娣姒同居，甥姪皆在。夫人親」之以德，未嘗忿競。每歎曰：浸潤之譖，狙詐之行，緝緝幡幡，諂以求媚，吾所甚惡也。於是寬」柔以教，約己而申人，老安少懷，和樂欣欣如也。家之百役，命先服其勞，恕而行之，故人歸」厚。嗚呼！尸鳩之仁有孚，椒聊之福無應。夫人一女，孝友純至，太傅每與咨謀家務，適」今華州刺史兼御史大夫范陽盧徵，不幸先夫人而歿。二族嗟稱，六親哀慟。夫人常」讀孝經、論語、女儀、女誡，尤好釋典，深入真空，誦金剛般若菩薩戒經。建中四年，盜賊震駭，」親友逃散，獨居東洛，遇穀貴大疫，皆保康寧，福祐之助也。後避地濟源，澧州姪亡，時四境」兵鋒，家困貧乏，自濟如洛，百里而遥，夫人悉力營護，并二殤之喪，皆歸葬邙山舊塋，儉」而得禮。貞元八年夏，遇氣疾加嗽，每杖而後起，及歲時享祀，必親和甘旨，品籩豆，至於藝」植皆自命之。謂天福仁，永保遐壽，奄以貞元十年歲次甲戌八月十日庚戌，終于東都崇」政里第，春秋六十有八。親族皇皇，無依無恃。是日庀資用，以具喪事，無珍華之服，無芷帛」之積，唯手寫詩賦舊衣而已。越以明年歲次乙亥二月己亥朔十一日己酉，祔于著作」府君塋，禮也。姪契臣三歲偏孤，及奔走在路，再遭荼毒，夫人悉心慈撫，獲全餘生，以」至今日，卌餘年，德鄰罔極，未申敬養，奄見捐棄，泣血無追，茹痛撰述，以誌幽埏。銘曰：」

華宗淑媛兮君子之嬪，率禮蹈道兮宜其家人。慈和偏服兮上下無怨，令儀令色兮瓊華」朝春。謂膺介福，夜遽無晨，皇皇永慕，泣血霑巾。」

（北京圖書館藏拓本）

貞元〇六三

【蓋】失。

【誌文】

唐試大理評事鄭公故夫人范陽盧氏墓誌銘并序」　試大理評事鄭易撰」

有唐壬申歲十有一月壬子朔四日乙卯，鄭氏」之婦范陽盧氏終于長安之修行里，嗚呼！享年」一十有八。粤以十一年歲次乙亥二月己亥朔」廿二日庚申歸祔于河南邙山鄭氏之先塋。盧」氏自陽烏以純德顯後魏，遂祚土開國，以第八」子道亮嗣封，即夫人之七代祖也，守族傳祀，代」無違德，以至於相州滏陽縣令元茂。滏陽府君」生河間府司馬昭價，河間府君生和州歷陽縣」令擢，咸德充而位不至。夫人即歷陽府君之第」□女也。柔惠文明，深衷不伐，邊幅脩整，可驗後」言。洎受贄有歸，無擇言在躬，動諮度於伯姒，盡」和敬於叔妹，不踰方於出入，不尚爭於造次，求」婦朞歲，綽無不諧。嗚呼！無夭於和，而鬼瞰其室，」哀哉！陰陽相蕩，陵谷畢變，唯貞石之不朽，故謹」時日而志之。銘曰：」

日慘慘兮光不舒，旐漂漂兮將素車，雲黕䨴兮」翳玄廬，萬歲之後兮歸爾居。」

（周紹良藏拓本　河南千唐誌齋藏石）

貞元〇六四

【蓋】大唐故陳府君墓誌銘

【誌文】

唐故朝散大夫河南府户□□□陳府君墓誌銘并序」

公諱諸，字諸，潁川人也。有虞之後，周封于陳，」因以氏焉。自周至于有唐，或卿或相，代有其人，諜具載其美，此略」而不書也。曾祖瑾，皇朝贈工部尚書；祖希烈，皇朝左相許國公；父汭，前太」僕少卿兼少府少監。公即少監之長子也。性本純直，志敦禮樂，交不」苟合，言必依仁。年八歲，弘文館明經擢第，起家補太子通事舍人，次」授宗正寺主簿。屬國家喪亂，時俗衰薄，公心尚玄寂，欲忘官情。無」何，澤潞節度使相國李公特以表薦，拜潞州大都督府録事參軍，三」載于兹，六曹是肅，黠吏屏迹，公勤著聞。上黨之風，人多狡猾，屬縣宰」吏，屢有變更，相國嘉公之才，美公政，所知是舉，又以上聞，制除長子」縣令。三年政成，解印而去。及□堯舜御宇，江漢再清，時少監受命」分司，居于東洛。公志全忠孝，願在庭闈，調補河南縣丞，次授虢州湖」城縣令，次授河南府户曹參軍，加朝散大夫。天寶中，許公秉國政，金」印紫綬者一門卌餘人。公生當其時，少而從事，不以榮寵自貴，唯以」政理爲心，公清廉儉，禀之天性，故累居郡府，皆著嘉績。及罷河南掾，」箱無匹帛，倉乏斗儲，膝下承顔，閑居門自樂，雖時俗或議，君子韙之。」久蕴調鼎之才，未展經邦之志，不幸短命，以貞元十年九月二十二」日寢疾，終于宣教里之第，行年五十有七。嗚呼！慈父在堂，嗣子猶稚，追」念泣血，哀感鄰人。夫人河内縣君隴西獨孤氏，禮敦四德，義重三從，不失」帷堂之儀，有過崩城之痛。明年夏四月十二日，葬于北邙山之原，禮」也。仲則不敏，得事高門，顧非衛氏之才，實愧郗公之遇，用之貞石，以紀斯」文。辭曰：

有嬀之胤，潁川之祥，積善之慶，惟公是彰。冀其永久，用爲棟梁，天不憖」遺，哲人斯亡。邙山之上，河洛之陽，千秋萬古，松栢蒼蒼。」

（周紹良藏拓本）

貞元〇六五

【蓋】失。

【誌文】

于府君墓誌銘

府君諱昌嶠，字光宇，本安樂郡人。缺第于文公之後，近祖昭理，蘇州刺史六從之孫。府君立性温和，爲人敦厚，權利刊官，知其禮節。委以小鋪之惕，虔虔夕惕，若厲元咎，嗚呼！直心奉公，不保餘慶，享年卌有七，貞元十一年二月六日終於家堂。至七月八日，葬於新亭山之大墓，禮也。長子叔海，次子叔政，兄弟五人弱冠，小猶丱角，祖母孫氏，缺蕲缺慈親李氏，撫孤殞缺銘曰：

大墓高崗，新亭之陽，于子世代，千古流芳。

（録自《古誌石華》卷十四）

貞元〇六六

【蓋】失。

【誌文】

唐故劉府君夫人杜氏墓誌銘并序」 鄉貢進士劉巨川撰」

夫人姓杜，□□京兆人也。自魏晉已來，冠冕相繼，載于」史缺中原盜賊奔突，避地東土，因家南」□□句容人也。父諱□，志好高尚，性唯沉雅，閨門之内，」□□而成。夫人即其第二女也。□□聰惠，夙閑箕箒，仁慈」□□閨則外聞。年十九，歸于劉氏，可謂姬嬴敵美，琴瑟□」□□族盛於當時□作□於後代，府君不幸，先夫人十」載□□德行□□□□夫人孀居晝哭，至孝成家，享」□□□□孫有序。何期積善無慶，遘疾彌留，於貞元十一年」七月十八日終于江陽道仁坊之第也，春秋八十有四。臨終之時，頓」□□□神色不昧，宛□平生。嗣子二人：長曰處鍠，前試上元縣」尉；次曰處巖，並早承庭訓，□□所稱，泣血居喪，哀毁過禮。屬年」月不利，龜筮共違，且以其年□月九日，權厝城南，後合祔先府君之塋，」禮也。□恐因循歲月，丘□□殘，見命斯文，用誌幽壤。銘曰：

□□□□□□□□名齊舉案，貌甚傾國。□□三從，□明四德，窆于荒原，松檟斯植。」

（録自《廣陵冢墓遺文》）

貞元〇六七

【蓋】　故田府君夫人冀氏合祔墓誌

【誌文】

唐故泗州長史試殿中監京兆田府君墓誌銘并序」

府君諱侁，京兆涇陽人也。曾祖宏，唐故光禄大夫、驃騎大將軍，」靈、冀等州刺史；祖崇，朝散大夫、恒王府司馬；父仁俊，朝」議大夫、祥州刺史之次子也。公豁達英才，氣雄志勇，少參戎武，」累著勳業，至如攻必取，戰必勝，安危定難，只在談笑，則公之德歟？」世不絶賢，尋拜泗州長史試殿中監，又歷諸府幕，權總職司，則」翰墨不能縷載。夫人清河冀氏，淮南節度押衙、開府儀同三」司、檢校太子賓客、景城郡王弈之長女也。皆軒冕盛族，令德備」聞，輔佐君子，實謂秦晉耳。公久主强兵，屢清淮海，功高望重，日」冀遷榮，所謂公禄及二千石，壽逾百歲。奈何上天不仁，屈公以短」曆，哀哉！貞元三年七月七日寢疾，殁于揚州江都縣贊賢坊之」私第也，享年五十。其時道路艱阻，未獲還鄉，權卜葬于揚州江」陽縣臨灣坊之原也。積善無慶，夫人小因沉痼，於貞元十一年」六月廿五日又終舊室。嗚呼！漂然寄家，親故乖遠，數歲之内，」淪謝相望。夫人作腹不孕，□又無别息，以姪孫益繼副其後。益」罄其餘産，奉舉大事，以其年八月廿七日，合祔於府君舊塋，」禮也。慮恐歲月遷邁，陵谷變移，所銘貞石，期於不朽。辭曰：」

功成業就兮身之云亡，事不可問兮悠悠彼蒼，駿馬錦衣兮淪形滅影，」寶劍金甲兮沉氣銷光。孤墳峨峨兮倚雲臨水，新栢肅肅滴露凝霜。」親友哭送兮從兹一别，永無返期兮泉路何長。」

（周紹良藏拓本）

貞元〇六八

【蓋】失。

【誌文】

唐金州刺史鄭公故夫人范陽盧氏墓誌銘并序」　監察御史裏行鄭易撰」

有唐貞元十有一年歲次乙亥，十有二月甲子朔，」廿八日辛卯，金州刺史鄭公夫人范陽盧氏終于」官舍。粤以十二年景子，三月癸巳朔，廿九日辛酉，」歸附鄭氏之先塋，禮也。盧氏之先，著諸史牒。曾祖」敬一，祖從愿，吏部尚書；父允，給事中」河南少尹；夫人即其季女也。笄而歸于鄭氏，温惠」淑慎，柔而不犯，和易以舒，罔厭於物，令儀令則，四」德聿修。撫諸子如己生，接娣姒如同氣，輔佐君子，」動不涉私，出入十載，累從外仕。啓手之後，笥無長」衣，篋無羸帛，識者聞而歎焉。嗣子前懷州參軍方，」銜恤護喪，泣血襄事，愿紀遺芳於貞石，庶傳之於不朽。銘曰：

猗歟夫人，夙有嘉聞，黄門之子，尚」書之孫。作嬪我家，先訓是式；春蘭并芳，崑玉比德。」舜華始茂，秋霜遽零，閲水東逝，厚夜冥冥。折蘭」茗於中圃，埋玉樹於幽庭，令問空在，泉户長扃。」

（周紹良藏拓本　河南千唐誌齋藏石）

【蓋】失。

【誌文】

□田府君□□并序」

公諱□□□，北平田氏，有虞之裔焉。則孟常以公族匡齊，武安以外姻」佐漢。其後子孫從官，今爲燕人。考諱莊，不仕，形神方雅，氣調孤逸，才堪」經國，學以潤身，伏道晦迹，時□俟用。公則莊府君之嗣子孫也。邁德於」前，鍾慶於後，文能體要，武唯□□，立身行己，終始若一。時爲親軍，授上」柱國，兵部選。屬天寶之年，戎馬生郊，避代丘園，終於别業，春秋卌有二。」於戲！驥足未展，玉樹斯摧，有其材而奪其壽，悲□何堪□□□□舊墟，」日月其除，霜露彌積，有若我□□□□□□□工部尚書□夫人」邢國夫人閻氏，則公之外子□□□□□□慎其儀，仁孝自天，柔嘉惟」性，事親之道，色盡其歡，非舅之思，心□罔報，因以貞元十二年丙子歲，」乃卜兆於淶水縣城北之二里。長山隱□而□挹，遠壑𣻆淪而斜渡。越」四月丁卯，葬我田公，故夫人石氏祔焉，禮也。有亡妹附於墓之甲，異塋」也；一新婦穴於墓之癸，同塋也；蓋親親之道焉。於是舉旌旐，備塗蒭，外」姻至兮墜路開，哀聲發兮泉室暗，天蒼蒼兮荒野，風蕭蕭兮白楊，爰摭」芳蹤，以誌於石。其詞曰：

綿綿本系，遠自帝嬀，因陳命氏，霸齊稱師。爰」及祖考，顯晦惟時，緊公閈出，于何不施？幼踐義方，博涉墳史，志凌霄漢，」俯拾青紫。長途未騁，天衢中否，徒欲臨川，翻悲逝水，埋魂幽壤，委骨窮」廬。頃以亂離，幾歷冬春，曰若邢國，韞德懷仁。因心則孝，非舅誰親？占」星考穴，卜地疏塋。玄閭載闢，白日重明，塗蒭備禮，神理惟寧。薄暮」人煙斷，空餘松栢聲。」

（周紹良藏拓本）

貞元〇七〇

【蓋】失。

【誌文】

唐故鴻臚少卿貶明州司馬北平陽府君墓誌銘并序　鄉貢進士劉長孺撰」

少卿諱濟，字利涉。在晉處父進賢能，居宋給事彰忠烈，人倫冠冕，無代無之。祖璡，武陟令；」父杲，潁王府騎曹參軍；道高位薄，故傳慶厥後。公禀嶽瀆之至精，鍾天地之醇粹，宏略」邁古，氣高蓋世。道不合不苟與，時未會不辱身。故御史大夫尚衡，仰公碩量，辟佑其幕」焉。籌畫必中，謀無遺策。後思條奏而難其人，緊公審於事宜而善於專對，請以入」覲，一拜肅宗，起家除監察御史，霜威凜然，斷山孤立。時方艱阻，天子思將帥之」臣，乃轉殿中侍御史兼密州司馬，參典軍事。公以徐方許蔡當天下之咽喉，控江淮之」轉輸，表請名將匪忠勿居，由是元帥李公光弼領河南，御史大夫王仲昇鎮許蔡，咸請佐」幕，以公力焉。後太尉表公爲密州刺史，加朝散大夫，攝侍御史。未幾丁内艱，毀瘠過」制。後拜大理少卿。西戎叛換，又加御史中丞，持節和蕃。宣王猷於絶漠，俾狂虜而來庭，」干戈用寢，公之力也。噫！獨正者危，孤高失守，出爲潭州刺史，轉衡州刺史。遇觀察使被」害，公以賊臣逆子，罪之大者，遂率部兵，遽臨叛境。俄辛京杲至，靖譖害能，貶撫州司馬。」皇上登極，追念舊勳，拜鴻臚卿兼威遠營使。建中末，巨猾構釁，天子狩于梁祥，」公久嬰疾瘵，事出不虞，與李昌夔等闕扞牧圉，爲賊脅從，屢覘動静，間道表聞，有」詔嘉焉。旋京邑收復，公素無黨援，爲執政者棄善録瑕，降明州司馬。嗚呼！叔武捉髮尚」不免其誅，屈原忠讜終不免於逐，雖懷亮直，其如命何！公精明居内，禮樂飾外，不畏强」禦，無附權勢，神朗氣秀，爲時所憚，故遷迴於世，坎坷於時。自陷賊城，鬱憤成疾，以貞元元」年八月廿九日薨于均州旅次，享年七十二。夫人彭城郡君劉氏，國子祭酒瑗之孫，扶風」郡司馬爲輔之女。孝睦承家，閫儀聞族，不幸以建中二年十月廿二日先公而終。有女四」人：長適湖州司户隴西李翽，次適前鄉貢明經范陽盧平仲，次適城都府司録隴西李幼」清，幼適偃師主簿蘭陵蕭儼。公無子，後事付盧氏之女焉，故寢食不遑，以謀返葬，哀號千里，」來讙裳帷，歸于洛陽。以貞元十二年七月十三日窆于平陰鄉北邙山之原，與夫人合」祔焉，禮也。嗚呼！公孝於家，睦於友，故左僕射、徐州伯張公，不渝平生之情，特加賵贈之」禮，由此知公之遺芳也。敢揚盛烈，以昭景行。其銘曰：

于嗟陽公，神朗氣雄，識度弘遠，如海之容。歷卿典郡，載振清風，萬里和戎，」九夷來同。命有屯蹇，孤高者仆，謫彼遐荒，遘此淪没。乃卜乃筮，遷歸洛陽，」于以宅兆，北邙之崗。松柏蕭蕭，瀍水湯湯，王既埋兮永幽隔，痛無嗣兮承餘芳。」萬古臨兮有明月，魂兮魂兮留此鄉！」

（周紹良藏拓本　河南千唐誌齋藏石）

貞元〇七一

【蓋】失。

【誌文】

唐故朗州武陵縣令博陵瞿府君墓誌銘

府君諱令珪，其先本博陵越人也。蓋帝嚳之末裔，□□□□□□晉永嘉二年，遷于南楚。曾祖詮，皇長沙縣令；大父□□□□□□□軍；考曰智，皇國子助教；纂承儒業，□□□□向二百年□□夫人南陽張氏，世傳冠蓋，奕葉簪纓。府君則國子監助教第二子。幼而孤天□□□弟更相誨訓，未嘗從師，早歲業成，各登上第。府君以□□□解褐曹州乘氏縣□□□□仕標□邑□□元年，遷峽州長□□□百里稱賢頌□□□大曆□□□安州雲夢，守節奉法，猾吏秉心。貞元歲，授朗州武陵，去獸逾境，逋亡來歸，從官四任□政大夫。以□□字人□稱其善，公庭訟息，□館□□愼始令終。府君□□武陵謝秩東告于歸南維舟衆人瞻仰，凡廿八載，守道不仕。何圖皇天不弔，降此哀禍，嗚呼！元穹何昧，□□材賢，時貞元十二年龍集景子三月遘疾，七月庚寅卒于□縣私第。夫人廣平程氏，令淑有聞，威儀組紃，敬事□先姑□□□以大曆年先府君而終。府君享年七十有八，有子三人：長曰佣，官至左衛兵曹參軍；次子伾，鄂州武昌縣尉；少曰佋，□州□□縣尉。孤子佣等，茹荼淚血，號訴聞天，視庭户而蕭條，覩空堂而寂寞，長幼孤露，一門無恃。以其年十月四日遇青烏之吉，歸祔于鄂州江夏縣長樂鄉順化里黃鶴山西麓之原，禮也。孤子佣散□亂□號泣請銘，謹以爲誌。銘曰：

於戲□□□□著則。其一。積善于家，肅穆清華。其二。克儉克勤，榮禄□親。其三。四從歷政，一門承蔭。其四。天道何昧，降斯災害？其五。神道胡欺，遘此禍□。其六。冀保眉壽，皇天不祐。其七。庭闈蕭索，孤幼無託。其八。驚魂慘色，哀號罔極。其九。痛割心腸，仰訴穹蒼。其十。壽堂伾啓，遵其經禮。十一。一□□土□刻萬古。十二。

孤子佣述並書。

（録自《古誌石華》卷十四）

貞元〇七二

【蓋】唐故李府君墓誌之銘

【誌文】

故越州大都督府餘姚縣令李府君墓誌銘并序」

有唐貞元十年五月廿日，故越州餘姚縣令李公即世於揚州旅館，」邦家殄瘁，朝野涕零。公諱汲，字寡言，趙郡人也。若其遠葉重光，綿歷」三古，立功立事，備在圖書，略而不言，詞尚體要。曾祖陵，魏州録事參」軍；王父藏，滄州景城縣令；考暉，儀州別駕。公胄自聖祖，生於」皇唐，嵩岳降其靈，玄元遺其烈。三美相應，鍾爲材賢，文華煥」發於生知，廉讓不因於師教。其嗜學也，不循章句；其脩詞也，不尚浮」華。發言吐志，皆以安國濟人爲務，故射策之科，三升異等；理人之職，」四著令名。其嘉績昭彰，煥然可紀。廣德初，國家廣延賢儁，待」以不次之位，公乃買符西上，獻策金門。郄詵得桂於東堂，漢主擢弘」爲上第，乃自釋褐超遷楚州録事參軍，次任馮翊縣尉，幹公多權變」之才，佐邑有撫綏之道。次任陜縣丞，贊理之餘，掌郵成美。次任汜水」縣丞，累更劇地，日新其德。次任餘姚縣令，所以子人濟俗，展平生之」志，户口增倍，歌謡至今。及辭滿歸北，朝廷方將大用，而天不」祚國，奪我才彦，悲夫！享年五十九。夫人蕭氏。長子昔，前上仗宿衛；幼」子曾，鄉貢明經；德行才略，皆有父風，居喪過禮，發於至性。以貞元十」二年十一月廿二日遷祔於洛陽縣北邙山之先塋。噫！埋玉樹地中，」使人情何已。薤晞朝露，痛浮世之不留；松詠長風，與芳聲而自久。銘」曰：

聖緒綿邈，肇於玄元，世有賢哲，慶流子孫。其一。公蘊大器，生此主國，懷策救時，養人樹德。其二。炎火焚玉，秋霜敗蘭，才方濟世，天不假年。其三。月弔幽墟，煙凝寒栢，陵谷日變，芬芳不易。其四。

貞元困敦歲辜月後旬有二日建。」

（周紹良藏拓本　河南千唐誌齋藏石）

＊ **貞元〇七三**（與開成〇四六重出，此當刪）

【蓋】唐故贈隴西縣太君李氏墓誌

【誌文】

唐故滑州白馬縣令贈尚書刑部郎中樂安孫府君夫人贈隴西縣太君隴西李氏遷祔墓誌」

太君李氏，姑臧公後，代爲鼎族。王父皓，博州」司户；父宣，宋州楚丘尉。貞元丙子十一月十」二日棄背于鄄州，開成庚申十一月廿四日，」嗣子景商，自鄄州啓護，歸祔于東都」先考之塋，縣曰河南，里曰陶。三女：次適竇氏，」幼未嫁，皆早世；長適崔氏。二子：長曰霸，不育；」次景商，今任殿中侍御史，娶河南于氏，生孫」男五人，女一人。今皇帝嗣位，詔贈」先考尚書刑部郎中，」先妣封隴西縣太君，皆以積德懿範，垂訓于」後嗣也。其系胄備于前誌。嗚呼！昊天罔極，欲」報何因，銜冤泣血，以爲後誌。

嗣子朝議郎行殿中侍御史上柱國景商撰書。」

（武漢大學歷史系藏拓本）

貞元〇七四

【蓋】失。

【誌文】

唐故殿□□御史張府君夫人河南源氏墓誌　第三子鄉貢進士士階奉述并書」

源之著姓，肇自後魏，代有明德，且公且侯。」夫人皇相州刺史諱修業之曾孫，同州刺史諱光」乘之孫，光禄寺主簿諱侹之女，吏部郎中李公諱林放之」外孫，林放即相國林甫之母弟也。夫人生於貴」盛，德禀柔和，動合禮經，居爲人範。始以早孤無兄弟，奉慈」親敬養如子。及事姑，承順之道，加於人一等矣。若乃輔佐」先府君，光著忠謇之節，晚歲尤棲心於禪寂，葷脩不雜，僅」廿年，操尚高明，慈仁深至，求諸簡策，鮮可爲鄰，不然，何以」敦睦三族，垂裕六姻？彼蒼者天，奄忽棄背，貞元十二年夏」六月甲巳，終于洪州，隨子故也。享年六十有二。以明年丁」丑春二月丁巳四月庚申合祔」先府君於河南府河南縣金谷鄉焦固村先塋之次，禮」也。初夫人生三子一女，女適隴西獨孤氏，不幸短」命，先夫人十九歲而亡。時長子士防，前滑州韋城」縣尉；次子士陵，府試左驍衛倉曹參軍江南西道支使，皆」以夙承慈訓，不隕門風。小曰士階，屢從鄉試，方求」禄養，天奪其愿，哀何有窮。以爲志陵谷者，其在貞石，石既」礱琢，泣血而書，至於勒銘，闕而不載，斯示後代，以有所哀」敬焉」

（北京圖書館藏拓本）

貞元〇七五

【蓋】王公韓氏夫人墓誌銘

【誌文】

唐殿中監博野縣鎮遏大將太原王公妻韓氏墓誌銘并叙」

夫人潁川茂族，家世雄傑，遠祖至于父昆，凡九世爲此」邑人也。貌美心善，性自天得，女史婦言，動有所禀。自」結褵歸室，十有二載，每晨昏就舅姑之」堂，盥嗽箕箒，手執躬奉，爲將軍之妻，玉珍□」之位，儉服素容者，未之前聞。嘻！有桃李之禯，無」松篁之壽，奄遇疾未旬而喪，春秋卅有二，哀哉！有兒」女二人，長始七歲，未知死爲永訣，猶啼而呼之，撫視」增慟哭矣。庚申，權殯於城之右隅，塗車蒭靈，不豐」其禮。公全家素帷，行哭春路，小草新柳，堪悲」盛年。燈作夜臺之晨，鏡爲泉下之月，欲示其久遠，」刊貞石以銘。銘曰：

書年勒銘，閉之泉門，歷千終以萬古，知夫貴而妻尊。

貞元十三年歲次丙子三月癸巳朔廿八日庚申記」

（國家文物局古文獻研究室藏拓本）

貞元〇七六

【蓋】失。

【誌文】

唐故監察御史裹行太原王公墓誌銘并序　族弟盧龍節度掌書記監察御史叔平述」

公諱仲堪，字仲堪，其先太原人也。弈世珪鼎，紛綸葳蕤，國史家譜，詳之備矣。十九代祖西晉」京陵公渾，位極台司，功格帝室，胄胤枝散，遍於九州；五代祖沖，徙居幽州安次縣，子孫家焉，今則」又爲邑人也，爲郡右族，繼生才賢。曾祖掞，王父幹，儒墨傳家，以孝悌自任，故時君不得而官之」矣。皇考令仙，蘊孫吴之術，好立奇功，累以勳伐，稍遷大理評事，公即評事府君之元子。生」而岐嶷，體備剛柔，越在齠年，便志於學，逮乎弱冠，乃爲燕趙聞人。經史該通，詞藻豔發，本」道廉察使賢而薦之。自鄉賦西遊太學，羣公卿士聆其聲而交之，所居結轍，名動京邑。大歷」七年，進士擢第，稽古之力，自致青雲，所謂拔乎其萃爲山九仞者也。解褐授太原府參軍事，居」無何，丁太夫人憂，服闋，本道節使奏授幽州大都督府户曹參軍，以能轉兵曹參軍事。雍容」府寮，名檢標舉，局無留事，庭宇生風。節使嘉之，俟其碩畫，乃奏充節度參謀，拜監察」御史。盧諶本郡，未足稱榮；買臣居鄉，豈云顯達。我」相國彭城王方任以參佐，弘贊廟謀，略邁韓彭，幕繼袁伏矣。以爲諸侯聘問，歲惟其常，」妙選行人，以通兩君之好，十二年冬十一月，公奉使於蒲；春二月，旋車自蒲，經途遥遥，旅次雲鄗，以」貞元十三年二月三日不幸暴殂於望巖之傳舍，享年六十有四。嗚呼哀哉！自古有死，人誰不終，」公有厚德而壽不永，公有全材而位不高，則梁竦悲乎州縣，馮唐老於郎署，可以言命矣。以貞」元十三年二月十七日殯於薊東之别墅，從權也。以其年四月六日遷神於薊縣燕夏鄉甘棠原，禮也；」不祔舊塋，從先志也。次弟仲坰、季弟僧法源等，悲摧雁序，痛折連枝。嗣子存次子較方在幼童，茹慼過禮；」子壻前鄉貢明經清河張存，義感於情，眷深國士，慮絶故老，永遺志業，刊石紀德，銘而」旌之，所謂没而不朽者矣。銘曰：

易水湯湯兮燕山崇崇，有斐君子兮穆如清風，」簪筆拽裾兮佐我上公，直哉惟清兮允執厥中。奉使于蒲兮自西徂東，天胡不仁兮如」何道終？丹旐戾止兮啓兹玄宫，青松森列兮永翳我宗，悲壯圖兮已矣，惟芳名兮不窮。」

（録自《京畿冢墓遺文》卷中）

貞元〇七七

【蓋】失。

【誌文】

唐故寧遠將軍守左金吾衛大將軍隴西李公墓誌銘并序　從姪鄉貢進士藝通撰」

夫爲淳源支流一派後揖先軌者，蓋組宗子相襲焉，由是士□時望，扃扇和風，昔附載簡書，何必獨於前聞也。公諱宗卿，字同系，臨汝郡人。曾祖蘭州刺史日周，祖朝散大夫、嘉州麟遊縣□瑱，考朝議郎、泗州虹縣尉援，本以敦序□祖，沿訓於孫，忠孝□時，衣冠及位。公遁亮取時，宏性測物，勵躬祇廙，克事泝窮，固能并仁緝家，兼難濟國，操節侔摺，拖義爲紳。常以顯□□□隱融清猷，與友生評談，志非苟進。會千道并泰，則何宦而□□自董武崇階，總兵六郡，樹勳江佐，恩旌一門，□□宗族處朝，襄交在位，隙何内鳫，冀乎政名，中年達身，□人所貴，而公植其風忽遺其命也，時貞元十三年歲次丁丑□二月二十九日，終于夏口官舍，嗚呼！春秋六十有二。夫人汲郡康氏，毀躬慟號，殆不全性。長子德方、次子直方、宏方、季子幼方等，主奠彌天，哀罹若滅；長女適於河南元氏，先公之淪；次女十六娘，已許於天水趙氏；幼女十九娘，歸於釋門；皆茹泣貫心，□于感巷。以是年夏五月十一日權殯於長樂鄉黃鶴原西山之陽，禮也。於戲！條幹挺空而見摧，君子不幸於中□所以□□□旐將必竭於生誠。藝通忝殊眷孟伯之子，恭命爲詞□□□□敢不殫於瑑述。銘曰：

杳杳邃氣，澄澄汪容，自仁其性，飾己惟邕，顧巖作度，□□□□。其一。噫云夢奠，倏歎頹梁，隳輪阻轍，彫翮沈翔，代□馳□□□□彰。其二。曙興神輦，告赴原塋，卻負山勝，前據郊平，□□哀□□□至情。其三。」

（録自《古刻叢鈔》）

貞元〇七八

【蓋】大唐故石府君墓誌銘

【誌文】

唐故張掖郡石府君墓誌銘并序」

府君石氏，諱崇俊，字孝德，其盛族徽烈，家諜著焉。府君以」曾門奉使，至自西域，寄家於秦，今爲張掖郡人也。祖諱甯芬，」本國大首領散將軍；皇考諱思景，涇州陽府左果毅。洎」府君爲傳家之慶，受天之休，德禀生知，道符曩哲，雅尚幽致，」素踈宦情。嘗憤天下之人皆徇其私也，多以爵禄自貴，名位」相高，而府君執心有恒，秉志不奪，忠信是保，恭恪逾彰，徵」之古人，孰與齊列。而後迴向釋氏，克崇勝因，轉讀真乘，冥合」旨趣，了然懸解，覺性圓明。有子曰清，奮發英才，欲□聞達，」故太尉兼中書令李公當總戎戡難之際，舉事立功之時，」遂陳韜略之機，果獲特達之遇，表以聞薦，授左威衛左司」戈，掌劍南道泉穀之任。公家之事，纖芥無虧。以其領務歲深，」固辭歸養。太尉以仁惠之眷，乃遂宿心，懽愉未央，不幸遭」疾，以貞元十三年二月二十日終于羣賢里之私第，享年八」十有一。夫人洛陽羅氏，温淑閑茂，禮法克修，晝哭聲悲，素帷」心苦。孝子茹毒，毁瘠滅性，銜哀問禮，拉血喪事，即以是歲八」月十九日葬于長安平原，禮也。嗚呼！仰昊天之德，深罔極」之恩，託以爲文，式旌厥美。銘曰：

茂德休慶，繼生賢良，濬流浩浩，雅度汪汪。砥節勵行，隱世韜」光，迴依梵化，頓入真場。令子榮達，金玉鏗鏘，既獲寧侍，如何」降殃！新墳之兆，古原之陽，雲煙慘慘，松柏蒼蒼。」

（北京圖書館藏拓本）

貞元〇七九

【蓋】失。

【誌文】

唐來公故夫人京兆田氏墓誌」

有唐貞元十三年，歲次丁丑，八月己酉」朔，六日戊子。夫人田氏，京兆人也。登」笄之年，歸于來氏。君子諱治安，乃榮公」之裔，謂居清顯，高尚不仕。夫人德容」婉淑，婦道彌彰，内外和顏，柔順親族。不」幸染疾，藥石無救，終于揚州江陽縣崇」儒坊之私第，享年卌有八。生子女二人，」男曰永哥，女名娥兒，幼在嬰孩，哀哀哭」泣，聞之慘悽。即卜其年九月庚戌十二」日，安厝蕪城之東仁善鄉千秋里之原，」禮也。故刻貞石，永爲記之。銘曰：

蒼旻何爲？殃及田母，生而賢明，」清魂□去。森森松柏，渺渺冥途，壠隧高起，逝水嗚呼！」

（周紹良藏拓本）

貞元〇八〇

【蓋】失。

【誌文】

唐故元從定難功臣金紫光祿大夫行左金吾衛大將軍兼試殿中監上柱國彭城縣開國侯劉府君墓誌銘并序

府君諱昇朝，字昇朝，其先沛國彭城人也。高祖丕纂鴻業，頒封昆季，俾弟交王于楚，分秩實茂，公其繼焉。先因厥官，寄家京兆，今爲涇陽人矣。曾祖諱敬，皇左武衛折衝；祖諱柱，皇贈太府卿，偕當代英髦，爲人師範。考諱奉進，皇驃騎大將軍、贈開府儀同三司，識達古今，道高前哲，聲播遐邇，垂裕後昆。

公即開府第二子也。忠直自然，孝友天假，幼而俊邁，弓劍絶倫，身長七尺，腰帶十圍，容貌魁梧，力能扛鼎。頃羯胡構亂，元從靈武，肅宗辟爲細臣，俾覘賊勢，晝伏宵征，往返十度。逆黨弛張縱捨，悉皆聞奏，隨機應變，致天之罰，選爲射生。剋復後，北鄙猶虞，党項憑凌鄜、坊、丹、延等州，帝擇爲假迴紇首領，領五百人登山涉川，環崖透谷，若秋鶻之擊羣雁，如韓盧之逐狡兔，所捕必獲，捨之無遺，功加上等，改實應衙前將。代宗幸陝，元從扈蹕，勵節竭誠，忘其寢食。旋復後，大曆十四年，上分御苑之師，鎮守畿甸，特授十將，鎮雲陽縣。洎朱泚暴亂，鑾輿出狩，首末元從翊衛。還，官金紫光禄大夫兼殿中監。前後三朝元從功臣，特承寵渥。及夫年過從心，功成身退，持齋念佛，修未來因，忽嬰疹疾，藥餌不救，以貞元十二年六月十二日，終于輔興里私第，春秋七十二。嗚呼！天喪善人，何其速歟？夫人李氏欒棘纏悲，循陔興感。長子全稱、次子叔端等，並崩心泣血，杖而能起，匍匐問吉，龜兆叶從。即以十三年□月十一日，安葬于先塋西，禮也。峘詞殫識寡，不足叙其□音；昆季情殷，乃敢傳其遺烈。銘曰：

吾兄奄逝兮去何長，盛德雄名聞四方。身瘞泉臺兮常寂寂，青松明月兮空蒼蒼。

弟峘撰并書

（録自《陝西金石志》補遺上）

貞元〇八一

【蓋】唐趙郡李氏幼子墓銘

【誌文】

趙郡李氏子小字侯七，壽州刺史府君諱規之季子。以貞元三年歲次丁卯仲冬之月抱疾，夭逝於宣州當塗縣，年垂志學矣，乃權厝於廬江之南郭，祔先君之旅塋，蓋聖善痛念深意也。至十三年丁丑，長兄將順、仲兄簡能自江淮奉先府君先夫人之喪歸於河南府緱氏縣公路澗西原祔王考之兆域，因亦營護其櫬，陪列松檟，申友愛也。嗚呼！惟爾幼弟，生而岐嶷，敏鋭之性，發於童年，親黨異焉，僉有所屬，而不幸之至，夭於下殤，所謂家門不競矣。況爾惠爾幼，而我尚存，天乎何哉！顛倒其理。以其年十一月三日甲申窆焉。大兄將順銜哀撫柩，誌于幽隧。

（周紹良藏拓本）

貞元〇八二

【蓋】失。

【誌文】

朝請郎試澤州別駕蔡公故太夫人弘農楊氏墓誌銘并序　宣德郎試太常寺協律郎楊令言述」皇朝議郎試太子洗馬蔡公諱元雪夫人楊氏，寢疾于潞，以」唐貞元十三年丁丑歲春正月十日終於家，春秋七十八。」尅其年冬十月十有八日，自上黨郡扶護歸葬于相州西南」廿里平原，以十一月三日合祔于故君舊塋，禮也。夫人則弘農」華陰人，故翊府中郎將崇昭之長女。家傳藻翰，代襲簪裾，自」兩漢至於隋唐，衣冠繼世。夫人令質貞明，雅容淑慎，有葛」覃女蘿之德，蘊桃夭卷耳之志，動容成紀，率禮蹈和，訓子爲」孟柯之母，從夫合梁鴻之婦。嗚呼！天監何昧？哲人云亡，惜短」景之不留，痛逝川之長往。

温家臺上，玉鏡空懸；徐氏堂中，風」生長簟。凄涼松栢，猶悲薤露之歌；杳鬱陵原，徒縈蔓草之」歎。嗣子別駕公英華，以正直立身，公忠事主，曾任以王務，剋」貞剋明，瓌姿偉才，氣貫河岳，茹塗泣血，扶護靈筵，跋涉」三冬，雲山千里。白華起詠，追思懷橘之年；陟岵興悲，豈復躍」魚之歲。將恐再遷陵谷，年代有移，爰扣文儒，請茲銘紀。令」言敢不恭命，敬述嘉猷，輒課庸虛，乃爲銘曰：

桃之夭夭，有蕡其實，勉矣君子，宜其家室。其一。積慶無涯，」爰驚斯疾，珠沉洛浦，露零朝日。其二。恐遷陵谷，慮變星霜，勒」石鐫金，地久天長。其三。」

（録自《鄴下冢墓遺文二卷》卷下）

貞元〇八三

【蓋】失。

【誌文】

唐故朔方節度十將游擊將軍左内率府率臧府君墓誌銘并序　布衣楊遂撰」

府君諱曄，字曄，東莞人也。其先周文王之胤，伯禽之後，魯文公之少子」武仲封於臧，子孫因地得姓，至漢立瑯琊，東莞屬焉。至漢征西大將軍，」徐、青二州刺史臧霸，公之遠祖；至晉改瑯琊爲郡，以莒爲縣，即公之氏」望，世推大族。至隋太尉、四鎮元帥、洛州刺史、東莞莒國公質，公之六代」祖，金柯玉葉，散滿朝野；曾祖諱善安，皇銀青光禄大夫、安北都護、」豐州都督、河源軍使；祖懷義，皇絳州朔田府折衝都尉，考方直，皇」安北都護、鎮北軍使。公即鎮北軍使之子，朔方十將、游擊將軍、左内」率府率、上柱國。以天步艱厄，躬親翦誅，與安禄山暴兵交戰於潼關，」元戎哥舒翰失律，公分兵水戰，不剋，溺於黄河，嗚呼命矣！公有二子，是」時幼小，以將門傳業，皆英明而達，長曰昌裔，曉張留侯之三略，兼吕尚」父之六韜，投筆遇用，有逆臣朱玼入長安城，萬乘驚出，」至奉天，固守新」城，急難之秋，爲大將，領甲兵，頻中刀箭，流血毀形，重圍旬日乃解。上知鬭苦，」詔書勞問，特敕賜定難功臣加定遠將軍、左金吾大將軍、試鴻臚卿、上柱國，封」東莞郡王，食三千户，不墜家風。淮南節度押衙，光元戎之幕府；同節度副使，」可謂鵬之揣風。然廊廟未登，知令望即如舟檝，知孝行久能安親。公少子昌嗣，丹」延節度正將，朝散大夫試汾州司馬，不幸早世。公二女皆適貴族。夫人蒼梧翟」氏，南陽郡君。夫人父義方，皇金紫光禄大夫宥州刺史。訓女有四德，嬪于我公，循采」蘋之詩，脩内則之禮，不遂松竹相映，少罹金夫之禍，時艱旅寓，不勝居孀之苦，以貞元十」二年十二月十日楊州遘疾，終於客舍，春秋七十三。有遺命曰：吾考妣松栢在洛城西」北金谷鄉，愿早歸祔塋葬。長子銜哀受命，於金谷鄉之原，近外氏塋卜地，以貞」元十三年十一月廿一日合祔，奉周公之禮，副亡妣之愿，畢矣。嗚呼！長子」又悲先君在日，與禄山兇寇潼關水戰，形神没於波中，痛奔尋之無處，」禍不因疾，未耳順而終，泣血茹荼。服闋就職，事親能負米懷橘，居喪見殆」毀過禮，慮陵谷有變，請誌記之。銘曰：

於昭烈武，獨步英高，戰敗何早，魂逐波濤。葛覃之德，適于君子，榮盡合」祔，孰不悲矣？天高難問，神理幽玄，雙魂一穴，永在冥泉。」

（周紹良藏拓本　河南千唐誌齋藏石）

貞元〇八四

【蓋】失。

【誌文】

有唐太原王公妻上谷侯氏墓誌銘并序」

夫人姓侯，字僧娘，上谷漆水人也。祖元□」皇朝任貝州别駕；父子良，任右龍武軍都」知寧遠將軍、左武衛翊府左郎將，即父之」次女也。年十七，歸禮王門，色養姑族，積仁」獻和，上匪眗溉，因□照而罹沉瘵，心悱襲」氣，痛皇蒼而降災，以貞元十三年十一月」廿六日終于河南府脩善里，春秋廿一。嗚」呼！霰凋蕣華，時摧蘭蕙，天意人事，命難表」玄。以其月廿九日卜厝邙山之陽，惟神永」固，緒慶後延，痛尤引遽，刊略□遠。銘曰：

猗歟令孝，華年零藹，松月蒼蒼，日夕千載。

兄鄉貢明經造撰并書。　鎸字人韓義昌。」

（周紹良藏拓本　河南千唐誌齋藏石）

貞元〇八五

【蓋】失。

【誌文】

唐龍花寺墓志銘并序　進士陳叔向撰

俗姓王氏，法名實照，得釋門真旨，深智惠妙，淵宗佛裔，□顯烈不書，嘉上乘也。父思誨，味道高情，雲鴻淡慮，糠粞㪚冕，糞土榮豪。師則府君第三女，移天張氏。相奉如賓，良人云亡，剃髮緇服，咀嚼經誡，蹂踐禪律，□江滓志，覺性斯形，觀空練心，了得諸法。嘗曰慈雲高飛，法雨當歇，輪迴世界，吾其久歟？貞元十三祀丁丑秋季月旬有九日捐生本寺。遺體之年七十九，僧臘之食三十二。沙彌滿悦、姪前吏常選克正，塵心悲慟，牽禮飾情，以其年十二月十九日敬奉色身，藏諸塵土。銘曰：

□□商山，滔滔渭川，時至竭滅，我法長懸，朗月松風，孤墳巋然。

（録自《陶齋藏石記》卷二十八）

貞元〇八六

【蓋】失。

【誌文】

唐故特進行虔王傅扶風縣開國伯上柱國兼英武軍右廂兵馬使蘇公墓誌銘并序　將仕郎守秘書省校書郎房次卿撰」

貞元十四年六月廿九日，文武之上將，社稷之忠臣，特進行虔王傅」兼英武軍右廂兵馬使蘇公薨于位。」皇帝輟食去樂，賵賻加等。公諱日榮，字德昌，京兆武功人也。得姓受氏，著」經見史；孝家忠國，角立傑出。曾祖德瑶，中散大夫、翼州刺史；祖知廉，銀青」光禄大夫、甘州刺史贈尚書左僕射；並積善種德，餘慶垂休，鍾秀於公，公」克負荷。天寶初，以一子出身授安鄉郡大夏縣丞，文理優柔，縣境和洽，時」無軍旅之事，方脩俎豆之儀。無何，禄山始亂，四海兵興，於是慨然有投筆」之心，枕戈之志。時客遊靜邊軍，乃陰結豪猛，潛期殄除。至一暮夜，義徒竊」發，遂斬逆將安守一、周萬頃以甘心焉。玄宗異之，特遷右清道率，充振武」軍副使。至德初，領朔方三郡之士，衛北極九重之嚴，奮千人被練之師，殲九蕃同羅之衆，」拜右領軍衛將軍。宇宙載寧，乘輿返正，轉本衛大將軍。蠻夷亂華，天子巡陜，」率紀綱之僕，爲腹心之臣，封扶風縣開國子，除右千牛衛大將軍。主上龍飛，録功」班爵，當監撫之日，有調護之勳，改右武衛大將軍，充仗内教坊使。六師無闕，八音克諧，」寵榮一時，熏灼四海。過有小譴，情實寡尤，貶萬州司馬。跼蹐惟省，精誠感通，俄而優」詔追還，恩遇如舊，遷右監門衛將軍，遽昇本衛大將軍，又歷韶王傅，復用」虔王傅兼英武軍右廂兵馬使。方嘉節制之能，將付旄鉞之任，而天玄莫問，神」寂奚徵，知命順時，即世從化。時年七十有九。嗣子審、宙、定等，以貞元十四年八月七日泣」血徒跣，扶護靈輀，歸葬于東都河南縣金谷原，安定郡夫人智氏祔焉，禮也。公」幼而好學，事親竭力；長而尚氣，許國亡軀。身已貴高，接下之禮有餘；節彌清亮，□」人之急不倦。居常秉金玉之度，臨敵奮貔虎之威。德著有不勝之容，功多無自矜之」色。故得久承密恩，雖疾轉任，獨蒙殊渥，既歿猶思加以鑒裁知人，推引得士。辛太原」之豪傑，事公以師儀；渾河中之功名，敬公以兄禮。其餘茅土之俊，公卿之妙，無不昇堂入室，」結友定交。嗚呼！人之云亡，邦國殄瘁。成蹊之感，復睹斯時；大樹之悲，寧聞往日。著金石之悠」久，備陵谷之遷移，乃爲銘曰：

功名開國復承家，崇堂邃宇延綺羅，賢豪英達」來經過，前妙舞兮後清歌，愁時少兮歡樂多，一朝棄捐託山阿，聖智勇力如之何！惟兹」刊石流惠和。

嗣子進士□□」

（周紹良藏拓本　河南千唐誌齋藏石）

貞元〇八七

【蓋】失。

【誌文】

唐故宋州録事參軍鉅鹿魏君墓誌銘」

□□□唐貞元十四年□冬十一月四日東」洛之汭，北邙之陽，懸棺而合葬者，有魏氏焉。」魏氏之先大矣，其胤宋州録事參軍防，克荷」前人之烈，故以能入官。天寶末，終于秩。時賊」□在郊，遂權窆州部。夫人河東裴氏，遘難江」表，殯于下國。逮今諸夏無虞，重泉復啓，雙櫬」□□，同穴于兹。松櫝方樹，君不幸無嗣，□女」河陽令河東柳錫之室，泣血茹哀，力□□□」□事；猶子前宋州司田參軍撫，親奉靈輿，且」□喪祭，豈止夫斂手足形而已。禮有之者□」□顧焉。君曾祖乂，治書侍御史；祖玄同，銀青」光禄大夫、户部尚書兼納言；父昭，鄭州滎陽」縣令；夫人父偲，定州司户參軍；盛德芳名，具」在史策家諜，此得略而不書，書其銘曰：

□洛湯湯，修邙蒼蒼，黄腸永閉，□□□央。合」□□古，古來多有，雙棺一穴，□□地□，貞石」□□，□

□□□。」

（周紹良藏拓本　河南千唐誌齋藏石）

貞元〇八八

【蓋】□□府君墓誌銘

【誌文】

唐故朝散大夫試恒王府長史前守瀛州司馬行德州安陵縣令上柱國宋府君墓誌銘并序」

朝散大夫公諱遏，字遏，其先鉅鹿人也。左金吾衛長史友信之孫，滄州樂陵」縣令晶之子。公幼而聰慜，多聞博識，風骨奇特，神如遊龍，韞山」岳之精，蓄江海之氣，恢恢焉聳擢乎士林。善卿君之筆札，有」文舉之辯談，利若吴鈎，明如秦鏡，邕和友悌，卓絶今古。身表」七尺，膚滿十圍，奇才秀容，光彩融溢，齋心守官，向逾四紀。豈」圖享年不永，去貞元元年三月十日，卒於德州安陵縣之官舍，時」春秋五十有一。以貞元十四年歲在攝提格十二月廿七日遷窆於涿」郡西北弘化之原，禮也。嗣子泰初、仲子若初、季曰霸初，臨喪」泣血，即今日之高柴；哀毁絶漿，豈昔時之曾子。恐陵谷」遷變，墜乎佳聲，乃勒貞石於泉户。銘曰：

卓哉大賢，靈秀邁俗，儒究書史，道窮符録。其二。家空四海，身備三端，」九臯鶴唳，萬里鵬摶。其三。四遷製錦，三拜題輿，政則置水，清則懸魚。」其四。克忠與孝，懷仁抱義，人頌清規，史標良吏。其五。惜矣良哲，遽見」湮淪，一歸幽壤，萬古窮塵。其六。簫簫平原，寂寂佳城，終天不」泯，唯有芳名。

（録自《京畿冢墓遺文》卷中）

貞元十四年十一月廿七日記。」

貞元〇八九

【蓋】失。

【誌文】

唐故行涿州司馬金紫光禄大夫彭城郡劉公墓誌銘并序　夫人弘農楊氏祔　宣德郎前節度驅使官試左衛兵曹參軍郭洪撰」

仁德忠貞，君臣之節義；理家孝悌，亦爲政之榮基。方府君能盡忠於」國，純孝於家，可謂忠孝雙全者矣。府君諱建，字建，漢室本宗，彭城是望。」昔因塵飛中夏，達士蓬征，逐勝而遷，燕臺應納，于兹數代，不復彭城，今即燕人也。自」大父以前，多遇荒虚不明，難爲具載昭穆。」故順化州刺史兼侍御史諱瓌，即其先人。府君伯季六人，房居第」二，元兄諱逸，青春之年，已喪人世，痛哉絶嗣。」府君天授仁孝，襲繼爲綱，閑居即共被同餐，分飛乃哀鳴霄漢。大曆中，詩書成立，」節行□天，特賜金紫光禄大夫行涿州司馬，仁佑勳賢，□乎千里。次弟九愛弟諱」迅，藝人文筆，儉素守官，行幽州司户參軍，再歷檀州司馬，謝於瀛州景城縣之」令長。其次弟十諱□才兼文武，勳業望重，歷職轅門，驅雞五邑，奄於潞涓」縣之仙宰。次諱述□□迴車，二宰大邑，終於涿郡歸義縣。季曰諱遘，守檀」州司法參軍，三十歲餘，已傾下壽。或曰鶺鴒羣翥，聖代急難，延及子孫，餘慶」未墜。府君歷任年代，碎務關心，祅氣俄臨，疾忽於甚，貞元十四年十二月八日」謝於□刺之公館，時春秋四十有五。有子兩人：長曰栻，次曰模，聰敏孝行，人所難」偕。模則殂於不幸，栻乃孝嗣奉先。有女一人，適吴郡朱氏，婦德世知，朱君早逝。」府君靈櫬，比者龜筮未□，權在大塋，今乃兆遷潞城西南舊里之原，禮也。哀」號送往，孝思未□□柴護儀毁容，誠可繼於曾氏□□當□相幼沐殊恩，」無路效於始終，誌銘記於貞石。詞曰：府君物望兮間氣自天，雙持文武兮聖代勳賢。雁行忽斷兮各没天際，」空存嗣子兮孝行相傳。新闕巍巍兮看成拱木，銘記昭昭兮將憑萬年！」

（周紹良藏拓本）

貞元〇九〇

【蓋】失。

【誌文】

有唐故東平吕府君夫人霍氏合祔墓誌銘并序　上谷侯造撰并書」

夫興家之道，存乎孝敬；立膺之義，歸于諒直。乘禮輿以致遠，執信」鼎獨堅者，莫惟於公矣。公諱秀，字思玄，其先裔於太公。太公生騰，」騰長子景，封東平侯，枝緒斯隆，其來尚矣。公則東平鄆城人也。皇」祖晉暘，皇考昕之，并含奇挺質，傳慶後昆，偕賁逸丘園，韜跡不仕。」公資忠踐孝，蹈德栖仁，居弱冠歲，于時燕將嗣逆，陵犯中原。公雖」居喪亂之間，痛身盡孝，不朝夕虧色養，匪斯須違親，時許之難，」譽高前古。公伯仲嗣嫡奉親，恒言令厚恤我後。洎公先門奄世，冥」命基心，篤友棣蕚，擇慎遊聚，以守辱爲利，以中庸爲常，得失不忘」義，喜慍不形色。乃儉而居實，有德無位，遂歸心内釋，性脩定慧，終」始保範，克謂歸全。以貞元十三年夏遘疾，日將無閒，以十四年八」月廿一日捐館于河南府陶化里私第，享壽六十九。公前夫人霍」氏，父岑，皇之長女也，年十四，歸于公。四行聿脩，七德咸備，來嬪高」族，婉令邕熙。先公之不淑，以大曆九年終於陜府，春秋卌五。其時」權措本郡。嗚呼！閔凶斯極，追言何建，再啓夫人舊宅，重附紟櫬，遷」于東周，以十四年戊寅歲十二月十五日合祔于邙山陽先塋，禮」也。後夫人清河張氏，宗姻仰則，娣姒欽風，自公寢疾，迄至喪紀，匪」於輕瑣，皆自執閲。弟皎次晏，并纏同氣之哀，永茹鶺鴒之痛。公嗣」子惟政，植性惟孝，稟訓能賢，集蓼充窮，瞻敬如在，造忝承族，敬聞」前風，託以誌之，涕書實録。其詞曰：

肇開祖德，遥慶營丘，靈源表祚，烈胤承休。其一。運不可避，時有燕兇，」惟公誕孝，安親全躬。其二。猗歟嬪令，作配仁賢，幼稟蘭懿，夙摧蕣年。」其三。月□高遂，風生松帳，刊礎穸臺，式旌徽尚。其四。」

（周紹良藏拓本　河南千唐誌齋藏石）

貞元〇九一

【蓋】失。

【誌文】

唐前衛尉卿賜紫金魚袋張公夫人太原郡君郭氏墓誌銘并序」

夫人諱儀，字少容，太原介休人也。隋銀青光禄大夫，邠、寧二州刺史，黄門侍郎，下邳」郡守，封須昌縣開國子懷道之裔孫也。皇朝户部侍郎、御史大夫、諸道鹽鐵轉運」等使清河張滂之妻，貞質淑亮聞於六親，純孝柔嘉備以四德，少而聰惠，長有令儀，」居親之喪，毁殆滅性，天之義禮，實以宜家。高祖遊素，皇朝累至吏部郎中，襲爵須」昌子。曾祖義同，皇朝散大夫、并州太原縣令。祖漪，皇虢州弘農縣令。父遠，皇」常州無錫縣尉。夫人即其長女也。爰自周室，洎乎皇唐，軒蓋相承，簪纓不替，子孫」蕃衍，代有奇才，漢出高人，彌加族茂，□□術士，亦自名昌，其枝葉聯綿，出入將相，女」娣芬馥，亦在宫闈。而夫人一門，累代清素，自隋六祖，兄有白眉，諱季膺，才名穎拔，詞」辯縱横，浙西觀察使李公栖筠一見奇之，辟杭州從事，提綱舉目，一郡風生，剖滯析」疑，諸侯坐肅。顔淵短命，知將地下修文；衛玠云亡，乃是吴中失玉。其季師者，亦文華」逸格，才用出羣，厚德深沉，碩量汪博，亦無禄早世，交友稱嗟。嗚呼！郭氏之門遂將絶」矣，所有一妹，亦盡凋零，唯有夫人，主其兩□，本家不闕，夫□無虧，共稱賢妻，亦傳孝」女。屬夫氏性直，邪不悦聞，廿年間，三度黜削，皆奉執公理，不容於朝，再謫炎荒，一」居卜枚，隨而便發，不憚□□□處閩甌，綿歷星歲。屬地多温濕，疾染膏肓，土無醫和，」宅有妖佐，讖言無度，得□□□以貞元十四年十一月廿六日遘疾，薨於汀州開元寺」別院，享年卌□，以貞元十五年二月廿八日啓翬，歸葬于東周洛陽。舊鄉邙山，有墓其」下，□□實亦合儀。以其年□□□□□□□是立墳壙，名封石窌，里號金庸，前山背」河，千古是宅。夫人早失□□□託□□□兄弟，不能自支。滂中年喪妻，納爲繼」室，幹敏臨事，敦睦□人，□□□□豐□□□□族内外，咸賀有妻。頃以滂多病年高，」謂君葬我，今則□□不死，翻乃葬□□終□□□□□顧女奴曰：夫□則直，朝刻不容，」遠謫炎荒，我來□□且□之冠蓋□□崇高□□千年□在膝下，死生常理，何恨如」之！但憂其夫，近來多病，男又童稚，未及與婚。有弟之喪，寄在燕趙；有妹之墓，旅于江」湖。時日未良，不及啓□，是其遺恨。時也命也！知之□何？□將聞之，不勝嗚咽，敬聞□」命，敢負誠言，恨不相□□□□□長路執紼而已。夫人有子叔虞，年未及冠，絕漿」泣血，號叫彼蒼，以□□□□□□潔餐省膳，須有叔虞，父又謫居，俱不得送，□□」棺柩，迴瞻室廬，又撫□□□□自攝，唯餘刊石，以紀貞芳，敬叙其□，乃爲銘云：

厚德汪洋，鍾慶靈長，□□□□□□□□馥，□□□□□□□□」門推淑德，家荷仁風，餘馨□□□□□□□□□□□□□□□□」子尚童蒙，夫將羈絆，護喪不護，□□□□□□□□□□□□□□□□」臨岐一慟，淚已成行，夫妻義重，離別神傷。

夫清河張滂撰」

（周紹良藏拓本）

貞元〇九二

【蓋】失。

【誌文】

唐貞元十五年歲次乙卯三（四）月廿九（十）日，有文儒之雅胤博學之」君子曰崔府君即堋於兹。府君」名契臣，字充符，博陵安平人。年」終五十，位至朝議郎、太子文學、」汝州長史、安平公皚之曾孫，監」察御史渾之孫，魏州魏縣令夷」甫之元子。不幸無嗣，自始歸全，」至于反壤，實從父兄之子輔卿，」哀以涖事，必誠必信，罔愧詞焉。」

（周紹良藏拓本　河南千唐誌齋藏石）

貞元〇九三

【蓋】失。

有唐山南東道節度使贈尚書右僕射嗣曹王墓銘并序」

故塋崗巒失地，風水所侵，門子象古、道古、執古以人謀從古，龜長協吉，粤以貞元十五年歲次己卯，六月甲戌朔，廿四日丁酉改卜兹地，禮也。在故塋右前一百三步。山南東道節度觀察處置等使朝請大夫檢校禮部尚書襄州刺史兼御史大夫上」柱國上黨縣開國男南陽樊澤纂　新銘曰清崗龍伏來自乾，華蓋鳳翬如倚天，平陽擁抱案形□，申聯地户朝三山，城迴闕供掩重泉，門緒慶膺十□□。　通直郎行河南府功曹參軍事餘姚縣開國男徐瑱書并篆銘

維貞元八年三月十有一日，宗室大臣山南東道節度觀察等使户部尚書兼御史大夫嗣曹王薨」于位，享年六十。皇帝念勳睦親以軫悼宗室，右賢敦愛而傷懷，朝髦尚德以稱嗟，同位感」義而興歎，其忠烈碩茂勤德彰信可知也。我唐高祖神堯皇帝，握圖膺籙，乘運革隋，」太宗文皇帝神武聖文，統天造物，烈聖若粤，張本枝而馭億兆，分衆足以固維城，蓋長代之道也。故」王之四代祖受封於曹，則文皇第十四子也，歷虢、蔡、蘇、常等四州刺史，贈司空。司空諱明，生黎國」公諱傑，歷贊善大夫、贈太子中允。中允，司空第二子也。禮別子不繼於禰，故不襲乎國封。生宗正少卿」諱胤。神龍初，上以少卿賢，復封於曹，則王之大王父也，歷威驍千牛五衛大將軍贈太子詹事。詹事生棣王友諱戢，贈右散騎常侍，再贈尚書左僕射，則王之烈考也。語以始封，則司空於王爲顯」祖；禮有繼别，則少卿在族爲大宗。王諱臯，字子蘭，自初調及册贈，凡命官廿四政。其初累歷清望而後薦居列城，再授連帥，三擁旄鉞。迨于薨，

天子輟朝三日，册贈尚書右僕射，非德高業茂整衆」惠人之盛歟！其秩序出入，年表前後，蓋大臣緣歷，當附史官，故不書也。王在温州時，歲凶多殣，發倉庫以賑之，苟活於人，無避於法，可不謂仁乎？又嘗與刺史康雲間攻袁晁，寇淩我騎，雲間之馬踣焉。王心存拯危，目不見陣，乃挾其人而擓其馬，偕犯圍而免之，可不謂忠乎？又嘗遇媪於塗，血泣甚哀，」王愍而問之，曰州民李氏之妻也，二子宦學廿年矣，季鍔掾神州，長鈞職柱史，皆莫反乎面，莫問所安，」荐於饑饉，將死溝壑。乃愀然賙而養之，即日以其狀上聞，兼除名没齒以勸養親者，可不謂激清風」教乎？其在衡州，爲連帥辛京杲醜正誣劾，先太妃在堂，王懼貽憂於喜懼之年，每祗應制臣，則」降服惕若；晨昏入面，則命衣爛焉。迨誣構獄成，貶潮州刺史，因從容告曰：天子有命，换于彼邦。」太妃怡然，莫有念慮。俄而朝議歸正，復守衡州，王因侍膳，告以前故，太妃驚泣久之，王前」拜慶，家人賡賀，然後太妃收泣而歡，外内盡歡，雖曾閔之養，其達權合孝，此焉莫加也，可不謂孝通」神明乎？故其居大任，征不庭，前後大戰一十有一，小戰廿有六，多所至乎謐，向風降附。其翦浙右狂寇」袁晁也，弼方伯而宣力，口無伐詞；綏湖南叛將王國良也，飛一札而革心，貌無德色；攻淮西逆首李希」烈，拔下蘄、黄、安三州，降隨州，招來逆將竇液，李惠登，致於肘腋之地，皆竭腹心之效，其故無他，根忠」孝也。嗚呼！王之剛明果斷，自天而授，孝友仁義，因心以生。事親則志養無違，奉上而勳烈有輝，」敦宗則敬愛怡怡，職聯而公義緝熙。軍章戒嚴，畫一乎師旅；丘賦平理，惠浹乎惸嫠。故朝庭褒美而册贈於卒事乎加之。王先娶妃瑯琊王氏，早世；今妃清河崔氏，蘋蘩滌濯，令儀令色，鵲巢之化，著于」家邦。王有男七人，華而不實者二，秀而有光者五，曰太古、象古、道古、師古、遵古，并業文勵學，自拾青」紫，而道古擢秀才第，又獻書金門，授祕書省校書郎，充集賢校理，有以光昭嚴訓而齊美薰華者焉。」女三人：一適瑯琊王郤；次適博陵崔至。嗣子道古等以其年三月廿有三日，護喪歸于洛陽，以五月十」二日克葬于河南縣平樂鄉之原，祔先塋後左，昭穆順叙，禮也。澤叨承藩寄，從王之後，伯仲交」契，方隅迭守，感見託於斯文，敬勒銘於不朽。其詞曰：

王先顯王，文王之昭，克類克明，推恩于曹。奕代馨聞，及王昭昭，以賢承家，孝光厥祖。以道事君，忠德之主，乃居列辟，人用安土。乃統十連，吏莫踰矩；乃秉旄鉞，衆齊金鼓。於維聖唐，天祚無疆，子」孫億萬，爲侯爲王。我思我曹，宗室之光，衮衣繢裳，山火龍章。德楙功楙，皇心允臧，錫馬命車，朱邸斯煌。勳烈芬芳兮册簡昭彰，惠是南國兮歸乎北邙，後胤其承兮德音不忘！」

鐫字人屈賁　馬瞻」

（周紹良藏拓本　河南千唐誌齋藏石）

貞元〇九四

【蓋】失。

【誌文】

唐故嗣曹王妃清河崔氏墓誌銘并序 貞元十五年，歲次己卯，六月甲戌朔，廿四日丁酉，以風水不安，改卜舊塋右前一百三步。」

大唐貞元十三年夏六月乙卯廿二日景子，故山南東道節度觀察處置等使兼襄」州刺史、御史大夫、檢校户部尚書贈尚書右僕射嗣曹王妃清河崔氏遘禍于長安」宣陽里私第，享年五十六。明月十九日，孤子道古。師古、執古泣血千里，扶護東歸。以」八月甲寅十七日庚午遷祔于舊塋，實河南邙山樂鄉原，從周禮也。妃諱無生忍，字」無生忍，古先受氏，其太公之後乎？清名右族，善地封君，海嶽擁休，忠賢濟美，肆羣龍」接彩，朋龜東靈，葳蕤篆圖，舄弈今古，自東萊徙居清河，廿九代至守道不仕知隱，卅」代至尚書工部員外郎珪璋，天寶初進士及第，文華籍甚，鷹揚河朔。妃即工部第八」女也。鍾慶德門，嗣徽公族，柔明清慎，克舉令範。嗣王出自太宗文皇之昭，附日月之」重光，據公侯之大貴，威烈競爽，冠于東藩，申以清儉，集于董華，禮讓役于顯貴，忠孝」不墜，躬勤素風，世之望族，如舊婚媾，故妃年十有九歸于我氏。事」太妃以孝聞，弘嫻瑟以自牧。饋奠之慎，光而有儀；衿鞶之誡，敬如不及。洎嗣王四任」分憂，五膺聯帥，言扶衰俗，色勵狂朝，金鼓建東牟之勳，彤弓錫河間之德，望以爲重，」依以爲强。則妃承方伯之華慶，襲真王之配，禮敬逾下，家邦有聞，故耳不容於鄭衛」之音，目不悦于組繡之麗，符彩潤色，金華發揮，熙熙善心，專一忠恕。俾仁良自泰，愎」鷙且柔，惠訓多方，聽聆知勸。其容止也：若青蓮出水，映紅紫而破彩；秋月澄暉，照軍」市而逾靜。盈缶之信，觀盥之微，縱心不踰，亡禮必中，實壼訓之儀表也。若乃務中饋」雞鳴之弼，保嗣王龍節之尊，事不外明，道弘内贊，則語于粢盛籩豆而軍令補焉，顧」于組紃琴瑟而邦政刑焉。曲突禍先，濫觴福始。威儀之則，視顯而褒微；言笑之歡，譽」一而誡百。莫不總于心極，制在清衷，通而有方，柔不可奪。貞元初，因視子疾，至于京師，」天子褒重令儀，特加封號，寵光宣于舊邸，禮命崇于本朝，優問降臨，好賜相望。妃」乃曰：余山東之風，以禮樂自守，褒顯爵號，非余始望。況德不及于先姑，行無光于後」嗣，豈余之福也！嗚咽累日，荷之若驚。

諸女廿四娘、五娘、六娘，咸以門訓託于君子。諸」子太古、象古、道古、師古、執古，孟母之愛，期於日新。嗚呼！以妃仁德之報，是膺恒文之」貴，所宜有令子享其禄，有淑孫及其養。大福不再，蒼蒼者何？後嗣王六年而歿。門子」道古愚昧在疚，不敢自極，衹馴襄事，哭識沉礎。銘曰：

東萊華胄兮昭令德，柔明仁惠兮宜曹國，光啓封崇兮外無飾，」蠲潔蒸嘗兮内成則。天命難知兮神不測，空庭奄忽兮棠陰息，」望望皇皇兮窈冥默，揭竿求海兮哀無極。千齡萬代兮同此時，」流水遠去兮山微微，厥裳不返兮丹旐飛，林巒徊伏兮環相依。」哭無聲兮泣無淚，恩罔極兮魂何歸？秘穸臺兮與終古，」託幽誌兮昭崇徽。

前集賢院張文哲書　隴西李清刻字」

（周紹良藏拓本　河南千唐誌齋藏石）

貞元〇九五

【蓋】失。

【誌文】

唐故濮陽卞氏墓誌銘

貞元十五年，歲次己卯，七月癸卯朔，一日癸卯，夫人春秋卌七，寢疾卒於幽州薊縣薊北坊，以其年十三日權窆於幽州幽都東北五里禮賢鄉之平原，禮也。曾祖諱祐，祖諱沖，考諱進，其先濮陽人也。代生名賢，書於史策。夫人聰雅惠哲，性尚恬和，禮節詩書，組紃織紝，無常師而自成。年十八，以四德百行粧其容，三從五教飾其性，乃乘其龍而歸於我彭城劉公。琴瑟協韻，鴛鸞諧聲，軌範宗親，肅穆娣姒，内則迺成，法度貞著，□蘋□舉案之禮節者，得非□門之講歟？於戲哀哉！夫喪婦德，宗傾母儀，惜哉！瑶臺落月，玉樹飛花。皎皎三春，痛冥冥而長夜；溶溶一水，悲淼淼而不迴。於是劉公仰天而哭曰：德何有而無壽？來何速而去長？偕老之情，終天永訣。一子始孩，□不勝□痛生人之心矣。厥有二女，一適於崔，一處於室，以備晦朔之禮。僕非達人，焉無銘焉。其詞曰：

性禀淳和，志惟貞一，作配於劉，蘭處瑶室。介祉不亨，忽辭白日，女蘿墮松，塵埋玉質。大房西倚，桑乾東流，盤抱元氣，贇彼元幽。

（録自《古誌石華》卷十五）

貞元〇九六

【蓋】 唐故清河崔府君墓誌

【誌文】

唐故河南府河南縣主簿崔公墓誌銘并序　登仕郎守河南府參軍事陸復禮述　季弟守河南府參軍税書」

貞元十四年秋九月辛酉，河南府河南縣主簿崔公卒于東都福先之佛寺。」明年秋八月甲申，葬于洛陽縣平陰鄉陶村先塋之東南一百八十步，前」夫人滎陽鄭氏祔焉。禮也。公諱程，字孝武，清河東武城人也。曾祖祥業，幽州范陽令；祖湛，鄭州長史贈鄭州刺史；父朝，懷州刺史左庶子贈祕書監。」爰自功配西周，德表東海，世濟其美，慶流于今，婚姻冠冕，光照史籍，千載世」禄，百家領袖。公即懷州府君第三子也。性根端明，心路穎達，敏而好學，幼」而能文。弱冠，鄉舉進士擢第，解褐授祕書省正字，以書判茂異，秩滿，調補河」南府參軍。以人物籍甚，又從常選，署河南縣主簿。以利用幹能，雖爲官擇人，」且從吾所好，遂用初命，固求分司，至於再禄，皆適我願。蓋以東洛舊里，」松檟近焉，終身之思，一日不遠。兵蝗荐至，居室莫遷，安行義如樂餌，視名利」同險阻。賢乎哉公！執喪柴毁，宗族稱孝；居家篤友，鄉黨稱悌。在公無頗，考績」謂貞；處躬用薄，時議謂儉。夫孝者行之首，悌者仁之本，貞者事之幹，儉者德」之基。卿士大夫有一于此，則可立身成名，而况兼之者乎？宜其壽位延洪，光」大家國。豈謂享年五十有一，歷官三政而亡，嗚呼哀哉！公兩娶一門，女弟繼」室，即潁川太守長裕之曾孫，殿中侍御史歡之孫，洛州司兵叔向之長女，今」相國餘慶、河南尹珣瑜、信安守式瞻、高平守利用，皆諸父也。門風家範，振古」耀今。夫人和順自天，禮樂傳訓，恭儉可配，蘋藻唯修，歸我九年，生一男一女，」遘疾而終，享年廿；後夫人柔德克比，是以嗣之，亦生一女，又不幸先公而殂。」且聞生無并配，葬宜異處，先長同穴，情合禮中，君子以爲宜。故後夫人之墓」共域并阡，列於西次。嗣子門老，年已成童，孺慕哀哀，至性所及，」臧孫之後，必」有其人。公之居敬行簡，動直靜方，謂生業外物，圖書吾寶，雖卷帙盈溢，而繕」寫忘疲。所著文章，本春秋之義，此外則以彈琴對酒賞竹玩石爲閑邪存誠」之具，故寡過焉。今葬近先塋，平生之願也。季弟河南府參軍稅，懼陵谷之」遷，隕存殁之志，哀號告訴，託於所知，序述銘記，敢非實録。銘曰：

郁郁崔公，文質彬彬，令望有裕，時命鬱堙。位未充量，壽不與仁，五十而逝，天」胡不均？平生之志，殁不遠親，陪葬先塋，此焉栖神。兩娶鄭氏，女弟續」姻，先長同穴，徙故就新。何以識遠，琢此貞珉，後之見者，知葬賢人。」

（周紹良藏拓本）

貞元〇九七

【蓋】 失。

【誌文】

唐太常寺奉禮郎盧瞻故妻清河崔氏夫人墓誌　季舅前宋城縣尉珙撰」

懿夫崔氏，地望華茂，簪纓炳耀，重夫秦晉之匹，輕乎霄」漢之侶，故時謂清門，人仰懿範。曾祖紹，皇膳部郎中、鄆」州刺史；祖貢，皇蔡州朗山尉；父濟，庫部郎中。夫人我之」自出也。明懿殖德，端哲麗容，年十九，配長舅子瞻，備盡」婦道，中外穆然。及舅典臨川，命專後事，鞠育孤稚，無」異己生。佐夫之意，若曠其室；追孝之義，恨不及姑。噫！」道何茫茫，天何蒼蒼，明明者酷，容容者福。貞元十五祀，」有熊羆之兆，冬十月廿三日就館，其夜歿於東都康俗」里第，時命卅。十六年二月五日癸酉，即窆祔先姑塋，」禮也。一男幼，字多慶；二女曰靜、曰棣，皆年未離於保母；」感已絶於常人，哀哀呱呱，聞者垂涕。余於夫人有叔舅」之悲，季父之痛，紀陵谷貴不假，述平生無飾詞，流漣傷」懷，乃爲銘曰：

蘭芳淵澄兮如其人，用閑處順兮煦若春。恩洽下兮敬」奉上，善與物兮過歸身。珠外發兮玉無隱，保淳粹之氤」氲。禍無門，齡何促，即黄壤兮去華屋。命不淑兮有鄰，善」無應兮何獨。風引桃兮不停，祔先姑之舊塋。金夫悲」兮哀子哭，閉夜臺兮千古情。

姨弟滎陽鄭□道書。」

（周紹良藏拓本）

貞元〇九八

【蓋】失。

【誌文】

唐故太原王府君墓誌銘并序　嵩岳沙門温雅撰」

府君諱平，太原人也。其先緱山之系，簪裾崇盛於」晉陽，因以爲望。公遠承靈胤，累習儒風，歷祖傳芳，」徽猷不間，遵修禮度，素行自閑，謹儉清廉，性和美」暢，名流洛下，時挹高情。嗟乎，纔過耳順，覯兹凶變，」則貞元五年五月六日卒於宣教坊私第，春秋六」十四矣。夫人潘氏，陰陽克諧，婦德光代，恩周九族，」暢乎六姻，保質有涯，桃容頓奄，則貞元十五年十」二月卅日歸於大漸，壽全六十三焉。嗚呼！有嗣子」一人，名仕詮，孝誠匪易，恭守先風；有孝女三人：長」女幼慕釋門，專精禪律，住修行寺，法號明悟；次女」賢德孤標，事於彭城劉氏之茂族；小女令譽殷門，」出適弘農楊氏之君子；并乃追號殞絶，卜兆松塋，」啓護尊靈，吉辰遷厝，則貞元十六年歲次庚辰，十」月景寅朔，十九日甲申，永瘞於國城北安喜」門外邙山之陽，禮也。冀旌永代，刻石爲銘。銘曰：

孝誠龜兆兮邙原后土，尊靈雙奄兮長扃地户，」蒼蒼壠雲兮冥冥泉路，松結愁煙兮銘茲千古。」

（周紹良藏拓本　河南千唐誌齋藏石）

貞元〇九九

【蓋】　失。

【誌文】

唐故清河郡夫人張氏墓誌銘并序　京兆府進士裴同亮撰」

貞元十五年十一月十二日，夫人張氏奄終于長安縣懷德里之」私第。夫人張氏，府君賈秀曾孫游擊利休之愛。夫人宿」承令族，天與其惠，柔儀雪映，志行松操。至於織紝饗餗，」奠祀之禮，厚情周物，絲竹通妙，皆禀生知，出爲時則。泊玉」笄耀首，至德全中，求之美地，嬪于張氏，秦晉有匹，鳳凰其儀。」鏡鸞無而雙影臨，栢舟泛而中河湄，爾乃服其浣濯，鼓其」琴瑟，内閑外恭，安親惠下，」宿窕之容有節，螽斯之慶大來。」黔婁之妻從夫，孟軻之母訓子，方俟同年也。嗚呼！積善無徵，」疾也有作，山林倅色，泉路何述？夫人春秋六十有已。貞元十六年」葬于　。兒女四人孤幼，雁行泣血，白鳥祥至，風樹不停，神道」昭感，天之明察。海珍撫視摧慟，惜冥莫之早落，興言異室，」嗟桂月之先沉。哀悼痛傷骨肉，持封石字，永同天地之長，」海變桑田，還識恭墓誌銘：」

堂堂府君，后族之良，灼灼夫人，宗室之光。匹若秦晉，睦」若潘陽，琴瑟培培，鳳凰鏘鏘，宜爾偕老，萬壽無疆。如何」昊穹，今也則亡。重泉幽壤無見日，荒壟白楊坐蕭颸。」

（周紹良藏拓本）

貞元一〇〇

【蓋】失。

【誌文】

唐故監察御史太原王公墓誌銘并序　朝議郎大理司下殘缺」

公諱永，字廣途，其先太原人也。祖忠嗣，天寶中御□□□□□□」東河西隴右節度使贈太子太師，子壻故相國元公□□□□□□」剋石頌美，誌於渭南之路隅，人具是瞻，今故不書。太□□□□□」長曰震，終衛尉寺卿。公即衛尉之孟子也。生而好學，□□□□」孔門，性合百氏，天授純愿，亮靜方動，宛年十二，授左清道率□□」曹。國任其能，才兼地進。廿餘，累授常婺二州司户參軍事。其□□」糾曹，領邑宰，制事以直省，莅官以幹成，而猶不遷高位者，蓋用□」推上，流謙自牧，是故名器掩而不顯也。壬申歲，調補西畿丞，以」太夫人居東洛，辭受温縣尉。乃者國家以畿内列城五，附庸河」陽軍，温其□焉，牧伯難其郵亭之劇，署公莅之。公崇墉高閎，改棟」制宇，芻之□□，小大咸悦，乘駟傳者，至温如歸。凡君子不以小善」而不爲，即固可取，夫大者遠者矣。秩滿，范陽節度使聞其賢，辟公」佐盧龍幕，旋拜監察御史，詔賜章服。貞元十六年夏，將命于東」平，迴車遘疾於途，六月七日，終於魏之旅館，春秋五十一。嗚呼！公是」行也，方將豐甲第以安友于，寧扇枕以珍甘脆，何圖溘爾道路，天」奪人愿。況幼女處室，太夫人□堂，死生之痛，痛莫茲甚！夫人南」陽張氏，抱幼號慟，問易先遠，以貞元十七年歲次辛巳二月十日，」權窆於洛陽縣平陰鄉王趙村。故予略諸實録，以紀年歷，刋于片」石，不藻其辭。銘曰：

恂恂王公，弱不好弄，由掾尉畿，克諧攸統。鐵冠驄馬，爰佐盧龍，將」命于征，自北徂東。好舍禮儀，允贍爾躬，戒徒言旋，溘焉而終。士友」傷慟，戎臣孤望，天惟輔德，天胡難諒。逝者如斯，與物悽愴。」

（北京圖書館藏拓本）

貞元一〇一

【蓋】大唐故李府君墓誌銘

【誌文】

唐故興元元從雲麾將軍右神威軍將軍知軍事兼御史中丞上柱國順政郡王食邑三千户實封五十户贈夔州都督李公墓誌銘并序銀青光禄大夫守太子賓客上柱國鄭縣開國公杜黄裳撰　朝議郎前行宗正寺讓皇帝廟丞上柱國蘇諒書并題篆額

維唐貞元庚辰歲冬十二月乙丑朔十一日乙亥，興元元從雲麾將軍、右神威軍將軍知」軍事兼御史中丞、上柱國、順政郡王李公薨于位，春秋六十有四。皇上震悼，」越翌日，追贈夔州都督，賜布帛各有差。明年春二月十四日，葬于萬年縣白鹿原，禮」也。公諱良，字良，其先隴西著姓，因官徙關東，今爲汝人也。高祖亮，皇德州刺史；曾王」父簡，汝州長史；王父灌，許州別駕；烈考羽客，泗州別駕。公即泗州之仲子。襲軒裳貴」仕，荷弓裘盛業。立志遠大，介然不羣。年十四，覽周書陰符，遂究韜鈐兵法，萬人之敵，」心儀於識者；一劍之雄，氣吞于時輩。天寶末，逆安稱亂，中原用武，上黨節度使程千」里辟爲從事，恭恪明義，爲列校所憚，主帥嘉之，特薦授左武衛中郎將，知節度衛事。」無何，屬程謝世，公亦罷去。後爲淮西節度李忠臣補十將，改太子左贊善大夫，又知」衙事。申威禀令，猶前舉焉。屬西戎犯邊，徵戍關右，選師命將，必俟全材，擢授淮西行」營兵馬使，拜右金吾衛大將軍，兼太常卿，移屯普潤。公以爲防邊殄寇，莫先積穀，首」謀定策，帝命不違。務充國之屯田，省弘羊之經費。屬連歲豐稔，儲蓄巨萬，又」爲節度使李希烈改署都虞候，後屬蕃臣不朝，阻兵自固，朝廷命希」烈征之，因爲所用。誅剪崇義，收復襄漢，公之力焉。録功加銀青光禄大夫，試太子詹」事，封順政郡王，食邑三千户，實封五十户。居無何，屬希烈恃功虐政，將肆兇威，慮公」素名，終不爲下，乃令攝蘄州刺史。外示寵行，實去之也。公伺其閒隙，遂展良圖，勗州」兵反側之徒，諭將校忠貞之路，大義所感，萬夫一心。遂令從弟諧江西節度李臯送」欵，以臯宗室碩望，必納素誠，遂領老幼二萬餘口，詣臯請命，署先鋒兵馬使。先時希」烈遣將追躡，公設覆破之，二李俱陷賊庭，同日受戮。公以君親一致，兄弟爲輕，大節」苟全，殁命爲效。既而徵赴行在，除殿前射生副兵馬使，行蘄州別駕，兼侍御」史。洎扈蹕還京，錫名元從，加神策右廂兵馬使，行虔州別駕，兼侍御史，充左」右神威軍糧料使，又改衡州別駕，尋拜右神威軍將軍，累遷御史中丞。凡歷官十六」政，署軍職者六，典禁軍者四。自遘疾至于捐館，中貴臨問，御醫接路，議者榮之。夫事」君而不忘立節，臨難而不忘守義，述職以恪勤着，禦衆以廉簡稱，寵光終始，其誰與」閒！君子多乎哉！夫人懷安郡夫人程氏。公有子十人，長曰公達，次曰公遠、公逵、公邁、」公遂、公述、公邈、公□、公遇、公運等，並克荷成訓，祇懷永圖，見託爲銘，式俟陵谷。銘曰：蠢彼淮夷，爲梟爲鏡，將軍處之，如陷如穽。去逆來順，忘軀效命，臣節克全，」皇輿反正。典司禁旅，翊戴明聖，終始休嘉，祚胤繁盛。泉臺一掩，千古輝映。」

（録自《考古學報》一九五六年第三期《西安白鹿原墓葬發掘報告》）

貞元一〇二

【蓋】失。

【誌文】

唐故京兆府三原縣尉鄭府君墓□銘并序　殿中侍御史武功縣令鄒儒立撰」

夫精金有斷犀之利，文梓爲登廟之器，而沉埋摧折，」不遭國工良冶之用，深可歎也。其於君子有藴能通」變，信而有勇，志摩丹霄，命屈黄綬，哀哉！府君諱淮，字」長源，滎陽人。氏華族茂，簪黻推冠。曾祖琰，贈齊鄭二」州刺史，嘗爲歷城長，理有甿惠；祖巖，贈太常卿，官至」少府監，德爲時重；考閏，位終太府寺主簿，位屈公望。」府君纘承重慶，夙禀貽訓，弘文館明經，解巾封丘尉。」守將城叛，棄職明節，廷換靈寶，滿調雲陽。府君司局」之二□也，大君開豁求理，予承詔佐理甸服，得聯」官曹，襟抱獲展，前後罷去，後君又屈佐奉陵之邑，」去秩未幾，郊居疾終。嗚呼！□君羣疑息於機鑒，煩務」屏於□簡，年僅五十，官佐□□，乃終其局歟？或繆其」極歟？以貞元十七年五月五□□祔萬安舊封。尺波」不停，高岸尚變，子仲章等號捧□□，以託銘云：

山之陽，松楸已行，爰宅斯卜，嗣續其昌。□之曲，碑闕相屬，乃宅斯卜，實藩嗣續。」

（周紹良藏拓本）

貞元一〇三

【蓋】失。

【誌文】

唐故中大夫户部侍郎兼御史大夫諸道鹽鐵轉運等使清河張公墓誌銘并序　朝散大夫守尚書虞部郎中李灟撰」

公諱滂，字孟博，貝州清河人也。高祖彦，皇比部員外、簡州刺史，宜家孕」德，奕世生賢；曾祖玥，皇朝散大夫、益州蜀縣令；祖獻可，皇朝散大夫、」緱氏令、贈沁州刺史；先考貽玘，皇朝議大夫、魏州元城縣令、贈易州刺」史、國子祭酒。中年馴翟，德禮聯芳；單父鳴琴，仁賢繼軌。公即贈祭酒府君」之嗣子也。波瀾罕測，城府難窺，竭力不忘於榮親，致身能終於事主。起家」授唐安郡參軍，累換漢州什邡縣令。厲秋霜而苛慝不作，含春煦而老幼」知歸。大曆初，授大理司直，充河運使出納判官。四年，加兼監察御史，改京」兆府高陵縣令。豪傑斂手，閭里悉心。十四年，改庫部員外，依前兼侍御史，」充監倉庫使。奉公守各，醜正多尤。建中初，貶撫州司馬，尋移婺州長史。清」風轉扇，白雪成謡。貞元二年，檢校户部員外兼侍御史，勾當浙東西進奉。」三年，改倉部郎中兼袁州刺史。途歌巷舞，遠至邇安，野絶隨農，市無飾估。」六年，改司農少卿，專知太倉出納。圭撮不謬，斗概甚平，雀鼠不能肆其貪，」吏人無以施其巧。八年，除户部侍郎兼御史大夫，諸道鹽鐵使兼知轉運。」舳艫相繼，漕輓忘疲，軍賞不愆，倉儲有羡。功成勢落，暑謝寒來。十年，除衛」尉卿。十一年，貶汀州長史。心遺世網，志樂道流。十六年十月十九日寢疾」終於位，時年七十六。以十七年九月廿六日歸葬于河南府洛陽縣金庸」鄉邙山先塋禮也。前夫人京兆韋氏，生一子仲殷，才越輩流，學探古訓。」孫弘十上，未展美名；梅福一官，安得色養。繼室太原郭氏。一子叔虞，右千牛」備身。孝行克家，忠勤成性，三年泣血，萬里護喪，俱承避席之談，共保高門」之慶。孫嶷，似續祖德，不墜家聲，行唯向方，動必知禮。銘曰：

留侯善謀，張仲孝友，出入帷幄，贊揚元首。控引淮湖，剪除凶醜，若在宗廟，」難窺户牖。卓爾高峻，儼然矜莊，言詞如玉，志氣含霜。蒞事獨立，全功擅場，」學該武庫，位歷文昌。寒暑循環，榮枯繼踵，遷柩荒裔，歸魂舊壠。夕鳥爭悲，」寒條競聳，悽慟行路，哀哀哭慟。繼體令嗣，仲殷叔虞，藍田産玉，合浦還珠。」鵷鷺雙逸，驊騮并驅，傳芳不已，如在何殊！

姪孫前守洪州參軍嶷書」

（周紹良藏拓本　河南千唐誌齋藏石）

貞元一〇四

【蓋】失。

【誌文】

唐故周夫人墓誌銘　王紳撰

夫人姓周氏，其先汝南人也。爰自炎漢，達於有唐，緜歷衣冠，其來尚矣。曾王父府君珪，皇承務郎敕授薊州三河縣令； 王大父府君歸，皇宣德郎、試左贊善大夫、賞緋魚袋兼上柱國； 王父君彥，皇彭城郡高望府折衝、賞緋魚袋兼上柱國； 皆業崇儒行，世繼簪組，閶次門慶逾長。 夫人則折衝府君之長女。幼年貞柔，至性純孝，凛乎正氣，賢行自天，雅量絶儔，風見難并，適佐君子，令淑猶彰，雍睦承家，母儀增書。是以恭儉聞惠和，不以鉛粉益容，但以禮節資德，時貞元辛巳歲，寢疾於莫亭集賢里之私第。伏枕逾月，醫無所爲，以其年五月十三日奄從於化，享年四十八。嗚呼！天命數盡，生也有涯，哀哉！哲人何不爲壽？瑶琴絶聽，寶鏡休窺，珍玩滿室，莫之能守。親戚彌切，痛無偕老之期；岐路感傷，嗟有懷仁之德。以其年冬十一月八日卜兆於鄚城東南二十五里世業平原，之禮也。雲結長川，風悲草樹，嗣子操、次子摸，并殘骸毁容，能竭孝道。慮恐陵谷將變，歲序將遷，刊石紀時，其銘曰：

郡城東南兮滹水湄，歲往月來兮無盡期。明明寒月兮對孤壠，蕭蕭白楊兮悲風吹。

（録自《古誌石華》卷十五）

貞元一〇五

【蓋】失。

【誌文】

唐故河南府密縣丞河東薛府君墓誌銘并叙　外甥登仕郎前懷州武陟縣主簿杜密撰」

□山北臨，汾水南注，川原□軫，氣象徘徊，賢達挺生，忠良間出，地靈人傑，豈徒然哉！」公諱迅，字迅，河東汾陰人也。昔以車正佐夏，以左相匡殷，以徹侯顯周，以大夫輔漢。」代崇勳績，史不絕書，三祖五房，時稱甲族者也。曾祖諱獻，金紫光祿大夫、行尚書」工部侍郎、內陽公，食邑一千三百戶；烈祖諱孝侑，皇宮門丞；先考諱融，皇中大夫，」淄川、上洛、淮安、清河郡四太守；咸以令德，克紹徽猷，祚土執圭，登朝佩玉，人倫仰」重，中外具瞻。公即清河府君之第五子也。雅受元和，誕符正性，敏而好學，靜以」保身。既語而孝悌彰聞；就食而能知禮讓。迴出人表，嶷然老成。天寶十三載，州舉孝」廉，弱冠擢第，趨庭之訓，親友器之。公言有恒，行有準，事父母能竭其力，處兄」弟必盡其歡。俄及家艱，哀過於禮。屬幽燕叛換，區宇震驚，義無全功，逆有餘力，降」旗奔師，列城風靡。公度其去就，恐陷虜庭，遂求安親，板輿濟上。後重禍釁，殆不」勝喪，三年之中，哭無旦夕，泣盡繼血，欒棘其形，亦可謂至孝於心矣。外除之後，未忍」從宦者凡十變星霜，有終焉之志。迫於親故議曰：從宦者揚名顯親，孝子之道，豈一」身求達耶？公因是治常調，有司旌于甲科，授許州許昌尉、曹州成武尉、陝州芮城」尉、河南府長水尉、密縣丞；二登王畿，三授外郡，歷官清白，皆著能名。雖高位未躋，而」盛烈將嗣。以貞元十七年七月廿二日，終于東都安業里之私第，春秋七十有九。嗚」呼惜哉！位不充量，命不遇時，存以王爵而榮，殁爲士林所歎，前賢後哲，何代無之。」公氣稟直方，志惟精敏，性深敦叙，純厚睦親，在官之時，俸祿盡分諸族；滿秩之後，撫」育孤幼數房；咸得物情，無失輕重。及公啓手之日，家無餘財，唯棺周於身，斂纔時」服，見者增痛，實謂賢哉！其年十一月十二日，權窆於河南縣平樂鄉北邙山之原，禮」也。夫人河南元氏，婉彼茂族，嬪于德門，謹事舅姑，和接娣姒，故能儀刑中表，輔佐」賢才。化洽親姻，景高山之行；動循法度，振衰俗之風。孟母徙宅之仁，敬姜闔門之教，」雖古之懿範，則何以加焉。嗣子偉，次子條，年登弱冠，禮及成人，泣血哀迷，毁形孺慕，」式遵遺訓，無忝令名，尚亟曾子之悲，實秉周公之禮。二女在室，至性罕儔。風樹難追，」日月將逝，酸感行路，哀慟里閭，顧提諸孤，泫然揮涕，在兹宗眷，望斷何言。宣密生長」外家，沐恩難報，抒詞吮筆，捧硯增悲。託貞石於泉扃，庶流芳於墳闕，永懷渭陽之念，」陽敢不備述事焉。銘曰：

汾陰令族，鼎氣芬芳，崇崗峻遠，源深派長；一曲千里，三祖五房，奕世軒冕，累葉輝光。」誕生君子，克荷忠良，有典有則，如珪如璋；令問夙傳，儒風雅繼，識度弘敏，言存大體。」行以潤身，學探奧藝，位卑德高，仁深孝悌；亮直不回，清貞無替，念幼卹孤。義隆恩惠。」北據邙阜，南瞻洛陽，荒阡陌上，故國路長。城闕峨峨，松栢蒼蒼，風飄丹旐，雲低白楊。」孝子號慕，孀婦悽傷，痛窮泉之一閉，悲寒日之無光！」

（周紹良藏拓本　河南千唐誌齋藏石）

＊貞元一〇六（與殘誌〇三四重出，此當存）

【蓋】失。

【誌文】

唐故秦州上邽縣令豆盧府君夫人墓誌」

夫人鉅鹿魏氏，曲陽人也。曾祖諱行覽，贈瀛州刺史；」祖諱知古，銀青光禄大夫，守侍中，工、户部二尚書，上」柱國，梁國忠公；先府君諱喆，正議大夫，巴、延、邛、歙、寧」五州刺史，鉅鹿縣開國男之第四女也。夫人素行風」容，雅重情智，天性殊等，人倫高標。年十二，適事豆盧」府君。即年廿二，府君喪矣，婦德幼彰，母儀夙著，存歿」不改其操，寒暑匪易其心。有女一人，法名道峻。夫人」年卌四，丁先府君之憂，卌三，丁先太夫人之憂。仰蒼」旻而罔極，嗟人生如夢幻，欻然自悟，歸信釋門，齋戒」不虧，卌餘載。頃曾授指趣心地於聖善寺大詧禪師。」先登有學之源，少證無言之果。無何寢疾，辛巳歲七」月廿九日，終於東京康俗里第，享年七十有一。其年」十一月十四日，權窆龍門山西原，從宜禮也。孤女毁」瘠逾制，幾難勝喪，顧其體道自真，孝誠不匱，託聖賢」而資福，節哀臨以持經，如在之敬罕儔，專一之心可」上。復恐松檟凋朽，陵谷遷變，紀于貞石，爲其誌焉。」

（周紹良藏拓本）

貞元一〇七

【蓋】 失。

【誌文】

唐故左衛率府兵曹參軍李府君墓誌銘并序　魏國寺沙門靈沼撰」

公諱進榮，字德昌，本隴西人也，近代徙於汝州葉縣，」今爲縣人也。高祖亮，隋徐州長史，肅恭神明，敬事耆」老，能訓人矣。祖祚，高道不士，隱覆船山，謝病幽林，養」志偏地。歌陽春之白雪，不求衆和；瞰高秋之碧潭，唯」期自潔。父寂，試許州司馬，有仁庶之行，慈愛之容，清」明在躬，拜國賴寧矣。公則許州之第三子也。黄裳鼎」邑，聞利器之能；謙寬惠和，稱孝友之美。乃洛陽别業，」或將老焉。嗟夫！

空懷魏闕，不夢周公，貞元十七年十」月廿八日，終於德懋里之私第焉，春秋七十有八。以」十一月廿六日遷於都城北邙山南原，之禮也。有子」三人：長曰永，無禄早世，往者天奪其壽，未爲不達；次」子出家於同德寺，編號僧籍曰如圓。想遺芳而有媿，」述盛德而增悲。乃爲銘曰：

亭亭府君，卓爾不羣，長離是集，大壯攸存。相維翼子，」慶冷謀孫，誰其克構？長稱後昆。其一。長川遞閲，佳城相」遇，哀結霜松，悲纏風樹。白鶴臨穸，青烏占墓，慘結秋」雲，思生春霧。其二。」

（周紹良藏拓本　河南千唐誌齋藏石）

貞元一〇八

【蓋】失。

【誌文】

唐故處士河南元公墓誌銘并序」

貞元十有七祀，夏六月初，朔之二日，處士河南元公襄殁」于壽安縣甘泉鄉之别業，享年卅一。以其年十一月廿七日」遷神于河南縣金谷鄉焦古原，袝于先塋，從吉兆也。嗚呼！」公始自魏室受氏，代生明哲，婚宦顯著，焕乎中州。曾祖思忠，」滑州靈昌令；祖瓘，廬州刺史；皆宏才博達，禮度詳正。皇考潮，」河南府河陰令。含和内融，器宇弘茂，屈於時命，不登王庭，」蓋士君子所共歎也。公即河陰府君之第二子，幼而恭」敏，長習詩禮，好善不倦，居然有成。方當佩玉雲衢，垂晃象」露，光我王國，昭彰後昆，豈謂未受禄于天，奄歸全于地。其」終也無疾，其嗣也無兒，悠悠昊穹，蓋云命也。太夫人在」堂，五昆弟在側，撫几長慟，感于路人，塗蒭之日，家無束」帛，太夫人減常膳節浣衣俾營窀穸也。以時之多虞，禮」亦從儉，密邇先塋，是圖歸祔焉。侍櫛之女，始孩而孤；同出」之妹，未笄而歸于釋氏矣。公之嫡長弟充、次弟京遵太」夫人之成命，銜天倫之至戚，躬備葬具，盡我情禮，雖古君」子，何以加也。以必復在太夫人猶子之中，嘗與公同讌」息之暇，備睹公之事業，俾刻銘于泉扉。銘曰：

赫赫魏室，實生我宗；光光祖禰，盛于關東。大父有裕，作牧」黎庶，皇考繼興，子男是膺。公也敏達，志在青雲，不婚無禄，」奄隔良晨。昆弟雁序，高堂泣親，孤女嬰孩，睹者傷魂，刻石」下泉，永表明神。

前鄭州中牟縣尉楊必復撰并書」

（周紹良藏拓本　河南千唐誌齋藏石）

貞元一〇九

【蓋】失。

【誌文】

趙郡李氏殤女墓石記」

殤女李氏，趙郡高邑人也，小字孫孫。年十六，貞元」十七年十一月廿二日遘疾，終於長安永寧里之」旅舍，以十二月三日，窆於萬年縣高平鄉西焦村」之南原，從權禮也。曾祖父諱畬，皇國子司」業，贈太子賓客；祖諱承，皇正議大夫、檢校工部」尚書、兼潭州刺史，贈吏部尚書，謚曰懿子，歷淮西」道、淮南道黜陟使，河中道、山南東道、湖南道節度」觀察、都防禦、都團練等使；父藩，秘書省秘書郎。殤」即藩之第三女也。念爾稟天之和，而聰明孝友，得」禮之節，而恭敬廉讓，奉上順下，動無所違。吾身苦」病，爾之疾畏吾之知；吾家苦貧，爾之欲亦畏吾之」知，淳性感人，逮此增痛，痛莫及矣，哀如之何，唯俟」于吉時，歸葬于故國，祔我先塋之松栢，從爾」孝思而已矣！銜涕書此，用安幽魂，魂而有知，鑒我」誠意。貞元十七年十二月三日祕書省祕書郎李」藩記。

從父淳書」

（周紹良藏拓本）

貞元一一〇

【蓋】失。

【誌文】

唐冀州阜城縣令滎陽鄭君墓誌銘并序」

維唐貞元九年，歲在癸酉，六月二日，冀州阜城縣令」鄭君終於恒府真定縣之私第。公諱　，自桓武佐」周，因地命氏，至國朝開元末，割滎陽縣兩鄉屬河」南府，今爲汜水人也。鄭氏北祖襄成公之後。公門風祖」業，爲姓之夾著；貞幹緒白，爲吏之徇良。高祖皇駕」部郎中府君諱毅，郎中生洛陽縣令府君諱歆，府君」生公之大父河南府壽安縣主簿府君諱翰，主簿生公」之列考皇大理司直、兼穆州桐廬縣令府君諱鍒，」公則府君之第二子也，以才地稱，釋褐奏授滄州長蘆」縣尉；以幹蠱聞，恒冀觀察使奏遷冀州信都縣尉；秩」滿，以清白著，又奏受德州録事參軍。當糾轄而羣」吏肅，佐傜賦而夫家集，遷冀州阜城縣令。當道」節度使王公表薦充節度巡官。方欲濁居臺憲，用」展輪翮。嗚呼！天與促算，不興厚禄，制命未降，俄」以消疾而終，享年卌七。夫人博陵崔氏，有子四人，長曰」樞，次曰札。札以貞元十八年正月四日奉夫人之命，自恒陽」啓殯，葬於河南府洛陽縣城北廿里張陽村」先塋桐廬府君墓之後，禮也。

弟成德軍節度□□」

（周紹良藏拓本）

＊ 貞元一一一（與會昌〇三四重出，此當存）

【蓋】 似無。

【誌文】

唐故禪大德演公塔銘并序　鞏縣尉楊叶撰　明經劉鈞書」

如來滅後，五濁惡世，厥有悟最上乘者，即我大師歟。大師俗姓柳，」法號明演，累代家於相州湯陰縣。幼而温敏，長而良逸，蘊顔子之德，」昇孔氏之堂。天寶季，擢明經第。寶應中，調補濮州臨濮尉，後遷濮」陽丞。清能肅下，威能慴豪，芳名振於齊魯之間，孰出其右。因詣方袍」士，語及無生，喟然歎曰：萬法歸空，一身偕幻，瑣瑣名位，曷足控摶。遂投紱」捐璽，適于京師。時神策都知兵馬使、檢校御史大夫王駕鶴奏曰：前」件人捨官入道，樂在法門。今因章敬皇后忌辰，伏請度爲僧。」詔曰可。乃隸名於洛陽縣敬愛寺，因具戒於嵩岳壇場。厥後口茹一麻，身」衣百納，洞達五方，便探賾脩多羅，雖思代居梁，佛圖在趙，方兹蔑如也。興」元初，延長定覺，念定舍那，七八年間，歷扺開法，龍象鱗萃，冠蓋雲集，」濟濟焉，鏘鏘焉，得其門者或寡矣。欻思振錫，步及於鞏縣淨土寺，」縣令隴西李公閑洎夫人吴郡張氏，禮足歸依，虔心諦聽，淨財珍服，捨而勿悋。由是景附響和者不可勝算。非夫慧日懸空，寶炬破闇，其孰能」臻於此乎？且迴出四流，既遠離於煩惱；遽成三點，徒示現於涅盤。」以貞元十七年二月五日整三衣，掩一室，□然坐化，容貌如生，四」衆漣洳，奔走織路，俗齡六十有九，僧臘三十有三。門弟子淨土」寺主智德、律坐主常隱、神昭寺三綱寶燈、堅志、如印等，因心」起孝，扶力議事，言於同學曰：不建塔曷以旌盛德，不刊石曷」以紀高行。謀之既臧，罔不率從。未還朔，縞素疊委，泉穀交」積，傭工度地，挻埴爲甎，不傷財，不害人，格于十旬，傑其高跱。」以明年春繩牀趺座，歸于厥中。左邇名區，前臨清洛，浮雲朗月，松」檟颼颼。叶從宦於兹，嘗陪高論，援毫含欷，遂作銘云：

於休上人，偉貌昂藏，遺榮濮上，練行嵩陽。淤泥自濁，荷花自芳，澄」思一室，聞名四方。了悟真詮，門人駢闐，雙林遽變，孤磬空懸。屹立」素塔，遐對清川，憧憧行路，孰不悽然。

大唐貞元十八歲次壬午正月廿三日建。

僧弟子等

僧常湛　恒義　尼弟子寶銓　淨滿　惠英

如寶　元通　智燈　真見　超海

惟正　智深　元一　靈惠　常進　法□

師德　玄應　堅秀　常□　廣恩　堅滿

義嵩　□安　惟堅　道堅　珍寶　堅政
惠寂　寶珍　澄心　□真　常秀　廣濟
造塔匠梁榮璨　鎸字焦獻直
俗門人等
李秀　王幹　馮景　賈秀　白仙鶴　馬進　馬宰
王昇　車仙　曹榮　薛詳　樂興　張□　李滔
劉玉　令狐望　游善　石玉　王寬　游進誠　張昌
張翼　檀□　張玄素　張□　楊旻　□□　翟季華
女弟子等
威嚴　真藏　常清淨　智藏　蓮華藏　政□
常不輕　嚴正　不若智　□□　菩提海　□□
觀自在　圓滿　福莊嚴　尊勝　旃檀花　阿妙
定自在　擾曇　寶莊嚴　滿藏　寶光明　法海
蓮花藏　花□　四无量　燕女　功德山　淨□
柔調

（録自《芒洛冢墓遺文補遺》）

貞元一一二

【蓋】失。

【誌文】

唐故清河張氏女殤墓誌銘并序

女殤章出也。慕道受籙，因名容成。丁太夫人憂，號泣過禮，哀瘵成疾。疾不至病，不癈行步。貞元十七年歲次辛巳十二月四日，奄然而終，時年一十有九，距禫制二甲子矣。家人親戚，蒼遑相視，不知所以然也。明年正月廿七日，窆於河南縣龍門鄉午橋村先太夫人宅兆之次，禮且順也。伯兄安時深惟若而人賢惠優長，要備叙述，追譔爲誌，故不假文於人。高祖文琮，皇朝户部侍郎；大王父槩，皇朝朝散大夫許州司馬；王父巒，皇朝瀛州平舒縣令；父弈，朝散大夫前尚書主客員外郎兼侍御史；次兄稌，次君雅，并舉進士未登科第；季舅臯，見任司徒兼中書令。若而人立性禀識，婉孌柔閑有德禮，賢和仁孝，聰慧具美，如是信而不誣，若夫幼不戲弄，立而雅正，非德歟？生知謹敬，動合法度，非禮歟？家君三子，唯是一女，愛念所鍾，罕有其儔，若而人恭謙益隆非賢歟？動静不怫於理，喜慍莫見於色，非和歟？性命之閒，必念其生，聞人疾苦，若在於己，非仁歟？先太夫人寢疾累年，若而人侍膳則飽，進藥則效，曁乎艱凶，哀毁不勝，非孝歟？諷誦詩書，必賾先儒之旨趣，博通藝能，皆出常人之閫閾，非聰歟？立事必適時宜，悟理在於言下，非惠歟？然其淑順明敏，觸類而長，不可殫紀，以是家君與夫諸兄，常奇此女，欲與賢人，前後致聘多矣，視之率非其匹。由是依違之閒，竟使簪珮無歸，追恨所深，痛斷肌骨。

嚮使得之良士，爲之嘉偶，必能傳婦則母儀於當世，書清規令範於彤管，永孤此望，爲怨難勝。雅好玄寂，臻道之深，自受法籙，修行匪懈，每聞楚詞乘彼白雲至于帝鄉，則悠然長想。時或居閑，無人整容，靜處飄飄然，沖虛之意深焉。由此而論，庸非上仙之所謫耶？則焉肯復處人間之累？但骨肉之痛，其可弭忘！嗚呼！日月有時，塗芻襄事，幽埏一閉，存殁長辭，平生恩愛，今日何日？且得卜兆是從，克次先殯，東西密邇，樹栢同陰，不離塋域之中，獲展晨昏之事，魂兮有託，少慰余心。文者咸以夭桃穠李爲之比方，予以若而人容質清明，非此類也，珠明玉潤，可取象焉。銘曰：

石韞玉兮蚌含珠，玉温潤兮珠皎潔。石不開兮蚌不剖，英華光彩何由發？重泉厚壤埋其寶，□□上天神入月。高山可平川可竭，伊予此恨何時絶！

（録自《陶齋藏石記》卷二十八）

貞元一一三

【蓋】　唐故樂安孫府君墓誌

【誌文】

唐故宣義郎京兆府藍田縣尉樂安孫府君墓誌銘并序　第廿姪男鄉貢進士保衡撰」

府君諱嬰，字孺之，樂安人也，蓋齊大夫書、晉長秋卿道恭之後。長秋六世孫魏光禄大」夫惠蔚，以風鑒儒學，儀範本朝。自光禄以降，世載清德，不隕其業，以至于隋晉陽令諱」孝敏。府君即晉陽之五代孫也。高祖仲將，皇朝鄆州壽張縣丞。曾祖希莊，」皇朝韓王府典籤，贈贊善大夫。祖嘉之，皇宋州司馬，贈秘書監，道德文學，海內所」稱；父造，天寶初，應文詞清麗舉，與郭納同登甲科，官至詹事府司直；惟秘監用積」學醇德，垂訓于後；惟司直伯仲叔季，以懿文至行，纂揚世業，宦歷清顯，名播寰」區。當開元天寶間，策茂異，徵賢良，一門必擅於高科，四海共推於濟美。儒家繼盛，當代」無儔。府君即司直之嗣子也。未識而孤，克自激勵，愛敬必盡，以奉高堂，勤苦不」渝，以篤志業，飭躬好學，名稱日聞。廣德初，爲福建李尚書表薦，授試饒州餘干縣尉。及」親而祿，遂懷捧檄之歡；力行以待，未及公車之召遠從試吏，豈或爲名。換邠州三水縣」丞，歷仙州司倉參軍、澤州録事參軍。州牧李公與府君有山嵇之舊，及茲聯事，見重」公才，益厚通家之情，別申知己之分，既綱郡務，仍佐州師，牧守致坐嘯之謡，掾吏推三」語之稱，休聲洽暢，遠邇欽風。及滿歲告歸，言旋洛下，餘祿可以馨夕膳，家園可以侍」板輿。遂閑居杜門，無復宦意。潘岳奉養，耻屑屑於斗筲；梁竦棲遲，歎徒勞於州縣。居數」歲，爲親故所勉，遂俯從常資，授京兆府藍田縣尉。清規雅望，僚友推挹，臺署之選，僉議」攸歸。丁太夫人憂去官，哀毀之深，幾於滅性，杖而後起，以至終喪。抱茲痛疾之心，因」遘沉痼之恙，纏綿不閒，報施何孤！以貞元十七年八月十六日，傾背於集賢里之私第，」享年五十七。府君性與道合，氣階天和，孝友通於神明，恭儉遵於禮法。喜愠未嘗形」色，得喪安能介懷。寬以處家，和以接下，閨門之內，煦若春陽。嗚呼！履仁者降年之徵，止」中身之壽；積德者佐時之道，無一日之遷。神理難明，善人將懼。有一子二女。子曰集慶，」幼女不幸，夙抱綿疾，及罹艱酷，至性過人，號慕不食，七日而殁，行路感歎，姻族傷嗟。」集慶等泣血居喪，罔墜先訓。即以十八年二月九日，遷厝于邙山西原先塋東」北，禮也。小子早承誨誘，特被深慈，追懷仁範，痛慕何及！謹書聞見，以誌玄堂，銜哀」叙辭，言豈能飾！銘曰：

我祖本系，基唐侯國，齊卿之後，晉有長秋。繼踵道德，奕葉公侯，英英光禄，識密學優。五」世其昌，至于晉陽，降及秘監，其道大光。司直纘緒，赫矣名揚，乃生季父，比德珪璋。學」探秘奥，行秉直方，孝惟天至，道則日彰。仕豈爲名，禄貴及親，逶迤下寮，其用未申。位必」配德，壽以福仁，宜享黄髪，宜乘朱輪。居喪構恙，抱慼終身，斯不獲祐，何謂明神。彼蒼者」天，降禍仁賢，哀哀孤嗣，泣血煢然。追遵素志，祔窆邙田，還依舊域，别啓新阡。參差樹」拱，頓復崗連，於昭令德，永世空傳。」

（周紹良藏拓本　河南千唐誌齋藏石）

貞元一一四

【蓋】　唐孫氏女墓誌

【誌文】

唐故藍田縣尉孫府君幼女墓誌銘并序　再從兄保衡撰」

有唐孝女姓孫氏，詹事司直府君諱造之孫，」藍田縣尉府君諱嬰之次女也。以貞元十七年八月」廿三日夭殁於集賢里之私第。行道感歎，姻戚傷嗟，」以行定名，謂之孝女。蓋痛其抱純至之性，不獲明神」之祐，纏綿疾苦，徇孝而終。初，孝女不幸，夙抱痼疾疹，足」不履屨，星歲屢移。及藍田府君違悆之時，不離」牀枕之間，先意敬養，曲盡情禮，與諸子之無疾者均」其勞，灼湒荼蓼奄集。府君違代，則號慕哀絶，感」動無心，痛之一至，忘其患苦，不納勺飲，七日而終，則」向之傷歎，蓋用此也。嗚呼！非積德之慶鍾於爾躬，」焉能及此乎？矧質朗識精，幼而柔惠，鑒於圖史，閑於」女工，九族珍愛，一朝夭殁，親戚痛悼，安可支也。即以」明年二月九日祔葬于邙山之西原。時起新壟，顧瞻」尊闕，魂兮有託，慰爾孝心。媿無絶妙之辭，以叙至高」之行，含酸撰録，遺美實多。乃爲銘曰：
柔明禀質兮純孝過人，順彼至性兮夭於青春，賢者」勸兮不肖者聳，千秋萬歲兮孝女之壟。」

（周紹良藏拓本　河南千唐誌齋藏石）

貞元一一五

【蓋】失。

【誌文】

夫人張氏墓誌銘并序」

夫人張氏，本清河之華族，遠代因居，今爲東周人」也。自天不常，幼喪其父，故祖考名諱而罔知。清也」水鏡明心，皎皎也霜操容質，在閨帷而志温性和，」出事而禮樂言肅。良夫一偶，儀公曰珍，凡歷春秋」四十五六年矣。夫恭婦敬，道合於焉，議曰於何，而」卜居是矣，以時之儉而家自豐，以人之喧而家自」靜。育于一子，無弟無兄，以李氏之妻而亦父矣；育」于一女，無姊無妹，以李氏之夫而亦母矣。時也有」寒暑，人也有去留，以貞元十七年九月四日疾而」不救，遂終於河南縣嘉善坊之私第也。禮之所依，」事之所備，乃啓泉扃於縣洛陽鄉平蔭村吕樂之」地也，遂奄靈於年壬午四月十一日之時也。嗣」子延昌，執禮奉哀而逾切，愛女號哭哭而摧心，今」古之然，而事斯矣！銘曰：
人有代謝，時有寒暄，逝水東洛，邙山北原。」星霜萬古，松栢千年，魂消月下，魄散風前，子號女哭，玄堂斯焉！

唐貞元十八年歲次壬午四月丁亥朔十一日丁酉。」

（北京圖書館藏拓本）

貞元一一六

【誌文】分刻兩石，似無蓋，文字自左至右。

唐故朝散大夫試大理司直兼曹州考城縣令柳府君靈表　外孫江夏李師稷述」

公諱均，河東解梁人也。其先姬姓，出自后稷，至周武剋殷，封母弟旦於曲阜，子禽繼」焉。降及八葉，生孝公，孝公生公子展，展孫無駭，駭孫禽，禽有純德，爲魯士師，食菜」柳下，謚曰惠；厥後因命以氏。則魯史所載官有世功，邑亦如之詳矣。自士師至晉黄門侍」郎純爲卅代。純二子，長曰道年，次曰道載，始分爲東西眷。公系于西眷，至後魏車」騎將軍汾州刺史懿。汾州生敏，周開府儀同三司太子太傅，太傅則公之六代祖。太傅」生務，隋唐州刺史。唐州生焕，隋監門兵曹。監門生懷儉，南賓令。南賓生知仁，定王府記」室。記室生芬，河南尉。河南生公。公天資諒直，神稟聰悟，至性深於仁義，雅志悦於」詩禮，以爲仁義五常之首，詩禮立身之要，苟行之無倦，雖曰未達，吾必謂之達矣。壯」年渴於行仁，不治家産，重季布之一諾，慕仲由之共弊，當世以心氣自任者，莫不定一」死一生之交，釋褐調補東郡參軍。先是師稷曾王父北海郡守剖符兹郡，價重金」璧，聲匝日月，社稷之柱石，文學之龜龍，後進屬諸行義者，得公一顧一歎，則」以爲終身之榮。時公以末吏趨事，辱公厚眷，器以瑚璉，遇以特達，扣以心義，試以（已上一石。）吏事，歷試不泥，叶於所知，乃以仲子妻之，蓋尼父擇治長之慎也。轉授越州司倉太子」通事舍人溧陽令。時乾元中，大盜初平，痍傷未復，宰衡選部，尤以牧宰爲難。」公之宰溧陽，奸豪屏氣，惸嫠蘇息，流民復，曠土闢。人愛之如父母，吏畏之如神明。滿」歲，授大理司直考城令。考城之政如溧陽，宣人曹人頌德不暇，議者待公以重任，期大庇生」人。何昊天不慵，遽奪人望，以大曆九年七月一日寢疾于位，春秋五十五。嗚呼！以孝聞于家，」以信著于朋友，吏事洽於輿誦，所不至者位與壽，餘無媿焉。二者繫於時命，閔冉共屈，繫」公獨然。夫人江夏李氏，秘書郎崇賢館學士之孫，北海郡太守之女。禮樂承訓，聰智」自然，作嬪于公，副笄宜室，助祭牖下，采蘋職修，宗姻荷其敦睦，惸稚感其慈惠，德禮」兼備獨見之于夫人。後公十三年終于廣陵郡，享壽五十四。貞元六年冬十月，權窆于山光」之北原。胤子曾，試儀王友，伏膺禮義，遊心典墳，志業未就，不幸短命。次女歸于吾翁。」痛天倫之無後，感顧復之深恩，自詢龜筮，别卜宅兆，問先遠之期於山人俞綰，」得吉日於七月中旬。謹以歲次壬午秋七月癸酉遷公夫人靈座合祔于榆林北原，」禮也。夫悠久者天地，變化者陵谷，慮壑走舟失，故勒石以紀其年月。」

（周紹良藏拓本　河南千唐誌齋藏石）

貞元一一七

【蓋】唐東都麟趾寺律大師墓誌銘

【誌文】

唐故東都麟趾寺法華院律大師墓誌銘并序　姪弇亮等述」

大師諱幼覺，姓寇氏。其先有周康叔之胤，上谷人」也。貞元十八年七月十日示疾歸終俗年八十八，」僧臘六十七。嗚呼哀哉！曾祖考諱思遠，曹」州長史。皇祖考府君諱溶，京兆府武功縣丞。大師即府君第三女也。弇世父三人，宦歷清」要，備詳時論，故不叙焉。大師六歲出家，依年進」具，業以學茂，德唯行精，化衆生而愛博，敦骨肉而」孝極，總我心要，還歸本源，熙熙然同乎大道，無得」而稱矣。弇之從父妹如璨，早契玄關，津梁後士，今」爲都城臨壇大德。追惟訓導，感慕深慈，陳罔極」而求卹，解身衣以襄事，至誠有輔，克展哀誠。以其」月廿二日葬于邙山瀍水西原先師塔次，從像」法也。弇等猶子也，常聞無著之宗，當斷絶於文字，」敢託推高碩德，光乎萬世，故泣血而爲銘云：

法性無邊，金口難宣，大師傳兮；」佛度有情，玉毫光明，大師行兮！」盛德弗滅兮天地久，勒兹貞石兮弘不朽。」

（周紹良藏拓本）

貞元一一八

【蓋】失。

【誌文】

唐故雲麾將軍王公墓誌銘并序」

公諱恒汎，字恒汎，其先太原人也。五侯貴族，鐘鼎承家，勳業」蓋古今，衣冠滿天下，唯公之一枝，食菜於關東，今爲上谷人也。」祖文，趙州高邑縣丞；相百里之嘉猷，扇一時之芳譽。父庭，冠軍」大將軍、守左金吾衛大將軍、試太常卿、太原縣開國男食邑五百户；」身參上將，任重雄藩，懷明略以佐時，竭丹誠而奉國。名揚砂塞，遥」驚黠虜之魂；聲振金門，共識姜維之膽。公則先將軍之仲子」也。器宇宏博，章微鈎深，按長劍而猿啼，引虚弓而雁落。是以」元戎以地望而取公，以將門而拔公，既假之以金紫，又寵之以品秩，襲」先父之職官，所以贊副我也。嗚呼！壯志未申，奄先草露，以貞元十」八年六月五日終於博陵之里，即時年卅有三矣。轅門追悼，府郡悽欷，」賓寮盈路，賵賻不絶。公夙丁家禍，卅未婚，臨棺無令室主喪。有庶子孟」曰七斤，仲曰觀奴，年雖童稚，俱有至孝之性，含辛茹蓼，泣血絶漿。兄恒滔、恒」沔、弟恒清，仁孝一門，義冠前古，稱家之有，竭營葬事，即以其年十月二日」歸窆於易州東南三里，禮也。是以孤兒號哭，痛杞國之天崩；鴻雁哀鳴，恨燕山之」行斷。栽桐表識，刻石圖芳，乃爲銘云：

天地烟氲，禍福糾紛，山横落」日，野覆愁雲。千秋萬古，飲恨幽墳，人琴已矣，何堪此君。」

（録自《京畿冢墓遺文》卷中）

貞元一一九

【蓋】大唐故張府君墓誌銘

【誌文】唐故相州臨河縣尉張府君墓誌銘并序」

維唐貞元十八年十一月七日，前延州都督張延誠號泣」于湯陰，啓先府君之殯，以其年十二月一日，歸葬于洛」陽縣北原邇先塋，夫人傅氏祔焉，禮也。嗚呼！昔西漢夏」侯太傅嘗謂諸生曰：士苟明一經，取青紫，如俯拾地芥。蓋」所謂蹈先王之典墳，知五帝之旨趣，自然必得其祿，必得」其名。若名高而位不至於大，亦由天地有時而功不全者」也。府君諱遊藝，清河貝人。授氏寢遠，官婚嗣續，以至于大」父鋼，隋千牛衛録事參軍，生王父倫，皇朝沙州長史。公」即長史之元子也。幼以經術昇第，由涼州番禾主簿膺辟」于安西，以參節制之畫，授相州臨河尉。當天寶之中，方鎮」雄盛，若非名芳行著，無以膺是選，宜其拖服青紫，輝華典」墳，而位止於再命，壽殁於中年，將太傅之言或謬歟？而天」地之功果不全歟？公娶同郡傅氏，有子六人：長曰延誠，延」州都督；次曰延議，丹州門山縣主簿；次曰延諴，次曰延識，並」先公而殁；次曰延訓，鹽州功曹參軍；次曰延讖，左衛兵曹」參軍；咸以仁和保乃厥位。女三人：長適太原王氏，次適于高」陽齊氏，次適太原王氏。齊氏有三子，長曰暭，試秘書省校」書郎；次曰⿰目昊，監察御史；皆以文第于春官，並佐戎府。次」曰煦，又膺秀士之選。夫孝者德本，時訛道澆，人罕能至，」而校書以根心之孝，延于外家，佐舅氏展奉終之儀，俾北」原有合祔之壠，仁乎哉！弘規幼學于史，或知前言，校書垂」仁，以文見待，祇是顧也，勉復詞焉。銘曰：

茫茫邙山，岡原倚伏，行楸列列，誰辯其族？都督張公，送終」行哭，琢石寄詞，用虞陵谷。

渤海高弘規撰。」

（周紹良藏拓本）

貞元一二〇

【蓋】失。

【誌文】

有唐李氏故夫人彭城劉氏墓誌銘并序」

有漢之宗，分流聖澤，天資明敏，孝行飾」躬，采彼蘋蘩，光我家室，奈何降年不永，」鵂鳥興災，蓐難之中，奄從長夜。嗚呼！以」貞元十八年九月廿七日，終于河南三市之里，享年卅七。有子一人，女二人。童稚之中，遘斯凶罰，」青烏審兆，玄宅是歸。以其年十二月七日安厝」于□陰之原禮也。恐移陵谷，刻石幽扉，迺」爲銘曰：

漢皇之後，德備陰儀，禮從君子，嗚珂結」縭。奠彼蘩觴，主斯中饋，奄散巫雲，漂魂」逝水。嗟閉玉於九泉，痛遺芳于千祀。

鄉貢進士趙南華撰」

（周紹良藏拓本　河南千唐誌齋藏石）

貞元一二一

【蓋】失。

【誌文】

大唐故朔方節度掌書記殿中侍御史昌黎韓君夫人京兆韋氏墓誌銘」

夫人姓京兆韋氏，尚舍奉御説之次女也。年十三，執婦道於」昌黎韓氏。府君諱弇，自後魏尚書令安定恒王六世生禮部」雲卿郎中，禮部實生府君，進士及第，朔方節度請掌書記，得」秘書省校書郎，累遷殿中侍御史。貞元三年，吐蕃乞盟，詔朔」方節度使即塞上與之盟，賓客皆從。其五月，吐蕃不肯盟，殿」中君於是遇害，時年三十有五，夫人時年始十有七矣。有女」子一人，其生七月而孤。夫人之母前既不幸矣，夫人以其女」歸於其父；居數年，其父又不幸。夫人泣血食貧，養其子有道，」自慎於嫌，節行愈高，雖烈丈夫之志不如也。猶有董氏伯姊」繼衣食仁之焉。不數年，董氏姊又不幸，夫人於是天下無所」歸託矣。殿中君從父弟愈孝友慈祥，貞元十六年，以其女子」歸於隴西李翺，夫人從其女子依於李氏焉。降年短命三十」有二，貞元十八年八月甲辰，卒於汴州開封新里鄉之魚村。」其明年正月辛酉，李氏以其喪葬之於陳留縣安豐鄉岡原。」殿中君之先葬於河陽，惟君之歿，不得其喪，夫人是以不克」葬於河陽而獨墳於陳留，弗克祔於殿中君之族而依於女」子氏之黨，以從女子之懷，權道也，且將有待也。殿中君文行」甚脩，位甚卑，没於王事。初，禮部君好立節義，有大功於昭」陵，其文章出於時而官不甚高，殿中君又無嗣，嘗聞諸君子」曰：位不稱德者有後。禮部君曷爲然哉？於是叙其弱女之悲，」以識於墓門。銘曰：

女子之生兮七月而孤，所持者母兮夫」何辜！天蒼蒼兮不迴，生幾時兮終日哀。」

（周紹良藏拓本）

貞元一二二

【蓋】失。

【誌文】

大唐前揚府參軍孫公亡夫人隴西李氏墓誌銘并序　再從弟前蘇州海鹽縣尉公胄纂」

夫人隴西狄道人也。唐畢王璋之六代孫，同州司功濬」之孫，左千牛衛大將軍先之次女。自畢王至將軍，皆藴閒平」之德，襲凡蔣之慶，光顯奕葉，且公且侯。夫人分浴日之近」派，承慶雲之餘渥。以幽閑婉孌，在父母之家；以恭和淑慎，」盡婦姑之道。詩所謂有齋季女，君子好逑，德備於是矣。協初，」吾兄以釋褐參廣陵軍事，而夫人哲兄宰邑淮海，官則同」僚，情惟密友，詳聞懿範，遂歸于我。協流芼之詠，盡琴瑟之和，」六姻知歸，二族加好。吾兄俄以吏幹，縻職池陽，尚稽拜」廟之禮，未申枕簟之敬。夫人戀慕之志，形於顔色。及罷」所務，方戒征途，上天不仁，夙殞貞淑，以貞元十八年四月十」五日夭逝于池州之官舍，享年廿九。嗚呼哀哉！吾兄悼和」鳴之中輟，痛偕老之無期，二子呱呱，方在提抱，顧影自吊，撫」存增慟。爰自淮汴，領護西邁，以明年四月廿二日窆于河南」縣邙山之北原，南去舊塋一里，禮也。蓋」仁姑深念往之恩，副勤歸之意，且有二嗣，盍旌九原。若同」未見之儀，何彰有後之福，俾邇先兆，用是爲差，禮得從宜，變」而之正，事適情至，談者美焉。嗚呼！敬足以尸蘋藻，仁足以撫」宗姻，宜其享年而天奪之年，天難諶哉！唯有令範，刻諸貞石，」以爲不朽可矣。銘曰：

出公族兮降德門，友琴瑟兮敬蘋蘩。雨絶雲兮風「過燭，徒銜恨於九原。」

（録自《芒洛冢墓遺文四編》卷六）

貞元一二三

【蓋】失。

【誌文】

唐故畢府君墓誌銘并序

公諱遊江，平陽王彦之後也。世居太原，豪族第一，英材倜儻，智謀深邃，謙約節儉，廉慎有規。於家以孝，有曾閔之心；事君以忠，曉縱横之略。寬而能猛，猛而能寬。接朋友盡盛德之儀，理室家剛柔得中，有仁人焉，有社稷焉。賢妻在室，遥鑒於山濤；令子理家，更崇於幹蠱。公周之宗盟也，繼世在兹；王侯之種，遊宦不遂，蓬轉於兹，降志辱身，隱於城市，苟得甘脆，以奉慈親。日居月諸，卅餘載。公之太夫人以貞元十三年七月六日傾背，公禮制不虧，大事終竟，奉親也。生事之以禮，死葬之以禮，祭之以禮，可謂孝道全矣。公有子二人：長曰忠義，次曰元清，並有令聞，皆公之有典有則也。將以積善之人，保受其福，豈爲降年未永，罹此禍殃。以貞元十九年六月十四日壽終於恒府敬愛坊之私第也。時年將耳順，深可哀哉！里巷不歌，鄉鄰歎息。則其年七月一日，歸葬於府城西北七里冰河鄉之原也。傾城出祖，縞素盈途，送葬者執拂而行，赴弔者隨柩而哭。白馬前引，顧步而悲鳴；啼鳥以臨，向風而慘惻。恐陵谷屢遷，紀兹貞石，用昭不朽，聊述德音。詞曰：

樂只君子，邦家之光，日來月往，身歿名彰。松風切切，野霧蒼蒼，昔作人中之寶，今歸泉下之鄉。

大唐貞元十九年七月一日

（録自《陶齋藏石記》卷二十八）

貞元一二四

【蓋】失。

【誌文】

有唐前睦州建德縣尉蔡公浩故夫人段氏墓誌銘并叙 鄉貢進士趙南華撰」

二儀開闢，萬象始分，庖犧御宇，肇革人倫。匹以夫婦，辯以」尊親，父父子子，君君臣臣。夫人稟坤元之正氣，采沼沚之」蘩蘋，掌我中饋，榮于子孫，悲哉運促，逐月先奔，遺昭彰之」百行，歸寂寞之九原，餘芳不滅，音影如存，何以宣德？雕璵燧」門矣。夫人段氏，其先老君之裔，自干木以分宗，曾祖高」尚雲蘿，蓋黄綺之儔也。父諱液，玄元發聖，垂澤後昆，文行」履躬，振名邦國，彈冠累事，位列題輿，扇邦伯之仁風，灑彤」幨之惠露。夫人則别駕之女也。天資麗質，夙備凝和，及笄」之年，適我君子，芙容擢於玉沼，素月静於銀河，孝事舅姑，」光貽九族，待夫□鴻妻之敬，訓子流孟母之風，謂保遐齡，」永終天禄。奈何玄穹幽昧，將門無階，奄忽逝川，飛靈太素。」嗚呼！以貞元十九年夏六月十二日終于毓才之里，享年卅五。」有子三人：長曰長文，仲曰季文，次曰拱文；女一人，字貴仙，時於童」稚。武涉穿楊之藝，文通折桂之才，遘此艱凶，柴容泣血，每」中夜之號楚，愁雲爲之不飛，梅仙絶下山之期，神女失巫」陽之夢。粤以其年秋八月廿四日安厝于洛陽平陰之原禮也。」恐遷陵谷，刻石傳芳，表德佳城。乃爲銘曰：

陰陽定位，天地昭形，日能晝曜，月亦宵明。婉彼夫人，含章履」貞，降年不永，奄謝幽扃。龜筮叶時，還靈邙阜，白馬嘶郊，丹」旐引步。荒墳一閉，俄爲萬古，壠樹兮蕭蕭，雲愁兮帶雨。」

（周紹良藏拓本　河南千唐誌齋藏石）

貞元一二五

【蓋】失。

【誌文】

唐故登仕郎常州司士參軍襲武城縣開國伯崔府君墓誌銘并序　孤子恕撰」

先考諱千里，字廣源，清河東武城人也。自姜姓之後，成於太公，至穆伯世食邑」於崔，遂得其氏，迄于巨唐，不齊常族。曾祖元彦，贈右散騎常侍；大父隱甫，」刑部尚書、東都留守、贈太子太保；考徵，監察御史、越府司馬。爰自幼學之後，」博考經籍，不捨晝夜，年十六，以國子監明經備身。未幾，因逆胡之亂，流散江淮，」旋居憂，三年水漿不入於口，哀情可知。大曆初，又居太夫人隴西縣君李氏」憂，哀毁過禮，殆欲滅性。及參選之日，侍郎劉公晏賞書判之能，署華州參軍，滿」歲，調補吏曹，以前資清緊，署太常寺協律郎。時幼弟霸先授江陰縣丞，乃請常」州司士。座主劉公滋曰：輕名位，重骨肉，公有之矣。遂署之。同趨一郡，連影四年，」破吴雖貴於陸家，定齊自恃其先代。然而職不當才，衆稱其屈。

司農卿姚公明」歟餞詩云：官屈須推命，時危莫厭貧。城樓近江水，潮退看垂綸云云。秩滿，尋歸」洛邑。幼弟自江陰解印，寄居故林，遘疾有加，薨于客館。既喪手足，哀慟難勝，不」逾一旬，而往江甸。浙西觀察使王公緯欲署職江左，以猶子幼稚，請護弟喪歸」于邙山。王公佳尚其事而厚贈之。既積善以謀身，將展志於雲漢，嗚呼！天命不」祐，神奪其魂，以貞元十二年秋八月十五日薨于伊川，先祖之別業也，享壽」六十二。孤子等絶漿七日，恨一朝之孤露；泣血三年，怨終天之永隔。以日月」未便，權厝于別業東北原也。先妣隴西李氏，祖仙系，均州録事參軍。四」德是備，百行全身，教子以明義方，撫孤以均長幼，謂神和而降福，何蒼卒而罹」殃。以貞元十九年夏五月十三日薨于洛陽毓德里之私第，享壽六十一。嗚呼！」昶以孤露八年，慈親鞠育，未答劬勞，奄罹殃罰，號天泣血，罔極難申，心」爛肺焦，告訴無所。以其年冬十月廿日合祔于邙山北原從先塋，禮也。昶兄」弟三人：長兄應，嫡兄憑，皆晝哭於堂宇，暮泣於苫廬；姊妹四人，長適陝州安邑」尉姚叔康，次適饒州樂平尉河東薛存操，次適右武衛録事參軍隴西李慎，次」妹在室；并號于天地，毀至滅身。嗚呼！昶以年未成立，寡於親知，號哭于旻天，恐」掩考妣之德行，遂命工人刻于貞石，唯紀年代，言不合文。銘曰：

立身孤高，結志堅貞，學而求道，藝業研精。未登弱冠，通明數經，敦詩閱禮，遂成」令名。時遭多難，身不遑寧，始登兩任，猶望前程。皇天不祐，忽兮凋零，青春白日，」空自營營。母儀可範，婦德可師，擇鄰三徙，進食齊眉。何乖天道？不終遐期，」若親非親，感動相悲。孤子號天，形殘心羸，爲銘哀極，哭泣無時。盡于哀情，合祔」先塋，龜筮協吉，永安神靈。」

（周紹良藏拓本　河南　唐誌齋藏石）

貞元一二六

大唐故王府君墓誌銘

【蓋】　大唐故王府君墓誌銘

【誌文】

大唐故奉義郎行京兆府涇陽縣主簿王府君墓誌銘并序　中大夫恩王府司馬賜紫金魚袋嗣澤王潤撰并書」

公諱郱，字文秀，琅耶臨沂人也。曾祖同皎，駙馬都尉、琅耶文烈」公，贈太子少保，尚定安長公主，祖繇，駙馬都尉，琅耶懿公，贈太」子太傅，尚永穆長公主；父訓，累授光禄卿，娶嗣紀王織誠之季女。」公聰明生知，忠孝天與，出身從仕，爲衆所知，不以得失繼懷，不以」喜怒形色，謙以自牧，寬以養閑，足可永保盛名，剋終天壽。公自弘」文館明經虢州弘農尉，次任楊州江陽主簿，考秩尋滿，蹉跎江鄉，」累佐諸使，勤勞偕著，名績時稱。以去年入調長安天官，以書判取」人，授公京兆府涇陽主簿。今春季月，遂赴所任，宿疾不瘳，漸嬰羸」瘵，千攘萬療，神道何依，以其年八月九日，終于萬年縣興寧里永」穆觀之北院，享年五十七。嗚呼！淮水不絶，君家自昌，豈圖藥餌不靈，」與物爭謝，故知脩短是定，古亦無替。夫人則秘書監贈楊州大都」督嗣澤王漶長女，潤之姊也。居家守禮，出事恭儀，淑順不虧，天生」自得。公任弘農日，染疾不起，權殯於縣界。長子貞素，泣血號天，柴」毀過禮，終身之痛，唯兹是憂，遂策杖於弘農，扶護棺櫬，將及合祔。」公有子二人，次曰貞鎰；女一人，猶未及笄，出我家也。後娶楊氏，有子三人，」女二人。楊氏與貞鎰尚家維楊，嗟之道路遐遠，報不及期，以其年閏」十月七日，卜擇於萬年縣滻川鄉先塋之側也。貞素以東海尚變，」陵谷恐平，啓潤紀之，庶乎不朽。潤以天倫之痛，内兄之哀，託石叙」情，備於歲月，慙無刀翰，有媿于文，握管慟傷，銜悲述作。銘曰：

天不藏寶，必降賢良。公貞有度，雅淑無量。將永保於閨禄，」何忽變爲代傷。嗚呼！郊原寂寂，松栢蒼蒼，嗟白日之晝短，」痛泉臺之夜長。」

（周紹良藏拓本）

貞元一二七

【蓋】失。

【誌文】

唐故左威衛和州香林府折衝都尉朝議大夫兼試大理評事賜紫金魚袋上柱國陶府」君夫人清河張氏墓誌銘并序　義姪文林郎試太常寺協律郎成公羽撰并書　南陽韓義昌刻字」

河南冠族，忠勇烈士，則我平陽郡府君之德焉。公出身入仕，卌餘年，階登二品，位列清」資，累佐偏裨，決死靜難，文武雙美，忠孝兩全，爲仕林之楷謨，迺驍勇之標式。嗚虖！始自成冠，」迄于將終，正直居家，耿介從仕，實君子之德風，其儀不忒。公與夫人不議偕老，命也先傾。」自祖及公，先礎備烈，故不再書，自公之叙。公諱英，字君佐，平陽高族，公性實天生，亮不同世，」彬彬文質，赳赳武儀，每動衆興功，海内咸慕，則人人稱美，誰踰於公？公前後宿衛十有餘」年，後屬狂虜犯壃，詔除先哥舒公之此歷。府君親奉密命，佐公之征，累歷艱虞，」炎涼屢易，立功立事，自公之始，先哥舒公特奏公授上柱國，尋除左威衛和州香林府」折衝都尉，續轉朝議大夫、試大理評事賜紫金魚袋上柱國，兼淮西節度馬步都虞候，餘官」如故。公所登位授職，志不愿焉，因循歲月，託以風疾，退辭還家，迄于東周，創止斯邑。公」文武之道，未嘗墜焉。寂然閑居，於悒成疾，不日不月，代謝期及，過此以往，推而可知。以貞元」十七年三月十有八日終於東都河南縣萬歲里之私第，春秋六十有五。至其年四月，卜幽」宅於雒陽縣平陰鄉之中原，六日吉期安窆，禮也。夫人清河張氏，燕公之姪孫，劭公之第」二女也。始自初笄，以禮事公，室爲令女，家爲哲婦，至於中饋祀祭，事亡如存，行婦之道著，可」以爲士大夫之楷式，古之孝婦歟？古之哲婦歟？實春秋之義從公者也。奈何天不祐善，神」理微茫，府君將終，孤幼滿室。夫人痛府君之早世，處齊斬之中，居哭泣之位，哀以過」禮，因而遘疾，自兹厥後，有加無瘳，日往月來，僅變寒暑。以貞元十有九年十月十有七日終」于前里之私第，享齡七十有一。噫！向之所以美，迺今之所以慼，命乎情乎？兩斯極矣！夫人」賢妹家於隴西，李公職寄殊方，僅淹歲序，李氏夫人不幸短命，中年夭喪，甥等偏孤，縗服未」練，長曰士和，自孤覲侍，于今未復；幼曰士寧，夫人撫育，視之如子，每寒暖浣濯，其歸一揆，」迄于成人，詎使虧乏。每長筵家會，語諸親曰：子如甥焉，甥如子矣。及夫人之終，賢甥感」夫人鞠育之恩，痛夫人傾棄將及，與姨兄偕服縗，姪次烈苫廬几席，冀終兹情靡易。有子」三人，嗣曰沉，職當宿衛東都左屯營軍都知、朝議郎、試太子通事舍人；二曰士寧，即李氏甥」焉；三曰叔寧，左屯營宿衛官。夫人臨歿，命三子曰：吾先奉府君之命曰：啓合非古，周公」所傳，儻夫人之終，但墳壟相依，請絶斯見。吾不敢違子先父之命乎，汝可知之。嗣子手」親奉遺命，泣而授之。言未將終，瞬目云背。賢嗣等泣血絶漿，哀毁過禮，纔及勝喪，扶而後起。」以其年十一月創玄堂於府君塋東，步穴居壬，龜著川俄同。羽忝爲義姪，每沐周仁，」與泛兄義若天倫，情同骨血，永矣相依，死生寧別。希神理之昭然，咸吉。至五日吉期安窆，禮也。雖窀穸」之不同，迺墳壟之俯邇。嗚虖，君子逝，仁母終，相去未紀，逝表乎情之此訣。敢序生」平，誌之銘曰：

有唐哲人，則我府君，平陽高族，魯國縉紳。文武未墜，道藝日新，中年下壽，節操陵雲。」淑淑夫人，行維規矩，燕公之孫，平陽之婦。婦德母儀，踰今越古，三從可依，百行臻慕。」積善何託？神理何依？禍併鍾於茲室，痛莫痛於茲時！縱陵谷兮將易，茲銘礎兮罔虧。」

（周紹良藏拓本　河南千唐誌齋藏石）

貞元一二八

【蓋】失。

【誌文】

唐莫州唐興軍都虞候兼押衙試鴻臚卿鄭府君墓誌銘

府君諱玉，字廷玉，本滎陽人也。其先因官得地。曾祖亮，皇莫州司馬；祖備，涇州四門府折衝；王父泰，游擊將軍守佐武衛大將軍、試太常卿；咸以文武兼才，應當時之選。府君鄉舉孝廉，弱冠從事，有救世之才，軍府推稱，以政狀聞於本道，時表奏授宣義郎試恒王府司馬，權充本州孔目判官。吏不敢欺，人樂其業。時歲儉人饑，多盜世亂，思理須得其人，遂屈充唐興軍左虞候，以屏盜賊。擒奸摘伏，撫弱遏强，井邑肅然。論功授秩，累有拜遷，官至鴻臚卿，職竟都虞候，自□主局，向三十年，閭里懷其仁，鄉黨服其義，犬不夜吠，衣錦晝行。水鏡居心，不假灰猪以辨僞；臨事明斷，有同跪鼠以懲愆。衆稱才用無窮，又拜牙門將。内外瞻矚，文武繩準。洎貞元十七年，旌麾撫臨，録侯掩之錫，重始終之節，賞衣一襲，錫馬一匹。以其州在關外，賴之襟帶，委以守禦，無遷易也。鄉人改觀，閭里拭目，昂昂乎固一時之傑也。豈期二豎爲災，奪人之願，以貞元十八年十二月十九日寢疾，終於鄭亭，春秋六十有八。邑悲巷哭，春不相杵。夫人河間邢氏，以貞元二年三月四日先府君捐世，享年四十有八。銀青光禄大夫、檢校太子詹事、殿中侍御史讓之孫，平昌縣令璨之女。適配君子，義不失於三從；奉事舅姑，禮乃全於四德。爲六親軌範，作三族楷模。得女適人而宜室，生男至孝以承室，皆夫人餘慶之所鍾，府君義方之所教也。嗣子惟興等，痛乎松檟未樹，歲月遄臻，先遠有期，不敢違卜，奉以貞元十九年歲次癸未十一月戊寅朔十三日庚寅祔於州城南二十五里顧義鄉三方之原，禮也。是日也，素車隨紼，白馬臨棺，雲慘寒天，風悲野樹。恐陵谷變遷，銘以誌之。辭曰：

平原四顧兮塚壘壘，左枕故園兮右滹水，嗚呼鄭君兮來宅此。白楊蕭蕭兮莫風起，何嗟原夜兮□□□，自有明珠兮照千里。

（録自《古誌石華》卷十五）

貞元一二九

【蓋】失。

【誌文】

唐故朝議郎行汴州司倉參軍員外置同正員隴西李府君及夫人南陽張氏墓誌」

府君諱頔，皇室之枝。六代祖後魏定州刺」史諱乞豆，即太祖景皇帝母弟也；曾祖普」定，國初洮、岷六州總管、岷州刺史，歷資、眉」等州刺史，封西平郡王；祖玄胄，鄜州長史；父元」明，資州資陽縣令；奕葉積德，傳慶于府君。開」元中，釋褐兖州參軍，次任邢州司倉參軍，乾元初」授此任。到官未幾，避地江淮，至元年建丑月十一日，」因調選終于揚州旅舍，時年五十三，遂權窆於」江陽縣東郭之外。後十八年，夫人南陽張氏，以建」中元年八月十七日終於蘇州，享年六十。祖　，父」延，陳州苑丘縣令。至貞元十　年　月　日，嗣子亳」州司户參軍鎮奉　靈櫬祔于」

（周紹良藏拓本）

貞元一三〇

【蓋】失。

【誌文】

唐故中散大夫使持節台州諸軍事守台州刺史上柱國賜紫金魚袋潁川陳公墓誌銘并序　故吏浙江東道都團練副使朝議郎殿中侍御史内供奉賜緋魚袋崔芃撰」

公姓陳氏，潁川人也，諱皆，字士素。陳侍中安東將軍、南徐州刺史諱曇朗，公之高祖也；隋散」騎常侍諱方嘉，公之曾祖也；皇禮部郎中諱繇，公之顯考也。公天寶中，孝廉釋褐，授左監」門兵曹，調補左驍衛胄曹，換太子通事舍人。二京初復，寓居漢南，爲節度使來瑱所器。洎襄」陽兵亂，梁崇義用公之謀，方隅底寧，授大理評事、觀察支使，遷監察御史節度判官，轉殿中」侍御史，拜均州刺史。王師平漢南，以公肇經惠迪，就加御史中丞，後牧施、叙二州。先時夷人」未和，且阻方命，卌餘載，教令莫達。公傳示恩化，遂乞保鄉族，充奉征賦。鄰有虞者，因之亦安。」斯所以知君子之居也。朝庭旌能，拜右庶子，金章副焉。貞元十四年，遷台州刺史。十八年」十二月十五日遘厲，薨于郡之適寢，享年七十三。以廿年二月十五日，葬于成周北原，禮也。」公起至諸生，魁磊有奇節，臨事能斷，與人不疑。上元中，肅宗用漢宣故事，繩責臣下，」來瑱逗撓，賜死于私第。其毗將薛南陽等，各擁强兵，圖爲不軌。梁崇義旆于鄢鄧，僅不能軍。」公指顧之間，恢張其勢，以正乘亂，靡然隨風。又轉輸所經，琛賮盈積。公晝以嚴令，悉上送官，」旁慰鄰侯，上安宸極。以故崇義爵命始大，公是以有廷評殿察之拜。其後戎心方啓，貞」固不朝，公愓其邪謀，愿理他郡，由是有武當之拜。皇帝初元年，誅諸侯不軌道者，而崇」義爲首。今相國賈公領舟師臨于漢池，公乃獻其北門之鑰，導我統率，遂爲誠臣。賈公上」聞，是有就加之寵。而逆烈怙亂，屠襄陽，獲全物而動獸心，乃料民于均，悉索輿賦。公亟詣軍」壘，一言解圍。其後希烈以蔡之叛命，鄧郊不開。公自均部抵商顔，開火炬山以通運路，梁深」棧絶者七百里。帝用休之。其後閉關十年，樹菓築圃，優游卒歲而已。屬黔巫地偏，種落」相梗，公遂有施、叙之拜。乃寛夷禮以安豪家，反吏權以申王化，報政周月，夷人不勝其和。」其在臨海也，明人爲亂，公以台有連山負海之固，嘗爲袁晁、龔厲所據，不有備預，將虞後艱。」於是發財募士，未五日而成師。衙門將李珏棄我甲令，誅以徇衆。窮寇乘桴，盡黨生致，未必」不由我之聲實相援也。而郡居海裔，作牧者率非意中，苟簡相循，取資而不躬細務。民亦勞」止而財用不充。公賦均其征，用量其入，嗇費儲羨，償其宿負，所向殷辦，藹然厥聲。廉使議能，」方且獻狀，而與善無驗，景命不融。童子巷泣，舂者輟相，若河内之奪寇恂，南陽之去邵父也。「況公以世濟不泯之德，而養真繕性，凡著書用黃老爲宗，以專氣致柔注老子道德經兩卷，」以五形萬靈撰黃庭内景經義一卷，以寓詞明道著則陽子九篇，以立家必子序教子中典」三卷，以聖言物則纂論語後傳十篇。夫人姓丘氏，而柔明輔佐之德著于姻族，先公一紀而」殁，今合祔焉。長子元造，博藝而弘裕，不幸早落；次子孟武、師曾、宗魯等，懿文贍學，皆可承之，」而癯形苴枲，有曾參高柴之痛，銜恤哀事，託予爲銘。予因謫官，祗服宇下，備詳德善，故書無」愧詞。銘曰：

嵩丘會靈，汝潁多奇，賢人出兮；蒼黃附離，靖難濟師，其逢吉兮；「廷寺憲府，交珪疊組，弼其律兮；蝕恩負固，鮮克遺類，我藏□兮；「王師致討，夷山滌藪，敢不帥兮；質厚祇庸，匪隘匪恭，自虛室兮；「四建隼旟，一假中司，跡可述兮；重侯世將兮業未光，白驥素車兮上脩邙，」□□□明兮道不忘！」

（周紹良藏拓本　河南千唐誌齋藏石）

貞元一三一

【蓋】失。

【誌文】磚。

唐故龔夫人墓誌銘并序

夫人勃海郡人也。祖諱黃頭，父諱景。龔君父之第二女，悦性清高，幽閑不仕，閭閻欽敬，遐邇瞻承。夫人春秋六十有一，□陳子珍爲妻。自貞元廿年歲次甲申朔五月甲戌朔遘疾而終，葬于吴城東北干將鄉和合坊界，買陳昭宅地壹所，東西各長四步半，南北各長四步半，東陳昭，西張，南陸，北陳昭。有一子少儒。恐陵谷遷移，故以剋塼爲記。
永閉白日，孤夜長辭，寂寂幽闈，冥冥貞魂。荒墳薄薄，空對於青山；松聲蕭蕭，獨悲於永夜。少儒孝思罔極，泣血三周，痛樹風之長寒，懼世業之無紀也。

（録自《江蘇金石志》卷五）

貞元一三二

【蓋】失。

【誌文】

唐故太原府都知兵馬使兼慶州行營使試殿中監賜紫金魚袋武公夫人裴氏墓誌并序」

夫人裴氏，河東人也。遠祖因宦遷家，今爲洛州洛陽人」矣。祖諱冕，父諱靖，皆代有芳名，爲時器重。夫人即」靖公之第七女。笄年捧櫛，娉于武氏君子諱珍，即」郢公之嗣子。少閑書劍，投筆從戎，習武侯之陣圖，」善李將軍之射法。時本道節使委以腹心，補充爲」行營之將，於貞元元年三月十三日，兇醜大來，援師不」至，軍仕隤散，陷没于衛州，尋訪無所。夫人晝哭號」天，撫育孤幼，悉至成立，皆辯義方。奈何天鑒不明，促」我良壽，以貞元廿年二月十八日終于洪州南昌縣之旅」次，春秋五十有八。長子志温，次志誠，女十四娘等，皆泣血」主喪，遠扶靈櫬，達于惟揚。即以其年七月一日奉夫」人之裳帷，招府君之魂，合祔于江陽縣嘉寧鄉五乍」村之平原，禮也。恐陵谷將變，故刻石紀年。銘曰：

猗猗夫人兮令德深，俄奄忽兮成古今。」招府君兮魂魄臨，同合祔兮雙劍沉。」

（周紹良藏拓本）

貞元一三三

【蓋】失。

【誌文】

大唐故銀青光禄大夫檢校太子賓客上柱國范陽郡開國子兼監察御史盧公墓誌銘并序　文林郎試太子通事舍人呂周任述」

高山巨川，龍鳳出焉；大門盛族，賢傑生焉。公姓盧氏，諱翊。其先出於神農氏，暨」周尚父太公封齊，嗣子伋有子七人，第三子食邑於盧，子孫爲盧氏，大漢燕王」綰、東漢尚書植，肇其宗也；北齊司徒公思道，即公之六代祖也。曾祖元莊，銀青」光禄大夫，普、□、嘉三州刺史；祖知遠，銀青光禄大夫、資州刺史、光禄卿；父謙，正」議大夫、宋州司馬、兼左贊善大夫。公即贊善之次嫡子，黄門侍郎藏用之姪孫，」范陽北祖之大房也。世載明德，著□□，累仁積行，後胤宜昌。公幼而岐嶷，性」協風雅，學不因師，言必道古。年十四，補右千牛備身，轉汴州浚儀縣主簿，遷楚」州寶應縣主簿，訏兹枳棘之林，屈於鸞鳳之質，振衣于邁，聿至轅門，韜略自服，」其家書□□□□於己任。昭義軍行營都總使、亞相、兼泗州刺史、淮南節度、泗」州留後使張公，作鎮淮泗，彈壓海岱，幸公親賢，屈以副貳，署公都押衙同節」度副使、泗州都團練兵馬使。時因徐方驛騷，戰伐殊等，詔授公銀青光禄大」夫、檢校太子賓客、上柱國、范陽郡開國子，報功也。尋以本官兼監察御史，掄才」也。公禮接君子，德不玩人，主君之心腹，師徒之儀表，在文則宛而清暢，在武」則勇而義列，期於必復，台鉉不慙。公□人謀□懷，神不憖遺，以大唐貞元廿年」三月五日卒然而終於泗州之官舍，烏乎哀哉！享年卌有四。即以其年八月十」八日祔葬於河南北邙山之陽大塋，禮也。公何不幸，獨受天罰，身歿無嗣，人□」主喪。夫人高平徐氏，晝哭聲斷，哀毀過禮，稱家備葬，式奉幽魂。銘曰：

祚厚慶延，茂緒蟬聯，宛宛盧公，武列文宣。家食舊德，堂高象賢，殊勳」卓立，强士初年。禮以佐威，寬而攝勇，羣帥敬服，友僚趨奉。」儲后賓筵，栢臺名重，履冰在位，□□承寵。仁深壽促，不幸胡多？身喪」無主，孤魂奈何？死於故宅，蒿里悲歌，窅窅泉扃，永閉山阿。烏呼哀哉！」

（周紹良藏拓本　河南千唐誌齋藏石）

貞元一三四

【蓋】失。

【誌文】

唐清河張府君墓誌銘　柳宗元撰

貞元二十年六月一日，清河張公諱曾，寢疾即世於莫亭嘉深里之私第，享年七十六。自屬纊至於移窆，朋從親暱及州里士君子，無不慟怛。嗚呼！仁賢之云亡也哉！惟公受姓□黄而分，歷代茂盛，源流益別，公即清河之緒。曾祖皇太子諮議郎諱崇，祖皇中府折衝諱操，父皇太子内直郎諱□，公即内直郎嗣也。早歲有節，克壯□心，拳拳禮容，執□無倦。逮夫弱冠，遵道秉義，汪汪然不可得而親，不可得而友，挺出常度，機略内藴。時薊州刺史御史中丞榮公□□公才最以從事情以道契，三揖而進，受靜塞軍營田判官。恭儉涖職，勳績明著，甄録奏聞，受游擊將軍守右領軍衛幽州開福府折衝都尉員外置同正員，賜騎都尉。公疏勢賊諂，心不苟合，□恬淡爲頤年之用，視簪組爲伐性之具，遂辭名晦跡，高卧雲物，因家於三河邑，背郭而東，得林巒之勝致也。暨乎年逾不惑，以長子瓊佐鄭亭侯，嘉聲洋洋，多歷年數，由是閲實觀政，巾車以來。郡邑清暢，禮容大備，□釋我愿，斯不返駕。每□道人貞士談真空微妙之性，探□原迷頤之旨，浩浩方寸，洞豁塵境，不其致歟？嗟乎！大道無涯，天命有定，雖聖明不能越常運而超物外哉。公以疾起無妄，情不嗜藥，禹禹居易，悔咎莫有，星歲幾同，大漸長往。嗚呼！天富其道而嗇於壽，謂之何哉？夫人北平田氏，□而得禮。有子二人：瓊等卜祔先塋，龜筮告吉，以其年十一月一日窆於任邱東北長邱鄉原，禮也。二嗣號擗，痛深泣血，哀告以先遠有期，請以誌之。宗元承命不怍，刻之貞石。銘曰：

蘭茝其馨，金玉其貞，碎而折之，何神不明？茂旌其英，德立行成，悠悠銘旌，洋洋懿聲。孝子令孫，宅兆郊原，龜筮叶從，慶流後昆。

（録自《古誌石華》卷十五）

貞元一三五

【蓋】失。

【誌文】

有唐左武衛翊衛中郎將賜紫金魚袋上柱國兼試殿中監隴西李君夫人玉田榮氏墓誌銘并序　京兆韋少輯纂」

自肇分天地，則有生死之途異；寒暑運時，而迺事變胡測。於戲！人」生哀豈憶天乎？苟不能備我齊體，何可以遣其情哉？夫人姓」榮氏，字脩，玉田人也，自清河張氏之出也。昔唐堯之芳胤，而賡」著爲榮氏，晉武以降，代爲彰姓，蟬聯冠冕，世襲公侯，焜耀中夏，垂」至今周者焉，則氏族之叙，可得而略也。曾祖元卿，皇朝散大夫、行」邢州刺史；祖玄沼，皇撫州司馬；父昇誼，皇開府儀同三司、檢校太」子賓客、玉田郡開國公；咸以温恭禮藴，惇睦從仁，修己輔時，慎彰」海内。而鍾休慶之罹，棄踐秩榮之禄，痛矣哉！夫人國公之孟」女也，天授淑質，婉保自成，惠性邕和，言行無擇，薰柔早備，肅著清」風，不墜姻賢，俾協嘉禮，歸于李君，從禮道也。賓客榮冠，譽族傳芳，」盥饋處中，閨儀表則。宜其享齡届福，宗黨從懽。嗚呼！何神理忽閉，」降禍斯鍾，以貞元廿年九月十五日奄終于東都修善里之私第，」享年五十二。以其年十一月廿五日歸葬于洛陽東北平樂鄉之」南原，祔於皇姑之側，禮也。夫人有子五人，曰友直、昭直、」暄直、珣直等，並才利簡傑，殊勵武文，令望令譽，克孝克忠。一子僧」自悦，早年就道，慕法空門，釋離解縛，怡然静志。一女夙承儀訓，婉」保奉修，而嗣子友直等，執喪致毁，禮孝外中，踰少連之居喪，等高」柴之泣血，號兮慕兮，心骨摧裂。是日卜蓍安送，即遠有期，紼引歸」茫，寧神刅窆。古之道東西不識所封，陵谷變易爲慮，遂刻字貞石，」泣淚勒誌，詞不充德，德不媿詞。銘曰：

猗歟命兮，何齡不淑；悴年華兮，世禄不終。于嗟魄兮，永瘞窀穸；」佳塋鬱兮，長原道雄。親賓慟兮，涕淚零零。巷戚悲兮，痛適何從？」望壟陌兮，松檟蒼蒼；敬吉辰兮，此地歸魂。」

（周紹良藏拓本　河南千唐誌齋藏石）

貞元一三六

【蓋】失。

【誌文】

唐故高府君墓誌銘并序」

府君諱彥，字懷彥，其先渤海人也。」曾祖孝」燕，高上不仕，時號徵君焉。府君即是高道之長」子也。府君欽承先訓，少聞禮經，立信義於友朋，備」教敬於親戚。出言成教，從善如歸。不羈名位之」榮，自得逍遥之趣。嗚呼！天命不祐，降此鞠凶，以貞元」廿年十一月十八日遘疾，終於青州益都縣之私第，享」年七十九。嗚呼！存亡之數，生人常分，無足悲者。」府君理家奉親，純孝至忠，睦宗族以敬讓，御鄉」黨以恩信，故其歿也，咸痛惜之。以其年十二月十三」窆棺於郡城東南二里望沂鄉之原，從宜也。夫」人太原郭氏。誓言皆老，忽見孀居，晝哭□孤，哀而」知禮。長子義恭，惟嚴孝以因心，欲報劬勞之恩，將」修還殯之禮，慮恐年代深遠，陵谷有遷，」乃刊貞石，勒之爲記。銘曰：

茫茫旻蒼，幽遠莫測，哀哀哲人，未始有極。」大川東注，悲風不息，天地改容，山川無色。」煢煢孝子，負土成墳，蒭靈佘歿，號叫難聞。」淒淒孤壠，漠漠愁雲，千零萬古，閉骨泉門。」

（録自《山左冢墓遺文》）

貞元一三七

【蓋】 失。

【誌文】

唐故許氏夫人祈氏墓誌并序

鄉貢明經李師聖述。

夫人字芳，太原人也。先伊耆氏之胄，封爵列位，皆附舊史，故隱顯不言，因遠祖居毗陵，今爲毗陵人也。祖觀，父昇，并高尚雲林，獨立不懼，積慶儲趾，是生夫人。夫人即昇之長女也。年始初笄，歸於許氏，輔佐君子，協和中外，其儀可範，其德可大，貞順模於九族，婉娩美於當代。嗚呼！上天而假其德，不假其永世之壽，是足可悲。以貞元廿年七月三日寢疾，卒於□孝鄉唐昌里之私第，春秋五十有二。以貞元廿一年孟春月三日安厝於震澤里之原，禮也。夫人生二子：長仲宣，次仲康，並哀疚悚心，窮號泣血。懼山谷之遷變，乃勒石而爲銘：振振夫人，有德有操，積爲善慶，自己所蹈，彼蒼何偏？而不斯報。宅兆卜吉，永閉荒阡，二子泣血，罔極昊天。慮日月之遞遷，乃刻銘於墓前。

（録自《古刻叢鈔》，據《古誌石華》卷十五校補）

貞元一三八

【蓋】 失。

【誌文】

大唐故試左武衛率府兵曹參軍清河張府君夫人瑯琊王氏合祔墓誌銘并序」

府君諱惟，字部，本望清河，先祖徙居范陽，今爲范陽人也。曾祖諱臯，祖」諱均，前試太常寺奉禮郎；父諱璋，前試太常寺太祝；并英華外發，道德」内融，貽宴孫謀，克昌後裔。府君即太祝之第二子也。忠厚廉平，温和」□性，矜孤恤寡，濟弱扶危，先以禮義立身，謙讓爲本。長開東閤，不易孟」□，四遠英才，賢良畢集。家本大梁，後移徙楚漢，寄住襄陽，閑居養性，怡」然自樂，得其志道。嗚呼！樑木其壞，天奪其壽，以貞元十九年時染風疾，」異藥名醫，竟無痊退。以七月六日奄終於襄陽縣殖業鄉崇教里之私第，」春秋六十有六。緣時月未便，遂權厝在堂。夫人王氏，笄丱之年，歸于」府君，窈窕容華，禮事君子。有男女數人，並皆成名出仕，孝行聞於鄉閭。」夫人不幸以貞元五年七月先公而歿，遂從權也。今則剋兆，」龜筮吉」辰，以二十一年乙酉歲春二月辛丑朔廿日庚申，啓發合祔，歸葬于襄」陽縣東津鄉榮村白沙里，禮也。府君有男四人，女四人：長曰貞古，前」試太常寺協律郎；仲曰貞遂，季曰貞亮、貞和等，并文武之材温良其性，」咸奉嚴訓，恭儉承家，和顔以睦親，禮義以接下。執喪過禮，數日絶漿，」泣血苦蘆，號天叩地。長女適濟南淳于元亮，餘皆并幼。閨門令淑，上奉」母儀。痛尊顔之永隔，五内崩傷。夫人范陽盧氏，孟門軌範，育女訓男，」撫恤偏孤，哀號晨夕，營辨喪事，罄竭家資，哀禮合儀，閭里稱歎。孝等泣」血匍匐，負土爲墳，恐陵谷改易，見託爲誌，勒銘貞石，乃爲銘曰：

皇帝之係，間生我唐，英華冠蓋，盛族傳芳。太祝之子，柱國榮昌，温和爲」性，濟弱撫强。移家楚漢，第宅襄陽，閑居養性，志道爲良。天奪其壽，生死」是常。猗歟夫人，先公而亡，今剋吉日，合祔玄堂。千秋萬歲，地久天長。」孝子順孫，福祚無疆，刻石爲誌，松栢青蒼。親賓嗟嘆，行路讚揚。

昭武校尉守左武衛翊府左郎將河東屈賁述并書。」

（録自《襄陽冢墓遺文》）

貞元一三九

【蓋】失。

【誌文】

唐故處士河南元公墓誌銘并序　姪京述　姪章書」

維貞元廿年十二月廿九日庚午，有唐處士元公終于伊闕縣神」蔭鄉小水里之別墅，享年五十八。以明年三月四日寧神於河南」縣金谷鄉焦故里，從先塋也。京不天，生十歲而先公棄背。伏」以太夫人在堂，毁不敢滅，五年之內，四哭諸父，未一紀，天倫」中缺，又三載，謫見于公。豈京隱慝未消，降酷斯甚，號泣而訴，天」曾不言，嗚呼哀哉！公諱□，字濬長，廬州府君之第十四子，京」先府君之愛弟。五歲讀孝經，至喪親章，常惡其題，棄而不覽。年十」三，丁廬州府君之憂，鞠然在疚，涉旬絕漿，三年之中，曾不見齒，」親族以爲難。廿通道德經，乃喟然歎曰：老子真吾師也。年既立，浩」然有林藪之志，每探奇尋幽，途盡方返，苟有所至，人懷義風。門人」視知常以郭有道、陳太丘爲比。大曆中，司徒馬公辟爲府寮，辭不」從命。嗚呼！若有皇甫士安者，其列於高士傳乎？興元中，卜築伊川，」以會真趣，食以餘稅，衣其絲麻，無爲自持，澹泊軒冕，故青史之下」無所得焉。當宿肉之年，而天喪所恃，泣血三歲，長齋十旬，其大孝」歟！五十而慕。夫人博陵崔氏，前京兆府興平縣令通之長女。柔範」閨儀，中外爲則。子一人曰仲素，女六人，長適頓丘李德全，次歸釋」氏，三四未笄，五方齓，六未免懷。夫人以傷神之初，忍哀謀事，命余」小子，授以方石，俾紀盛德，銘於壽堂云：

巍巍我祖，建邦中土，」制禮作樂，生人是茂。昭昭景穆，赫赫新城，瓜瓞蟬聯，世揚令」名。周隨以還，公侯比肩，逮于疊州，德音孔宣。次子仕唐，宰民靈昌，」發言有章，緒思不忘。及我王父，位小才大，作牧於廬，廬人是賴。」德之精純，克生府君，無禄而富，無位而尊。養氣玄道，怡心白雲，」傷桂竹之春凋，痛嚴霜之夏零，千秋萬古兮長夜冥冥，嗚呼哀哉！」

（周紹良藏拓本　河南千唐誌齋藏石）

貞元一四〇

【蓋】失。

【誌文】

大唐故同經略副使承務郎滄州魯城縣令劉公墓誌銘并序」

公諱談，字再平，始自唐堯元妃之□劉□之後，因著其氏也。洎乎」隆漢，光建丕緒，深源茂葉，垂芳迄今，因爲易州易城鹽臺里人也。祖」諱敬宗，皇遂城府折衝；考諱仁貴，皇朝散郎試德州司士參軍；不」墜于家，遠揚于代，或武功以自致，或儒行以所推。公即士曹第十一子也。」氣淳行謹，質挺誠忠，資於詩禮可聞，立於箕裘可紹。弱冠之歲，鄉」黨有稱，乃從事公門，而展能良□頃因于役，爰至□□實著吏才，」元戎特薦充驅使官。至貞元十一年，奏授承務郎、試滄州魯城縣丞。」至十二年，又充孔目判官。貞勤幹能，允叶繁劇。十五年，又改充作坊將。十六」年，奏授臨津縣丞。貳邑馳方，六安載美。十九年，又奏授魯城縣令。一同」思愛，三異期能。廿年，改充同經略副使兼都知兵馬使押牙。驥足展」而有期，鶴鳴聞而屢振，冀增門慶，豈變禍胎。明神何欺，良哲俄」奄，忽降斯疾，而逝斯辰。奈何中年，旋去長夜？至乙酉歲三月卅日，終於」浮陽集善坊之私第也，春秋五十有四。夫人河東柳氏。一從家室，十有星」霜，主饋之道不逾，如賓之敬無怠。固期偕老，豈謂先衰。嗣子二人：長」懿奴，次魏子，並居幼稚，未解哀號。痛老母之臨年，惜忠臣之辭世，嗚呼！」以其年四月廿一日殯於州城西南廿里清池縣慈惠鄉龐順村原，之禮」也，俟其地久，刊石斯文。銘曰：

遠哉漢兮枝長，不墜風兮名湯，忠貞表兮寒竹，鋒鍔拂兮秋霜。」何折壞兮喬木，何不弔兮□蒼，寄孤墳兮厚地，惟今」古兮空傷。」

（録自《京畿冢墓遺文》卷中）

唐代墓誌彙編

永貞

永貞〇〇一

【蓋】失。

【誌文】

唐故吴郡朱府君墓誌銘并序」

公諱陽，字正中，其先承漢侍御梁公之」緒，今爲杭州鹽官縣人也。祖諱初，父諱養，公」即養之第四子。幼有幼氣，長而敦行，」世之仰也。公伏枕之日，二子左右晨夕不離，出」不改容，入有憂色。奈何天之命也，嗚呼！」以永貞元年九月廿四日，終於此邑長平」鄉之私第，年六十有七。公娶閔氏，有子」長曰亮，次曰清璿。毁不滅形，哀而執禮。以」其年十月廿日窆於此鄉紫微山建塋，」禮也。恐桑田改，而爲誌焉。詞曰：

長風蕭颸，悲乎松栢，一旦泉臺，千秋永隔。」

（北京圖書館藏拓本）

永貞〇〇二

【蓋】失。

【誌文】

唐故朝散大夫豪郢二州刺史上柱國盧府君夫人隴西李氏墓誌銘并序　季弟前池州至德縣令潔述」府君諱沇，字子衡，范陽人，蓋神農之裔也。弈代佐理，封邑於盧，遂」命爲氏，金柯玉葉，史諜詳焉。大父佶，朝散大夫、懷州長史；父暐，大」理司直、攝監察御史。府君即監察之長子也。岐嶷聰穎，弱冠孝」廉登科，調補杭州富陽縣尉，遷左驍衛兵曹參軍，歷蕭山、海寧二」縣令，大理評事，監察御史，豪、郢二州刺史。疲州破邑，人力不堪，公」則綏之。祖庸鹽鐵，營田兵權，公并佐之。在家以孝行聞，處職以公」方著，忠貞入仕，抱節安仁，樂道忘憂，退息親友。行年六十有三，歷」官一十有一，以大曆九年春遘疾，順性知命，居常待終，彌留日臻，」怡然無懼。夏六月庚寅，殁於揚州私第。夫人隴西李氏。七代祖」虔，儀同三司、贈太尉；曾祖利王，金城、平利二縣令；祖元古，潞州司」士參軍；父恬，河南府永寧縣尉。夫人即永寧府君之長女也。年」十九，歸于府君。肇自笄年，嬪于盧氏，孝慈具舉，婦禮克勤，玉振金」聲，敷揚九族。嗚呼！白日西傾，黃河東注，物有恒理，奄歸黃泉，以建」中二年三月十二日寢疾，終于江陽縣之私第，春秋五十七。有子」犖、覃等，皆茹荼飲血，叩地號天，三日絶漿，杖而後起。頃以國步尚」艱，阻兵河洛，途路綿遠，權厝惟揚。以永貞元年十月廿日合祔于」河南府河南縣平樂鄉千金里之原，禮也。恐陵谷之變移，刊石爲」詞曰：

本枝百代，克紹前烈，邁德千祀，餘芳不絶。世濟英禎，嘉績有聲，憲」臺棘寺，以觀再成。其成伊何？

位踐方岳，克勤克儉，令德有覺。富水」辭官，惟揚卧病，善始令終，達於知命。精氣兮爲神，形體兮歸土，明」德兮惟馨，芬芳兮永茂。

內直供奉趙從義刻字。」

（北京圖書館藏拓本）

永貞〇〇三

【蓋】失。

【誌文】

唐故雲麾將軍河南府押衙張府君夫人上黨樊氏墓誌銘并序　大聖善寺沙門至咸撰」

代之所重曰名，人之所寶曰位，休禎奕葉，昭德延祥，其唯張氏」乎？公諱詵，隴右天水人也。曾祖玄植，皇朝盧龍府折衝；祖定遠，」甘州司馬；父崇正，潭州長沙縣尉。公即長沙之胤子也。幼而貞」敏，長而嚴毅，歷職清貫，皆著能。綰兵權於湖南，總劇務於河府，」才當幹蠱，京牧爪牙。天不憖遺，溘先朝露，以貞元十年八月廿」日終於洛陽永泰里之私第，春秋六十九。夫人樊氏，曹州南華」縣丞彥府君之息女。藴德柔明，言行端淑，習禮笄緫，而從好俅，」鳳凰于飛，和鳴霄漢，彼蒼不祐，所天先逝，撫訓孤幼，孀迴纏哀，」妄疾遽嬰，□然怛化。以貞元廿年四月十日終於家第，享年五」十。有子三人：長曰叔重，次曰叔威，皆幼而敏惠，年未弱冠，相次」夭亡；季子叔齊，泣血叩踊，弔影長號，惟家之艱，克紹先烈。有女」五人，長女出家，寧刹寺大德，法號義性；戒律貞明，操行高潔，弟」妹幼稚，主家而嚴。二女適京兆杜氏，及禮而亡。三女適天水趙」詡，四女適安定梁秘，五女在室而殞。今孤子孤女等，哀號失容，」擗踴屠裂。先遠有日，龜筮協宜，以永貞元年十月廿日合而」窆之。雙棺同穴，葬於平樂鄉朱陽原，禮也。栽植松檟，以標不朽，」爰託斯文，旌乎厥美。詞曰：

於戲宦達兮英武雄，名遂身歿兮弓劍空，夫人淑慎兮相次終，」哀哀嗣子兮泣蒼穹，良辰宅兆兮安壽宮，青山黯黯兮何人在？」白楊蕭蕭兮多悲風！

般若波羅蜜多心經真言：

羯諦羯諦，波羅羯諦，波羅僧羯諦，菩提薩婆訶。」

（周紹良藏拓本）

永貞〇〇四

【蓋】篆書剥蝕不可識。

【誌文】

首行缺。□□姪廣□撰。」

府君諱□□字□□□□□齊祚浸衰，禪位有梁，梁有睿德，故宗」黨奉之。七代祖□□□□五代祖鄱陽王恢，□祖□蔡定二州刺」史；□温，□鄭州別駕；□□□州長壽縣令，咸積德茂勳，昭彰衮憲，」以贊翊后位，繼□□□長壽元子也。公局度弘敞，□□慎言，至□」忠孝，旁務經濟，初試□州□城縣尉，以貞白之政，爲時所重□□□」高才，德冠當世。屬元凶□□□□而歎知儒術不可以戡難，□□」投筆，克壯其猷，大曆中，同州刺史兼吏部郎中梁公乘美公有匡時之」略，委之以師旅，奏充押衙兼兵馬使。貞元初，鑾輿避狄之歲，相國韓公」滉辟爲上將，克鎮江滸。四年，宣歙都團練使御史大夫劉公贊嘉其」義勇，籍之英略，奏充右廂兵馬使兼押衙守右衛率府率。八年，奏」爲都虞候。十四年，洎廉使崔公衍聆公盛烈，乃褒其職，奏右廂」兵馬使右領軍衛將軍。廿一年，補都押衙，俾軍容内肅，澆浮外息，」常貞白一致，穆如清風，雖幽室獨處，亦如對君父。俄積疾淹留，興」夢奠之歎。廿一年夏五月廿八日歸全宣州私第，享年七十一。時軍」膂相弔，行者或默其涕。公出於趙郡李氏，先娶彭城劉氏。長女適□」州録事參軍彭城劉仕，次女適宣州參軍河東裴懿，咸俊德□□□□」博達。再娶晉昌唐氏，誕一男二女，一女適句容縣丞隴西李□□□」室之良秀也，長女幼男，不幸早世。夫人中歲既□□□□□□乎栢」舟之誓，克守閨門之節，以□塗在堂，先遠將兆，□十月□□日，權窆宣」州西原，禮也。子廣則，笄女董董，柴毀過禮，故□□琰，以誌陵谷。」銘曰：

裔自有梁，遥源慶長，克荷茂□，□世其昌。」森然英姿，鶚立迴翔，紆拖金紫，□□□方。」□水東匯，川流湯湯，逝者如斯，永□□□」

永貞元年十月□□日姪孫同雅書」

（録自《安徽通志金石古物考稿》二）

永貞〇〇五

【蓋】失。

【誌文】

唐故桂州臨桂縣令范府君墓誌銘并序」

公諱弈，字少迴，南陽人也。曾祖師整，皇□州司户贈相」州長史。祖履冰，皇禮部尚書□□□□□。考皇」臨淮、宣城二郡太守。公即宣城府君第四子也。器宇沖粹，」體識貞亮，起家拜壽州霍山尉，次授左武衛兵曹」參軍，次授循州河源令，尋任桂州臨桂令，秩滿守本官」充安南從事。以貞元十一年五月三日，終於交州龍興精」舍，享年五十有七。公前娶夫人河南獨孤氏，一子遥；繼室」夫人隴西李氏，柔惠有節，亦先公而歿。以貞元十四年權」厝於上元縣石子崗之原。嗚呼！篁竹楓林，纍纍旅櫬，山」園萬里，故國難歸。公之繼室夫人舅氏通州刺史河間」張遜，悼姻族之零落，歎嗣子之未歸，乃惻于懷，遠令啓」護。粤以永貞元年歲次乙酉十一月丙寅朔一日，與李夫人同祔于」河南府洛陽縣平陰鄉之北原，禮也。式爲銘曰：

發迹著能，馳聲善價，道光僚友，義睦姻婭。時或推移，物」有代謝，風燭能晝，泉燈掩夜，荒隴蒼蒼，白楊之下。」

（北京圖書館藏拓本）

永貞〇〇六

【蓋】失。

【誌文】

唐故桂州刺史兼御史中丞孫府君故夫人范陽郡君盧氏墓誌銘并序　裴氏甥將仕郎守尚書考功員外郎垍撰　第二子鄉貢進士保衡書

家人之彖曰：女正位乎内。關雎之序曰：樂得淑女以配君子，故家道正，門風睦，爲豆籩以薦，爲酒醴以獻，本乎婦事脩而婦德全者已。維夫人年十有八，歸于府君，鳴環珮，奉蠲潔，必勤於力而達其敬，事先姑柔聲怡色，先後夙夜。佐府君樂諧陰和，警戒齋栗，推其禮以周于長上，均其愛以浹于幼孺。金石筦絃之奏，雖聽之不樂，珠璣組繡之飾，雖見之不貴。府君以端操重稱，孝慈儀法，喧四海而冒六姻，夫人之助，故府君立於朝，出爲方伯，夫人榮於室，更其封號，初爲昌平縣君，後爲范陽郡君，噫！其至矣。夫人范陽人也，其先有若北中郎植以經術重東漢，固安公度世以才業翊元魏。自固安至夫人十一代，皆出於崔李鄭三族，今之論甲門者曰興州刺史守直，曰長樂太守昇明，即夫人之伯祖叔祖也。曾王父諱處實，爲衢州常山令；王父諱旻，爲鳳州別駕；父諱宗，爲鄧州南陽令。輝華之緒，顯冠于世，萃其慶靈，生此柔嘉，宜于軌度，秉以恒久。不然，則向之所謂修婦事全婦德，豈易乎至哉！初府君廉省桂林，天實降禍，男子未仕，女子未笄，鄉關日遠，雲水天際。夫人提孤稚，奉帷幭，克詢龜筮，返葬瀍洛，門户再立，戚姻如歸，始于哀慟以生疾，綿以歲月，而滋痼勿藥而喜，胡其昧耶？以永貞元年九月八日傾背于洛陽之康俗里，享年五十六。嗣子右金吾胄曹惟肖、進士保衡、右羽林録事微仲，脩武縣主簿審象，洎鄭氏之女子子等，仰號于天，幽叫于神，忍荼蓼之酷，備竿笙之器，以其冬十有一月五日，合祔于邙山，從周禮也。垍爰自弱歲，依于外氏，目玩高躅，心銘厚恩。忽發書以承訃，遂横涕而撰德。貴於情達，敢以文爲！銘曰：

太嶽之胄，中郎是祖，克生端懿，動罔違迕。歸于」令族，封厥舊土，儀刑戚姻，焜耀門户。逮于中歲，稱未亡人，乃生疾厲，□」茹哀辛。高堂遂空，大暮無晨，與善之言，茫茫孰詢。玄扉永閟，貞石爰」刻，彤管是式，夫人之德。」

永貞元年十一月五日。

（周紹良藏拓本　河南千唐誌齋藏石）

永貞〇〇七

【蓋】　張公墓銘

【誌文】

唐故開府儀同三司使持節隴州諸軍事行隴州刺史上柱國南陽縣開國伯張府君墓誌銘并序　文林郎前守嬀州司倉參軍李伯良撰」

公諱道昇，字道昇，幽州范陽人也。其先黄帝軒轅氏，大聖之後，弓裘不墜，故留侯子房」相漢，司空華匡晉，洪勳茂績，譜牒詳焉，故不書。公則司空十七代孫也。曾王父」朝議郎守檀州司馬徹，祖王父朝散大夫行嬀州長史克明，王父驃騎大將軍持節亳州」刺史令暉。公則亳州府君之元子。少有奇節，素多方略，知文可經邦，乃伏膺閲史；武」以戡難，則彎弓習射。至若龍韜豹略之術，縱火沉沙之策，莫不研精覃思，窮理盡」性。釋褐充節度副將，轉左金吾衛大將軍，旋充左廂步軍大將兼節度押衙。節制」朱公首議歸朝，公演成其意，遂率精騎二萬，西赴闕庭，署公爲行營都」知兵馬使。帝嘉之，拜朱公爲丞相，旋除太尉兼隴右節度。聖朝以公有輔佐」之勳，特賜車馬金銀繒綵萬數，皆置諸廊下，令將士裁用之，一金不入私室。其廉潔有」如此者。積功勞遷特進開府儀同三司、持節隴州諸軍事隴州刺史、上柱國、南陽縣開國」伯。頃爲羌戎搔動，甿庶不安，征戍者望煙塵，農耕者帶弓矢。下車之後，□以□恩，行春」令而農夫擊壤，明斥候而軍人卧鼓，其政術有如此者。時屬驕陽□□□□□□」公詢諸靈跡，欲往祈之，境内有二姑神，素多靈驗，祈者必應。公□□□□□□」香纔焚而陰雲滿空，酒再酹而甘雨盈尺，遂減己俸，特建粧樓，□□□□□□有」如此者。嗚呼！運有修短，時有瘵興，夢入兩楹，災成二豎，染感□□□□□安」私第，享年六十七。嗣子佋，次子俠，瓊玉連枝，皆禀淳孝，絶漿□□□□□貞」元年冬十一月廿五日庚寅，窆於幽州良鄉縣閻溝山原，禮也。□□□□□□□□□」鎮守副使御史大夫道晏，痛天倫之永別，撫諸孤而猶子，命刊有□□□□□□□」大房東，瀘水西，雲漠漠兮風淒淒，乾罡引氣兮掩□□□□□□□□□」斂幽魂兮，累土成墳銘勳刻石，玄堂一掩兮天地永隔，□□□□□□□□」慶流百代兮子孫澠澠。」

（北京圖書館藏拓本）

永貞〇〇八

【蓋】失。

【誌文】

唐嵩岳寺明悟禪師塔銘并序　朝散大夫守中書舍人張弘靖述」

自五教衰缺，諸子並馳，然各守師資，不能動衆。及」釋氏東被，參以華文，事苻泯心以盛大，雖有拒」楊墨離堅白之辯，皆不能孤立而抗之。横掩衆流，」大𩰚羣動，有仁人碩□□□其教如悟公之徒者，」則謂之龍象。分啓津梁□□□堂□之嗟爲脩行」□永懷師範，思□□□□□□成陰而銘□□」刻泣次遺事，授余文□□□□」生滅非二，生在滅中，猗嗟大師，性湛跡空。致感休」徵，獨冥真宗，神超後有，事寄前功。哀斷來學，燈」傳無窮，禪山未毁，靈塔斯崇。

永貞元年歲次乙酉十二月景申朔九日甲辰。　太嶽山人洪得宗書。」

（録自《東都冢墓遺文》）

永貞〇〇九

【蓋】　失。

【誌文】

大唐故昭武校尉守左驍尉將軍上柱國陳公墓版文并序　前行左司禦率府倉曹參軍侯銛撰」

公諱義，字興。厥初以大舜之裔，侯于陳而氏焉。敬仲以還，」不常其所，今又爲河東人也。王父克同，列考福，皆讀叔夜」養生之論，慕蔣詡斂迹之風，淳素自高，踈于榮禄。公屬」天寶季祀，羯胡干紀，激仁爲勇，移孝作忠，徇定遠之從」戎，期征虜以效節。頃之官至左驍尉將軍，策上柱國，累」有功也。尋入居環衛，載睦親朋，方趣無生以得真，先依」有相而弘法，割田園之産，罄俸禄之資。齋筵列於」皇州，僧徒畢至；香翰寫於元籍，唐本無遺。允矣知」身是幻，而況於財，不亦達乎？將福庶類，而況祖考，不亦」仁乎？春秋七十有二。愿終遘疾，永貞元年十月六日卒」于上都金城里之私第。於戲！嗣子叔寧，年齒尚幼；夫人」河南邱氏，夙有淑德，美於壼範，公之善功，皆夫人佐」成，逮今茹荼飲泣，庀于喪事。以其年冬十二月二十」有五日庚申，葬于長安縣龍首原，禮也。銘曰：

尚忠好仁載經籍，公實兼之成懿績。」作善精魂當有適，順時松檟斯羃羃。」

河南邱頵書。」

（周紹良藏拓本）

永貞〇一〇

【蓋】李府君墓誌銘

【誌文】

唐故慶州長史趙郡李府君墓誌　從弟鄉貢進士茂正撰」

公諱肅，字正言，河南汜水縣龍泉鄉漢井里，其先太上玄元皇帝之」嗣，自趙郡宗祖至廿五代義公之二子，分爲東西祖，公即西祖之後也。」世襲茅土，族莫與京，爰從增封，代居東州，濬流長遠，采地存矣。曾祖」諱岳，皇洺州刺史；祖諱獻，皇汝州郟城縣丞；烈考諱益，皇」懷州河内縣尉。公即河内之冢子也。惟洺州之政，可以匡輔中朝；郟」城之文，可以興復東魯。故河内有洺州之政，有郟城之文，有膺時之才，」有和人之量，而不分裂土宇，儀形天府，命矣。夫公之同氣四人，季曰」係，雅紹餘芳，歷宣州寧國主簿，遽將早世；長妹幼罹霜露之艱，愿資津」梁之報，了悟真性，童年出家，法名義蘊，修持于東都安國寺；幼妹適彭」城劉丕，任許州穀水縣尉。公躬履先躅，道高時流，求舊睦親，在明如」晦。少而爲儒，久以許國。耿賈之器兼文武，崔蔡之識達古今，於焉投筆，」從職惟揚，實爲萬人孤劍，大府長城。勳庸是彰，叙遷慶州長史。冀期鴻」陸有漸，將登封於定遠；無何夢在兩楹，寢疾不救。以貞元廿年六月廿」七日卒于揚州江都縣之私第，享年肆拾有肆。公之嗣子制、則，年纔弱」冠，食荼居廬，泣血號慕。夫人潁川陳氏，即故揚府長史採訪本道敬之」之曾孫，饒州紀綱掾邕之女也。禮樂名家，早昭令德，積哀繼哭，則攜言」歸。公之堂弟峒，茂於才行，敦以仁孝，撫勉孤孀，痛感鴒原。以廿一年八」月，護喪歸東洛。永貞元年十二月　日，祔河南縣東北原先塋，禮也。恐」歲月云邁，陵谷或遷，猥以近宗，薄諳盛烈，將命直筆，紀于永年。乃爲銘曰：

采地斯盛，濬流攸長，故遵先躅，遠紹餘芳。其一。素業通幽，戎韜洞微，」秋鵬理翰，霜劍呈輝。其二。凌霄莫致，理玉何先，詎留鸞影，難迴逝川。其三。」瞻彼伊洛，歸歟松栢，恐變桑田，式刊貞石。其四。」

（北京圖書館藏拓本）

唐代墓誌彙編

元和

元和〇〇一

【蓋】失。

【誌文】

唐永貞元年十月五日，清河崔氏十六女夭於楊□」行旅之次，時年十三。曾祖府君皇滎陽郡長史、」贈鄭州刺史諱湛，祖府君皇懷州刺史、檢校太」子左庶子、贈秘書監諱朝，考府君皇江南西道」南昌軍副使、試大理評事諱稅。十六女即府君之」□女，既生，字之曰楊。出自太原王氏，外曾祖罷，皇」右龍武軍長史；祖蒙，皇蘇州録事參軍。貞元庚辰」歲，先府君從檄南征，十六女與長兄翬等亦尋赴」寧覲。嗚呼！旻天不吊，禍酷濳遘，府君前年七月」即代，嗣子翬、章等號奉靈輿，浮江北歸。翬堂兄羣」爲宣城從事，遂留十六女於從事之處。疾恙彌年，亦」已平復，既孤而哀，其疾再遘，諭不至也，藥不至也。去」年秋八月，羣拜右補闕，令堂弟翬攜領家累自宣城」赴上國，行次揚州，而十六女夭，載歸櫬于行舟。

即以」元和元年正月廿日窆于先塋之後地曰東陶村」之原。嗚呼！婉順恭孝，動叶詩禮，非天資神與，則不至」焉。不及成長歸人，遽從厚穸，華而不實，其命也已！銘曰：」

昧夫神道，惑厥天理，何資爾明？何促爾祀？風悲霧晦？」原野蒼兮，玄扃一閟，天地長兮；□而後已，唯我傷兮！」

（周紹良藏拓本　河南千唐誌齋藏石）

元和〇〇二

【蓋】失。

【誌文】

唐故天德軍攝團練判官太原府參軍蕭府君墓誌銘并序　從兄國子監丞策撰」

士君子之處世，所貴慎其始而敬其終。公之始也，從乎鄉賦而登」文詞之甲科，其終也，佐乎已知而歿于邊陲之王事，豈不謂慎」始敬終之者歟？公蕭姓，諱錬，字惟柔，命氏夐派，自蕭同叔子、鄭」侯何，洎晉末中原喪亂，人遷渡江，公則南蘭陵郡人也。十代祖」道成，爲宋元臣，澤及生靈，羣情樂推，遂化家爲國，則帝裔相承，王」封繼習，詳諸史策，略而不書。曾祖德緒，皇銀青光禄大夫，舒、杭、」潁三州刺史，蘭陵郡公；祖元晃，皇徐州蘄縣令；父凝，皇信」州録事參軍；皆禮樂克傳，詩書遵習，才宣其業，位不逮名。公則」録事先府君之次子也。幼而神嶷，長而識精，孝悌因心，詞華自學。」尋丁先府君、先夫人鄭氏之艱，毁瘠欒欒，殆將滅性。後以選叙」參于吏部，書判入暗等。授太原府參軍。至任，元戎特以才幹見知，」軍府之煩，事多詢委。未幾，爲鄰境天德軍使御史大夫任公辟充」團練判官，公佐之翼之，人安軍肅。嗚呼！天不假壽，以永貞元年」八月三日遘疾，終于豐州之官舍。商賈輟市，將校失聲。夫人陳郡」殷氏，門承德義，性禀賢和，行協于珪璋，令聞于姻族。及遭」公之喪，哀過乎禮，哭不絶聲。有男二人：長曰紹初，纔能捧雉；幼曰」鄭兒，未及扶床。有女三人：長逾毀齔，二猶在懷，皆孺慕哀哀，哭無」容節。夫人乃茹痛銜悲，營護歸櫬，發自遐徼，達于洛都。遂以元和」元年二月二日權窆于洛陽北原，以時月有妨，貴從宜也。乃爲銘」曰：

文實身幹，德惟道藩，爰始筮仕，參軍太原，堆積詢委，」剖滯析煩。其一。豈云遐遠，所從已知，恩深軍府，德及戎夷，遽聞喪逝，」胡不憖遺！其二。哲婦號絶，誓殁無違，銜哀營護，旅櫬攸歸，丹旐萬里，」孤魂是依。其三。洛陽北原，簭龜協吉，荒阡甫窆，長夜幽室，貞石記銘，」千秋永畢。其四。」

（周紹良藏拓本　河南千唐誌齋藏石）

元和〇〇三

【蓋】大唐故魏府君墓誌銘

【誌文】

大唐故河南府汜水縣尉鉅鹿魏公墓誌銘并序　汜水縣尉清河房寅撰」

公諱和，字元真，邢州郡鉅鹿人也。其先晉畢萬之後也。衣冠」之盛，軒冕之貴，並載在史籍，今略而不書。公即我唐金吾將」軍、贈太子太保靖之曾孫，京兆尹、洪府觀察、贈太子太師，」謚曰景公少遊之孫，監察御史、大理正讓之子。公幼而」岐嶷，識理天縱，才超賈馬，文筆生知，時輩欽風，遠近慕德。弱」冠以門蔭之重，補弘文館學生，解褐懷州脩武縣尉。秋霜纔」凝，寒松初茂，清貞雅操，人到于今而稱之。貞元中，調補宣州」宣城尉，縣雄務重，繁總衆推。公涖事精通，恬然爲理，奸豪併」息，寃滯獲申。邦伯舉能，論薦褒美，固辭不就。□以驟進趨時，」選授河南府汜水縣尉。王畿清緊，驥足方申，何圖上天不弔，」文星見落，親友哀慟，羈孤靡依。以元和元年正月五日寢疾」不瘳，告終于汜水官舍，享年五十六。即以其年二月十五日」歸葬于北茫祔先塋禮也。夫人隴西李氏。婦德令儀，」天資淑質，芳菲難久，先被風零。嗣子端，次子竦，攀號泣血，屠」裂肝心。有女七人，長適前宣州參軍趙郡李氏，次適前宣州」南陵縣尉隴西李氏。嗚戲！雪際晴峰，誰爲見賞，澄潭片月，不」復重覩。寅龍鍾後時，聯事爲友，撫孤增慟，揮涕爲銘。銘曰：」

令德文詞兮人所上，矜不伐兮海爲量。孤貞守固兮心不欺，」秉仁抱義兮衆共推。豈意芳時兮松桂衰，覩丹旐兮涕淚垂。」

（北京圖書館藏拓本）

元和〇〇四

【蓋】失。

【誌文】

唐毛公故夫人魯郡鄒氏墓誌」

有唐元和元年，歲在丙戌，六月癸巳朔，」廿日壬子，滎陽郡毛公妻鄒氏，」不幸遘疾，藥餌無助，奄終於楊州」江都縣贊賢坊之私第，享年二十」有七。夫人節行賢和，音容婉淑，以配」君子，四德有聞，內合六姻，外和九族。何」圖天不與壽，早夭泉臺，鞠育一女三男，」慈訓在於人表。男至存、至成等，泣血號」訴，宅兆吉辰，即以其月廿二日葬于嘉寧」鄉之原禮也。恐陵谷改易，刻石銘之：」生也有涯，壽必有終，哀哉夫人，永閟玄宮。」

（周紹良藏拓本）

元和〇〇五

【蓋】失。

【誌文】

唐故左屯營進奏判官游騎將軍守左武衛中郎將賜紫金魚袋左龍武軍宿衛弘農郡楊府君墓誌銘并序

承務郎前行邢州南和縣尉吴郡張莒撰」

公諱擇文，弘農人也。自隋氏已降，及于皇代，世職不絕。夫天」生盛才，神惠器宇，承家積慶，爲國輸誠。洛陽知名，擅四方之美譽；」禁衛從事，爲六朝之近臣。祖諱志忠，高道不仕，雅性弘真，偃」仰自識，趨競名位，曾不干懷；或養蒙閑居，漁獵經史，野逸篇什，風」流詠歌，而慶流傳芳，爲後嗣昌胤。皇考諱懷爽，皇左龍」武軍將軍，貞英在躬，去華尚實，輔翼宮禁，爪牙皇明。公」即府君之長子。義方必授於趨庭，基構早欽於令緒。年纔芳春，已」列名於鳳闕；天寶之載，拜別將於龍臺。六十年間，累朝聯事，凡」經六任，不離禁司。龍額虎牙，恒充後騎；畫輪朱紱，交映行軒。可」謂朝端宿臣，而榮貴全矣。悲夫！壽頗兼才，位亦充量，以元和元」年六月十三日寢疾，終於清化里之私第，享年八十有一。故夫」人潁川陳氏，兆叶和鳴，冀其偕老。誰意槿花早落，危露先消，以貞」元十七年先逝，葬於河南縣朱陽里之原。嗣子鍰，職名華省，顧絶」弟兄，苫塊之中，形影相吊，哀摧杖策，泣血送終。爰有子壻試右内」率府兵曹參軍范緯，充留守記室，職居津要，才頗衆先，成使幕」之箴規，實周行之高步。緬懷松檟未立，半子情深，宅兆瞻時，傾財」竭産，共營窀穸，以副哀誠。以其年七月廿九日合葬於故夫人」舊塋禮也。嗚呼！萬古之後，尚慮堙沉；九泉之中，載乎名氏。其銘曰：」

履素無咎，積善有慶，楊君立身，執德之柄。榮耀兩全，金印交映，禁衛累朝，」效官六政。其一。委質從仕，忠貞是資，不離天府，克佐王師。六十餘載，爰親鳳池，」英威楊君，令德在斯。其二。南山至壽，北牖臨喪，金玉盈室，莫之能將。親賓痛悼，」鄰里淒涼，臨終不撓，存殁皆臧。

本開舊墳合葬，其堂中有祥瑞，遂於舊墳向南一丈別置。故記。」

（周紹良藏拓本　河南千唐誌齋藏石）

元和〇〇六

【蓋】失。

【誌文】

前試左衛兵曹參軍裴公墓誌銘」

公諱孝仙，先代河東人也。衣冠易葉，累代連□□□」隋唐已來，薰猷繼踵。曾祖諱　，祖諱景，并職資□」室，操持文翰，清聲遠播，遐邇皆聞，遂因行宦，乃爲汝」陽人也。夫人諸葛氏，母儀麗質，德行周旋，事舅姑匪」懈在懷，敬親姻承順如祭，訓道有禮，教子以義方。何」忽神理不慵，構疾鍾禍，以丙戌歲四月終于城居温」洛坊里之私第，時年六十有五。公少尋墳典，着策戎」幕，謀略超於古今，德行貫于時俗。乃竭力輸忠，安定」邦國，賴以勳效，酬賞功勞，任右衛兵曹參軍，□□」名譽。嗣子達，孝以事上，忠能奉公；次子四人，□□□」鄉閭，敬上愛下。女十一娘，内含閨訓，不遺父母之□」外事賢良，永佩恭姜之美。公積行累德，冀保遐靈，□」忽龍劍先沉，孤鶴影滅。去貞元十九年甲申歲，先殁」于洛陽縣温洛之私第，時年六十有三。今與夫人合」葬幽冥，再調琴瑟，厝于洛陽城北十里之塋，擇兆平」原，禮也。恐代遷易，刊石既焉云爾。詞曰：」

東州之側，伊洛之前，龍山横截，芒嶺連翩。」□河貫海天，心生之田，永窆泉壤，幽路眠眠。」

元和元年八月十二日銘記。」

（周紹良藏拓本　河南千唐誌齋藏石）

元和〇〇七

【蓋】失。

【誌文】

唐故南陽張夫人墓誌銘并序」

夫人張氏，其先陳留郡開封縣人也。令標時望，移家淮楚，」今遂揚州江陽縣人矣。曾祖峴，處性廉儒，風規可則，門標仁」孝，名立其德；祖潛，風雲禀性，忠孝立身，能混於世，居然自真；父」洽，運務忠幹，奉公克懃，才聞八座，位參孔鄰。夫人即公之第三女」也。三儀遠著，五德流鄉，意能柔順，貞明内儀。纔始登笄，旅歸」彭城劉氏。自結秦晉，無虧婦禮，舉案之風，入室綢繆，豈絶恭姜」之禮。夫人承大家之餘訓，受母師之典教，何圖天奪斯壽，」魂魄上昇，體掩泉門，歸于逝水。粤以元和元年八月六日」奄終于江陽縣崇儒坊之私第，享年卌有九。夫人育子一」人曰士舉，夙承雅訓，早著令名，哀號泣血，哭踊無聲。即以」其月廿五日窆于嘉寧鄉五乍村，禮也。故刻兹貞石，永爲」記之。銘曰：」皇天不仁，殲我慈母，浮雲往來，」清魂何去？不見慈顔，空悲風樹，」灑淚灑血，朝朝暮暮。」

元和元年八月廿五日記。」

（北京圖書館藏拓本）

元和〇〇八

【蓋】失。

【誌文】

唐裴氏子墓誌銘并序　秘書省校書郎于方撰」

有唐故侍御史裴公諱琚，知京北饋餫，時夏州連帥韓全義以」王命討淮夷，不剋歸鎮。德宗期孟明於異日，釋而不」問，疑懼之甚，而意端公焉，遂有青蠅之閒，白圭成玷。貞元十」七年，竟貶崖州澄邁縣尉，至廿年十一月，終于南海。明年，靈轜」北歸，至襄陽，夫人史氏在焉，我之出也。有一子，曰承章，聰勤」遊藝，精敏工文，幼學之年，迨成人矣。而志慕賢才，心尚善道，」人之所保，不居過地，可謂令子矣。年十八，娶扶風竇氏，父瑞，」余之從祖姑之子，七歲以孝廉登名太常，文詞學業，衣冠」名表，而四十五十，遽歸泉里，孤女藐然，歸于承章。承章之事」親也，孜孜孝敬；親之念承章也，慈愛亦過，至於跬步之間」不見不得。去年端公凶訃遠到襄陽，承章哀號，幾滅天性，」將奔迎焉。親以其怯弱，懼其毀也，殆止而不許。及護靈車由」東洛將歸京師，在路遘疾，若輕而未遽其夭也，至永寧竟終」焉，春秋廿矣。殆及屬纊，精神分明，辭母別妻，意緒哀恨，所謂」天難忱，命靡忱，善人而夭，顔子其如斯乎？太夫人哀念愈」痛，晝夜叫呼，殆將不勝。以元和元年四月將柩至城，其年十」一月廿六日歸葬于城南，陪先父之塋，禮也。雖其未禄，功」德不被於人民；而施於有正，孝友已及於親戚。於此傷悼，彌」可以銘，乃作銘曰：」

積善之家，必有餘慶，端公之仁，有子之令。其令維何，孝悌恭和，」孝悌而夭，天命如何？佳城鬱鬱，松栢森羅，年年孤月，空此經過。」

（録自《續語堂碑録》）

元和〇〇九

【蓋】失。

【誌文】

大唐故將作監丞清河郡張府君墓誌銘并序　從前鄧州向城縣尉□盈撰」

公享年卌有三，其年夏六月，夫人趙氏先遘厥疾，奄然從逝於壽春子□坊之私第□□」哭撫偏露，哀慟告天，從兹寢疾，不逾旬日，次夫人而謝世，嗚呼哀哉！琴瑟兩亡，鴛鴦雙□」□沉逝水，花落青春。公諱寧，字仁則，其先貝郡清河人也。自軒轅錫胤，張氏實爲茂族。金」貂七葉，漢天子之忠臣；鼎足三公，晉武皇之名相。自是分茅列土，世有其人焉。公四代祖元」濟，皇正議大夫、刑部侍郎；高祖松茂，皇刑部郎中；曾祖季□，皇户部郎中；祖蘭，皇朝」散大夫、太子中允、潁王府司馬；父進金，皇驃騎大將軍、試殿中監員外置同正員、食邑」千户，深懷武譎，早彰七德之明；立變軍機，獨得三略之妙。職署淮南節度副使總行營」戎幕。公即驃騎府君之元子也。山岳之秀，人倫之珍，容質堂堂，詞貌英英。幼習經籍，」鄉舉孝廉，早工翰墨，跡近羲獻。籌策則備千里决勝之能，弓矢乃善百中穿楊之」妙。大曆末年，淮南節度司徒陳公特表奏授朝議郎、試左領軍衛岳曹參軍、上柱」國，又轉授試太子通事舍人，又轉授朝散大夫、將作監丞。貞元九載，壽軍元帥、御史」大夫兼左騎常侍楊公，」以公名家之子，才可理戎，乃補軍職，漸爾遷轉，位及崇班。夫人其」先世爲晉卿，後因仕而封天水郡，遂世爲天水人也。故太中大夫、兵部郎中、兼侍御史濟，」即夫人之曾祖矣；祖頎，皇貝州司功參軍、魏州昌樂縣令；父悦，皇金紫光禄大夫、試太」子賓客、兼殿中侍御史、贈滁州刺史。夫人即侍御使君之次女矣。神姿潁澈，容輝端雅，」幼高令淑之德，早稱窈窕之賢。洞曉女工，高閑婦道。年有十八，禮歸於將作丞公。克勤中饋，静慎閨」庭，孝奉舅姑，恩霑卑賤。外匡君子之能，内幹家風之正。公乃和而敬之，寶而重之。嗚呼哀哉！昊天不吊，降」兹凶憫，雙隨逝水之波，永阻高堂之養。哀哀親老，切切子孤。公嗣子三人：長曰惟敏，仲曰惟敬，季曰惟哲，皆絶漿在疚，泣血號天。永思同穴之儀，仰遵歸祔之典。頃以時月未便，權殯于堂，宅兆既卜，龜筮叶從。於是元和二年二月一日，遷祔於壽春崇義原，禮也。嗣子等慮年代綿邈，陵谷斯變，樹松楸以表焉，勒銘誌以記之。乃爲銘曰：「白楊蕭蕭兮悲風起，鴛鴦雙飛兮歿逝水。切切高堂兮悲老親，哀哀泣血兮傷嗣子。」「盈盈淑德兮去何在？英英武謚兮長已矣。樹松楸兮勒銘誌，陵谷變移兮表千祀！」

（周紹良藏拓本）

元和〇一〇

【蓋】失。

【誌文】

昭成寺尼大德三乘墓誌銘

大唐元和元年三月十四日，長安昭成寺尼大德三乘行歸寂于義寧里之私第，春秋七十九，戒臘一十九。伏惟神兮俗姓姜氏，望本天水，以簪纓承繼，家寄兩都。自頓駕長安，貫移上國，今則長安高陵人也。故中散大夫、贈太子左贊善大夫執珪之女，適昭陵令贈通州刺史李昕之妻。婦德自天，母儀生稟，事君子之門，敬姜比德；方擇鄰之愛，敖毋其明。神儀惠和，體量凝肅，有二子：長曰誼，終杭州餘杭縣令；幼曰調，終温州安固縣尉。有嗣孫五人：定、寅、宇、寧、寔，皆夙承嚴訓，克孝克忠，或位崇百里之榮，或再班黄綬之職。神兮自中年鍾移天之禍，晚歲割餘杭之愛，由是頓悟空寂，宴息禪林。自貞元四年隸名於此寺，嗚呼！蓮宮始構，法棟斯摧。定等哀慕悲號，攀援何及。以元和二年二月八日敬奉靈輿，歸窆于城南高陽原，禮也。白日晝昏，悲風慟起，玄雲低壟上之野，苦霧暗行輴之衢。芻靈已陳，窀户斯掩，泌追承遺，則泣而爲銘，勒石紀文，以永終譽。其詞曰：

神假温恭，天資淑德，無言成教，有儀是則。捨故里之喧喧，歸夜堂之寂寂。朝雲出谷兮行雨散，暮鳥悲鳴兮去無跡。流光西没，逝水東極，閉泉壤兮千秋，烈餘薰於貞石。

（録自《陶齋藏石記》卷二十九）

元和〇一一

【蓋】失。

【誌文】萬君墓誌

君諱仁泰，字國寧。祖翽，父清，清之次子也。君不仕，性玩琴書，情兼義友。以元和二年二月疾終，春秋五十有四。窆於硤石市東一里新塋，禮也。娶彭城劉氏，生子四。銘曰：

元宮冥冥兮曉不開，魂魄蕭蕭兮啼方哀；愁雲靄靄兮雨添淚，松栢颼颼兮風鳴籟。

（録自《古誌石華》卷十五）

元和〇一二

【塔銘誌文】

大唐荷恩寺故大德法津禪師塔銘并序　門人供奉談論大德沙門鋭璨述」

日月華麗于天，山河光紀于地，觀象作則，惟人獨靈。荷恩寺故大」德諱常一，謚曰法津禪師，俗姓姚，河南河清人也。曾祖綽，朔方節」度；祖信，秦州成紀縣令；考恭，隴右南使飛驎監。和上即監之仲」子也。體質爽悟，精明獨在，性惟仁孝，行實温恭。開元中，依襄陽明」津師所出家受具，旋至長安花嚴法師所聽花巖經，又於東京大」照禪師所習定宴座，遂隱跡秦州靈鷲山，卧石席茅，松蘿爲宇。至」天寶中，採藥崆峒，遇逢天使，道與時會，名稱」上聞，徵入京師，住寶臺寺。加以懸鑒來事，見重時君，得大」總持，固能攝護，外假藥妙，内實知人。尋丁家釁，表請歸葬，奉」敕知師忠孝，賜絹五十匹，自衛神櫬，至于隴陰。遇」肅宗皇帝巡狩朔裔，師次平涼，吾師獨出州城，遠迎法駕。」肅宗一見，命曰宗師，仍令招慰州縣官吏。河洛既清，飛錫上國，權」住荷恩寺，奏免常住兩税，至今不易。又還官收地廿二頃。」恩命令立豐碑在於寺普潤莊也。至德中，爲」肅宗皇帝設齋，慶雲晨見，詔曰：卿雲在天，紛郁呈瑞，允苻」降誕之日，更啓光宅之時。表師之精誠也，賜絹一百匹，香一合，師」爲朕精誠廣修功德，所至之處，必有禎祥，更此設齋，尤加愜愿。上」元年中，奉敕於三原縣化城寺修功德，芝生於廊柱，從未」及脯，漸長數倍。詔曰：蓮宫效異，芝菌發祥，豈唯圖牒可披，」固是神明所祐。又奉敕於化度寺修功德，文殊菩薩忽見」神光。詔云：至誠所感，神應如答。師精誠懇發，靈貺遂彰，景」福延長之徵，祓氛必滅之兆。寶應年中，蒙賜紫袈裟及金鈎。」詔曰：師蕃邸疇舊，早悟菩提，志行既精，勝因斯著。端午之節，宜錫」寵章，屢奉詔書，頻蒙厚命，加以齋唯一食，諦念六時，存四」攝以利人，棄匹夫之獨善，前後奏置寺一十二所，度僧一千餘人。」忽焉示疾彌留，會緣將畢，奉敕令有司造檀像寶幡，送至」院內，以大曆五年八月十七日隱化於京師荷恩寺，春秋七十二，」僧臘五十一。臨終表辭。詔曰：師久修八正，歷事三朝，志行」淳深，精勤不替。何期奄從遷化，軫悼良深，贈絹卅匹，布卅端。賜塔」院於萬年縣洛女原。遣將軍段物華備陳奠祭曰：萬化應變，百齡」有涯，未際真常，咸歸生滅。惟師平昔，早悟香緣，青春捨家，白月護」感。豈謂悟生若幻，知閲逝川，俾申菲奠，歆此行潦，謚曰法津禪師，」仍配荷恩寺。未踰歲時，」代宗皇帝以萬方爲心，憂勞興疾，夢寐之際，遂見吾師奉獻神膏，」未踰翌日，厥疾乃瘳，遂賜院額號醫王寺，令將軍段公等就寺爲」師設千僧會。其夜昏後，寺中聖容忽見，毫相直照塋門，卷而又舒，」凡廿四度。又聞天樂響空，得未曾有。詔曰：釋門梵宇，福庇」人寰，爰賜嘉名，用旌法界。師等勤於護念，持有感通，光相昭然，深」可歎異。賜塼五萬口，爲師造身塔，高卅尺，實爲歿而不朽，終承」寵光；感而克通，生滅自在。乃爲銘曰：」

皇天無親，惟賢之遵。邈矣吾師，□脊其身。遺榮世表，遠彼囂塵。令」問令望，克寬克仁。玉質掩彩，簡牒傳光。名垂不朽，運有行藏。刊于」貞石，用記惟良。哀哀師賓，永永流芳。

元和二年歲次丁亥四月八日弟子荷恩寺大德沙門法開建。」

（録自《考古與文物》叢刊第三號八三年十一月王世平、朱捷元《西安東郊新發現的唐法津墓誌及塔銘》）

元和〇一三

【蓋】大唐故董府君墓誌銘

【誌文】

唐故銀青光禄大夫行蘇州長史上柱國隴西郡董府君墓誌銘并序　鄉貢進士朱讜言撰　試左武衛兵曹參軍劉郢書」

魯史記稱董狐古之良史，書法不隱；碩德之後，必生英才。公其裔孫也。曾祖依，」贈將作少監。祖欽，青州司馬。公諱楹，起家至蘇州長史。公性警悟，識天命，有蘧」伯玉卷舒之道；行藏處順，得周易隨時之義。元和元年十二月十六日寢疾終」于光宅里私第，享齡七十六。嗚呼哀哉！洪範云：五福一曰壽，二曰富。公居五福，」得其富壽。貞元初，德宗皇帝以儲貳配于宜家之選，娉淑忒以備嬪媛。公長女禀公閨閫之訓，令」淑有聞，得參其選焉。時潁川郡韓公臯，掌絲綸之誥，屬天書叶」贊容德，册爲良媛。順宗皇帝臨兆人，又册爲德妃。」天子每嘉公之德，禮殊懿戚，而中貴人馳眷天顧，騎交金紫，貫一時之」榮盛矣。至是人倫士庶，識者知者，皆仰公旻德歸下，而慶襲于門。宣尼所以稱」居家理理，故可移于官，唯公有之。於戲！人之生代，如川閱東水，晝夜無息；所貴」者貴其没有令德，餘芳振于遐風。況公仁恕以及物，禮義以全節，言而信，行而」直，臨事能斷，心不苟順。如玉之德，貞方不掩其美惡；如金和柔，剛必從于沿革。」革斯又見君子持正氣，保終吉，平和其心也。有子四人：長曰岌，機謀敏達，貞良」娣弟，有爲長敦固之愛。嘗勵節自謂學未弘博，遂秉志讀書，精春秋何論，皆盡」正義。二三年功倍業就，鬱成鴻儒，卓然有古人之風。釋褐拜潤州司馬。仲曰齊，」應鄉里之選，舉孝廉登第。次曰亢，蓄干將之利，尚戢穎耀。季曰從禮，而天假儁」茂，幼年而能屬文，未弱冠應鄉貢進士舉，清詞裒然，迥出時輩。已三較藝郡縣，」皆冠等第之目，而聲同者，莫不器重清才，咸曰：不日必坐致青霄之上。及遭喪，」哀毁柴立，欒棘在疚，順先王之制度，禮有餘焉。是知君子之有後哉。龜筮叶從，」以二年四月十六日葬于萬年縣長樂鄉之平原塋，禮也。讜言每與令子同干」名秀才之科，備知故實，敢誌而書之；述公盛德，銘之于墓。銘曰：」

噫萬物芸芸，各歸其根；人之最靈，亦同其源。少壯倏忽，百年駿奔；振乎清風，唯」德是藩。公之德行，芳如蘭蓀，貴是帝戚，榮皆主恩。義訓于家，慶」歸于門；斯爲不朽，楙德長存。貞石永刊，用誌九原。」

（録自《西安郊區隋唐墓》）

元和〇一四

【蓋】失。

【誌文】

唐故太原郡宮府君墓誌銘并序」

元和二年五月十七日，宮府君遘疾，終于鄆府」之私第，享年六十有一。府君諱如玉。考諱勝。」其三代不禄。夫蘊道德者未必永年，負才氣者」亦合中夭。其府君澄澹全真，忠信聞於友朋，謙」讓行乎邑里。及子孫成立，問望清休，既享遐齡，」亦受榮養。忽嬰疹疾，再歷星霜，復餌無徵，掩歸」大夜。以其年八月五日，殯於徐解村西南二里」平壤，禮也。夫人邵氏。以毀刑餘禮，指穴是心，安」能齊眉，聲哀泣景。嗣子三人，以贈喪事。長曰萬」誠，次曰萬迪，幼曰萬瑶；號叩哀毁，殆於絶漿，杖」而後起。爰卜宅兆，恐陵谷遷變，故勒石爲銘。」其詞曰：

周公祚胤，悔亦藏名，」貿身道德，訓子忠貞。孝男泣血，霜婦哀盈，」卜宅安厝，存没爲榮。千秋萬祀，播其芳聲。」

（周紹良藏拓本）

元和〇一五

【蓋】失。

【誌文】

唐許州長葛縣尉鄭君亡室樂安孫氏墓誌銘并序　仲兄保衡撰　弟審象書」

有唐滎陽鄭君曰鍊，其室姓孫氏，贈右僕射文公之孫，桂州府君之第二女也。鄭」氏自周至後魏，遂爲甲門，紱冕人物，於今尤盛，爲海内之華族矣。鄭君即皇蘇州長」史諱暉之之孫，深州下博縣令諱淑之子，由京兆府參軍以尉于長葛，藴和而行茂，循」道而秩卑，故跡未顯於軒裳，而譽實充於姻黨，若人歸之五歲，不幸以元和二年六月」廿七日夭殁於東都康俗里第，凡春秋卅二。自其構恙也，惟四三昆弟心禱于上下神」□目治于古今方術，致精竭慮，日俟有瘳，豈期志微而無所感通，思昧而差於攻療，俾」臻大病，實愧幽明。嗚呼！豈天壽之必定耶？將藥石之多乖耶？何鍾其淑美，而賦此短折，」思之莫喻，痛且無告，呼天泣血，血盡哀纏，即以其秋八月十一日安厝于邙山西原」先塋北一里，禮也。惟爾爰自羈貫，天然敏晤，孝慈仁淑，皆率性而至，及長，遂端莊自持，」動遵禮法，方明柔婉，備賢婦之體範矣。組紃文繡之事，精能而不怠；詩書圖史之學，耽」翫而有得。未嘗以疾聲忤色，加於幼賤，則其奉長上可知矣。中外敬異，爲擇所從，以鄭」君高門良士，故仰而歸之，初屬先夫人違悆，不忍離供養，及禍酷奄鍾，則哀」毁生疾，故未暇修廟見來婦之禮，每至歲時祭祀，必視其備物之蠲潔，躬授於攝事者，」齋莊祗栗，如親承焉。其於弔賀施予，未嘗以菲薄而廢，皆曲加情意以將之，故雖百兩」未行，而六姻攸屬。迨其喪之訃於鄭也，自長及幼，總哀共歎，如已久歸其室，向使當門」户輝華，姻族繁會，專其婦事，正位於中，勤儉周圓，以經治生業，謙柔均壹，以承撫上下，」必能使和而不撓，靜而有倫，惟其才賢，實克餘裕。方鄭君食貧處困，未迨夫斯時，遽先」夭殁，孤此明智。吾常歎乎士之策名也，或不伸其才，則因事垂文，示怨於來世；女之從」人也，苟未獲其所，徒委分體命，抱恨於當年，鬱湮不聞，冥漠遂往，追懷此理，豈勝慟耶？」所痛乎有行備禮，言歸未剋，結褵加景，雖迨此五秋，共牢升屋，遂同乎一」宇。既夫禄之」不享，又子食之永絶，銜恨即世，此哀何窮！一女生三歲矣，貌焉在抱，奄爾偏孤，言念顧」懷，痛心酸骨。鄭君哀悼所至，情禮加焉，存得如賓之宜，殁有傷神之感，初議夫窀穸之」事，將祔窆于先姑之兆，懼未合禮，故改卜此原。且曰請俟余百歲之後，同歸于洛東」舊域。仲兄保衡永惟人事之難必，與陵谷同虞，是用忍哀綴辭，以誌于茲室。吾自鍾」釁罰，尸立天壤，視汝不滅，苟存至今，今而棄余，殘喘能幾。雖前後詎遠，方同侍於下」泉；而幽顯遂分，終無期於此世。痛深意憒，遺美實多。銘曰：」

行如斯之淑兮，命如斯之促，天不可問兮，仰而痛哭。哭盡雙淚，玆哀曷已，日月有時，九」原伊始。塗蒭在門兮，奠設移庭，骨肉號訣兮，將遷爾靈。遷靈何往，北邙之上，遂去華屋，」永歸幽壤。松檟先封，崗連望通，酌禮追志，新丘是崇。垂涕洟兮銘景行，石有泐兮恨無」窮。」

元和二年八月十一日。」

（周紹良藏拓本　河南千唐誌齋藏石）

元和〇一六

【蓋】失。

【誌文】

唐故朝散郎前太子左贊善大夫高府君墓誌銘并序　從姪朝散大夫試濮州長史岳撰」

府君諱岑，字柳奴，渤海蓨縣人也。高氏宗門，炎帝神農氏之苗胤，」周之天子，命我太公，敬愿爲師，遂與同車歸國，謚爲齊侯，于今八百年矣。仲子息食邑於高奚，因地爲姓。息生閏，封蓨縣伯，其先昭穆，」義在斯也。地連星斗，茂實柯條，禮樂衣冠，何朝臣之不有。隋左散騎」常侍諱祐，公之五代祖。高祖諱偘，皇左監門衛大將軍遼東、隴」右兩道持節大總管、平原郡開國公、食邑二千户，贈左武衛大將軍，」謚曰威公，恩禮加也；曾祖諱崇禮，皇雲麾將軍行左衛率府中」郎將；祖諱元琮，皇遂州司户參軍；皆以大名令德，可謂冠婚，振」揚佳聲，克紹前烈。府君則司户公之元子也。劍鏡含弘，負才能重，自」上積慶，及公而祥，降靈於德義之門，稟粹於純仁之府，則府君之謂」也。豈期穹蒼昧鑒，不禄于陝府陝縣之私第，春秋六十有三。嗚呼！才屈」於壽命也，去貞元十四年閏五月五日，扶護於洛陽縣平陰鄉王趙」村邙山之陽，權禮也。夫人弘農尚氏，有淑慎之德，孟氏之賢，動爲柔」範，皆可師訓。克誕英哲，子孫其興，果達于邦家，皆夫人和鳴之慶」也。奈何福善不永，貞元十八年九月十三日寢疾棄背，享年七十有六。」喪事先遠，兆叶從宜，元和二年八月十七日歸葬于先府君之舊塋，」禮也。悲夫！死生言異，旌旐同歸，丹穴含章，終論松栢之路。」長嗣邠寧節度押衙、兼右隨四廂兵馬使、知邠州留後兵馬事、銀青光」禄大夫、檢校太子賓客、兼監察御史幼成，虔奉王事，底寧藩維，職綰」京西，疢心東洛，血淚成疾，喪禮有加。嗚呼哀哉！九原一歸，千古永畢，門」通吊鶴，哀榮兩全。猶恐人代不恒，桑田變海，刻記貞石，篆于墓門。銘曰：」

府君之德，如岳之崇，傳徽繼祖，期乎勿窮。惟君碩量，是有前風，命也不顯，」時哉尚蒙。其一。鴻範懿德，優柔禮節，天何不祐，神何不悦。落我珠星，沉兹寶月，」精靈莫反，芬馥永絕。其二。邙山之南，洛川之北，龜筮叶從，宜於舊域。」其嗣必昌，神謀厚德，萬古千齡，保之不忒。」

（周紹良藏拓本　開封博物館藏石）

元和〇一七

【蓋】大唐故爨府君墓誌銘

【誌文】

唐故爨府君墓誌銘并序　鄉貢進士嚴時膺撰」

君諱進，其先陝府夏縣人也。且盛德之胤，其必番昌。蓋磐根周」邦，析葉茅土，俾侯利建，因封命氏，長源逾達，世降賢良。曾祖」諱太收，皇朝安邊縣令；王父諱乾奬，皇朝西梁府鎮」守大將軍；乃歷代軒冕，克文克武，治民清慎，釜躍寒魚；禦寇邊」垂，威懾戎羯。烈考諱超景，性好閑雅，不求聞達，道著丘園，德」宣遐邇。公幼而聰達，長習風猷，家無常衣，義已過於氾毓；許」無宿諾，信乃逾於仲由。□天降威霜，蒿蘭豈辨，奄從棄世，復如」之何！以丁亥歲七月廿四日終於河陰縣私第，享年五十有七。」夫人陳郡何氏。稟性柔和，動閑禮則，升堂晨省，箕箒常隨，入室」威儀，巾櫛恒執焉。知天命定分，積善咎徵，於前長逝約一十六」秋，享年四十有四。遂啓故以元和二年八月十七日壬申」合葬於河陰縣三山鄉廣武南原，禮也。乃三備應占，四神皆具，山」河秀氣，鬱鬱常然。嗣子公寧，試殿中監充防禦使散將；忠孝兩」全，家國盡節，舉號嘔血，不異嗣宗，枕塊羸形，有如曾子；內忖滅」性，恐越禮經。乃扶力構塋，奉備葬事。嗚呼！丁家重疊，伯考俱傾，」同窆兩塋，相望咫尺，悲傷品物，咸似弔形，痛哭虛聲，宛如助響。」冀魂遊地户，無媿平生；海變桑田，稽兹石記。其詞曰：」

盛德之後，代降賢良，因封命氏，折葉移芳，或出或處，」冠冕彌彰。其一。天降威霜，雖分杞梓，定分短長，」人倫必矣，惜哉兩劍，俱沉幽止。其二。百行之源，」備兹嫡嗣，燕助墳層，免馴廬次，淚下成血，」哀哀懷思。其三。平野秋風，山河煙靄，雲鳥悲迎，」草木如待，一旦陵移，斯文猶在。

前内供奉趙從義書。」

（録自《中州冢墓遺文補》）

元和〇一八

【蓋】失。

【誌文】

唐故尚書屯田員外郎于府君夫人京兆韋氏墓誌銘并序　承務郎守京兆府兵曹參軍河間劉公輿撰」

自士庶族分，軒裳競爽，稽於漢魏，洎於帝唐，較人物之華，考鐘鼎」之盛，繁昌枝裔，祥委德門，大爲國楨，小爲邦媛，無踰於京兆」韋氏矣。　夫人諱懿仁，京兆萬年人也。　曾祖湜，皇潁王府司馬贈陳州」刺史；志不近榮，秩安散位，存加傅導，殁贈藩□。　祖昭訓，皇太子僕」贈工部尚書；　道以脩身，位不充量，追策曳屣，式備哀榮。　父光弼，」皇大理少卿贈刑部侍郎；　起草粉闈，詳刑棘寺，一成無失於出入，得」情必見其哀矜。　朝典申恩，追榮宗伯。　夫人即刑部府君之長女」也。　承累葉之勳華，弘百行於閨闈，淑德發於天縱，柔風形於幼冲。　刑」部府君昆弟六人，咸登朝列，霜臺粉署，接翼翱翔。　夫人外族天」枝，故户部侍郎嶧即外王父也，中外輝耀，灼焕當時。　夫人處繁華之」中，執謙柔之德，孝友明惠，鍾愛二宗，年甫及笄，歸於于氏，即故京」兆尹御史大夫頎之元子也。　進士高第，清貫累登，翰苑笙簧，人倫龜」玉。　禮成納幣，百兩盈庭，冢婦既歸，室事咸授。　夫人奉皇姑不及，養」太家有聞，柔色以承顔，婉詞以順欲，勤勞本於鞶秩，威儀生於紟纓，」睦娣姒而霈惠和，奉蒸嘗而潔誠，敬姻黨之内，熙然若春，凡廿三年。」屯田府君即世，夫人哀深晝哭，言稱未亡，誓固柏舟，事光彤管。　檳落」榮辱，栖息空門，耽味玄言，深入禪悦，孀嫠齋潔，一十五年。　元和二年」五月十一日，終於上都宣平里第。　福善胡昧，伯道兒，有女三人，長」適馮翊令清河崔澤，次女季女茹毒伶俜，依於叔舅。　崔君感東床之」選，季弟庇，結同氣之哀，以元和二年八月廿九日，護夫人之喪，於興」平縣祔屯田府君之塋，從國典也。　匍匐經營，窀穸咸備。　懼年代之邈，」虞岸谷之遷，見託斯文，以誌貞石。　銘曰：

漢水孕珠，崑峰産玉，」峩峩層構，誕我賢淑。　瑶碧之華，椒蘭之馥，貞芳猶茂，嚴霜忽摧。　四德」彰著，六姻興哀，厚夜無曉，逝波不迴。屯田舊塋，松檟森列，夫人歸祔，」雙鳳同穴。色慘封樹，光寒隴月，蒼蒼壽原，萬古林樾。」

（北京圖書館藏拓本）

元和〇一九

【蓋】失。

【誌文】

唐故曹府君墓誌銘并序　文林郎前守莫州文安縣尉郭璠撰」

府君諱乂，字元意，周成王母弟叔鐸之後，冠冕蟬聯，此」略而不述。曾祖横，祖鍠，父岑，並唐已來，文武不墜。」府君以韜節韞義，含章永貞，殊略韓時，風繼前古。何才」不契運，命不逢時，厥後退身，高卧林藪，羽翼不舉，世利」莫干。爰神理之將晦，寢疾不興。暨夫人南陽張氏，早年」即世。是時卜宅京兆，爾來凡卅年矣。令子捨秦適周，」反耕築室，終東都留守都虞候兼殿中侍御史，贈勝州」刺史。文武振京，名芳播洛，作天子之耳目，爲諸侯」之爪牙。誓衆之心已罄，報恩之日未逢，其道不行，景命」斯忽，歸道政之私第。新婦太原王氏，則使君夫人也。」婦德温柔，居室斯順，訓子以義，理家以方。於是奉先思」孝，乃使千里啓舉，至備哀榮，發軫西秦，然歸東洛，嗚呼！」府君有嫡孫曰少華，泣血過常，哀毁逾禮，以元和二年」十月十九日，遂遷窆于洛陽城東北邙之原，禮也。松檟新」樹，洛水湯湯，乃爲銘曰：」

昔歲在秦，今茲歸洛，孝婦孝孫，終猶有託。」魂遊不散，魄亦匪絶，穀不異室，死乃同穴。」千年兮萬古，明明兮隴月，嗚呼哀哉！」

（北京圖書館藏拓本）

元和〇二〇

【蓋】　失。

【誌文】

唐故大理評事博陵崔府君墓誌銘并序　親表姪隴西李據奉撰并書」

府君諱倚，字倚，博陵安平人也。其先祖本齊丁公之子，功高」積德，陰濟于人，食菜於崔，遂繼茲邑之號。實惟曾祖諱嘉本，」周王府録事參軍；王父諱珍，洋州刺史；皇考諱綰，隴州刺史；」皆代傳儒風，家肥仁義，榮爵累顯，清儉逾崇。府君即隴州」府君之季子也。早歲從事，遷至大理評事。府君鬢垂霜蓬，」年過艾服，因歎命有屯蹇，方絶宦情，任性自憂，不交人事，遂」創業東洛，洎城西偏。水木清閑，釋道追往，安子思之樂，暢原」憲之貧，是非不戰於心，喜怒不形於色，淡如也，真君子歟！嗚」呼！才與命返，卑位是沉，得非命耶？府君因以世故，南轅汝」墳，不幸返駕衡門，是寢斯厲，氣不綴息，綿歷盈旬，沉毒内縈，」瘖痏外露，藥餌無逮，針灸莫理，以元和元年三月十五日，終」于洛都洛陽縣富教里之私第，享壽六十七。有子二人：長曰」元宙，年未及冠；次曰元祐，齒方成童。皆禮節不備，哀號有餘。」女五人，方及笄字，性禀柔婉，擢慟合儀。卜元和二年十二月」十三日，權窆于洛陽縣平陰鄉北邙山之原，從魯禮也。據以」親眷之愛，俾述德行，臨紙悲慟，不復備辭。銘曰：」
冲漠大鈞，間生英淳，不與物競，長能守身。行則合禮，德乃徙」鄰，門雖儒門，心與道親。淡從其性，直守其真，枉已隨物，怡顏」向人。蕭疏遠林，晻曖平原，玄堂新隧，古木危墳。泣血遺孤，仰」號蒼旻，空山無塵，白日愁雲。何時復來，笑玩陽春？永接風月，」長歸墓門。」

（北京圖書館藏拓本）

元和〇二一

【蓋】失。

【誌文】

唐故太原府參軍事苗君墓誌銘　將仕郎權知國子博士雲騎尉韓愈撰

君諱蕃，字師陳，其先楚之族大夫，亡晉而邑於」苗，世遂以命氏。其後有守上黨者，惠于民，卒，遂」家壺關。曾大父延嗣，中書舍人；大父含液，舉進」士第，官卒河南法曹；父潁，楊州録事參軍。君少」喪父，受業母夫人，舉進士第，仕江西使，有勞，三」年使卒，後使辟，不肯留，獨護其喪葬河南，選補」太原參軍，假使職。獄平，貨滋息，吏斂手不敢爲」非。年卌有二，元和二年六月辛巳，暴病卒。其妻」清河張氏，以其年十二月丙寅，葬君于洛陽縣」平陰鄉之原。男三人：執規、執矩、必復，其季生君」卒之三月；女五人。君同生昆弟姊凡三人，皆先」死。四室之孤男女廿人，皆幼，遺資無□金，無田」無宮以爲歸，無族親朋友以依也。天將以是安」施耶？銘曰：

有行以爲本，有文以爲華，恭以事其職，勤以嗣」其家，位卑而無年，吁其奈何！

（周紹良藏拓本）

元和〇二二

【蓋】 唐故隴西李氏女墓

【誌文】

維唐元和三年歲次戊子隴西李卅三娘之墓」
卅三娘小字汧國，時年十七，即景」皇帝之後，大鄭王亮之孫。曾祖」孟犨，祖翼，父禼。以其年五月十六日遘」疾，旬日終於尊賢里之家室，傷其一身。幼喪」慈父，孝不展情，長未遘人，奄歸泉壤。嗚」乎！命至此耶？枉之致耶？茫茫誰測，杳杳難」聞，卜日有期，歸本奚阻。以其月十九日葬」于伊水之西，用祔外兄楊泛之墓。若神而」見知，幽魂有託，生爲秦晉，没也豈殊，何」必盧充，冥婚然契。詞曰：」
禮初過笄，年未及嫁，空懷婦德，」蕣花先著。卜宅伊西，將爲長夜，」幼女無依，遂鄰泉舍。不失其親，」存没姻亞，陵谷慮變，刻石於下。」

（周紹良藏拓本）

元和〇二三

【誌文】僞。

唐故河南少尹裴君墓誌銘

公諱復，字茂紹，河東人。曾大父元簡，大理正；大父曠，御史中丞、京畿採訪使；父虬，以有氣略敢諫諍爲諫議大夫，引正大疑，有寵代宗朝，屢辭官不肯拜，卒贈工部尚書。公舉賢良，拜同官尉，僕射南陽公開府徐州，召公主書記，三遷至侍御史，入朝歷殿中侍御史，累遷至刑部郎中，疾病，改河南少尹，輿至官若干日卒，實元和三年四月二十三日，享年五十。夫人博陵崔氏，少府監頲之女。男三人：璟、質，皆既冠；其季始六歲曰克郎。卜葬得公卒之四月壬寅，遂以其日葬東都芒山之陰杜翟村。公幼有文，年十四，上時雨詩，代宗以爲能，將召入爲翰林學士。尚書公請免曰：愿使卒學。丁後母喪，上使臨弔，又詔尚書公曰：父忠而子果孝，吾加賜以厲天下，終喪必且以爲翰林。其在徐州府，能勤而有勞，在朝以恭儉守其職，居喪必有聞，待諸弟友以善教。館嫠妹，畜孤甥，能別而有恩。歷十一官而無宅于都，無田于野，無遺資以爲葬，斯其可銘也已。銘曰：

裴爲顯姓，入唐尤盛，支分族離，各爲大家。惟公之系，德隆位細，曰子曰孫，厥聲世繼。晉陽之色，愉愉翼翼，無外無色，幼壯若一。何壽之不遐而禄之不多？謂必有後其又信然耶？

（周紹良藏拓本）

元和〇二四

【蓋】周夫人墓誌銘

【誌文】

故汝南郡夫人周氏墓誌

夫人周氏，京兆府萬年縣人。唐銀青光禄大夫德州別駕俊府君之第九女。以元和三年七月五日終於花嚴坊私府，享年五十有一。以其月廿三日窆於幽都縣太平鄉之西原。

（録自《考古》一九八〇年第六期）

元和〇二五

【蓋】失。

【誌文】

有唐故撫州法曹參軍員外置隴西李府君墓誌銘并序　女壻朝請郎前行同州馮翊縣主簿韋謨撰」

公諱彙，字伯揆，隴西郡人也。曾祖貞，皇朝正議大夫益州司馬；」祖楚球，朝散大夫右衛長史；父巒，魏州貴鄉縣尉。公少而好學，」敦詩閱禮，年纔弱冠，明經甲科，解褐授恒王府參軍、太常寺協」律郎、大理評事，佐陜運使幕，以轉輸勤勞，遷監察御史賜緋魚」袋，使停冬薦，授河中府田曹參軍。我有南畝，公其植之，秩滿，鹽」鐵使急賢，薦知福州院事。政有經矣，百姓叶和，又領襄州院事，」謙以自牧，寬以臨人，當官而行，不畏强禦，遷試祕書郎兼監察」御史。於戲！惡直醜正，實蕃有徒，遂爲讒人潛飛謗諜，上惑」天聽，賊害忠良，寃氣未申於九重，謫官已聞於萬里，貶崖州澄」邁縣尉。恭承詔命，遠達朱崖，天之愛人，事或見革。旋逢」雷雨作解，量移撫州法曹，方聞霈澤，北望生還。悲夫，長年困」於炎瘴，舟行遇疾，藥石無徵，以貞元廿一年六月廿三日，終于」廣州旅泊，享年七十，嗚呼哀哉！公立身貞介，守職清廉，奉國盡」忠，居家惟孝，積善之慶，何其謬哉！夫人滎陽鄭氏，故洺州永年」縣丞縉之女，德行素備，出於人表，享年不永，先公云亡。有子五」人，長曰克勤，次曰克修。公之播遷，克修獲從，涉江浮海，侍疾遐」方，泣血護喪，歸于故里。有女五人，四猶處室。公之長女，即謨之」妻。謨忝承親眷，欽奉周旋，素不工文，直書其事。以元和三年七」月廿九日合祔于河南府北邙山陶村東原之舊塋，禮也。嗚呼」哀哉！慮千載之後，陵谷推遷，勒以斯銘，誌之貞石。銘曰：」洛水横注，邙山直覩，魂兮歸來，安于舊土。白雲晝迷，」松風夜苦，惟仁德兮，垂之千古。」

（周紹良藏拓本　河南千唐誌齋藏石）

元和〇二六

【蓋】失。

【誌文】

唐故陸公夫人宋氏墓誌」

有唐元和三年歲在戊子六月己未」朔□三日甲辰，吴郡陸公夫人宋氏」不期□疾，藥餌無功。□終于揚州江」都縣□風坊寄居之□□享年三十」有五。夫人德行賢明，音容柔淑，自笄」年以歸陸氏，内和六姻，外睦□族。何」其天不與壽，魂赴泉□。夫人育三子：」長守仁，次守訓，再次幼，泣血哀訴卜」兆吉辰，以其年九月壬戌□□葬於」城□□永豐鄉五□村之原，禮也。恐」年久□□□易，因刻兹石爲記。銘曰：」

□哉夫人，□儉唯勤，」□□□□以□以今。」

（周紹良藏拓本）

元和〇二七

【蓋】 任府君墓誌銘

【誌文】

唐故西河任府君墓誌文」

故二房舅氏西河任，諱紫宸，字朝。曾祖　祖　皇考諱□」試恒王府参軍。而迺祖家世襲冕，爲幽州武清縣人也。自以丱歸命于」道，天寶將末，隨師受諸書，無不通備。至弱冠，以學業精博，去大歷」中，故節使丞相□公特哀賞錫度，冠加華岳，披掛雲霓，儼然道容，」而貫龍興也。其後精稟符籙，爲道門師，四五十年間，翕如若諸流」輸海，燕中道風暐曄，實因斯乎。直以擁志丹丘，情篤精鍊，靈根」未壽，三尸成災，而遘疾不瘳。噫！漱正陽莫效，餐沆瀣非徵，以元和三年一四月八日於幽州薊縣南私第傾背，享年七十有六。嗚呼！南陔之」蘭休採，仁者之粟哀求也。舅母桑氏，凄然孀居，有嗣子五人：孟」子浩清，使院之長；仲子國清，爲龍興觀上座；次子津、仲子詵、」季子賁。有女二人：長女適南陽張氏，季女初笄之年，纔生」前而□□。于戲于戲！我見舅氏，如母存焉，今也云亡，如親喪」年。哀哉哀哉！子孫長悲，親愛永訣，生死以禮，先王典謨。今」以此年十月十九日宅兆於幽州城東北原七里餘，永爲墳」隴也。霄慚無不羈之才，輒敢援翰而爲銘曰：」

渺忙逝川兮鄒子歎而興言，貴賤殂落兮雍門想此潸然。」薰歇燼滅兮孰不沉泉，唯桑乾碣石兮千萬年。」刻紀爲銘兮至變桑田，子子孫孫兮祀九原。」

元和三年戊子歲應鐘之月十九日外生」長樂馮霄上。」

（北京圖書館藏拓本）

元和〇二八

【蓋】失。

【誌文】

唐故殿中侍御史淄州長史知軍州事崔府君墓誌銘并序　外甥前廣文館進士□嗣之撰」能以令範□□□光□□者，爲之不朽，有唐名臣，著于甲族，博陵崔氏□□□乎？公」諱澹字□長，汲郡人也。曾祖知儉，皇徐州滕縣令；祖踐忠，高尚不仕；□霞（約泐五字。）」吴郡陸氏，生子三人：□長曰泛，季曰涓。公恭懿貞亮，英姿特秀，聰明神假，仁義生知，（約泐六字。）」行無倦。叔父劍南西川節度觀察右僕射平章事，諸父太常卿，給事中者，同時盈□公□」冠以智識明惠，爲叔父所愛，皆曰佳子弟。公始居鄉黨，汲郡守河東薛公雄聞其賢，以其□□□□」□□□□薛公以忠正不附，潛師致害，唯公脱其難，有詔召公哀訊之。公敷奏（約泐二字。）」□感動天，代宗奇之，俾護薛公喪事畢，欲用之。公上遵聖慈，中竭親懿，哀□喪□，」溢於□□。太夫人居河内。不幸代宗崩，先命遂失。建中初，平盧、淄、青觀察節度（約泐四字。）」□太尉李公，廣延秀異，宗禮賢彦，四方皆歸之，公素爲親友敬伏，推公往焉。太尉□

□」虎瞰□其所矚邪佞自銷，非精粹强直，則莫敢覿。公年少居客之下，太尉顧視□□」偏□□□奇其材，異其氣，將授之以政，公辭懇□直，不能抑之。時司徒領曹□，」太尉惜公之才，請往于曹爲輔益之。及往，但以談謔、博弈、詩書、琴酒相娱，餘無所論。□」司徒嗣位，公唯奉筆從遊，屢獻書策而已。及兵起□東，氛埋帝闕，」司徒迴□北指，亂是用銷，天下底定，由司徒之寧一也，方授賢任能，以安（約泐三字。）」後□之重者在乎縣尹，公當求舊之請遂領邑，旬月之間，無姦回，無犯順，無告勞，如是」□事廿四年，歷官一十八政，及侍中紹政，大變齊魯，尤重賢良。公聲問日著，讒□□」□□□□進，重爲入幕，公無喜色；以醜政□，出爲宰邑，公無愠色。侍中每□□□」□□遲十年耳，遂録其善奏聞，公始自大理評事、齊州歷城令、大理司直，遷殿中侍御」□□海隅阻饑，萊夷不理，乃□公鎮撫萊州。萊州禮興行，家給人足，不一年，遷領」淄州。淄川之人，如寒有裘焉，如濟有舟焉。公謂相知曰：無德以輔遠略，今宣力撫人，得爲」典郡，此不止足，吾何求哉？言之不久，遂寢疾，以永貞元年九月廿七日殁於淄州官舍，享年五」□□。公因家於懷，遂奉遷先塋於廣武原。夫人薛氏，先公而亡。公嗣子玗，敬專理命，以元」和四年正月□日辰合祔歸于先塋，禮也。嗣之幼沭慈愛，每承誡訓，公之積行」從事，皆備知之。慈母季舅，哀號相視，俾書其事，勒石銘之。銘曰：」

□□不朽，廿生其賢，天命不宥兮，匪假之年。玉韞于石兮，質莫能宣；鏡開于巖兮，」□□保全。聖哲所貴兮，不爲事先；崔公居時兮，」迪覽將然。嗚呼云亡兮，清風在焉！」

（録自《中州冢墓遺文》）

元和〇二九

【蓋】失。

【誌文】

唐故蘄州刺史兼御史中丞孫府君墓誌銘并序　將仕郎前守常州義興縣主簿□□□撰」

府君諱杲，字　富陽人也。曾祖應，皇朝博州清平縣令；烈祖矩，皇朝瀛州河間縣尉；烈考」澄江，皇朝甘州張掖縣令。惟膺楚也，克播於克名；惟登權也，實振其英邁。代繼賢哲，間生」良材。公性植謙冲，秉節孤直，游心劍術，發迹詞林。賦檀擲金之聲，器推斷犀之利，懷報國殺身」之節，展忘家立事之勤，永泰中，杖信北庭，獻書軍府，陳犬戎之利害，叶軍旅之機要，本道奏聞，」敕授伊州參軍。秩滿，授西州交河天山縣尉，前庭縣丞、天山縣令，北庭大都護府司馬，尋改中大夫、試將作監」兼北庭大都護府長史。久處虜庭，長懷魏闕，既至京兆，果沐聖慈，改試太子詹事，仍封北海縣開國男，」食邑三百户，依前充都護府長史，尋加正議大夫兼侍御史，充伊西庭節度行軍司馬，賜紫金魚袋，食封」如故。初，公誓志伊西，策名沙漠，深副邊疆之望，不辭州縣之勞，建中三年，奉使入朝，途經獫狁，屬□」圍四合，河北興師，單車而來，一身歸國，冒艱歷險，方達鎬京。德宗朝嘉乃臣節，烈於漢官，實」王府有光，司武稱當。惟新寵命，再卜嘉姻，懼貽尸禄之譏，表請理人之職。志安凋瘵，庶復流庸，」惠洽黎庶，化感行商。五年在任，四知州事，累書上考，首出衆寮。時偶旁求之詔，雅符廉問之□，」再居王府，步武鵷行。屬順宗升遐，天下震悼。今上嗣位，率土稱慶，宜申興亡之運，俾竭梯」航之誠，率由此道，爰命傑俊。公有和衆之德，應對之才，固當杖旄節之雄，告存歿之役。歷」砂磧，履堅冰，展以忠貞，深入遐阻，恭宣漢詔，深愴蓄情。初結葬衣之悲，旋切來朝之」戀，昔年漢使，因或拘留，既悦甘言，悉還京闕。罷羊馬之入，杜縑繒之求，安彼虜庭，存我國」用，不辱君命，美哉使乎！及旋師塞門，對揚休命，特承優詔，累荷寵光，簡在帝心，咨于」列岳。分聖憂以撫俗，杖廟算以静難。蘄春丕變，朞月政成，征税既均，逋逃畢復。悍鰥之」黨，仰公之德，猶旱苗之沐膏雨然。負販之類，慕公之化，若渴者之獲醴泉然。將期耆而艾，昌而熾；豈意玉斯缺，蘭斯焚！未展血誠，俄傷薤露，元和己丑歲閏三月廿有四日，薨于」官舍，享年六十有八。茫茫楚塞，眇眇河汾，□德感於遺黎，旅櫬傷於行路。嗚呼！梁木斯」壞，今斯見矣。日月有時，龜筮叶吉，歸葬于河中之臨晉原，禮也。歷言凡十有二」政，經考凡廿有四，參其軍事，再尉交河，□副貳之班，爲百里之長，司武擅美，題輿代能，再」歷月卿，兩居王府，職雄獨坐，位重專城。惜其所未至者，禦大患，静邊陲而已。夫人河内常氏，乃」故靈武節度檢校工部尚書謙先之孫，故坊州刺史巽之第二女也。早聞詩禮，素藴賢明，兆叶鳳皇，□」齊琴瑟，志存偕老之操，遽深同穴之悲。嗣子錬，饒州餘干尉；次子鎮、錡，並鄉貢明經。有女三人，長纔初笄，」將適郗氏；次皆幼稚，望望皇皇，皆柴毁茹荼，孺慕泣血。傷隙駒之不駐，嗟朝露之已晞，懼歲月推移，陵」谷遷變，非憑翰墨，曷紀平生。嗣子以予還往分深，見託爲誌，爰徵茂實，用刊貞石。銘曰：」

太華雄雄，中條崇崇，河山孕靈，間生我公。我公謙沖，英明内融，北庭筮仕，西州理戎。理戎伊何？允文允武，武能定禍，文足匡」主。克叶蕃醜，載安土宇，執憲烏臺，鏘金王府。志安黎庶，位列百城，下車未幾，闔境澄清。逋逃已歸，瘡痏僅平，蘄人」失庇，大廈俄傾。萬姓哀慟，如喪考妣，里巷輟舂，工商罷市。寂寂虚館，冥冥蒿里，長夜莫辰，風枝不止。黄河之曲，臨晉之陽，生懷□□」□還故鄉。情□□古栢，□□白楊，憶□斯□，子孫其昌。」

（北京圖書館藏拓本）

元和○三○

【蓋】失。

【誌文】

孤子苗讓等力微於朝，財薄於家，須存製度，抑哀盡禮，謹自叙」亡妣尊夫人銘序。」

夫人姓楊，弘農人也。其先晉侯杜妃」夢感白龍而産其子，異之文狀，因命氏焉。肇啓皇基，苗承大」裔，弈世簪纓，恢鴻茂緒。父千有，左千牛，節志高明，雍容博雅，」文以及禮，武以濟時，」不得其壽，年廿有一，卒於其任。我亡」妣幼遭荼酷，未昇其禮；乃長育姨之家焉。及長成禮，歸祀我家，」禮備於上，恩施於下，慈愛於中，仁惠於外。我亡考吏」部郎中遷河南少尹，嗚呼！大運迪化，就養無方，天道無辜，寧」莫之矜！禍不滅身，災延於上，以貞元廿一年三月十四日歸」祔長安大塋，之禮也。先妣率禮過哀，因此遘疾，一日」一日，寢膳靡安，體氣羸矣，饑膚之愛，實震潰于肝心者哉。根」源頓圮，禍酷相罰，前懷未極，後痛切胃，以元和二年八月十」四日奄於洛陽縣豐財里之私第，尊年五十有二。嗚呼哀哉！」没齒懸憂，遺恨結世，舉家失依，天光同覆，閨庭無主，子孫何」憑，哀哀父母，蒸蒸聖慈，遺訓在耳，手擇存焉，欲報之恩，昊天」罔極。臨决付命：遺恨悲於弟妹，念汝少孤，遭世不憖。吾之疾」苦，未卜前途，撫育之分，未能使汝免於饑寒之憂。仰惟先軌，」骨肉摽擗，痛毒何追，念封樹之在即，思反哺之無期，再切荼」蓼，永潰肝心，曷依晨省，泣血靡聞。人神有製，時不可踰，靈龜告兆，西行是刻。以元和四年八月十七日權安厝河南縣」内陳村南原，之禮也。恐陵谷改移，故刻石記年月日焉。」

（周紹良藏拓本　河南千唐誌齋藏石）

元和〇三一

【蓋】　唐故隴西獨孤夫人銘

【誌文】

大唐故河南府户曹參軍陳府君夫人河内縣君隴西獨孤氏墓誌銘并序　前太僕少卿知東都少府少監事陳汭撰」

夫人貞懿皇后從父之妹，開元初左羽林大將軍諱」禕之親姪孫，祖左衛郎將知巡諱珍，祖母博陵崔氏，」故兵部侍郎敦禮之姪女。美容貌，能治家，亦謂鵲巢」麟趾之貴，冠代蓋時之族，與僕相門親懿，三」重稠疊，更盛迭貴，亦謂煒曄哉！夫人父諱楚，贈工部」侍郎。性仁孝信智，與僕相善，如弟如兄，共祈余長子」故朝散大夫河南府户曹參軍諸爲夫人之伉儷，生」一子二女。夫人以元和四年八月十四日寢疾，卒于」恭安之里第，享年六十有六。長女與弟，生亦極養，殁」亦崇喪，貼賣求財，以充凶事。以十月廿四日合祔於邙山東原，禮也。嗚呼！兼余子貳之戚，嗣親之悲，聞之」者感傷，見之者殞淚，悲哉悲哉！覩塗車之宿進，痛繐」幕之晨征，丹旐飄風，縞素盈野，其銘曰：」

太虛漫漫，有死有生，莫不歎逝，飲恨吞聲。浮休之世，」彭殤亦一，千變萬化，歸于其室。泉門永關，有入無出。」

（周紹良藏拓本）

元和〇三二

【蓋】似無。

【誌文】

大唐故太白禪師塔銘并序　胡的述并書學鍾

禪師法號觀宗，得姓留氏，東陽人也。世積貞隱，元泯不耀。初尊夫人夢吉祥天女引行摩利上宮而娠太白焉。□有善護懷月，不薰不腥，肌窕彌澤，藏珠川媚，蘊玉方流，至寶處而殊倫，至人出而體別，異香襲乎襁褓，童顏清乎冰雪。文字進誘，偏聰佛經；滋味筵之，但甘鹽素。年至十二，懇求出家，如哀者欲淚，不可遏也。昔太子逾邁，寧辭父王，香烏頓騰，擺落羈紲。乃登秦望山，禮善惠禪師，求無上法。一見奇秀，如會宿心，舊徒門階，新我堂室，服勤左右，道務精微。初受楞伽思益等經，便入禪宗性海，然後波瀾秘藏，不習而了其功。文字有窮，生知莫際，囊鉢衣裓，遐求戒珠，便往南岳，禮制空禪師，稽首論心，演通秘奧。菩提樹上，汝得新枝；師子座前，詎量高下。祖師傳教南北一十二人，今牛頭山中禪師是最後者。遠將啓慕，研復真言，以心印心，以法證法，法且無別，心寧有差。夫大善無脩，頓了無入，二際清淨，佛何閒然。禪師貌出常倫，挺秀八尺。時牛頭法衆欲近萬人，無礙辨才，□□瞻仰。

彼土緣盡，思歸太白上方，務安靜也；不遊京國，遠名利也；扃不關楗，示無畏也。常有兩虎依卧庵前，低目輕步，馴於家畜，四境之内，不聞暴聲。我蘊大慈，力感羣物，諸毒皆善，豈唯獸焉。山雖高深，不能隱其大德，遠近禮謁，如川之流。故明州刺史王公術、故明州刺史李公岑、故劍南東川節度行軍司馬、檢校户部郎中任公侗、故明州刺史盧公雲，前後皆駐騎雲根，稽求上法，饑渴無量，虚往實歸。每有異香，聞者非一。嗚呼！孰謂法梁將壞，般若舟沉，元和四年八月十五夜跏趺化滅，享齡七十九，僧臘卌九。以其年十月一日權閉於太白峰南，先意也。州尊邑尹，祭奠交衢，緇素齋□，幢幡翳野，慈雲聚而還散，定水咽而更流，猿鳥悲吟，聲慘風雨，物感如此，人哀可知。抵元和乙未歲建層龕邇於多寶佛塔，依像法也。門人□海、法常、道真、明徹、惠見、光獻、元徽、清瑗、元悟等，皆承師教戒，定慧雙脩。恐劫火重然，嵐風碎岳，請銘大德於無朽。文曰：

如來示滅，教留祕法，言説非傳，清淨即合，火鏡陽照，山空響答。其一。真乘無相，妙覺無形，三界上界，前生下生。月虧魄隱，冰泮流清，哭之香塔，徒傷有情。

□□□力季文鐫。

（録自《古刻叢鈔》）

元和〇三三

【蓋】失。

【誌文】

唐故江南西道觀察判官監察御史裏行太原王公墓誌銘并序　表姪前諸道轉運推官將仕郎試大理評事許志雍撰

公諱叔雅，字元宏，太原祁人也。其先食采於祁，因邑命氏，軒蓋蟬聯，奕葉□茂，忠貞孝友，史不絶書，素風懿範，繼華紹烈，誠有國之柱石，爲令族之領袖。五代祖祐，周驃騎大將軍、開府儀同三司、光禄卿，隋拜司空兼中書令，謚曰忠烈。忠烈生皇朝比部郎中、資州刺史師感，公之高祖也。資州生朝請大夫、澤王府司馬、清源縣開國男守節，公之曾祖也。清源生渝州刺史、贈懷州刺史□，公之王父也。懷州生金紫光禄大夫、試秘書監、兼御史中丞、衢州刺史，贈揚府大都督諱承俊，公之先考也。以中書之勳烈，比部之令望，清源之宏茂，懷州之懿德，中丞之雄邁，世濟其美，慶鍾後昆，公即中丞第四子也。弱不好弄，幼而能文，一見不忘，有類王充之敏；五行俱下，不慚應奉之才。爲善孜孜，小心翼翼。恭敬以奉上，篤愛以臨下，接士必盡其材，脩己不疵於物。於是鄉里揖其仁，朋友伏其義。時秘書郎嚴維有盛名於代，雖以公年幼，交契老成，若蔡邕才重，拔王粲於弱齡；李膺望崇，歎孔融於稚齒。嘉其至性敦重，機□深邃，每器而厚之。時攜幼弟適郢，乃賦詩以贈云：萬里天連水，孤舟弟與兄。時屬而和者連郡繼邑，染簡飛翰，朞月不息。繇是聲華籍甚於公卿閒。郡舉進士，纔及京師，動目屈指，傾蓋結轍。爲禮部侍郎劉太真深見知遇，再舉而登甲科，浹辰之間，名振寰宇。俄爲山南東道嗣曹王臯辟爲從事。丁太夫人憂，服闋，調補左衛率府兵曹參軍，環衛望高，以優賢也。未幾爲嶺南連帥韋公丹舉列上介，表遷左金吾衛兵曹參軍。蓮府才雄，軍門瞻重，每□徐孺之榻，獨奪陳琳之筆。屬本使節制東川府幙遂散，邀公獨行，奏遷廷尉評兼監察御史。府公再遷慈晉，俄領江西，復隨鎮拜監察御史裏行。以南康缺牧，假行刺史事。盡閭里之情，祛疲薾之疾，人得歸厚，吏不敢欺，歲月之間，□□增□復□臨川□南郡之理，仁風所被，清議攸彰。無何寢疾，經時沉痼，以元和四年正月七日告終於洪州南昌縣之官舍，春秋五十有五。嗚呼哀哉！以公之孝可以動神明，以公之忠可以□社稷，以公之德可以反澆漓，以公之仁可以厚風俗，有一於此，即爲全人，況其□者乎？奈何天不與善，奪□重器，民不幸歟？時不幸歟？夫人河東薛氏，故禮部侍郎□之女，族謂清門，家稱令室，以□謙睦中外，以端□奉□□公以伉儷之重，加於人一等，如賓之敬，禮若常林，居家有恒，情如顧悌，由是時論多之。有一男一女：男曰高陽，女曰吴婆，皆在孩幼，哭無常聲。公雖臨郡佐幙，以清潔自約，禄俸所入，皆均親愛，故不勝其貧；輀車既還，亦無以葬。于時□南西道連帥御史大夫韋公丹，以公賓四府，始終如一，感歎追舊，情均支屬，賻貲百金，加以將校護喪，聞者伏其高義。以其年十月十三日歸窆京兆府咸陽縣之延陵鄉祔先塋，禮也。此志雍親同懿屬，義比斷金，見記斯文，銜哀永歎。銘曰：

汪汪王公，德門之秀，儒宗賢士，茂族華胄。忠爲信臣，義稱良友，器逾瑚璉，人推領袖。何備其能，不豐其壽？嗚呼哀哉！歲月云邁，言歸鎬京，綿歷舊遊，想像襟情。倏已終古，閉於佳城，蒼莽日落，蕭颯風驚。寒原故里，丹旐新塋。嗚呼哀哉！盛德無窮，傳今與昔，閟於元壤，斲兹貞石。陵谷是遷，令問不易，泣下漣洏，氣填胸臆。嗚呼哀哉！

猶子鄉貢進士楚卿書。

（録自《古刻叢鈔》）

元和〇三四

【蓋】 唐故押衙王公墓誌銘

【誌文】 唐故山南東道節度右廂步軍使行左金吾衛大將軍員外置同正員試殿中監上柱國食邑二千户王公墓誌銘并序」

府君諱大劍，太原郡人也。曾渾，涇原節度衙前兵馬使、兼同」節度副使、驃騎大將軍、試鴻臚卿、平原郡王，仙姿美政，雅振厥聲，」在公秉直，綽有餘裕。祖釴，朔方防秋兵馬使、守左金吾衛大」將軍、試太常卿、上柱國、賜紫金魚袋，器宇澄明，識量端敏，衣纓領」袖，人倫模楷；烈考令均，左神策兵馬使、開府儀同三司、檢校」太子賓客、上柱國、賜紫金魚袋，温雅有譽，貞素立節。公即左神策兵馬使」之長子也。公性本温克，質惟貞嚴，鶚立于羣，猿臂善藝，頗以」勇略會知己之薦，有詔拜驃騎大將軍，仍封」太原郡開國公，食邑二千户。其爲人也：弱齡强學，中歲從戎，立操」緝綏，軍之紀綱。相國公念其宿將多在焉，舉賢用能，公」以令才。嗚呼！壽不永，位不崇，有志未立，何哉促耶？以元和四年八」月卅日寢疾，啓手足於襄陽郡縣春臺鄉漢陰里之私第，春秋六十」有七。相國公見厄壽命，哀動久之，思命衙前虞候李梅」監助喪事，仍給贈錢五十萬，布絹五十端匹，卜兆於漢陰東津鄉」之平原，用其年十月十三日。有先夫人安氏，撫而泣曰：生女如是，」可謂隆家。遍告姻聯，以爲楷則。不幸之悲，先公三年而終。乃娶曹」氏夫人、盧氏夫人，禀訓德門，以歸于我，輔助君子，動叶禮經。公有」兒女六人：嗣子義温，署荆南節度散將；次子洎，仲子惟明、季子惟」能，並承習先志，克全家風，不競不趨，以道自首；幼子重陽，女八娘，」皆幼而聰敏，泣在苫廬，號叫無時，蓬首啙貌。念慈天縱，非庭訓之」所及，切恐陵谷遷易，遂刊石記德。銘曰：」
天道不問，人生若浮，黄壚杳杳，玄夜悠悠，楚雲易滅，孫電難留。文」德既修，武功厥成，爪牙是寄，繡衣其榮，天不假壽，永謝芳名。」

（周紹良藏拓本）

元和〇三五

【蓋】何公墓誌

【誌文】

唐故廬江郡承奉郎行樂陵縣丞攝樂陵縣令賞緋魚袋何公墓誌銘并序　奉議郎試博州長史李元渝撰」
公諱載，其先周成王母弟唐叔虞後，本封於唐，子孫分散，今德州安德縣有何氏焉。」曾祖察，皇汝州郟城縣令；祖遇，皇博州録事參軍；并抱德懷才，位不充」量。父仙雲，性好典墳，閑居樂道，逍遥養德，琴酒自娱。公幼而有禮，長而無」競，行敏於寡言，文誠於沉醉。讀書甚解，作判彌工。年纔强仕，獻策於」横海郡節度使程公。公之用賢，言刈其楚，解褐奏綬景州參軍。入」作爪牙，出爲襟帶，在於公庭，實允時事。一行景城縣尉，又行樂」陵縣尉，又行樂陵縣丞，攝樂陵縣令，政聲遠播，清白傳芳，製錦」宣風，實資廉察。因公事解，又充節度要藉權知市事。既主要」務，奉公無私，闤闠駢闐，商賈霖集，可不爲當代之君子矣。未」登傳家之年，忽然秋夜長哉。時年六十有七，以元和四年秋八月庚」辰終於私第。公之臨終，飭其子曰：吾聞人無常居，因地爲利，可於」莊所擇不毛之地而葬我焉。長子仲昌、仲均，次仲堅、仲邕等，哀毁過」禮，傾乎具至。夫人任氏，哀切撫孤，愴深從子，蕢尚之匹，不虧受吊之」儀；穆伯之妻，能知晝哭之禮。冬十有一月庚申葬我公於臨津縣」崇孝鄉張司馬村之原，禮也。二三子恐陵谷變移，泣□請誌云爾：」

肅肅我祖兮本宗於周，繩繩子孫兮累代王侯。」穆穆何公兮席上之珍，驅鷄撫俗兮當代人倫。」已矣哉！秋風明月終閉峴山之墳。」

（周紹良藏拓本）

元和〇三六

【蓋】失。

【誌文】

樂安郡孫馬將、開府儀同三司、試太」常卿、兼左金吾衛大將軍、上柱國、樂」安郡開國公孫素朱，亡父雲麾將軍」注留，婆高氏，哥前任鄭州兵馬使孫」興國，四孫紫華，五兄前任魏州馬軍」大將懷真，身馬軍輔國大將軍、行左」金吾衛大將軍、員外置同正員、兼」試殿中監、樂安縣開國公、食邑一」千五百户孫庭林。」素朱妻李氏，興國妻馬氏，紫華妻金」氏，懷真妻郭氏，庭林段」氏。李朱男九陵、懷玉、□璧、」懷幹，興國男惠達、惠業、惠」清，芬奴、黑子、美子、石頭、白」憶，庭林男光順、文通、光義、」光用，孫男萬德、萬□、萬勝、」何子。」

元和四年十一月十八日。」

（周紹良藏拓本）

元和〇三七

【蓋】失。

【誌文】

唐故處士吴興施府君墓誌銘

府君諱昭，字昭，吴興人也。曾祖獻，大父言，厥考珪，皆不徇微禄，浪跡自怡，善效風規，未嘗隕德，是以逐勝避地，就土築業，乃貿遷涇川。君之昆季有四，而君嗣其嫡。頃因天寶喪亂，遂羽翼分飛，花萼隨風，枝葉離散。君守道自適，而儀範特殊，諷（缺）以和，清虚肅慎，積財能散，義與道合，禮不趨路，信聞於人，□□尚静，物我如一。君夫人潁川汪氏，婦德貞操，蘭桂同心，禮適施君，有一子一女。男字清河，孤標慈孝，禀性温厚，亦可比於高孟也。竭力侍省，嘗無愠容，膝下之報纔申，温凊之年不待。夫人先君而故，已五稔焉。心喪之憂始平，昊天之痛旋迫。君以元和四年夏五月遘疾於□方術不□荏苒六旬，藥石不救於膏肓，災祟乃沉於骨髓。皇天不祐，殲於淑人，以其年秋七月十九日終於涇之南第，春秋七十有三。號天叩地，泣血無訴。嗚呼！光陰不駐，世情倏忽，朝晞薤露，夜壑藏舟，平生風流，一旦已矣。然則士庶有制，幽明路殊，舉厝從時，塋兆將備，龜筮習吉，窀穸乃修，絳旐引車，哀歌即壙，以是年冬十二月一日歲在己丑朔次壬申，祔窆□於故夫人之墳東，禮也。原墅鄉里，已載夫人之誌焉，雖非合葬，有若同穴，亦恐年代□□將來無聞，乃刻石爲文，以昭其墓也。銘曰：

荒墳峩峩，邱陵匪他，夫妻並穴，瘗此南坡。颯颯青松，緜緜女蘿，日月其逝，恐易山阿，誌於貞石，以讚哀歌。

平原郡華齊望纂文并書。　京兆□□□刻字。

（録自《安徽通志·金石古物考稿》二　據《金石續鈔》卷二補字）

元和〇三八

【蓋】失。

【誌文】

唐故左威衛丹州通化府折衝都尉陳郡袁公墓誌銘并序　鄉貢進士隴西李播撰」

公諱秀巖，陳州陳人也。周之上卿，族胤于後，今古有不事王侯」而尚其事而著大勳者，洎班朝之重職，列枝蓋之盛名，咸論其」德者然也。曾祖諱釗，皇試太子通事舍人；祖深，皇少府」監；父庭琬，皇左金吾衛大將軍、知中軍兵馬事；皆以德行」爲先，忠良從事，人到于今稱其美矣。公以輝聯瑩玉，節勵冰霜，」有濟世之能，懷經時之策。當年獻武，壯歲爲官，受寧遠將軍。以」楨幹奉上，以慈惠使下，以寬厚爲人，遷左威衛丹州通化府折」衝、上柱國，賜紫金魚袋。公也豐於禮，儉於樂，能守其業，以保厥」家，可謂朴而不文，晦而不耀者哉！公躬處勞辱，營産致養，俾乎」一弟叔正，敦於孝友，式就其名，成其美者，豈非仁兄可致於斯！」天難諶人之常也，孰靡嗟歟！公雖受禄不無，乃知命而退，守故」里而益生，興志滿以離宦。洎乎衰盛有時，否泰有節，以元和四」祀寢疾于床，饘粥靡食。時孟夏之月十有二日，終于洛陽延福」之私第，享年六十有五。越以來歲庚寅二月二日，遷窆合祔于」乎洛鄉先塋，禮也。夫人西河任氏，與子謂，不遑暇食，備禮而葬，」僉以如此，誠曰賢女而配於賢士乎。夫人隴西李氏，夫人弘農」楊氏，皆以至行守節，恭儉承家。嗚呼！于公先之歿矣，今以殉葬」焉。嗣子謂，即李氏夫人之出也。或曰憂阡陌之變，慮陵闕之傷，」以播交遊契密，義或同心，俾紀事而銘之曰：」

恢恢君子，烈烈武士，受天明命，志高性靜，烈于大禄，永膺多福。」爲兄仁兮爲弟恭，爲子孝兮爲臣忠，五結綬兮少從戎，六親榮」兮身復崇。天罔祐兮嚴霜鍾，喪良士兮摧芳松，及歸泉兮魂悠」悠，隴水悲兮風颼颼。日往月來兮如流，刊石爲銘千秋。」

（周紹良藏拓本　開封博物館藏石）

元和〇三九

【蓋】失。

【誌文】

唐故朝散大夫賜緋魚袋守同州長史京兆韋公夫人樂安縣」君孫氏墓誌銘并序」

夫人姓孫氏字婉，其先樂安人也。曾祖希莊，皇韓王府典籤；祖嘉之，」贈秘書監；烈考遘，左補闕、太子舍人。夫人即舍人之第二女也。仁」義德禮，鍾于一門；冠冕姻族，榮耀當代。夫人以坤順體性，淑德幼彰，孝敬」內融，慈和外備。方當齠歲，丁先舍人憂，哀毁之儀，具體成長。繇是姻戚」盛稱譽而惠和日脩。既及笄歲，歸我祖長史公。奉祭祀，睦少長，而家風克□。」長史公先時娶河東裴氏夫人，夫人有子二人，長曰，位至台州刺史，次曰寧，」任許州臨潁令。當河東夫人捐館舍而臨海公尚未及冠，洎三女未立而孤。」夫人育之以慈和，師之以柔順，咸及成長，備遵令儀，皆作配賢良，而稱令室，」蓋有以也。長史公以才望高遠，著稱當時，宰王畿，佐關郡，所莅之」邑，實彰政聲。即夫人享樂安之封，可謂宜也。主中饋者凡十五年，至貞元六」歲，長史公遘疾薨于位，夫人奉晝哭，訓遺孤。洎喪服外除，遵三從之」義，榮高堂者，復廿載。至元和三年，孤孫泰等，遭家不造，斬焉在縗絰之中。」夫人晝夜銜哀，纔逾半歲，以明年六月十二日遘疾，終于台州龍興佛寺，享」齡五十七。始臨潁令以官在反側之地，凶吉未聞，孤孫泰等以五年八月十六日」奉夫人靈座歸窆于洛陽清風鄉先塋，禮也。夫人出一女，適天水」權公信，柔明婉娩，體夫人之令範焉。大凡姓氏之先，已具於譜□；□儀」之盛，式播於後昆。臨海公遺孤參泣次爲文，虞陵谷之變也。銘曰：」

坤順内則，孝慈外揚，門高族茂，世遠源長。」輔佐成美，封邑斯彰，訓育遺孤，作配賢良。」南山之壽，實謂其宜，天不終善，禍延於斯。茫茫清洛，鬱鬱泉宮，閫儀之盛，永播家風。」

（周紹良藏拓本　河南千唐誌齋藏石）

元和〇四〇

【蓋】失。

【誌文】

唐故深州下博縣尉承務郎試泗州長史高平畢府君夫人天水趙氏」墓誌銘并序」

夫人其先軒轅之裔，造父封國，因而氏焉。厥後常山臨代，無恤得符；貽度」分源，沿流濬遠。秦有高爲丞相，漢有奉壽爲中郎，魏晉已還，纓組相襲。」遠祖因官理産，移處於洺，今爲臨洺縣人也。按蕭相國議趙氏可與范陽盧祖、」渤海封高、清河崔張、長安韋杜俱爲望族。曾祖良輔，滑州長史；祖敬宗，邯鄲」縣丞；考愿，德州平原縣主簿。夫人自幼有令姿淑行，婉敏端莊，幽蘭隨風，芳」馥扇遠。洎配美良士，脱笄鳴環，父誡從舅之言，母誡從姑之禮，閲内則而成範，」脩賓儀而釋□。鄰戴氏之家風，并梁君之德偶。長史先夫人捐館十一年矣，夫人晝哭終喪，誓節而孀，服浣濯之衣，無膏沐之飾。長史嗣有三子，未成」童而丁艱，夫人慮怠學而色嚴，愍幼孤而心惻，提耳撫首，哀而諭焉。或擇鄰」而居，或斷織以示，訓育漸長，器皆老成。芝蘭生於階庭，瓌璧耀於堂廡，加以」承順季父，雍穆閨門，成荀陳之弟兄，踈阮之叔姪，雖孝友之志，與性俱生，」亦在夫人善教而致。夫人居年未高，爲多疾所嬰，天遽降凶，藥不」扶壽，元和五年七月十三日終於定府崇業里之私第，享年卌有六。有子三人：長」曰元亮，將仕郎、試豪州司馬；次曰元恒，文林郎試左金吾衛兵曹參軍；季曰元歟，陪戎校」尉守左金吾衛左執戟。有女二人：一人出家，一人在室。疚心形骨，孺慕血垂，號訴蒼」旻，苦集荼棘。子有才行風韻，夫人不待養而終堂。於戲！泉重而深，玉色長」掩。小郎岑，義武節度逐要承務郎、試左武衛兵曹參軍，敬心同於馬援，求藥類於顔生，泣承臨殁之言，追憶」解圍之日，營調喪事，禮過稱家，以其年八月廿二日窆於府城西南十五里公乘村之」原，崗連山趾，畢公寄幽，宅於恒土。屬方隅之阻兵，遷祔未期，禮從權也。恐高岸」之傾革，斲珉他山，圖其徽音，以示後續。詞曰：」

西景沉光，悲泉夕長，哀哉夫人，玉德蘭芳。男孤未婚，女處仍幼，哀哉夫人，」天不降祐。薤上露晞，車前楚挽，哀哉夫人，謝世無反。」（周紹良藏拓本）

元和〇四一

【誌文】僞。

唐故彭夫人墓誌銘并序」

夫人彭氏，其先開封人也。今移淮楚，遂揚」州江陽縣人矣。曾祖德沅，祖幹，父克」和，禀性仁孝，才聞於朝。夫人即公之二女」也。三儀五德，遠著流鄉，登笄歸隴西李氏，」無虧婦德，受大家閨訓，承母師遺教。不期」天奪其壽，魂掩泉鄉，以元和五年八月一」日終于江陽縣孝孺坊之私第，享年五十」有三。夫人生子一：曰士仁。夙承雅訓，早著」文名，哭踊泣血，哀號無聲。即以九月十二」日窆于清寧鄉嘉禾村。故刻貞銘，永兹爲」記。銘曰：」

皇天何苦，殲我彭母，浮雲來往，」魂歸何去？卜葬平原，空悲風樹，」子則泣血，朝暮號呼。」（周紹良藏拓本）

元和〇四二

【蓋】失。

【誌文】

大唐故雁門郡解府君墓誌銘并序

府君諱進，字進。族茂雁門，派別條分，今籍于京兆府鄠縣八步鄉解村人也。祖諱齊，而樂道不仕。府君即樂道之第二子也。修短不意。去元和四年三月四日，疾終于河南府河陽縣太平鄉樹樓村之私第，春秋六十有五。即以元和五年十一月十一日權厝於私第北二里原，之禮也。霜妻李氏。偕老愿違，哀號痛切。嗣子忠信，次子少遷，次子少恭，次子少璘，次子少儀，次□阿小，長新婦曹氏等，號天叩地，柴毁過禮，殆不勝喪。窀穸云具，禮物咸備。恐墳隴有變，故刻頌立名，以作永年之記。

茫茫蒿里，寂寂松扉，痛君子之長逝，没寒泉而不歸。

（録自《中州冢墓遺文》）

元和〇四三

【蓋】失。

【誌文】

唐故正議大夫蘄州刺史兼御史中丞孫府君夫人河内常氏墓誌銘并序　前試秘書省校書郎郗弘度撰」

夫人河内郡人也。其先即漢長羅侯惠之後。曾祖泰，懷州刺史；」祖光輔，贈兵部尚書；父愻，贈坊州刺史；季父愿，將作監贈工部」尚書；皆承席寵，代有令名，佩玉鏘金，乘軒曳履，詩稱盛德，百代」其斯之謂歟？夫人未亂而孤，世母天水姜氏，目如己子，訓以母」儀，承教秪庸，無違動靜。笄纓之歲，始歸于府君。夫人性本乎天，」柔閑以靜，穠華淑德，藴玉含章。其未笄也，遵待聘之教；其有行」也，守如賓之敬。言詞罔慙於謝室，箴誡豈讓於班□。□其酒食」潔蠲，方可精其婦道；組紃是務，曾不怠其女工。四德是修，六姻」咸仰，焜耀圖史，芬馥邦家。於戲！府君出牧于蘄，纔踰三月，蘄人」不幸，府君即世。夫人蓬首悲纏，麻衣晝哭，乃護其旅櫬，順」彼長途，歷于星歲，達其故國，厝于臨晉縣蛾眉原之里，邇」先塋也。又纂畢生之業，建于豐碑，以紀其功。有女三人，長適弘」度，蓋府君之遺命，夫人之惠眷，時謂幹用達識，永保繁祉。豈期」構厲斯疾，有加無瘳，以元和五年正月廿九日，終于臨晉縣之」官舍，享年卅有九。嗚呼哀哉！有子三人：長曰鍊，饒州餘干縣尉；」次子鎮，次子錡，泣血茹荼，哀過其禮。乃護喪事，以其年十一月」廿□日，啓祔于先府君之舊塋，禮也。以陵谷是虞，式旌壤」石，乃命弘度誌焉。銘曰：」

高門之胤，其德愔愔，作儷君子，如彼瑟琴。行超往古，節邁當今，」善何不□，□實匪忱。詠栢舟兮共衔恤，泣素軒兮即幽室，青松」鬱鬱蛾眉原，千年萬歲如今日。」

（北京圖書館藏拓本）

元和〇四四

【蓋】失。

【誌文】

唐故會王墓誌銘并序　翰林學士將仕郎守京兆府户曹參軍臣白居易奉敕撰」

唐元和五年十一月四日，會王寢疾，薨于内邸，大小」歛之日，」上爲之不舉，不坐朝，恩也。越十二月十八日」詔京兆尹王播監視葬事，窆于萬年縣崇道鄉西趙」原，禮也。王諱纁，字纁，」德宗之孫，」順宗之子，」皇帝之弟。幼有令德，早承寵章，未冠而王受封」于會。夫以」祖功」宗德之慶，」父天」兄日之貴，胙土列藩之寵，好德樂善之賢，宜乎壽考」福延，爲王室輔。而降年不永，廿一而薨，哀哉！」皇帝厚敦睦之恩，深友悌之愛，故其薨也；軫悼之念，」有以加情；其葬也；哀榮之儀，有以加等。仍」詔掌文之臣居易爲其墓銘。銘曰：」

歲在寅，月窮紀，萬年縣，崇道里，會王薨，」葬於此。」

（周紹良藏拓本）

元和〇四五

【蓋】 失。

【誌文】

唐故李□太原王夫人墓誌銘并序　前弘文館明經白綏撰」

有唐元和四年己丑九月甲辰，太原王夫人奄於」洛陽敦厚里之私第，享年七十有四。嗚呼□哉！天」道茫昧，人壽幾何，甲子數窮，景命將盡。夫人者，以」蕣華之年，將適于李公之門，及至踐蘭房，存正位，」□婦道，嗣徽音，歸順式心，德之而未可量也。李公」諱岸，以興元之歲，時因寢疾，先當捐世。夙憑偕老」之心，今葬於兩絶之地。奈何！人生脩短難斯。哀哀」嗣子，號叫殞天，偏偏一女，標擗絶地。

思反哺之無」階，痛遺恨之結世。龍車告期，靈龜示兆，以元和六」年八月廿八日葬於河南府洛陽縣平陰鄉王趙」□東原，之禮也。嗣子榮，孤女唐氏，毀奉慈靈，」封□吉土，庭樹蕭索，帷幕悽然，物將如故，人何不」還？冥冥長夜，窈窈窮泉，子孫一訣，涕淚潺湲。恐陵」谷傾變，墳樹遷毀，故刻石以紀年月日焉。銘曰：」

嬿婉淑人兮去不還，唯餘盛業兮子孫傳。卜葬安」居兮龍虎全，棄世稱貞兮千萬年。」

（録自《芒洛冢墓遺文》卷中）

元和〇四六

【蓋】失。

【誌文】

唐故太原王府君墓誌銘并序」

仁固成名，孝爲德本，仁與孝遠乎哉！府君包」焉，莫之京也。府君守左領軍衛太原府、豐川府」折衝都尉員外諱守廉，字守廉，望本太原，蓋遠」祖也，宦遊上黨，子孫因而家焉。既族分皇派」流可知，歷代英賢，具如國史。祖諱崇貞，翁諱」□□，皆體仁以行已，率義以藩身，終焉責于丘隴，」死而不朽。祖夫人侯氏，年壽月日闕而不書。考諱□廉好道不仕，責於丘園，剋己復禮，移孝爲忠，擇善□賢，謹身節用。歲不我與，年七旬有七，以元和六年八」月十六日寢疾而終。嗣子奉國，次子奉林，式奉禮經，以擇」松檟。今爲葬備，卜其宅兆，以考歿之年寅卯歲秋九月」十七日合葬於壺關縣南□仙鄉□集村北平原，禮也。恐陵」谷變改，剋石爲誌。以爲銘曰：

府君雲儲之孫，聖人之後，生□□□□□□祖考伯□夫人一墳四口，剋石爲銘，以誌不朽。」

（録自《山右冢墓遺文》）

元和〇四七

【蓋】失。

【誌文】

唐故任氏夫人墓誌銘并序　前行楚州司法參軍李仲殷文并書」

建周惟聖，易代變儀，今轉崇飾矣。洎于薄葬卑墳，孝文遺□。」有故夫人任氏，西河人也，其先建官封樹，始軒轅而得姓，流世祖令」名今矣。夫人父守故潞府上黨府折衝諱昭，即次女也。家傳室訓，育」節婦威儀，四德並備；藴姬姜之範，六行周旋。纔及笄初，慕適君子，乃」從龜筮娉嫡，即故試太常卿李府君，成紀人也，諱良。遂應宮商正匹，」當結白首之娱，期貴賤之榮辱，稱觴上壽，俱愜平生愿已。年將知命，」齊議道門，求持淨戒，捨名職，歸法地，棄世寵，期梵天，白衣苦源，□□」超跡，雖不書於竹帛，且神降其應，尚可褒昇。何圖府君□□□」疾彌留，乃命羣子，父謂曰：身奄於世，各修一塋。咸聽其詔，□□□□」年十二月廿四日殞于洛陽郭村私第。元季等孝皆曾閔，□□□□」苴麻杖，服釋逾期歲，供膳甘脆，色養慈親，靡不闕於晨省□□□□」政修是法是利，居家有理有則，都捐世俗，視身終如歸，感□□□」疾所鍾，亦命羣子，遺言無忘，各置一塋。元等恭命，去元和五年十一月」十六日，奄然沉没於河南縣王城鄉立德舊里，享年七十有五□□」凋嫩蘂，春蘭頓衰，俄屬泉臺，魂歸松月。是用卜就洛陽縣□□」村里建塋，禮也。地瞻河嶽，氣權皇垣，實曰神兆。夫人嗣子五人，女□□，」一女是匹於事，亦已夭昏，長息曰瑛，修短云亡，從軍没於長武城□」□之里。次曰瑀，時艱避□，經歷星紀。今見葬禮者三人，元曰玠，次曰」珍，季曰叔敖，俱博絶藝，克身飲水枕苫，居廬食糲，哀過古哲，行路歎」傷。友于更相牽率，戮力苦心，同營窀穸，將答劬勞，罔知所度，刊石彰」善，用紀千齡。銘曰：少習婦儀，承家盛業，託於君子，如枝如葉。年將知」命，俱求福因，捨離榮寵，體別心親。塋歸邙山，松栢崇新，子孫□□□」□□□居代。

元和六年歲在辛卯十月戊壬朔十八日己卯建。」

（周紹良藏拓本　河南千唐誌齋藏石）

元和〇四八

【蓋】失。

【誌文】

唐故潁川陳君夫人魯郡南氏墓誌銘并序　弟卓纂」

有唐元和六年歲次辛卯九月戊申，陳氏姊終于東都仁風」里第，春秋二十二。尊類卑屬，哀慟不制，痛乎！天道何昧，不」其福善？夫人諱　字　，少禀和淑，温柔自閑，容德天生，功」言□親授。曾祖皇盛王府録事參軍諱琰，大父皇給事中諱」巨川，烈考皇漢州刺史諱纘，親京兆韋氏，文學傳業，禮樂脩」家，實生夫人。經履六行，表以敦素，中包貞正，奉親無間」於人言，馭下有彰於泛愛。每宗釋道，常覽詩書，人事之奧，靡」不通晤。年二十一，歸于潁川陳商。陳亦懿文，見知當代。閨門」之禮順，夫家之禮備。不踰七旬，而陳君隨計京國。明年，又以」家故適吳。歲始一周，不幸寢疾，尊卑憂悸，窮□以計，巫覡」必請，醫方必詢，冀率有徵，愈於朝夕。豈圖旬有五日，奄以化」歸。嗚呼！何暴速之甚以至于斯？尊夫人先居內疚，情幾」不任。以日月有時，俾就遷窆，故不得俟陳君之返，乃以十一」月六日，卜宅於邙山北原，邇先人之塋，從權也。於是哀摧」屠楚，强爲詞曰：

淳和之靈，降爲柔明，淑哲將顯，而夫人生。德必有鄰，作合」于陳，周旋法度，令問惟新。昊天不傭，降此鞠訩，析余之支，俾」其永終。親黨痛悼，形於言容，先遠既期，以樹以封。北邙北原，」先塋在焉，宅兆于斯，式安歸魂。泣涕漣如，屬情兹文，勒銘貞」石，庶千秋存。」

（周紹良藏拓本　河南千唐誌齋藏石）

元和〇四九

【蓋】　薄夫人銘

【誌文】

唐右千牛衛長史王公夫人薄氏墓誌　鄉貢進士杜師義撰」

夫人姓薄氏，雁門郡人也。在漢有將軍曰昭，以功勳顯著，世」爲名族。夫人曾祖鐶，德備行彰，內明外協，歷居顯職，累踐雄」藩。而運厄其材，乃終許州長史。祖甫，茂器懷恢恢之量，峻行」有落落之節，時無知者，竟否塞焉，而終徐州司馬。父浩，世挹」芳猷，賢聞美洽，濟施有竭産之譽，奉上有盡身之能，得謂材」有餘而位不足者也。竟終遂州司馬。夫人淑德光明，材用聞」達，非從師授，稟自天知。年十五，出嬪于我右千牛衛長史王」公。良修婦道，僅卅載，則言無頗耶，而色處柔順，每容不治，服」不整，則王公未嘗獲見焉。夫人奉上以和，率下以信，自内及」外，令儀昭彰，施之以風，遠無不化，雖古之名流，莫能過也。宜」其與王公偕朽永代，共造福庭，何圖雌劍先沉，陰桐早落，九」族興歎，六姻無依，茫茫昊天，天我貞美。以元和六年十月廿」四日寢疾，卒于東都陶化里之私第，享年卌四。有男二：曰行」本，曰全度，皆鍾夫人之盛烈，法王公之忠貞，蘊學識之精通，」窮智用之妙略。泣血號苦，行路增悲，抑見王氏家薄夫人之」遺德也。以其年十一月十二日葬于洛陽縣平陰鄉積潤村」之原，禮也。師義忝跡門館，備欽素淑，既承長史之命，敢重爲」銘。銘曰：」

美矣夫人，操履有聞，和以立性，幹以飾身。」母儀以淑，婦道既臻，孤沉半落，玉折蘭焚。」刻石原壤，岸無堙淪，墳壠峨峨，千秋萬春。」

姪弘乂書。」

（北京圖書館藏拓本　開封博物館藏石）

元和〇五〇

【蓋】大唐故楊夫人墓誌銘

【誌文】

大唐故弘農郡楊夫人墓誌銘并序　鄉貢進士隴西董交撰」

夫人姓楊氏，弘農人。其先皆以問望顯名于世，自子雲已還，史」册間載。弘厥聲實，無替于此。乃祖諱弼生，皇朝司議郎。」父諱名義，皇朝開府、儀同三司、檢校太子賓客。咸知名」于人，德禮攸至。夫人即開府之第七女也。伏以夫人荷積世之」弘慶，奉德門之教旨，婉順居體，徽容自天，孝敬率由，睦和資美。」爰及適人之節，歸我隴西公、潤州司馬董岌，余元兄也。正端操」于君子，潔齋莊于明祀；四德不紊，三從是保。將以成内則，光教」化，雖古之貞淑，亦何嘉焉？於戲！蒼蒼無言，福善斯惑；蘭桂始茂，」雪霜遽零。嗚呼哀哉！元和六年閏十二月十四日終于光宅里」私第，春秋卌二。以來年二月七日，叶卜筮之吉，歸窆于萬年縣」長樂鄉之平原，祔于先塋，禮也。夫人有兒女五人。長男曰」慶郎，始總髪，學讀書，禀夫人之令訓，煢煢在疚，情禮過人。其」餘皆以齠齔之歲，未有成立。哀起童心，不墜天性。送往嗟抱繈」之位，執哀傷垂白之親，時聞獨鳳之音，空切哺烏之感。交少也」孤，早失慈覆之惠，敬沭柔美，十年于兹。苟有詞意聞見之得」者，其所不敢隱。承命紀德，小子識之。其詞曰：」

天地久兮德不騫，陵谷更兮石之堅。有孝子兮託兹終」古，諒夫人兮清風在焉。」

宣德郎行右清道率府胄曹參軍隴西董齊書。」安國寺沙門同文篆。」

（録自《西安郊區隋唐墓》）

元和〇五一

【蓋】失。

【誌文】

□唐故天水尹夫人墓誌銘并序　將仕郎前試太子家令寺丞河南史羣撰」

夫人姓尹氏，其先出自有周，洎始祖至于高曾，國史家」諜具載，此不備述。王考愔，皇諫議大夫；皇考庶鄰，」皇河南府濟源、興元府南鄭二縣令。夫人即南鄭府」君之第六女。夫人出于苑氏，祖□中書舍人。夫」人幼而聰敏，長有令淑，適文林郎前守閬州西水縣令」攝蒼溪縣令趙郡李從規。事姑以孝聞，從夫以義顯，」冀其子孫茂盛，福壽延長。何圖蕉葉無堅，槿花早落，以」元和七年五月廿日遘疾，終于蒼溪官舍，享年三十。」伯兄佶，前太原府榆次縣丞；次兄倕，見任閬州閬中」縣令；次兄公亮，次兄處休，次兄全亮，并鄉導□」士，異材茂行，俱振芳名，一門五龍，當代無匹。女兄□」人，悉著婦德，雖謝氏之女，梁鴻之妻，無以過也。夫□」年尚幼，行至高，俄歸逝川，實所痛悼。李氏松櫝，寄□」洛陽，地遠家貧，歸葬未剋，以其月廿五日權窆于蒼□」文安鄉歸何里之平原，禮也。羣獲忝姻親，素飽令德，□」揆薄劣，輒爲斯文。銘曰：」

□沉沉兮風切切，薤露一聲兮哀且咽，桑田成海□□」□陵，天水令名兮終不滅。」

宣德郎試右衛兵曹參軍趙損書。」　大雲寺僧談寂鐫。」

（録自《八瓊室金石補正》卷六十八）

元和〇五二

【蓋】失。

【誌文】

亡妻李氏墓誌銘并序　孤子苻載述并書」

夫人姓李氏，其流派出於天漢之一枝矣，衛尉」卿昪之孫，吏部尚書暠之堂姪孫，房州刺史湜之」女。凡婦之柔嘉茂淑組紃應對之事，夫人備有」焉，加以敬恭長上，誘納卑孺，情禮周洽，六姻睦」然，風韻孤遠，不嬰常態，中饋酒食，外彈雅琴，詠古」詩。鄙人褊忝，陰有輔助。不幸夭落。春秋三十六，以」貞元十一年三月十二日疾卒于尋陽。是年四月」廿一日，權窆于德化鄉之北嶺。元和七年八月七」日，載上天降禍，荐丁釁罰，扶護靈櫬於」鳳翔，因得啓發，祔于皇先姑之側，禮也。嗚呼！生」展於敬養，歿葬於舊鄉，上不媿于三光，下不畏」于九泉，可謂始終婦道，無罪悔矣。男曰匡儒，女曰」上清子，攀號不逮，哀纏荼蓼。弘農楊夫人育之」於顧復，訓之於教義，幾乎成立，莫知所自，庶足以」慰幽魂焉。銘曰：」浮江泝漢歸舊鄉，己方甲穴掩玄堂。」千秋萬歲安未央！」

（周紹良藏拓本）

元和〇五三

【蓋】　失。

【誌文】

劍南東川節度推官殿中侍御史内供奉盧公夫人崔氏墓誌銘并序　朝請大夫使持節澤州諸軍事守澤州刺史賜紫金魚袋盧頊撰」

夫人諱元二，姓崔氏，清河貝人氏。曾祖秀，皇秘書監、贈工部尚」書；祖著，皇監察御史；父褒，皇朝散大夫、河南府士曹參軍。夫」人盧氏之出也，外祖進賢，皇河南府户曹參軍，德表東海，世爲」望族，綿歷千祀，比肩聞人，玉山崇崇，峻趾連起，輝動簡諜，時無與」京。夫人生知禮則，性禀淑順，四德咸備，六姻所稱。年廿一，歸我仲」兄殿中侍御史璠。吾兄前室即夫人之姊也。逮事先舅，孝慈交」志，心盡以敬，力殫以養，終己無子，天乎不仁，故宗黨哀歎，且議之」曰：非吾兄無以稱其賢，非夫人無以繼其室，不孤其德，必有其鄰。」實夫人有行嗣徽音也。夫人奉行前志，如樂之和，神之聽之，介福」攸集，吾家理治實繁，夫人垂廿年，無怠夙夜。隨任京邑，出從軺軒，」舟車逶遲，湖匯悠邈，千里而遠，劬勞以之。婦道克彰，無得稱也。以」元和五年八月十三日遘疾于潭州官舍，誕彌之晨，無災無害，不」四三日，奄然歸全。未咳之嬰，亦無懷抱，嗟處泰而俄否，何夢吉而」深災。春秋卅四。有二男一女，長曰壬，次曰向，一女名闢。以元和七」年八月十六日歸葬于東都邙山之北原，祔先塋也。良人悼深，」弱子創巨，念切遺挂，目存新阡，流漣宗姻，感慟行路，俾頊紀事，含」酸勒銘，匪曰爲文，識陵谷也。辭曰：」貫族昭彰，宋子齊姜，桃夭家榮，蘭茂國香。婉婉乘龍，盛服有光，推」誠道宣，復禮名揚。泛舟長沙，攜手同行，返葬北原，幼子護喪。吾兄」中年，再喪賢匹，魂銷望斷，于夏之日。建塋啓兆，呑聲備物，既窆而」旋，怳然如失。行優爲富，德充爲貴，丘嫂兩全，没而餘懿。千齡萬代，」惟子惟孫，永祔松楸，慰彼幽魂。」

（周紹良藏拓本）

元和〇五四

【蓋】 失。

【誌文】

唐故邊氏夫人墓記　大聖善寺沙門文皎述并書」

夫人姓邊氏，晉陵人也。祖考胄緒，載於譜諜，此否」繁述。夫人貞懿端淑，麗容飾莊，行不踰於箴誡，志」克修於蘋藻。適南陽何氏府君湊，鴛鸞和鳴，琴瑟」合韻，内以崇四德，外以穆六姻，殆卅餘祀矣。無何」鳳棲之梧，紛然半落；龍泉之劍，先缺一鋒。夫人頃」罹腰脚之疾，又失所天，哀瘥相攻，彌留大漸，遂命」諸子曰：災眚所纓，困於瘵蠹，時人以生死同於衾」穴，厚葬固於尸骨。吾早遇善緣，了知世幻，權於府」君墓側，別置一墳，他時須爲焚身，灰燼分於水陸，」此是愿也。以元和七年八月一日奄終洛陽縣毓」財里之私第，春秋六十九，卜其年其月廿八日祔葬」於當縣平陸鄉積閏村何氏之墓次，遵理命也。」有子男三人：孟曰玭；仲曰智琇，幼歸釋氏，學藝優」深，塵水青蓮，居然不雜；季曰遷；並茹荼泣血，悲纏」蓼莪，託余爲詞，篆刻貞石，將陵谷之或變，冀」未喪於斯文耳。」

（周紹良藏拓本　河南千唐誌齋藏石）

元和〇五五

【蓋】 失。

【誌文】

唐故隴西李府君墓誌銘并序　將仕郎試吉州太和縣尉孫忠幹撰」

府君姓李，諱景逸，隴西人也。先祖光，即老氏之後。曾祖已來，」不事王侯，樂之行之，憂則違之，遁世而已。所謂時人高尚者」矣。景逸乃光之嫡子也。府君玉白天姿，皎皎如月，孚信重諾，」蘊習儒風，行在堅貞，志閑養性，聞過則改，見善則遷。府君之」德也。嗚呼！天與其限，神奪其壽。以元和七年五月廿五日寢」疾，藥餌無徵，殁于襄陽漢津鄉漢池坊第宅之邑，享年七十」有八。夫人秦氏，夙夙母儀，三從早著，有蓋姜之德，習曹誡之」功，温良可恭，節操之志。夫人生李公之二子，長曰伯潛，次曰」伯宥。伯潛年餘廿，好玩周易，考至命之書，仰觀天文，察知地」理，閭巷謂之一賓，世上謂之英賢，聰侮過於顔回，孝行曾參」不侍。何圖積善無應，妙年先殁，權卜於楚墓之東南，後擇良」年，同遷塋域。次子伯宥，性行純柔，博尋詩禮，好習古今，與朋」友交，言而有信。哀哀罔極，終身號天，泣血連連，柴毁骨立，禮」制三載，心喪不忘。新婦富春孫氏，敬順舅姑，能和九族，晨昏」涕泣，六禮無虧，感激傷人，内外嗚噎。府君以其年歲次壬辰」孟冬之月廿四日葬于楚山之東漢水之南，官路之北，東津」之西。慮恐陵谷遷變，封樹無依，乃爲銘曰：」

寒風起兮煙樹間，人之聽兮慘容顔。」東津月照新墳處，漢水茫茫流不還。」

（北京圖書館藏拓本）

元和〇五六

【蓋】失。

【誌文】

元和七年十一月廿日馬氏女永娘墓記。

（周紹良藏拓本）

元和〇五七

【蓋】失。

【誌文】

唐陝州安邑縣丞沈君妻弘農楊夫人墓誌銘并序　堂兄珽述誌」

沈氏妹，享年卅二，以元和七年三月十五日寢疾，終」于安邑縣樂貴里夫之私第。以其年十一月卅日，附」先塋於洛陽縣北部鄉北袁村之原，禮也。我」曾王父志確，皇不仕，大王父价，皇湖州長城」縣主簿；我伯尊府君鉞，皇監察御史、檢校户部員」外郎兼侍御史，太子中允致仕。以德垂後胤，懿資淑」女，即沈氏妹也。幼而明敏，長能柔順，移天歸吴興沈」羣，琴瑟克諧，箕箒是職。以去家相離，疚心纏疾，每約」於夫，請於姑曰：愿衣褐還家。請夫別娶。姑與夫也，彌」重而抑，竟請終于疾，以年月不通，沈氏先塋未附，弟」珙、琚等號訴夫族，請柩歸殯。姑也念爾婦勤，哀珙」悌順，哭而許。敕爾之夫與珙護喪歸洛，權窆於」祖塋東北，妣塋之東。銘曰：」佳城欲閉風凄悲，泉路長陰玉埋姿。歲時」不孤哭有弟，人世將絶奠無兒。夫家塋域」兆未吉，先人松栢神歸之。」

弟珙書。」

（河南千唐誌齋藏石）

元和〇五八

【蓋】大唐故孫府君墓誌銘

【誌文】

唐故滑州白馬縣令樂安孫府君墓誌銘并序　第廿姪前試秘書省校書郎保衡撰」

府君諱起，字晉卿，樂安人也。自齊大夫書始受邑於樂安，至後魏光禄」大夫諱惠蔚，以儒學振耀一時，爲時師友。其後六世，至唐宋州司馬」贈祕書監諱嘉之以降，復以文學孝敬，纂揚光禄之道，爲唐清門。」府君即祕監之孫，右僕射文公之猶子，左補闕、亳州長史諱邁之第二」子也。承積德之濬源，稟剛中之正性，端好惡爲規範，秉禮法以周旋，言」必可行，學優而仕，釋褐洪州建昌縣尉，歷鄭州新鄭尉、陳州録事參軍。」建中末，淮右不庭，中原多故，因侍板輿，違兵於江南。韓太傅時鎮全吴，」雅知府君有理劇庇人之才，累假銅印墨綬，一埤益我，朞月有聞。善」恥伐之禄，亦不及後，竟以常資授郢州長壽縣令。上有苛政，下無疲人，」有以見才智之周通也。相國袁公之鎮滑臺，遽奏授白馬縣令。邑訟既」理，戎事兼佐，絃歌有裕，罇俎其臧。滿歲罷歸，方安於丘園，以藥餌輔性。」天道茫昧，門户降殃。以元和七年六月十七日薨背於鄭州別業，春秋」六十九。惟府君傳儒門經術之業，居孔氏政事之科，根於惠慈，輔以」才術，行存家範，績布人謡，而位竟止於子男，壽未極於黄髪，與漢之三」長，千古同歎。夫人趙郡李氏，生長子非熊，前蘄州黄梅縣尉；夫人隴西」李氏，生次子汝砅及三女。唯二夫人河魴之族，關雎之行，逮事先」姑，偕佐明祀，即冥早歲，寓殯他邦，令龜不從，蓋袝猶闕。今夫人河東」裴氏，卿族華胄，公宫令範，奉喪字孤，稱家均養。非熊等教傳詩禮，痛茹」荼蓼，即以其年十二月十二日袝宅于邙山陶村祕監塋北，禮也。保」衡幼蒙奬誨，恩未上報，豈期門户之釁，降禍相仍，姑叔之慈，此生」遂絶，痛實難抑，言不能文。銘曰：」

光禄之後，代傳文雅，祕監之孫，韻方韶夏。德被鄉黨，惠存鰥寡，漢則太」丘，唐惟白馬。位既莫躋，壽胡不假？歸袝舊原，蒼茫寒野，勒銘玄堂，式是」來者。」

（周紹良藏拓本）

元和〇五九

【蓋】失。

【誌文】

唐成德軍節度使麾屬平原郡大將冠軍大將軍守右八善德□」將軍試太常卿上柱國秦樺信故夫人張氏墓誌銘并序」

夫人張氏，自清河郡之房，皇帝之胤也。迺祖勳業盛著，分薦茅土，」享於伯城，胄裔聯榮，隨官食邑，烈土冀方，累世遷任，遂爲郡人焉。」夫人幼笄之年，敏淑有異，宗親甚奇，未盈卒成，温閏殊禮。惟」舅姑曰：斯孝婦也。遂命賓合，躬執箕幕，恭謹北堂，唯室唯家。自奉」沃盥，魚水相感，雲龍相從，美茂當年，敦睦九族，仁物多盛，日加遷」榮。男長登仕，女依外奉，家無孤幼，六姻歡會。常感意氣於一言，唯」諾未終，倏忽敗風雲於千載。暫染小疾，藥餌無徵。以元和七年九」月二旬有九日，終於平原郡，春秋六十有八。以元和八年二月壬」寅遷神於安德縣至孝鄉之原。迺命刻石泉户，揚於誌烈。銘曰：」於惟夫人，婉懿無雙，德功言容，備於厥躬。」禮唯作合，懋於嬪風，漫漫平原，新塋肇開，紀揚芬烈，永寄余哀。」

（周紹良藏拓本）

元和〇六〇

【蓋】王公墓誌

【誌文】

唐故恒王府司馬幽州節度經略軍兵曹參軍太原王府君墓誌銘　從弟鄉貢進士知□撰」

公本與姬同姓，至周武王生太子誦，因王天下，遂號王氏。遠祖龜，娶孫叔敖」女，有四子，各爲郡守，榮貴當代，其小子□爲太原太守并州牧，後子」孫居焉，故爲太原王氏，作天下□□。公即太原祁縣人也。至如冠冕黼」黻，慶緒相承，牧伯公侯，歷代不乏，具載史諜，此不書，省文也。公諱」叔原，字叔原。王父思，以營田授勳，終幽州昌平縣尉；烈考□□□□」皇朝涿州固安縣丞、莫州司法參軍。公即司法之元子。幼從嚴訓，長」識義方，孝悌謹身，禮無不敬。及强而仕，委質轅門，退食就公，夙」夜匪懈。或奉使南北，匹馬奔馳，盡忠事君，公即能矣。勤勞既著，」奏授恒王府司馬，職如故。後充□□大使數年，課利益增，軍府是」賴。自爾又參于軍事，攝經略軍兵曹參軍。爲政之中，而嬰於疾，」旬日大漸，以元和七年十一月十二日，終于幽都縣之私第。嗚呼！□年五」十有五。有三子：孟曰鐶，仲曰釗，季曰鎮，咸□□泣血，杖不能起。女一人，適」程氏。夫人北平田氏。有敬姜之哀，哀感行路，聞者出涕，豈不爲□□□」所致歟。鐶釗以三月而葬，禮不可爲，况龜筮叶從，遂謀先遠，以八」年春二月十八日宅兆於幽都縣歸義鄉，禮也。鐶等余之姪，求余」誌之，敢不□吾兄生平□□行。銘曰：」

言行温温，迥然不羣，質直□□，博學多聞。」筮仕于燕，□□□政，□□□□，明之比鏡。」天不憖遺，哲人其萎，歌□薤露，如何可追！」

（北京圖書館藏拓本）

元和〇六一

【蓋】失。

【誌文】

大唐故成德軍節度下左金吾衛大將軍試殿中監石府君墓誌銘并序

府君諱神福，字忠良，金谷郡人也。曾祖試鴻臚少卿□用，祖授左翊府中郎將臣思，父何羅燭，試雲麾將軍蔚州衙前大總管。有子四人，公則第二子也。生於雄武，長在蔚州，□歲從師，弱冠好武，事親惟孝，訓弟惟和，五郡欽仁，六親談美。遇安史作亂，漂泊至恒陽，尊父早亡，哀榮葬畢，及乎攻武，便得穿楊。君主亦知，收於戎伍，頻經戰伐，累效疆場，勇毅前衝，煞戮無數，叙功見録，八座親命俯臨，悦暢君心，遷授大將。爲征馬事，重委在腹心，兼令勾當右廂草馬使事。何天不祐，忽染沉瘵，針藥無效，去元和八年正月十七日奄然大謝於野牧，時春秋五十有五。男乃泣血，女孝絶漿，號天叩地，親戚悲悼。去二月乙酉朔十八（缺至行末）石邑縣東北二十里□兆而厝也。恐（缺至行末）石紀芳，用傳不朽。其詞曰：英雄將軍，武藝超羣，頻經鬬敵，煞戮前奔。收功見録，獨授崇勳，紀名貞石，不朽千春。

（録自《常山貞石志》卷十）

元和〇六二

【蓋】失。

【誌文】

唐河陽軍節度故左馬軍虞候秦府君夫人太原王氏墓誌銘并序」

公諱士寧，其先風姓之後，黄帝之裔也。第一爲嬴姓，以地爲名，改」爲秦氏，即其後也。曾祖諱遡，皇江州長史；祖諱庭秀，皇左羽林」軍將軍知軍事；考諱讓，皇河陽軍武牢鎮遏兵馬使、同都團練副」使兼侍御史，贈使持節石州刺史；功勳崇秩，才行芳著，英靈智」略，軍府遵承，位居臺憲之封，持贈百成之任。公即使君之子也。」承大名之後，弓劍立身，武藝絶倫，文詞博贍，弱冠從事，志效轅」節操孤貞，雄勇可觀。節度使御史大夫衡公濟補馬軍十將，元」和四年，節度使兼御史大夫烏公補署左馬軍軍虞候，守奉規政，」志若松筠，擬保千嗣之榮，常以剋己復禮，萬人歎仰，誰不相欽。」豈期上天不吊，喪殁賢哲，以元和七年六月六日終于私第，享年」卅四。嗣子三人：伯曰遷奴，仲曰小遷，季曰定遷，女閏子，檀子，各以幼」稚，未明禮度，號叫擗踴，鄰里爲之感傷；哀聲切人，行路爲之後」楚。先室太原王氏，素懷仁德，言行無玷，聿脩禮則，九族欽崇，」享年無壽，春秋廿四，先府君十載矣，貞元十七年五月廿日即也，」權殯于河陽縣北界安兆平原，之禮也。日居月諸，松楊已茂，」今室王氏，四德明著，百行俱全，婦禮無虧，長幼和睦。目遭凶」釁，號泣穹旻，以元和八年歲在癸巳二月廿五日，移發王氏□」棺柩，同就汜水縣東祔平原，之禮也。陵谷變易，人倫遷比，□」刊貞石。銘曰：」

雄雄大將，倏忽喪賢，昔爲英傑，人皆所先。」今日寂寞，沉於永泉，世之有死，痛哉盛年！」桂蘭方茂，霜凋屢遷。嗟隴樹鬱鬱，恨花蘂兮秋萎，」薤露悲兮已矣，思再覩兮無期。」

（周紹良藏拓本）

元和〇六三

【蓋】失。

【誌文】

大唐扶風馬氏墓誌銘并序

廿三娘郎郎姹姹，扶風人也。故侍中、太原尹子曾王父，故太子諭德、兼兵部郎中子大王父，故鄂州州從事子之先父也。子生於珥貂之家，育在紈綺之室，笄年廿歲，灼如蕣英，期偶適耀□□我後嗣。何華而不實，祉福不臨，以元和八年七月三日，洪水蜀來，浸溢夏汭，合郭爲患。顧此□遂假官航，以虞墊溺。豈家臣失泝，馮夷幸災，巨舟云覆，相次淪没，嗚呼！慈親腸絶，天倫氣摧，存歿路殊，終議元隧，以元和八年八月四日窆於先父塋側，禮也。恐陵遷徙，乃紀銘云：

伏波有女，青娥豔陽，馬氏有男，白眉最長。於□□□彼天何殃，豈春華之曄景，同淪殁於舟航。嗚呼！生則同氣，殁爲異穴，捨慈親之恩愛，侍先父之塋闕，痛纍纍之古原，□□□之永訣。

（録自《古刻叢鈔》）

元和〇六四

【蓋】劉府君張夫人墓誌銘

【誌文】

唐故彭城劉府君墓誌銘并序」

府君諱通，其先彭城郡人也。家承漢緒，德襲堯風，門」稱碩儒，世躡高位。父諱滔，養真不仕，處順而安，唯」道是從，居簡無悔，靈鑒豈惑，慶流不私。況府君」性自天姿，幼沐庭訓，式備詩禮之義，克修敬慎之容。」恩惟睦親，謙以和衆，豈在遐邇，其誰不瞻？奚圖上天，」止賦中壽，奄折梁木，旋萎哲人。以元和八年九月十日終」于揚州江陽縣崇儒坊之私第，享齡七十矣。夫人清」河張氏。蟾宫降德，虺夢膺祥，聲華既芳，容範增肅。」鳳唱斯洽，龍光奄分，離魂九昇，哀臨三絶。男一人，名士」舉。恭惟世德，言念孝思，爰自執喪，毁過常制。泣奉」龜策，將謀所安，人神叶心，靈兆彰告。以其年十月十八」日丁酉，躬護喪櫬，安厝於江陽縣嘉寧鄉五乍村」之原，禮也。恐陵谷有變，乃刻石紀德，銘曰：」漫漫豊谷，霏霏碭雲，盛德不亡，逮生府君。」智實天假，學如素聞。光景莫留，英靈已分，」奄卜五乍，屹爲一墳。川水夜流，松煙晝昏，」空有書劍，傳於子孫。」

（周紹良藏拓本）

元和〇六五

【蓋】失。

【誌文】

大唐故殿中侍御史隴西李府君墓誌銘并序　朝議郎守尚書比部郎中史館修撰護軍韓愈纂」殿中侍御史李君名虚中，字常容，其七世祖沖，貴顯拓跋世。父惲，河」南温縣尉，娶尚書左丞薛邕妹，生六子，君最後生，愛於其父母。年少」長，喜學，學無所不通，最深於五行書。以人之始生年月日所直日辰」支干相生勝衰死相王，斟酌推人壽夭貴賤利不利，輒先處其年時，」百不失一二。其説汪洋奥美，關節開解，萬端千緒，參錯重出。學者就」傳其法，初若可取，卒然失之，星官曆翁莫能與其校得失。進士及第，」試書判入等，補秘書正字。母喪去官，卒喪，選補太子校書。河南尹奏」疏授伊闕尉，佐水陸運事。故宰相鄭公餘慶繼尹河南，以君爲運佐」如初。宰相武公元衡之出劍南，奏奪爲觀察推官，授監察御史。未幾，」御史臺疏言行能高不宜用外府，即詔以爲真御史。半歲，分部」東都臺，遷殿中侍御史。元和八年四月詔徵。既至，宰相欲白以爲起」居舍人，經一月，疽發背，六月乙酉卒，年五十二。其年十月戊申，葬河」南洛陽縣，距其祖澠池令府君僑墓。君昆弟六人，先君而殁者四人，」其一人常爲鄭之滎澤尉，信道士長生不死之説，既去官，絶不營人」事，故四門之寡妻孤孩與滎澤之妻子，衣食百須，皆由君出。自初爲」伊闕尉佐河南水陸運使。换兩使，經七年不去，所以爲供給教養者。」及由蜀來輩類御史皆樂在朝廷進取，君獨念寡稚，求分司東出，」嗚呼，其仁哉！君亦好道士説，於蜀得秘方，能以水銀爲黄金服之，冀」果不死。將疾，謂其友衛中行大受韓愈退之曰：吾夢大山裂，流出赤」黄物如金。左人曰：是所謂大還者，今三年矣。君既殁，愈追占其夢曰：」山者艮，艮爲背；裂而流赤黄，疽象也；大還者，大歸也。其告之矣。妻范」陽盧氏，鄭滑節度使兼御史大夫羣之女。與君合德，親戚無退一言。」男三人：長曰初律，次曰彪，其幼曰還，適三歲；女子九人。銘曰：」不嬴其躬，以尚其後人。

右補闕鄭權篆蓋，妻兄盧禮源書文。」

（周紹良藏拓本）

元和〇六六

【蓋】失。

【誌文】

唐故黎陽桑氏夫人墓誌銘并序」

夫人先黎陽人也。其儀也温，其質也麗，爲女有分外之風規，爲」婦有殊常之軌則。曾祖諱賓，萬□府果毅；識量弘博，」風神挺秀。烈祖諱華，杞王府長史；才美肅而鴻漸」於儀。皇考諱忠，逍遥不仕，放曠人寰，或嘯傲於陂」池，或逸遊於臺榭。是日刻石勒銘，則曰斯人之次女也，其惟」女也，金泉與婺女爭華，麝月與姮娥競爽。洎乎以元和」八年冬十月廿九日考終命於燕都坊里之私第也，享年」六十有八。悲夫！人之云亡，吾其安仰？以斯年十一月十七日卜葬於」幽州城東北五里燕夏鄉海王村於此上原，禮也。嗣子有五：」長子晧清，府中豪傑，幕下英奇；次子二：龍興觀道士國」清、士幽，並出於玄寂，入於杳冥；良津、良貢，以次之子，趨」庭佇訓，文武兩兼。其子等并荼毒疚心，哀毁過禮，高柴」泣血，不可以方；顧悌絶漿，未足爲比。加以竭情備葬，盡」力爲塋，歛之以璵璠，飾之以蜃蛤。恐日往月□，陵移谷」變，封之夏屋，植以行楸。若不刊石爲銘，何以記其後」裔？詞曰：」
秦樓簫兮罷鳳音，趙國瑟兮閑雲深。」明明夜月空照臨，蕭蕭隴樹寒人心。」

鄉賦明經孫□□文并書。」

（北京圖書館藏拓本）

元和〇六七

【蓋】大唐穀城縣令故張府君墓誌

【誌文】

唐故文貞公曾孫故穀城縣令張公墓誌銘并序鄉貢進士崔歸美撰　節度討擊副使屈賁書并篆」

公諱曛，字繼明。范陽方城人也。漢功臣留侯之後，五代祖策，梁岳陽王諮議參」軍，贈持節蔡州諸軍事蔡州刺史。諮議生玠，爲周宣納上士、隋巴州録事參」軍。參軍生則，隋比陽、澧陽二縣令。高祖玄弼，唐長安縣尉、益府功曹參軍，贈」都督安、隨、沔、郢四州諸軍事安州刺史。曾祖柬之，故特進、中書令、監修國史、」上柱國、漢陽郡王，贈司徒，配享中宗庭廟；祖名嶧，高道不仕；考諱愿，」皇駕部郎中，曹、婺等十一州刺史，吴郡太守，兼江南東道廿四州採訪黜陟」使。自岳陽至于採訪，皆累葉重光，弈世載德，或補天之績，或黜陟幽明，嘉祉」未泯，遂生我公。公即採訪之第八子也。起家以門蔭，解褐補太常寺奉禮郎，」旋授左武衛兵曹參軍。貞元中，皇帝追先帝舊臣子孫以答功」績，遂進補右神武軍録事參軍。在昔高宗，外戚擅權，密構神器，滔天」之禍，如火燎原，區宇版蕩，上慘下黷，荆棘道路，人思息肩。天未移運，碣降元」老，洎産禄潰計，皇綱薦紉，鯨鯢曝鰓，祥慶委積，公竟以非罪中禍，謫竄遐」裔。景公千駟，無德而稱；夷齊首陽，萬古嘉歎。公嘗念先祖有大功於國，寵被」一門，裂土分茅，綸翰盈篋。身殁之後，名謚蔑然，決意挺行，懷表詣闕，志」誠幽贊，達于聰明，俯匐雪涕，帝用增歎，迺降明詔，自宰臣已」下，集議行跡，謚爲文貞。五王同時，賴公之力也。朝廷嘉其憤激，抗表極論，」可謂孝子孝孫，弓裘不墜，遂特授襄州穀城縣令。其在邑也，彈琴靜理，高視」雲水，仁以變俗，德以臨下，吏不敢欺，盜不犯境，舉直措枉，黔首欽服，西門在」鄴，子産治鄭，幾不若也。辭秩之日，寮吏色沮，遮車固留，公久想故園，去如脱」躧，思與白雲長往，採蕨家山，類鴻鵠之在冥，同騏驥之解絆。不幸因疾纏綿」不起，以元和八年六月十九日殁于私第。嗚呼！上天不惠，殲我良士，聞者交」涕，舊邑罷市，豈不以仁於斯德於斯！公享年六十七，以其年十一月廿三日」祔于大塋，禮也。冢子珣，先於公一年而卒；次子瑀、璪、璟等銜哀泣血而言曰：「桑田有變，陵谷遷改，若無旌識，何以號訪？請刊貞石，銘以誌之。」余以子壻之」情，授簡而退，敢爲銘曰：

文貞之孫，採訪之子，洎于我公，令問不」已。其德如山，其臭如蘭，久而彌芳，萬古不刊。」

（周紹良藏拓本）

元和〇六八

【蓋】　失。

【誌文】

唐故左千牛衛長史渤海高公合祔墓誌銘并序　鄉貢進士李説復撰并書

維元和八年冬十一月九日戊午，左千牛衛長史高氏」捐館舍于慈州立義里第，春秋四百四十五甲子。巷之」居人，輟舂相吊。越三日庚申，殯於阼階。明月景申，葬我」公于昭義縣臨水鄉之西原，近先君塋，順我公之孝心，禮也。公諱承金，字承金，渤海人也。齊文宣帝都鄴，子孫」食邑於臨水，遂徙家焉。周衰，齊主夏盟，高子實爲宗卿。元氏俶擾天命，文宣爰革魏正，霸王之後，宜乎其盛。父祥，克勤□□，不墜清修，養丘園之和，以高尚爲事，笑子張之干禄，鄙寧戚之飯牛，好爵莫得而縻焉，故天鍾美于我公。公幼而孫弟，長而貞固，以刀筆爲吏，文而無害；攻書劍之術，謀而有成。郡以□聞，拜朝散郎左衛兵曹，遷左千牛衛長史。以□貴爲憂，告歸中歲；嘉止足之分，養老上庠。清□以齊其心，蔬食以樂其道，故降年有永，德音無瑕。夫人武功蘇氏，賢明淑慎，君子好仇，窈窕幽閑，大邦之媛，先公六年而殁，至是祔焉。有子懷彬，蘭州廣武府果毅。拊心泣血，喪致其哀，追養繼孝，葬之以禮。懼岸谷將化，咨説復爲銘。詞曰：

石鼓聳兮銅臺平，漳河曲兮滏水清。高標丘壠九原上，千秋萬歲識佳城。

（周紹良藏拓本）

元和〇六九

【蓋】失。

【誌文】

（上缺）上塔銘并序」

□□□□□□□河東聞喜人。皇」□□□皇朝懷州刺史；伯父□」□皇朝御史大夫，户、禮二尚書。」和上□于上族，受氣純粹，和而能峻，」性本乎仁，故與道并；動而之禮，故與」律合；内忘乎我，故與物等；以是三德，」契乎宗原。所以鼓舟航，越溟濤，出死」生之津，肇法身之基，湛然一室，世將」五紀，復本守樸，無□仙跱，言色不形，」物亦自化，非真質恒德之厚，其臻是」乎？若乃門内之理，子姓娅婦，莫不動」資禀決而教成焉，其内外□施之溥」又如此。委和順化，不耗天數，以元和」八年十二月廿六日終于本寺，時年八」十四，歷夏六十二。弟子見用等建銘」表塔，俾後瞻此而化也。

銘曰：

嗚戲！」上天賦其德，惟貞恒。遂賂于佛」乘，以至于氣定神凝。爾後之人」其復之，無斁於斯。

姪潾文。」

（周紹良藏拓本）

元和〇七〇

【蓋】失。

【誌文】僞。

唐故叔氏墓誌并序

元和九年，歲直甲午，正月十九日丁卯，浙東道觀察判官、將仕郎、試大理評事、攝監察御史李翺奉其叔氏之喪葬于兹。叔氏諱術，生子曰王老，遠在京師，翺實主其事。銘曰：

翺生始言，叔氏棄没，爰殯于野，年周四甲。豈無諸親，生故或迫，亦有息子，旅宦京國。丘墳孰封？松櫝未列，殯宇零毁，狐狸所穴。中夜遠思，酸悽心骨，是以乞假公府，言來筮宅。追念延陵，喪子嬴博，葬不歸吴，于禮其合。唯叔平生，游居是邑，夭謝于此，靈幽其託。女姪之西，仲兄之北，冥昭何異，可用居息。孰爲故鄉，乃樹松栢。

（録自《金石續編》卷九）

元和〇七一

【蓋】失。

【誌文】

唐故朝散大夫絳州曲沃縣令鄭府君故夫人天水趙氏墓誌銘并序　前鄉貢進士盧載撰」

元和九年夏五月，故朝散大夫絳州曲沃縣令鄭府君」故夫人天水趙氏自蜀而啓，歸葬于河洛之邑，始建新」塋焉。下不至於泉，上不踰古制，廣輪有度，封樹無差，考」龜筮而協從，謀神祇以習吉。夫人幼稟貞順之志，長由」詩禮之訓，謙柔蘊質，仁孝承家，問正爲心，含章克己，懷」温潤廉潔之操，修蘋蘩蘊藻之禮，九族著其婦道，四德」備于閨門，所以用晦而明，配合君子，以彰其道也。上元年」中，從子西蜀之任，因家焉。後寢疾而終于私第，時年七十」有一。於戲！分野易象，兵戈屢興，三蜀衣冠，存殁相失，墳」變宿草，星迴于天，白雲萬重，碧嶂連控，荆榛匝於荒野，」劍閣危於棧道。孝孫二人，每追霜露之感，恒望遷移」之日，遂卜宅啓兆，禮順而行，雖無其財而不可動也，然有其」時亦不可失也，故從儉而貴合禮也。其詞曰：

孝以立誠，德惟修己，有響必應，配合君子。」道斯修阻，逝而已矣，絶壁千仞，飛旌萬里。」雙墳所建，令子在傍，刻石不朽，重泉永光。」

元和九年五月三日。」

（周紹良藏拓本　河南千唐誌齋藏石）

元和〇七二

【蓋】失。

【誌文】

唐故大理評事贈左贊善大夫江夏李府君墓誌銘并叙　嗣子承奉郎前守江陵府松滋縣令賜緋魚袋正卿撰」

唐大曆十一年九月三日，故大理評事贈左贊善大夫江夏李府君終」于新會縣之官舍，享年卌有六。嗚呼！德重而厄於不壽，才大而屈於遠」宦。曩者以先考北海公名塞區宇，爲時宰所忌，頻經竄逐，」家事破碎，以是漂泊炎海，不及務名於轂下。公諱翹，字翹，」本趙郡人也。曾祖元哲，皇括州括蒼令；祖善，皇秘書郎，」崇賢、弘文館學士；父邕，皇北海太守，贈祕書監。公即」北海第三子。夙齡剋己，端操勵行，學窮百氏，文極精華，特爲嶺南節制」尚書路公嗣恭知遇，亟經推擇。初，以公一子出身奏授廣州南」海縣丞，尋改大理評事，贊佐花府。時屬兵戎之後，部内凋殘，將緝流庸，」必籍仁德，遂輟坐籌之任，以從製錦之用，因授廣州新會縣令。政」成人阜，實謂良能。嗚呼！時不偶經濟才，柱天維地，飾法弘化，補衮」助理，故未及中歲，没於瘴嶺。公娶太原王氏，夫人第二房，」祖祥，皇綿州刺史；父遂休，皇桂州荔浦縣令。夫人即」荔浦長女，琁源靈長，華族清貴，姆儀閨訓，合於典禮；貞範至性，冠」於今古。天與其德而不與其壽，大曆六年十一月九日，先公而殁，」享年卅有一，内外親族皆驚悸摧慟。元和元年，夫人愛子正叔以文」行升諸科第，以聲問歷于臺省，故公追封贊善，太夫人贈晉」陽郡太君，恩及九原，哀榮所至。公長子增、次子覿、正叔、覬、正卿五」人，皆太夫人之出也。以元和九年七月廿一日嗣子正卿等自潤州上」元縣啓舉歸于河南府河南縣金谷鄉泉原里，合祔先塋，禮」也。

其銘曰：

清洛之北，大河之陽，天地之中兮。河洛舊國，金谷故鄉，原野其良兮。」泥溝之西，先塋之旁，合祔周禮兮。百步之內，有堆有崗。卜宅」維吉兮。乃創封隧，乃崇玄堂，神理其安兮。營護歸此，充」□皇皇，子孫之心兮！」

（周紹良藏拓本　河南千唐誌齋藏石）

元和〇七三

【蓋】失。

【誌文】

亡妻清河崔氏墓誌銘并序　前試左內率府冑曹參軍裴簡撰」

夫人名某，姓崔氏。六代祖君實；五代祖懸解；高祖融；」曾祖禹錫，皇中書舍人、贈定州刺史，謚曰貞公；祖引，」皇河東縣尉；父絢，皇進士擢第中牟縣尉，充易、定節」度推官。夫人則中牟府君之季女也。元和七年冬，來」相于我，歲一周餘有六月，元和九年春遘疾，其夏五」月廿七日夭於東都思恭里，享年廿有六。臨歿辭」所事所生，以不克爲婦爲子爲恨，謂所從以不疏己」宗爲託。言終而逝。古君子之善終者，無以過之。夫人」孝乎惟孝，以奉姑，其養同而敬加焉，其他皆」稱之。夫人四氣恒春，七情無怒，豈以是爲不足而不」壽歟？哀哉！有子一人字曰漸，漸尚在襁褓之中。北邙」山之西原梓澤鄉宣武管簡曾大父貝州刺」史府君之攸宅，秋七月廿八日，奉親命以夫」人祔于塋西一里所。簡銜悲敘略，粗以爲文，」刻石爲銘，古之宜也。

其詞曰：」
昔同琴瑟兮今異人神，哀情感慟兮天地不仁。」備禮之厚兮罄家之貧，觸類精潔兮卜擇良辰。」敂勞怨哭兮幼稚難陳，骨肉悲楚兮行者酸辛。」

（周紹良藏拓本　河南千唐誌齋藏石）

元和〇七四

【蓋】　唐故夫人崔氏墓誌銘

【誌文】

唐朝請大夫唐州長史兼監察御史彭城劉公故夫人崔氏墓誌銘并序　外甥鄉貢進士辛劭撰」

夫人博陵崔氏，實劭之從母，其先則齊太公之胤，泱泱大風，表式東海，慶」鍾後嗣，錫壤于崔，因爲氏焉，簪組相承，名光族茂。二十七代祖峰，封汶陽」侯，家于涿郡，漢桓帝時改爲博陵郡，」至十一代祖懿爲燕秘書丞，生八子，分」爲六房，姨即節五房魏本郡功曹景異之後。曾祖檉，皇恒州井陘縣令；」祖元續，皇左衛兵曹參軍；皆貫綜道德，窮達理要。考興宗，皇大理評事，行」潔政清，敦學尚禮，定規儀之則，著纂述之功，希世之才，非常所及。姨即」評事之仲女。容工言行，克備于躬；閨範内脩，芳聲外積。自歸乎劉氏，已二」十餘年，如塤如篪，既保成家之道；以敬以奉，當申齊體之宜。劉公名密，積」襲衣冠，門爲世重，即皇朝進士出身、授秘書省秘書郎道積之曾孫，皇開」府儀同三司、行太子賓客、上柱國、滕國公、贈涼州大都督之仲子，歷官」唐州長史兼監察御史。雅量深沉，英姿挺特，位以公進，名由德昇，崇禮讓」之風，守謙恭之節，接衆尚爾，於家固然，繾綣同心，彼規此佩。誰謂吉凶反」兆，積善生災，遘疾纏綿，方藥無效，顧西景之猶未，忽東流之與俱，遽分幽」明，倏變哀樂，天也何昧，喪淑于兹。以元和九年六月十八日終于襄陽郡」之私第，春秋四十有七。親戚悲慟，行路驚歎。即以其年十月六日建塋于」郡東八里漢陰之原，禮也。有子二人：長曰可復，次曰弘復，皆禀性沖和，幼」有成德，詩書立志，孝行居心，執喪毁容，哀過其制。有女三人：長即劭之季」弟勸之室，劉公前夫人齊氏所生，早虧所恃，鞠育於繼親，既習女儀，又彰」婦道，實資内訓，得如是焉。處室二女并齠齔之年，已傳令淑，痛乖慈念，殆」不勝哀。劭忝列外甥，實佩恩德，追懷罔及，痛割難任。輒申愚鄙之詞，恭命」以述其誌。銘曰：」謂聰明正直兮惟神無私，何吉凶報應兮今則有違，仁德既崇兮福當依，」榮壽不延兮禍反歸。寒郊慘兮日色微，輀車駕兮旌旐飛，孤墳晝掩兮永」絶光暉，哀哀孝子兮泣血霑衣。賓馭還兮人跡稀，漢水縈迴兮峴山巍巍。」

（周紹良藏拓本）

元和〇七五

【蓋】失。

【誌文】

□故臨洮軍副將雲麾將軍試殿□□潁川陳府君墓誌銘并序　文林□絳州司倉參軍步□□撰

昔高祖得丞相陳平，運玄機，除□楚，而成帝王之業也。□戡戩諸吕，再□劉氏，其餘勳德□□在史籍，略不書之。公即漢丞相之後也。□貫皇開府儀同三司、檢校太子賓客，公即賓客之元□□諱志清，□□□□□靈珍粹器望慜慜，仁恕允克，弱□□□□□□□□□才大位屈，貳于臨洮，言行無□□夜在公，幹用不替，將□□於公者是答豈其天□□善，奄見徂謝，春秋六□□元和八年癸巳歲十月□□□□□終於鳳翔府天□□□□□□□□□人譙郡□氏，天資賢懿，神縱□惠，言合禮經，行有法度。嗚呼！降年不永，春秋五十八，其年六月廿二日，先府君而終。即以元和九年歲次甲午十月六日卜營寢於長樂鄉原合祔，禮也。嗣子陪戎副尉、守左金吾衛大將軍英奇，次曰英憲、英幹、英徹等，悲深千古，痛貫九原。懼陵谷遷移，封樹無誌，迺刊貞琬，以繫其詞。銘曰：

英英潁川，體度宏偉，鑒識虛明，期通物理。時望允瞻，人倫風軌，恂恂在躬，謙謙諸己。崗雄地貴，堂玄户幽，人歸月吊，風慘雲愁。青松鬱鬱，白日悠悠，刻銘翠琰，以紀千秋。

（周紹良藏拓本）

元和〇七六

【蓋】失。

【誌文】

唐故河南府司録盧公夫人崔氏誌銘　殿中侍御史内供奉竇從直撰　公夔書

元和甲午歲，有夫人崔氏，粵華宗令人，德門賢婦，以首秋再旬，旬外五日，終于東郡正俗里之私第，享年六十九。嗚呼！母儀厚德，婦道宏訓，令問如在，誰其嗣之？夫人諱績，號尊德性，博陵安平人也。

東漢魏晉，延耀不息，迨至本朝，宜昌而熾。曾大父通，許州司馬；王父知愻，祕書丞贈國子祭酒；父倫，代宗朝以前御史中丞使吐蕃，拜尚書左丞，殁謚敬公；伯曰譚，左司郎中；伯曰榮，右補闕；叔曰殷，衡州刺史；而皆以禮自持，用榮爲誡，善慶所及，夫人益光。夫人即敬公之季女也。年十有一，歸于范陽盧公。惟公人倫碩德，冠冕良材，往踐王畿，滯登臺閣，器業尤重，紀綱洛川。貞元己卯，先夫人而屈於命。夫人晝哭捐軀，未忘誓志，無違撫育，不易慈仁，剋己成家，樹立餘業。過此則修學大悲，一回解脱。夫人元昆衍，德宗朝以御史大夫觀察宣、歙、池三州，殁謚懿公。夫人與公，孝慈以類，告終歲月，十稔而同，同氣之言，於斯可驗矣。夫人有男一人，女二人。女則組紃稟訓，婉娩承華，結褵從夫，榮耀他族；男曰從雅，頃歲辟召，制有成命，參佐戎律，換萬户尉，終養不虧。十年向晦，丁艱筮宅，竊疚其懷。初司録府君先卜梓栢谷口，因而祔焉，至是問從祔于蓍龜不剋，問改祔于蓍龜襲吉，君子曰：傳無不之，今則何遠。乃歲十月六日，奉夫人輤裧，啓府君東北九里合防，以虞陵谷順也。嗣子謂從直忝懿公顧眄，又備末姻，尚戴恩光，早詳勳閥，託之琬琰，貽厥彤人。銘曰：

夫人之生，榮耀勳華，鳴環適人，慶彼夫家。姻族惠懷，靡不稱嗟，温玉貞松，保厥終始。母儀婦道，遺範已矣，雪涕鮮原，反覆孝子。

（録自《金石萃編》卷一百六）

元和〇七七

【蓋】王公志銘

【誌文】

唐故瀛州司馬陘邑安平范陽三縣令幽州節度押衙兼侍御史太原王公夫人博陵崔氏合祔墓誌銘并序

從姪試太子通事舍人佐時撰并書」

公諱郅，太原祁人也。其枝葉分源，婚黼冕，已法于泉」扃，此不盡也。公氣和而性靜，學富而詞麗；敦以孝敬，重以」信義；書以□草楷，藝閑琴碁；謙謙素風，不墜先訓。故佐」郡宰邑，政著異能；職列□牙，才有餘美；室瑟始歷，以至」壽終。主愴親哀，禮皆加等。窆於府城南十里姚村之南」原，以權禮也。夫人博陵崔氏，令族之後，夙聞之容，貞明之勤，尤」精典誥，恭肅婦道，仁慈母儀。奈何壽不□德，先公而逝。權厝」於陘邑。有子四人：長曰逵，次曰遘，次曰邈，次曰迢；成負清才，幼則從仕。」遘等州佐縣寮，不離恒冀；逵幽州節度要以拱攝文安縣尉。頃以」道路艱阻，歲□未通，名宦既拘，久乖灑掃；罔極之切，今獲吉辰。」以元和九年十月十七日遷陘邑口座□姚村，立堂合祔，禮也。」再紀貞石，期於無窮。銘曰：

士之所貴，殁而名存，忠孝家國，光榮子孫。夫人之德，」□姻可則，不享遐齡，天何眇默。吹響喬松，雲凝寒空，」壠隧一啓，玄堂永同。」

（録自《考古》一九八〇年第六期）

元和〇七八

【蓋】失。

【誌文】

唐故洪州都督府武寧縣令于府君墓誌銘并序　前試大理評事隴西李素規撰」

府君諱季文，其先東海于公之裔也。高祖惟謙，皇朝」金紫光禄大夫、行中書侍郎、同中書門下三品，封東海郡開」國□。曾祖光嗣，皇太中大夫、泗州刺史；祖棻，皇朝散郎、」蒲州司倉參軍，考稱，皇州録事參軍。豈唯相國之先祖，立」仁德於世，樹高門以待封而已哉。抑亦代襲簪冕，史册具載。」府君起家兩館生擢第，解褐授潤州句容縣尉，官雖卑而考」課最，换江陵府松滋尉。秩滿，爲江南西道觀察使御史中」丞李公少和薦，以公器濟時，元和五年，奏授洪州武寧縣令。」在官清慎，遏强撫弱，頃歲逋逃者復業數千户，政聲洋溢。理」邑稱公器成焉，考書上下，實謂奬才能也。無何染疹，藥餌無」效，元和八年十一月七日，卒於武寧官舍，壽五十七。嗚呼！霜」風折樹，寧擇鄧林；逝水衝涯，豈存琬琰。生居浮世，榮宦有時，」永寐夜臺，千秋藏矣！夫人隴西李氏，宗室瓊枝，貞操卓立，將」□幼稚，經歷江淮，泣血扶扆，達乎洛陽。以元和九年十月」廿九日，遷厝北邙之原，禮也。嗣子縱，年未弱冠；次子約，齒初」勝服；長女六娘，適李弘簡，次女七娘，適史璲，小女八娘年尚」童稚。以余忝嘗把筆，請書銘誌，千載徽猷，憑兹貞石。銘曰：」

立德垂裕，高門待封，漢代稱仁，國朝有公。其一。」二相清躅，子孫雍容，岳牧銅章，繼世皇皇。其二。」簪纓郡國，子男賢良，嗚呼永寐，妻兒斷腸。其三。」捧柩北邙，藏乎高崗，千秋萬歲，保兹□疆。其四。」

（北京圖書館藏拓本）

元和〇七九

【蓋】　失。

【誌文】

唐故試祕書省祕書郎兼河中府寶鼎縣令趙郡李府君墓誌銘并序　再從弟京兆府藍田縣尉武騎尉虞仲撰」

公諱方乂，字安道，趙郡贊皇人也。其先出自帝顓頊之裔，歷虞夏世爲理官，」因以命氏。惟咎繇齊聖之德，惟柱史非常之道，書則曰大禹讓，史則曰仲尼」師，宜爲氏族之望也。蟬聯世禄，負荷天爵，傳龜襲紫，幹禮任仁，爲公爲侯，燭曜」前史。自周廣門先生五世至魏文侯師，文侯師四世至趙相武安君，武安君」三世至漢淮陰侯師，淮陰侯師十三世至有道大夫，有道大夫八世至平棘」君宣王，功蓋一時，名動四海，後魏君臣閒稱之爲清德重臣。討赫連，拜沮渠，」實我力也。宣王生濮陽侯，濮陽侯生文靜公。濮陽之吉凶儀軌，文靜之氣度」清粹，皆當時史臣之所歸譽也。文靜公生豫州刺史諱希禮，與邢卲等議定」禮律。豫州生北齊黄門侍郎、隋上儀同三司諱孝貞，黄門生贈散騎常侍諱」來王，常侍生倉部郎中諱思諒，郎中生許王府參軍諱敬中，參軍生都水使」者諱暕，都水生倉部員外郎諱昂，即公之大父也。天寶中，以文章家法爲世」祖尚。員外生刑部郎中諱胄，公之烈考也。劉穆之之謀猶，袁方平之軌素，兼」之者我也。公幼以閨門雍肅聞於姻族間，時人方之於馮檀之之流也。及長，」以吏事自許，累爲鹽鐵使辟署，大著功效，後應涇原連帥之命，改授監察御」史充節度判官。府罷，授陝州靈寶縣令。趙嘉之理劇，周□之威名，百里之內，」熙熙如也。廉使具以政績上聞，朝廷方議超拜，屬今□府河東公作鎮」蒲津，請惠所部，遂兼祕書郎爲寶鼎令。讎猾吏，息疲民，猶前政也。又攝理解」縣，未浹日，遇暴疾而殁，嗚呼痛哉！兩邑之人，遑遑然如喪慈母。噫！夫天之不」愛人也如此，不然，胡爲遽奪公乎？享年四十有六。時元和九年二月庚子終」於解縣之官舍。以其年十一月十七日歸葬于東都河南縣伊汭鄉祔于」先塋，禮也。夫人滎陽鄭氏，御史大夫、東都留守叔則之孫，洛陽縣主簿約之」女。百氏之令族，六姻之順婦，晝哭之外，奉公之遺訓以訓諸孤，賢乎哉！男長」曰珣，次曰璋，曰邵，曰鄂；女長曰郭九，次曰党八，曰党十，曰多宜，年未勝纕，孩」稚肩次，痛矣夫！斯人也而有斯命也！泣爲銘曰：」

龍門之南，伊水之西，脩壠峩峩，祖兮父兮。青松白楊，寒山之趾，千秋萬」歲，託體于此。」

（周紹良藏拓本）

元和〇八〇

【蓋】失。

【誌文】

唐嵩嶽會善寺敕戒壇院臨壇大律德塔銘并序　進士李師直撰」

詳夫金人應世，迦維誕生，玉豪騰耀於八方，教法流傳于此」土，三乘并駕，五部齊驅，澄混不雜者，唯律宗焉；中有紹繼」挺生者，即吾師矣。諱惠海，俗姓張，漢司徒之胤，今爲河東猗頓」人也。七歲尋師于妙道寺，精持寶偈，即維摩法華□一部。自」年逾弱冠，具戒此山當寺，遂杖遊二洛，精研律宗，前後敷揚，」約廿餘遍。自貞元七載奉敕臨壇，傳教度人，莫紀其數。至貞」元之末，情慕大乘，伏膺於魏府門下，精通楞伽，思益搜賾玄」徽，名貫三秦，而數郡邀請，匪度物之將倦，而志居雲壑者矣。」伏維和尚德重丘嶽，釋門孤秀，包綜三藏，精通一乘，稟稟」兮如萬丈寒松，皎皎兮似一潭秋月。若乃香壇康法得度者，而」數越稻麻，親授衣珠者，人踰數百。理應高懸佛日，重耀昏衢，」豈期弘願未終，化緣將畢。享年六十有五，僧臘卅有九，於元」和八年癸巳之歲十二月廿六日示疾端坐，念茲無生，乃告門人，」言歸寂戒。門人惟峰、遍澄等，隳裂肝膽，聲悲涕流，恨長」夜之忙忙，望靈儀而恍惚，遂乃召以良匠，罄以衣資，卜于名山，」崇茲塔廟。其塔也聳湧雲際，稜層碧空，左挾天中之古祠，」右俯玉華之壯氣，前臨潁水之瀑布，却倚羣峰之屹犖。彫」白玉以爲門，疊龍鱗而成質，即知匪其銘也，無以彰吾師之」德；匪其塔也，何以表師資之孝誠。余雖不才，聊爲銘曰：」

玉豪隱耀兮西土，三乘并駕兮東馳，律宗委囑兮波離，」後有吾師兮繼之。白雲起兮青山暗，戒月沉兮世界昏，」不知迷子何時悟？萬古空餘雁塔存。」

維元和十年歲次乙未三月庚辰朔二日癸酉建。懷亮、元應」門人子弟等，道超、善集、法晧、曇泌、零惲、曇貞、□秀、智興、文貢。」

（録自《八瓊室金石補正》卷六十九）

元和〇八一

【蓋】失。

【誌文】

唐故守左金吾衛大將軍試太常卿上柱國彭城劉府君南陽韓夫人合祔墓誌銘并序　承務郎試晉州參軍張傳禮撰」

嗚呼！天地幹運，吉凶同域，影之隨形，今也則亡矣。有唐元和十年」二月四日，南陽韓夫人終於河南府河陽縣清水店官舍，享年」七十有九。彭城劉府君諱希陽，以貞元十二年正月十有九日終於」河陽縣感義坊之私第，享六十有八。公先瘞於泉壤，是夫」人終其天禄之年四月八日，合祔公之夫人之神柩於河南府」洛陽縣故劉村崗原，之禮也。公望在彭城，別業河陽人也。自」周秦降世，賢達間生，著徽章克昌其後。曾祖諱河石，」皇父諱敬賓。公之父祖皆以懿範清規，風猷雅素，雖位禄無」從，乃高逸罕測。公則其祚胤也。從仕見升，名位無忝，守左金吾」衛大將軍、試太常卿、上柱國。公秉法守度，想南容三復之言，德」邁前賢，聲超後列者也。夫人南陽韓氏，當自起家笄年，適」事劉太常，肅恭内則，婦道之美遐彰；懷柔外姻，母訓之規」遠播。悲夫！人百其身，逝川不息，玉埋洛陽之勝境，川秀崇崗，」慶餘後嗣，繹葉大焉。令子河陽軍散十將試殿中監臣德，忠以」濟時，德以和人。新婦衛氏，色養恭其禮，聿脩致其誠，皆永稱伐，」勒詞誌記，以慰罔極而銘曰：

猗歟公族，懿德通賢，家風儀」範，世祀攸傳。著龜叶吉，塋新阡，攀號之感，哀榮九原。」*

（周紹良藏拓本）

* 文字自左至右行。

元和〇八二

【蓋】 失。

【誌文】

大唐故宣州司功參軍魏府君墓誌銘并序　息孤子匡贊自撰兼書」

大人諱邈，字仲方，其先鉅鹿人，寄居于京兆府咸陽縣積代矣。頃因禄山暴逆，」鑾輿南征，畿甸士庶，皆爲俘馘，由是圖籍毀致，舊業煙燼，不可復知先人」之事也，此無以述。曾祖賓，皇任隴州長史；祖母王氏；祖朝隱，鄙惡浮名，高尚其」仕；祖母柏氏；伯父遜，試左衛率府兵曹參軍；皆不幸短命，先歸黄壚。且」大人少履文字，貞元初，以鄉舉射策上省者五六，以賄援兼無，竟不登第。然當」時稱屈者衆矣。其後爲河陽節度使所辟，隨逐戎幕，處事詳明，奏懷州參軍。丁」祖母憂不上。後參選，拜果州司户參軍，未上，爲度支山南租庸使所厚，抑志勾」留，共理鹽鹵，官滿不舍。其後懼以覆餗，懇辭所榮。租庸使韋公不勝其辭，由是」獲免。既而四海無業，一家若浮，遂携老幼而入關。關中無投足之地，賈居于萬」年縣之勝業里，顒然無託，食於親知者，首尾五祀。出無車輿，坐寡糧糗，妻孥有」含菽飲水之患，無衣無褐之虞，而我父不爲耻不隕越者，以其知止知足，達於」至理者也。元和四年夏四月，相府裴公因人而知其善，補待制官，掌握」絲綸，廉慎益著。地居近密，不發私書，朋舊昵親，由是咸怨。人雖欲遺之□」布斗粟，曾不我容焉。所謂踏火不熱，履霜堅冰，其此之由乎？拜婺州司功參軍，」轉宣州司功參軍，未滿，今年復有詔令之本官。以其年十月十三日終于宣」州宣城縣之公館。匡贊親侍靈舁，以明年歲次乙未四月八日己酉葬于京」兆府萬年縣之畢原，禮也。於戲！大人履善道，踐吉事，亦已久矣，而不曾極」耳目之所觀聽，娛心意之所愛樂，一生蹇蹇，終日悽悽，而死之日，餘俸不足以」葬藏一身，兒女無歌哭之地，其不痛矣！然則庸非儉極乎？孃趙氏，試璧州」別駕昇之女。自罹釁咎，泣血終日，加以孤幼纏繞，尫羸殆深。生男女六人，女」三人：長曰素恭，嫁李氏；仲曰季風，嫁侯氏；季曰季雅，猶未從人。兒三人：長即匡」贊，仲曰文質，皆三衛出身；季曰齊貢，拜兖州都督府參軍；丁此憂不上。並生」遭不造，少集荼毒，酷裂煩寃，無所逮及。蒼天蒼天！噫！大人積德累仁如」此，竭忠盡孝如此，宜乎天地孔昭，神明大鑒，享年有永，降福穰穰者焉。如何朝」陽露晞，珪璋暴殞，倉天倉天！匡贊所不以斯文託於人，以其情地崩迫，冀其」紀事之明也。雖讚父之德則爲寵親，而内舉不避，且旌善人。其辭曰：」

沖和降氣，誕生忠良，和順内積，英華外揚。靡暴于弱，無凌於彊，」天胡不惠，流毒禍殃。精魂倏殞，聲績彌彰，千齡兮萬代，共響乎遺芳。」

（周紹良藏拓本）

元和〇八三

【蓋】失。

【誌文】唐故興元元從正議大夫行内侍省内侍知省事上柱國賜紫金魚袋贈特進左武衛大將軍李公墓誌銘并

序　朝議郎行尚書刑部員外郎崔元略譔　宣德郎前晉州司法參軍巨雅書」

□王者統極垂理，其外必有英哲宣力股肱，其內必有專良布達心膂，以成帝道，古今而言，君」臣相會兼之者鮮矣。厥有內侍李公，可謂會而兼之者也。公監軍河中，以元和十年正月」十七日薨于官次，行路悽咽，元戎以聞，皇帝軫悼，寵以殊禮，褒贈特進左武衛大」將軍，品冠朝端，位崇禁衛，詔下之日，人不謂優，有以見公出入中外，始終無」過之地矣。公諱輔光，字君肅，其先京兆涇陽人也。曾祖望，皇京兆府華原縣令；祖萬靖，」皇涇王府長史；父思翌，皇涇州仁賢府左果毅賞緋魚袋。公即果毅之第三子也。質表」華茂，氣懷恭敏。建中歲，德宗御宇，時以內臣干國，率多縱敗，思選賢妙，以正官掖。」故公特以良胄入侍，充白身內養。俄屬皇輿巡幸，公於斯時，參侍指顧，應對皆愜，」遂賜緑，超授奚官局令，勳以元從之號。其年又遷掖庭局令。興元初，輦入宮闈，」公屢含天憲，復命之日，皆中機要。遷內寺伯。時有北虜入覲，將以戎馬充獻，數盈累萬。國朝故事，每一馬皆酬以數十縑帛，拒之即立爲邊患，受之即玉府空竭。公承命爲」印納使，迎之朔陲，諭以信實。交領之際，虜不敢欺，必以精良者□後充算，省費之校，億兆相懸，」生靈所資，安危是繫，即公之於國，可謂有大功矣。聖情歡悅，遂有銀章朱紱之賜。由」是方隅重事，咸所委屬。嶺嶠之南，漸于海日，邕管地偏人狡，□□□將有缺，溪洞連結爲盜者」僅廿萬衆，王命稽擁，逮于周歲，鄰道節使，咸請進討。」德宗皇帝且曰：以吾人伐吾人，剋之非利。於是命公招諭，駟□□驅，遽臨所部，公乃訊詰疑」懼，昭示恩威，浹辰之間，咸知所嚮。公素練兵機，具見腰領，巡視川谷，占其要害，奏請」於海口置五鎮守捉，至今帖然，人受其賜。獻功未幾，又屬太原□帥李自良薨于鎮，監軍使王定遠爲亂兵所害，甲士十萬，露刃相守。公馳命安撫，下車乃定，便充監軍使。前後三易」節制，軍府晏如，十五年間，去由始至。遂特恩遥授内給事，又有金章紫綬之賜。元和初，」皇帝踐祚，旌寵殊勳，復遷内常侍兼供奉官。明年，銀夏裨將楊惠琳，西蜀副倅劉闢，或以長帥」薨歿，皆恃塞怙險，初有邀君之心，終成悖亂之跡。公密表請發當道步騎誅討。功成」之日，優詔褒美曰：卿志懷嫉惡，情切奉公，繼遣偏師，剋平二寇，雖嘉將帥之勤，足見監」臨之效。拜内侍省内侍知省事。中署之貴，寵極於此。尋因入覲，懇請留侍，乃充鴻臚禮」賓使，又轉内弓箭庫使。曾不累月，皇帝以蒲津重鎮，監統務切，復除河中監軍兼」絳州銅冶使。自元和四年至九年，元戎四换，交代之際，人心如一，斯蓋公約己廉，與士信，靜」專動和，推安便物之所致也。聖恩表異，圖形省閣。易簀之日，享年七十有四。以其年四」月廿五日吉辰，遷窆于涇陽縣咸陽原之陰，詔下所司，備鉦鼓笳簫儀衛禮物，中使監」導，出于都門，榮觀路人，寵被幽壤，仕君子聞者，咸亦知勸。夫人輔氏，邑號扶風郡，閨儀端懿，」母德温淑，如賓之敬，見于喪禮。有子四人：長曰希晏，前將仕郎、掖庭局宫教博士；次曰仲昇，開」府儀同三司、檢校太子詹事兼殿中侍御史，充河東節度保寧軍使；次曰希暹，内養將仕郎、守」内侍省内府局丞；次曰希昇；並皆克奉規訓，志存忠孝，懿勳茂績，始見其進也。門吏晉州司法」參軍巨雅，以元略長兄嘗賓于北府，以元略又從事中都，俱飽内侍之德，將命録實，見託爲」誌，勒之貞石，且無愧詞。銘曰：」

涇水之涘，高原堀起，其上新墳，葬我將軍。將軍之德，實彰家國，水竭原遷，斯人乃傳。」

（周紹良藏拓本）

元和〇八四

【蓋】　失。

【誌文】

唐故東都安國寺比丘尼劉大德墓誌銘并序　弟徵事郎前行宋州文學陟撰

有唐元和十年五月六日，東都安國寺尼大德奄化於伊闕縣馬迴山居，春秋五十有四。大德俗姓劉氏，法諱性忠，唐右相林甫公五葉孫。曾祖齊敬，徐州司馬；祖正心，趙州平棘縣令；考從乂，鄭州滎陽縣令；妣隴西李氏。大德即滎陽府君長女也。器比冰壺，門承高烈，生知厭俗，不尚浮華，童齡出家，稟性端潔，纔七歲師事於姑；年廿，授戒於佛，持經五部，玄理精通，秉三千條貫博達，内鑒融朗，不捨慈悲，外相端莊，已捐執縛。嗚呼！積善無疆，不授福於今世；色身有滅，當獲果於未來。妹性貞、弟陟、門人辯能、恒靜等，痛手足彫缺，哀法幢傾摧，咸愿百身，流涕雙樹。以其年七月十三日歸窆於龍門望仙鄉護保村先師姑塔右，宗道教也。慮歲紀綿邈，陵谷頹夷。陟不揆才拙，粗書於石，憤深感切，悲不成文。銘曰：

色身示滅，法性常存，慈悲濟苦，雅操殊倫。超然厭俗，邈矣歸真，道雖離著，思豈忘親。仰德如在，瞻容靡因，寂寂空山，悠悠白雲，涕泗横集，緘哀爲文。

（録自《陶齋藏石記》卷三十）

元和〇八五

【蓋】失。

【誌文】

大唐故河南府密縣丞薛府君夫人河南元氏墓誌銘并序　外生洛陽縣丞杜密撰」

維元和八年歲次甲午十月三日，夫人抱疾終于汜」水縣里之私第，春秋七十有四。夫人曾祖曰温，温生」舒，舒生皇密州安丘縣令詢。代襲軒裳，門承貴族，史册」詳備，今略不書。夫人即安丘之長女也。天生淑質，爲」世軌儀，雅範閨門，克配君子。承遵以孝，撫孤以仁，禮則」外脩，德音内閫，恪勤克儉，家成素風，攸是人得稱其美」焉。夫人有子二人，次曰公綽，居夫人之喪，哀過常」禮，不幸短命，今也則亡，惜乎名不彰於時而沉埋下土。」嗚呼！曷天掩善之如是耶？季子偉，前任鄭州原武縣尉。」夙承慈訓，百行克全，銜哀茹悲，柴毀傷性。夫人有」女二人：長曰未適人；次歸儷于殷氏，早終於世。府君」先夫人而殁。以十年歲乙未八月己亥，四日壬寅，合」祔于密縣府君之穴，遵舊禮也。愿刊石以爲誌，貞範」與之莫儔，叙纂盛門，追述前烈。銘曰：」

悠悠者天，下土是冒，令質淑人，胡福不報？」默默者神，惟德是鄰，伊此淑人，終窶且貧。」克配君子，能修婦道，輝光日新，齊眉偕老。」川以水成，人爲世閱，沉彼下泉，永垂貞節。」

外生孫鄉貢進士杜景立書。」

（周紹良藏拓本　河南千唐誌齋藏石）

元和〇八六

【蓋】　大唐故向夫人墓誌銘

【誌文】

唐朝散大夫檢校太子賓客上護軍臧協亡妻淮陽向氏夫人墓誌銘并序　朝議郎前太子中允張季平述」夫人淮陽人也。父説，皇沈丘縣丞。夫人則沈丘之次女也。」向公與賓客俱家本於陳，賓客幼惠而孤，長廉而孝，十三休」讀書，十五罷學劍，□遊長衢，蹇蹇諤諤，謙謙怡怡，衆所驚異，」長老相謂曰：此子毛骨雄秀，煙雲邈然，則嫖姚再興，諸葛又」起。向公奇之，愿結姻好。賓客遂諾。夫人初笄之年，禮娉君子，」爾來十八年矣，以清風爲德，以片玉爲容。事姑之敬，有比恭」姜；育子之知，過於孟母。邕邕穆穆，能和能柔，與公如魚水之」合體，若鸞鳳之並飛，將謂百年之齊榮，豈料一朝之非意。寢」疾俄爾，大謝將及，以元和十年九月十五日終于河南縣樂」城里之私第，享齡三十六。嗚呼！楚王宫裏，不見朝雲；秦女樓」中，空懸夜月。以其年十月十二日權厝於龍門天闕之南伊」汭鄉中梁之原，禮也。長子登仕郎、試左衛長史、上護軍克貞，」次子試絳州太平縣尉、雲騎尉克貢，皆絶漿泣血，方比古人，」侍奉嚴君，禮無滅性，時屬艱危，難歸故里，擇地兹野，神兮可」安。鄙夫淺劣，從命紀之，陵谷或遷，豐銘永固。乃爲銘曰：」

夫人一事君子門，禮樂六親取儀則，善惡納在於襟懷，」喜怒不形於顔色。其一。天有耳何不下聽？天有眼何不下視？」花纔秀而風飄，福不霑而禍至。其二。故鄉歸路兮永絶，」兹地閉骨兮長休，山深夜臺兮寂寂，隴樹悲風兮颼颼。其三。」

（周紹良藏拓本）

元和〇八七

【蓋】陳氏季女墓誌

【誌文】

唐故潁川陳氏季女墓誌銘并序　外兄鄉貢進士徐元一撰」

陳氏妹，其先潁川人也，即南朝忠壯王之裔。曾王父繇，皇」禮部郎中。王父昌卿，皇祕書省校書郎、房州司馬。烈考從」懋，皇贊善大夫、右監門衛録事參軍。妹即贊善之季女。性」稟自然，柔姿婉娩，謙穆令淑，母當寂門，宿罹憫凶，早丁酷」罰。伯姊幼弟，悉季父鞠育，□及成長，許適弘農楊氏，自」蘇臺而至南兗，冀遂所歸矣。三星在户，百兩將迓，忽嬰」斯疾，一宵而斃，雖脩短有期，而倉卒何甚。春秋廿」有二，元和十年十二月廿二日終于江都縣贊賢里從父之私室」也。季父皐，右金吾衛騎曹參軍，季弟鄉貢經，哭繼晝夜，」哀慟過禮。即以其月廿七日權窆于蕪城騶翟里孫奉禮之園」蜀堈之原，禮也。恐陵谷湮墊，勒兹以紀時。其詞曰：」□妍桃李，巧笑倩兮，星隕于天，玉沉于泥。」先人松栢，莊彼北邙，今爾墳墜，權窆蜀堈。」旅櫬塊然，還鄉未卜，痛感路岐，哀傷親族。」

（周紹良藏拓本）

元和〇八八

【蓋】失。

【誌文】

唐故朝散大夫絳州刺史上柱國賜紫金魚袋鄭公墓誌銘并序　季弟朝散大夫守尚書工部郎中易述」有唐元和十祀，歲次乙未，十有一日戊辰朔，八日乙亥，朝散大夫使持節絳州諸軍事守絳」州刺史、上柱國、賜紫金魚袋鄭公薨于位。公諱敬，字子和。嗚呼！享年六十。粤以十一年歲次」景申，二月丁酉朔，十有三日己酉，歸祔于邙山先塋，禮也。鄭氏之先，自桓公祚土，緇衣之美，」被于本支。後七國蕩析，以國爲姓，自西漢之初，以至于北齊，世有名德，涣乎前史。而平簡公」德冠當時，遂首出諸族，三世而至于博州府君諱進思，實有純行至德，位不充亮，追贈以州。」博州生太常府君諱游，學爲士師，行爲士表；生常侍府君諱賨，學通今古，道映當時，中立不」倚，身否而道亨。公即常侍府君之嫡長子也。英姿卓犖，幼而穎拔，生六年而就學，十歲能屬」文，時常侍以重德碩學爲當時所師仰，第一流者畢至其門，每研賾經術，商榷今古，無不至」於夜分。公潛伏軒墀之下以聽之，不知雪霜寒暑之至也。甫成童，其經術之奥旨，聖達之微」言，今古之成敗，制度之沿革，已歷歷如示諸斯矣。俄以經明爲郎，尋丁家艱，啜粥寢廬，躬服」古禮，尫頓者累歲。遂絶人事，博究羣書，時有詔徵天下賢良文學之士，」上親御正殿策焉。公與吏部侍郎崔公邠、兵部侍郎歸公登、中書侍郎韋公執誼、給事中穆」公質等並對爲上第，起家授京兆府參軍，遍領六曹，無不克舉。尋而山南觀察使相國嚴公」辟公爲支使，授大理評事，俄遷監察御史、觀察判官，尋授殿中兼祠部員外郎充行軍司馬，」且授金印紫綬，超居上介，上德也。公體中和以接物，守尋度以立政，大洽人心。時使府有疾，」朝廷陰詔監軍使察人心歸者，屢微諷於公，公自以爲山東布衣，以文學自進，不愿苟於際」會，別有所授，深拒之，遂拔兵馬使嚴勵爲之。羣情不悦。公深懼悔，起不敢赴朝廷，遂盡」室沿漢而至渚宫。靜居四年，不妄交接，四方辟命者相繼，公皆辭之。後至京師，授漳州刺史。」郡居海嶠，人俗生梗，公以人理人，俗遂大化。尋有詔徵，授尚書金部員外郎，遷户部郎」中、左司郎中，所至皆搜訪故實，克有遵守。時又徵直言極諫之士數千人，詔公與今相」國韋公、兵部侍郎楊公同考焉。時稱得人。江淮旱歉，詔公使焉。公布朝廷之愷悌，酌臨」時之權宜，江淮稱之，使還，改虢州刺史。政成，入爲京兆少尹。時貝魏新喪元帥，以久居返側，」詔公使焉。公但從容展禮，申明忠義，不數月而悉奉朝會。時宰府爭權，不至其門者皆」以爲過，出爲絳州刺史。期年之後，徵賦有定准，貧富得其宜，吏不至門，人皆自奉明信。」朝廷待以剃議列曹，未及行而遘此禍。十邑號慕，六姻無歸，」三事已降，無不至門，揮」涕申慟，其内誠之感物也如此。公嫡娶盧氏，無子，繼室以其娣，生一男三女，且封滎陽縣君，」從夫貴也。嗣子生始十四年，哀毁若成人，諸父提携，以奉喪事。易幼偕從學，長同營道，形殊」氣均，迹間情一，每愿一人去職，冀偕出處，所圖未果，變起兩楹，形影暫分，遂隔今古，百身無」贖，恨結此生，泣述遺躅，豈及千百，粗紀年月官叙，置之泉壤。銘曰：

皎皎秋月，落落長松，秋山夕霽，碧澗涵空。朴生荆下，光耀漢東，不覿上國，胡爲泥中。」業業戎駕，駸駸逸足，天衢未逞，大暮何促，邙山千阜，洪河一曲，惴惴其慄，百身無贖。」

（周紹良藏拓本　河南千唐誌齋藏石）

元和〇八九

【蓋】 失。

【誌文】

唐隴西郡君夫人墓誌銘　鄉貢進士裴譔述」

夫人姓李氏，隴西成紀人。陳州南頓令元貞之女，」工部尚書崔泰之之妻，大理司直元之母，諫議大」夫備之祖妣，涇州從事景裕之曾王母也。崔李二」門，皆自命氏已來，號爲名族，婚姻紱冕，家諜詳焉。」遘禍于揚州，以禮許從宜，遂權殯于郡之西禪智」寺。始來寄居，以司直爲節制崔公圓之所遇也，終」遂旅櫬，以時方多難，故鄉路遥之所迫也。至元和」十一年，景裕與從父兄孟恭等，方議遷移，歸于東」洛。以其年八月廿七日，窆于工部壽宫之旁。不合」葬者，以前夫人盧氏已同穴矣，禮也。夫人之孫諫」議府君即予之外舅，遂辱孟恭等以斯文見命。若」夫夫人之德行門胄，固非小子所能稱述也，直紀」年代云耳。銘曰：」

縣曰洛陽，山曰北邙，有郡君之幽室，袝尚書之玄」堂。予謂微孟恭與景裕，終權窆于惟揚而已矣。」

馮翊嚴湛書。」

（周紹良藏拓本　河南千唐誌齋藏石）

元和〇九〇

【蓋】 失。

【誌文】

唐故鄭氏嫡長殤墓記　朝散大夫守尚書工部郎中易□□」

唐元和十有一年歲次景申三月丁卯朔，廿四日」庚寅，鄭氏之嫡長殤，夭於脩行里私第。嗚呼！享年」一十有七。粤以其年四月景申朔，權葬于萬年縣」寧安鄉義善寺西，從宜也。又以其年八月甲午朔，」廿七日庚申，歸祔河南縣梓澤鄉續村」先塋，禮也。鄭氏之先，涣乎史氏，不復繁著，惟殤既」免腹，而見養諸姑，恩慈鞠育，過絶常等。殤亦生知」孝道，永感劬勞，年四歲，其姑中夜感疾，遂涕泣達」曉，見者傷之。始就外傅，余自長安令貶汀州刺史，」時留在諸姑之所，數日後，宫中有戛擊笙箏者，殤」聞之而泣，遂不茹血食，以至于後之三載，其天性」純孝也如此。後授易詩小戴禮，皆泛通大義。常中」宵語及自家形國之教，修身慎行之微，如暗聞之，」更無違者。以是衆惜，將付以門户宗祊，不圖」之變，恐有他罰，痛哉痛哉！其外族范陽盧氏，亦山東」之□□也，中外之盛，而夭于甫臨冠歲，恨其何極！」

（周紹良藏拓本　河南千唐誌齋藏石）

元和〇九一

【蓋】 失。

【誌文】

唐故處士崔府君墓誌銘并述　鄉貢進士裴譔撰」

君諱黄左，字黄左，清河東武城人。曾祖諱知温，皇中書令贈荆州大」都督，謚曰良；祖諱泰之，皇工部尚書清河公贈荆州大都督，謚曰貞」烈；考諱元，皇大理司直，襲清河公；世以孝友官閥稱於當時。君自羈」貫成童，則好屬詞，尤善篇什。既冠而名顯於諸生間，本以文學自娱，不」求聞達，故至强仕之年，方舉進士，迫親朋之意也。嗚呼！本非其志，終無」所成，與命與才，一何相遠？以貞元十二年九月十六日遘疾，終於京兆」府同官縣之旅次，春秋五十五。既三日，窆于縣之西偏，從權也。君娶濮」陽吴氏，皇湖州長城尉雱之女。有三男：長曰孟恭，次曰仲德，次曰景」文，皆可保清風必復素業；一女適彭城劉逢。夫人痛未亡之身，泣以終」日，撫既孤之子，情倍常時。至元和十一年，有季弟皇諫議大夫備之」子前涇州從事曰景裕，詩禮本於庭訓，孝敬出乎家風，將奉先考之」裳帷，歸高祖之兆域，遂先啓曾王母隴西郡君夫人李氏之殯于揚」州，（前夫人盧氏早歲袝矣，李夫人克生司直，今陪葬焉。）王父王母于湖州，先妣于潤州，世父于同官，共以其年」八月廿七日，安神于洛陽北邙山之大塋。識者以爲積善之家，垂休于」後，重興崔氏者，其唯景裕乎？故族類中咸歎慕之。景文以君即世之明」月，生於長安，既毁齒，方爲諫議之所育。及此從景裕之命，遷處士之」神者，則景文而已。時仲德以僑居江南，不可盡違膝下，窀穸有期，而孟」恭匍匐方至，遂得與景文號奉靈櫬，同歸故塋。謂陵谷可虞，以銘誌」見命。譔即諫議府君之婿也，獲知遺美，敢讓斯文。其詞曰：」

生華族兮蘊高文，守儒風兮爲令人。嗚呼崔君！宜驤首乎青雲。不登壽兮」不享貴，善無徵兮天何謂？嗚呼崔君！仍殁身乎旅次。妻孥萍泊江之壖，」當時返葬無由緣。嗚呼崔君！寄他土兮二十一年。歛形權窆長已矣，一」旦悠悠歸故里，嗚呼崔君！弟之子兮猶子。」

試右武衛兵曹參軍嚴湛書。」

（周紹良藏拓本）

元和〇九二

【蓋】失。

【誌文】

唐故李府君劉夫人合祔墓誌銘并序」

君諱延，其先隴西人也。隋唐胤緒，軒冕不絶，蓋□宗」之裔也。頃屬國步艱危，遂失勳諱。公」幼閑清史，長習儒風，與朋友交，言而有信。丘」園任志，遊野宇寰，徇樂土而安，高尚不仕。謙謙」君子，志弱松貞；穆穆禮儀，美傳閭里。何期上」蒼不愸，殲我賢人，以元和十一年七月廿七日終于」河陰縣臨泉里之私第，享年七十有二。」夫人彭城劉氏。初笄之歲，禮適于公，敬夫有姜」貞之德，訓女過孟母之儀，不幸先公而没。有女一人，」適于杜氏。有嗣子曰文慶，奉祖母庭訓，卓」立其身，毁顔摧容，慟哭過制。遂卜兆以元」和十一年十一月十九日祔于廣武原，之」禮也。恐永永年代，山川改隳，刊于貞石，」記之不朽。詞曰：」

李君彬彬，邦家俊人，天才希一，積學成麟。」嗟鴛鴦兮俱没，瘞泉扃兮千春。」

（北京圖書館藏拓本）

元和〇九三

【蓋】失。

【誌文】

唐故上柱國申屠君墓誌銘并序　前澤州陽城縣丞景邈撰　男軫書」許身立可英心守節，穆如得人仁之令譽，惟厥」申屠府君。君諱暉光，皇門襲餘慶，地載芳枝，識匪浸微，」寬裕爲務，遠系楚大夫申繻之後，即德以謙牧，義而能婉，前時列」土封望，謂曰金城人也。曾祖諱伏興，皇推心讓能，報主弘量，不」伐于己，行可名於踐跡，至公之志，守吏部常選。祖諱後誰，誓已」先見，乘時通明，負貞才之用，高素誠之見，列名受朝散大夫。」府君事非踐祚，有承家繼世可觀之見，戲哉！運不私吊，時享年七」十七，至元六年十月廿二日，祝終私第。」夫人張氏，淳德成心，慈愛爲地，肅穆杖順，昭彰從夫之敬，嗟哉！數睽」靈壽，時享春秋七十二，洎元和十一年五月四日棄世于私舍。長子瓅，少小」孝友，貞心松筠；次子軫，弱年從事，明時盡忠，公才貞幹，仁勇多可述，職」昭義軍節度要籍文林郎試左武衛兵曹參軍上柱國；次子道義，氣」蘊清陽，心歸仙府，名籍上黨縣龍興觀道士；次子法宣，學古訥言，」範師成行，潞城縣勝緣寺僧；長子瓅、次子軫等，度義而處於事，」乘元和十一年十一月廿四日閤室村西北一里宅兆于平原，用安」神位，合祔禮也。豐石刊詞，爰旌厥行。銘曰：」

張君前時，達乎所知，謀心富義，許身範儀。愛子垂訓，」與朋全信，靈運伊何？彼蒼踐瘥。哀挽淚流，永訣兮千秋。」

（周紹良藏拓本）

元和〇九四

【蓋】失。

【誌文】

唐故試太常寺奉禮郎趙郡李府君墓誌文　親弟前守大學助教紳撰」

府君諱繼，字興嗣，晉陵府君□長子，先夫」人裴氏出也。府君娶博陵崔緯之女。君享」壽六十一，以元和四年三月□日終于常」州無錫縣寓居，葬于□□□□之陽。至十」一年秋七月廿有□日，弟紳啓奉歸于長」安白鹿原陪祔伯父鄠縣府君塋之後」七十六步。冬十一月庚寅，封樹卒事，嗚呼！」先兄有文學信義，不享其位，天何不仁，又」絕其嗣？有女二人，一已有行，一女猶室。嗚」呼！紳遠自淮南□奉□□呼天淚血，而東」之諸侯，咸爲具事，達□□□所可恨者；崔」嫂以信乎巫神，不護靈旐，可爲痛哉！敢誌」於石，用告幽壤。謹誌。」博陵不義不順，不奔不護，明神有知，終不得祔。」

（周紹良藏拓本）

元和〇九五

【蓋】　李公墓志

【誌文】

大唐故李府君夫人徐氏合葬墓誌銘并叙」府君諱岸，字岸，隴西李氏，冀州阜城縣人也。曾祖滔，開府儀同三司、守」左金吾衛大將軍、試殿中監；祖寰，任相州録事參軍；父現，雲麾將軍、」試太常卿。自曾祖洎乎府君，歷代有四，凡一千二百甲子，皆衣冠繼世，禮樂承家，以詩書仁孝爲業，傳於子孫矣。當府君好仇之日，屬夫人穠李」之春，男笙女簧，應指成韻。備灑掃之禮，昇舅姑之堂，薦新主饋，六十餘載。」府君以元和二年夏四月十七日終於博野縣西沙河别業，春秋七十有四。以有」禮亡時，遂權殯於囿。嗣子季陽起服授職於恒州大都督府。禮曰：夫歿從」子。夫人其來乎？居子思之堂，享陳勝之禄，每見變饌，即悵而不食，謂其」子曰：味從何加乎？首末之間，未曾一日不以忠孝爲誡。雖王陵在漢，孟氏擇」鄰，方之於今，亦無以加也。元和十年歲次乙未冬十有二月，奄遘疾，終於郭」下縣崇道坊私第，享年八十有二。丙申冬十一月廿九日，卜葬於府城北一十」五里壽陽之原，禮也。迎府君之柩，輴車發滹水之陽；啓夫人之喪，旌旐」引常山之路。一槨既掩，雙棺永存，合葬非古，周公所從也。嗣子季陽授成德」軍節度作坊判官，泣血庀喪，觸途盡禮，可謂後來之曾閔也。恐丘夷」泉實，故集事書年。予陽之外兄，藝在文什，愴有當門之石，方垂」不朽之名。銘曰：

夫爲斧而薪之柯，婦爲釜而味之和，同壽考而歡慶多。」隟乎隟乎駒影過，樹欲靜而風奈何？泉中鏡而無再磨，」薤上路而徒悲歌。日居月諸墳隴盡，千峰萬屻空嵯峩。」

（周紹良藏拓本）

元和〇九六

【蓋】失。

【誌文】

大唐故員府君夫人墓誌銘

（上缺）昔因周文王之後，分郡於南陽。祖諱憲，格高調逸，學富才雄，退卧雲林，高道不事。父諱麟。文詞間世，儒素成家，器宇深沉，風神朗悟，一心孤高，寒峰映月，爲量不測，發言有徵，心常懷分，義尤濟貧，遠邇之人，咸懷其德。何脩短之有命，以元和十一年五月十八日啓手足而告終，春秋卌有六。夫人房氏，雍容令儀，肅穆懿範，畢舅姑之大禮，享年卌有二，同年八月十六日續夫而殁。兄昌，忝同支氣，痛苦連心。嗣子元啓，攀號擗踴，仰告皇天，罄家有無，備終大禮，以元和十一年十二月廿九日合祔大塋而安墳壠。山谷變改，託於銘記其德。詞曰：

窮燈暗暗，泉室冥冥，孤墳對月，荒野熒熒，千秋萬歲，永隔恩情。

（録自《古誌石華》卷十六）

元和〇九七

【蓋】失。

【誌文】

唐故處士河南元公夫人博陵崔氏墓記」

唐故處士元公夫人以元和十一年九月廿七」日遘疾，終于河南府伊闕縣之別業，享年五十」三，以明年二月四日祔于邙山之先塋，禮也。」夫人崔氏諱婉，其先博陵安平人。稽諸舊史，世」爲上族，自受氏已降，歷數十代至唐河南」萬年尉乾封丞府君諱汲，汲之子諱日用，官至」吏部尚書黄門侍郎平章事，爵齊國公。齊公之」弟曰日宣，退居不仕，即夫人之曾祖也；祖諱」堅，官至登封令；父諱通，官至興平令；夫人即」興平之長女也。既笄而歸于河南元公，奉宗廟」之事，服閨閫之教。夫人相敬之義，合於内則。」元公貞元末先夫人而殁，無子，有女四人。」夫人訓導，咸備四德。興平府君，余之伯舅」也。余生長外族，備詳表姊之行，故銜悲而」爲之誌。元和十二年二月四日外弟左千牛衛」冑曹李彧述。」

（周紹良藏拓本　河南千唐誌齋藏石）

元和〇九八

【蓋】失。

【誌文】

唐故處州刺史崔公後夫人竇氏墓誌并銘　朝議郎殿中侍御史内供奉上輕車都尉王衆仲撰」

竇氏之先，北部貴族，春秋之後，秦漢已來，爲公爲侯，爲」將爲相，蟬聯派別，列爲盛門。皇太常卿汾州刺」史總之曾孫，皇尚書屯田員外郎儼之孫，」皇寧州真寧縣令少廣之長女。既笄許嫁，而」處州盧夫人薨。姻族之間，稱夫人之德容，飽」夫人之淑行。崔公致中饋之請，以備蘋蘩之職。」琴瑟在室，踰二十年，而處州薨。生三男成人，相」繼早世；一女適太原王堪，居二千石之任，盧氏」長子勝，陜州大都督府司馬；次子澧，沔州刺史司馬，前」任興元府南鄭令，奉夫人在官，因安于彼。以元」和十二年三月二十三日遘疾，薨于漢中，享年七十有」五。五月十日，司馬護靈輿以歸東周，以閏五月十三日」窆于洛城北邙山之原，禮也。將迎處州府君與」盧夫人别兆而祔先原焉。衆仲忝以姻末，受事爲誌。司馬」與沔州實衆仲之姻表也。懼陵谷之遷變，請爲墓銘云：」

北邙之巔佳城在前，風雨所交，右洛左瀍。兆之吉兮，」崔公之原；竇氏從焉，俾千萬年。不崩不騫，封之畢兮！」

上谷寇立書。　馬遷刻字。」

（周紹良藏拓本）

元和〇九九

【蓋】失。

【誌文】

唐故譙郡永城縣令趙郡李府君墓誌」

府君趙郡贊皇人也，諱崗姓李氏。其先出於周柱史伯陽，子孫食於趙之」栢仁，其後武安廣武君樹勳力于時，顯于册書，至晉持書侍御史楷三子，」始列爲三祖。府君即東祖之胤也。五代祖諱希騫，有盛名於元魏世，仕」至黄門侍郎，滄、冀等四州刺史，侍中，聘梁使主，謚文憲公。魏氏重山東氏」姓，定天下門族，有甲乙之科，不唯地望之美，兼綜人物之盛。洎高齊、周、隋、」有唐，益以光大焉。故氏族志洎著姓略，文憲公及叔父允王、鳳昇，並爲」四海盛門。祖諱晉客，皇倉部郎中、萬年縣令、司農少卿元氏縣男；」顯考諱貞簡，皇河南府武臨縣令；中外華顯，推美於時。府君當開元、天」寶間，天下無事，士皆飾躬勵學，恥苟於名位，故他門而可以得禄者，」府君未嘗屑於中懷，由道而得，於己雖卑屈，不以爲污。釋褐署相州内黄」縣尉，補龍武軍衛。佐滿歲從調，時天官以上心憂人，注意守宰，由是授」譙郡永城縣令。時平事少，人逸俗侈，法禁不足以爲銜策，禮教不足以爲」隄防，其弊宿成，號爲難理。府君以身率下，不令而行，以誠及物，從化如」偃，頑傲潛革，鰥孤顯康。俄屬燕薊構亂，天下雲擾，梁宋之地，適當兵衝。」府君方起戮力之民，禦滔天之寇。天未悔禍，遽嬰沉疾，竟易簀於官舍，遂」稾葬于縣郭，邑仰蒲城之仁，民奉桐鄉之祠。夫人太原王氏，江陵府參」軍愛景之女也，行高族黨，禮盛閨門。先府君而殁，權窆於河南府洛陽」縣東三家店之左右前後，以俟難平，遷于先塋。後盜賊奔潰，洛京反正，」將議庀具撰日，備禮歸祔。至則他人之丘隴填焉，誠信莫申，是非攸失，」且無鄹母之識，用乖季寢之哭。越元和十二年四月廿日，自永城縣」啓奠，護歸東洛。嗣孫前秘書省秘書郎孤子涇、次孫前兵部尚書高邑縣」子孤子絳，以其年六月二十有四日，遂卜宅兆於洛陽縣平陰鄉三家店」之西北原，冀邇夫人之居也。

音靈不昧，髣髴如接，蓋所以遵遺旨」，叶吉卜焉。敢謹而銘曰：」

邙山之陽，平陰之鄉，府君宅焉，佳城蒼蒼。夫人兆域，疑於密邇，幽感肸蠁，庶乎涖此！」

（周紹良藏拓本　開封博物館藏石）

元和一〇〇

【蓋】故李公夫人盧氏墓誌

【誌文】唐故殿中侍御史隴西李府君夫人范陽盧氏墓誌銘并序　從祖叔前試秘書省校書郎卓撰」

夫人范陽涿人也。受姓長遠，光備史册，門爲氏族之甲，家」爲禮樂之首，冠蓋蟬聯，」仁賢接武，遍諸耳目，如仲尼之德，」不假文墨之稱，若日月之明，不必生人之贊。故不復繁有」詞述。曾祖子真，皇袁、和二州刺史；祖炅，皇大理主簿；父羣，」皇銀青光禄大夫義成軍節度使、兼御史大夫、贈工部尚」書。夫人即府君長女。質性明敏，天資令淑，既笄之後，歸于」李氏。肅雍之德，被于閨門；孝敬之心，存于禋祀。周旋進退，」罔不合儀。殿中府君先夫人五年而殁。夫人自京護喪歸」葬于洛，撫孤主奠，形毁而婦道日彰；喪服既除，訓子承家，」心瘁而母儀逾重。是以九族稱賢，一門取則。不幸寢疾，以」元和十二年五月十六日終于妹壻鞏縣丞隴西李伯華」之官舍，享年三十有五。生一子名還郎，生女六人。殿中府」君前有二子三女，夫人保持慈訓，撫視必同，克荷嘉猷，清」風不墜。於戲！先遠之期，龜筮叶吉，以其年六月廿七日合」祔于殿中府君北邙先塋，禮也。重泉將閉，萬古同悲，世喪」明德，誰爲母儀？累仁積德，逝矣難追。銜悲叙述，空慚直詞。」銘曰：」窈窕女儀，作嬪君子，玉瑩淑德，珠圓懿美。天之不吊，幼而終始，」遲日西没，逝水東流。風悲古木，煙覆新丘，千秋萬代，賢哲同休。

（周紹良藏拓本）

元和一〇一

【蓋】大唐故懷州録事參軍崔公合祔墓誌銘

【誌文】

唐故懷州録事參軍清河崔府君故夫人滎陽鄭氏合祔墓誌銘并序　外甥朝議郎行尚書考功員外郎柱國滎陽鄭涵撰」

嗚呼！天將厚其門風，炳其家聲，挺生茂哲，章大教□，冠冕在躬而可式，水木有源而益濬，」意者神明相其直方，陰騭陶其器能，瓏玲淑問，砥礪成性，越我外族，百氏歸美，故於傳」信無愧詞，紀事無華説。公諱稃字嘉成，清河東武城人也。曾祖諱祥業，幽州范陽令；」祖諱湛，鄭州長史贈鄭州刺史；外王父諱虔，官至廷尉評；贊戎府于東郡，涵泳天爵，屈」於下位，優遊宴息，與道終始。研精繫象之表，旁魄天人之際，迄于今儒家者流，思躋户牖，」企詠宗極。外王母范陽盧夫人，德禮丕顯，光輝圖諜，俎豆之教，況乎生知。公幼承」德訓，雅有深致，弱冠治魯春秋與虞夏商周之書，薦於有司，經明上第，釋褐參陝州大都」督府軍事。時則相國于公坐棠而賦政，分陝以按俗，用嚴重曒察，振其綱條，風行藩宣，」火烈威令。一見異公之材，引爲府推官，小大之獄，重輕之典，操刀必割，迎刃斯解，大革」冤滯，默銷煩苛。于公撫手咨歎，期以遠大。俄而于公授鉞於漢南，崔公淙由左馮翊」實爲交代，鑽仰才度，用之如不及。秩滿，假公爲垣邑長。清心以格物，盡慮以經遠。雖編」列異習，巖居谷汲，馴服濡煦，四封麏至。由是閲其殊尤，圖其績效，拜章三上，表公爲真。」事竟不行，然道之被於物弘矣。元和四祀，調補右金吾衛録事參軍，分曹洛中，恬曠自得。」有別墅以極臨眺，有羣從以脩講睦，君子之轍，闇然日彰。未幾，御史大夫烏重胤統戎三」城，聞風而悦，俾公權主河内，紀綱掾。覃懷自三十年節制遥領，未嘗有轉朱轓而至郡」邸，問人之疾苦，恤人之傷夷。黔黎困其杼軸，閭里悲其蕩析。公之至則洗削宿弊，鼎新」宏規，一郡之政無不該，六條之紊無不治，墜典咸舉，清能寢高，奏課居最。詔授權知」懷州録事參軍。其後二千石如大農陶鍠、季父御史中丞繼分魚符，率有成瑨坐嘯之」遇。惟公文藻政事，貞明孝愛，夷險見操，雷風有恒，而壽落於中身，官止於三命，真工難」問，守道者相吊。以元和十二年正月十二日終于懷州之官舍，享壽五十七。前夫人滎」陽鄭氏，贈工部郎中府君諱歡之孫，易州淶水令府君諱璆芝之幼女。以貞元廿年」八月八日終于陝州垣縣。嗟乎！箴史夙悟，閨闈朗映，年甫二紀，颯然飄零。別子曰瞿，」公嘗鍾愛。繼夫人范陽盧氏，華州從事、殿中御史澤之孫，夏縣尉倓之女。生一子三女。」行號晝哭，感浹中外，宗姻有奉，祭祀不輟，積善之報，幾乎若存。以其年七月既望卜葬於」河南府洛陽縣平陰鄉先塋之側，前夫人鄭氏祔焉。秉周之制，達禮之旨，自燕而觀」者以爲崔氏世德，則又纂修之不暇，其鼓鐘於家邦也宜哉。伯舅太子通事舍人司」榷筦於廣陵，哀纏天倫，命涵志事。恭惟徽烈閎遠，悲傷難叙。羊曇淚盡，不歷西州之門；」周翼恩深，願紀北山之石。銘曰：」

元精絪緼，播氣在人，君子得之，名爲實賓。黄鍾有聲，大玉無塵，高義旁達，休風益振。業」通詁訓，經明待問，旨奥窮討，菁華愈奮。炳是全致，瑞于休運，處約斯堅，安卑匪愠。虚心」政經，利器發硎，一邑二州，郁穆芬馨。理絶奇衺，人思鏤銘，孰謂風燭，東川不停。龜言新阡，」鶴弔泉扃，貞石志美，悠悠萬齡。」

（周紹良藏拓本）

元和一〇二

【蓋】失。

【誌文】

權氏殤子墓誌銘并序」

殤子祔先祖之域，其世官代業，不復備書。」大父德輿，山南西道節度使、扶風郡公；父璩，前監察御史裏行、」扶風縣男；母河東裴氏，河南尹諝之孫，鄠縣尉儀之女。殤」子叢，内外大父曾祖之慶澤，生而沉静孝愛，便文字」書札，質貌秀異，六親多憐之。父母有不懌，不離其側，從容得其」歡則退。骨肉間有凶慼，則長思雪涕，歔欷如不勝。每退自庠序，」諸兒或戲遊逐樂，獨以筆札録所讀書凡數通，用以自娱。」大父嘗以爲此子似我，衆孫中特異之。生之日，大父始爲太」常，故以奉常名焉。凡中與外皆意其多壽祉，克纂基緒。一日」得瘖痏，侵淫潰發，百術不能治，遂落髮歸桑門，僧號法延，以」爲清淨之教，足以蠲六疾。玄理難扣，終不獲助，以元和十二年六」月廿四日夭于興元大父理所，享年九歲。以其年七月壬」寅祔于曾王父之左，元兄之後，縣曰洛陽，鄉曰平陰。」其父以營奉改卜之事，不見其殁，其母以沉痛在體，」不臨其喪。嗚呼！藥石雖備，不獲其要耶？饌羞雖精，反致其痾」耶？由此生哀，哀至難禦，自前歲以至今歲，喪爾兄弟，于今三」人，雖過壯年，已有衰貌，不可吐，不可茹，天乎天乎！併與之，」一何惠」於前；併奪之，一何譴於後。天爲之？地爲之？鬼神爲之？抑其氣，」伸其詞，銘其墓曰：

育之何艱兮晦明九年，夭之何易乎死生立分，智氣瀜瀜兮復」歸於空，萬有千古兮北邙之中。」

（周紹良藏拓本　河南千唐誌齋藏石）

元和一〇三

【蓋】失。

【誌文】

唐鄉貢進士盧君夫人博陵崔氏墓誌　范陽盧雄撰」

夫人諱煴，姓崔氏，博陵安平人。曾父巘，皇秘書少監，」贈左散騎常侍；大父清，皇晉州刺史；父朴，前左監門」衛兵曹參軍。夫人則兵曹之長女。生而惠和，長而静」淑，奉父母之規，以道從我。閨儀懿範，光誕德門，」秉則端莊，實非常訓。事上之禮，接下之恭，抑抑若」人，物莫能類。親黨間每與余族坐口語，多稱之淑能，」謂其賢宜得壽，茂續我家，終當榮達偕老。不幸短命，」年二十六，遘疾終于尊賢里之私第。以元和丁酉歲」七月十六日歸葬于河南縣平樂鄉之原祔先」舅塋禮也。有子一人曰膳郎，未離育哺之恩，遽降」偏殃之咎，寃毒罔識，撫歎何言。其親者與其踈者抱」而視之，孰不悲填而釀痛。嗚呼！以夫人之行之賢，不」享豊福，不登永年，吾恐爲善者日益墮矣。彼蒼蒼者」極，豈無知乎？抑有疾而醫不至乎？復脩短有定而至」斯極乎？痛何言哉！痛何言哉！雄齊體連生，誓將無間，」不及斯年，忽彫其半，刳心剖骨，曷云其極。以室家之」内，清規素行，追悼之不及，故銜哀抑涕，强爲之文，」書琢諸石，以誌其墓側云。」

（傅熹年藏拓本）

元和一〇四

【蓋】　唐故邕州刺史兼御史中丞張公墓誌銘

【誌文】

唐故朝散大夫使持節都督邕州諸軍事守邕州刺史兼御史中丞充本管經略招討處置等使賜紫金魚袋張公墓誌銘并序　弟殿中侍御史賜緋魚袋士階奉述」

惟唐元和十一年秋九月四日，邕管經略使兼御史中丞張公終于理所，以其月十四日嗣」子助扶護神靈，匍匐萬里，粤明年秋八月三日，歸窆于洛陽金谷原殿中府君之」墓次，禮也。夫志陵谷者，其在貞石乎？季弟殿中侍御史士階，乃執筆含哀而書于石云：」公諱士陵，字公器，其先安定人也。張之受氏，綿自軒黄，厥後蕃昌，公侯不絶。公即晉」西平公軌十九代孫，皇朝滁州刺史府君諱克茂之曾孫，」尚書兵部郎中府君諱具瞻之孫，殿中侍御史府君諱翔之子。世以文行，清」德顯于當時，故鍾淑美于公。公淳粹積中，英華發外，温恭敏厚，禀之自然，孝友誠明，」根於天至。性本好古，學該百家，雅善屬文，體弘六義。年八歲，以通古文尚書、論語，登春官上」第。既冠，調補鄭州滎陽縣尉，秩滿，江西觀察路公寰辟爲支使，授試左驍衛倉曹。府罷，換左」神武軍録事。淮南節度王公鍔署爲參謀，改試大理評事兼監察御史。公文雅之稱，溢」于朝聽，拜京兆府士曹，尋擢殿中侍御史，轉侍御史，遷尚書倉部員外郎。屬」聖上憂人，精求共理，除虔州刺史。曾未再稔，風化大行，遂有邕府之命。公既受」命，逮于下車，始以清靜廉簡便其人，終以禮樂仁義變其俗，闔境之内，晏然無虞。方期徵踐」掖垣，移守大鎮。無何黄寇狡徒，嘯聚山谷。公始練卒命將，爰事討除。而天不憖遺，被」疾薨歿，享年五十四。夫人京兆杜氏，故太傅岐國公佑之女也。夫人有柔順婉嫕之德，先」公十五載而殁於楊州，及今同歸，蓋從周制。有子四人：長曰助，次曰勉，次曰宗廉，小曰金龜。有女」四人：長適試秘書省正字，唐、隨節度掌書記昌黎韓復，次女前年夭於荒裔。悲夫！長男未冠，」幼女未笄，旦夕銜哀，哀何可既。初公寢疾，乃著遺令，送終之具，務從儉薄，獨以」兩房伯父外祖母旅殯江瀆五十餘祀，先考先妣嘗所遺憂。又長兄韋城」府君、從父兄葉縣府君、亡嫂鄭氏，假葬淮上，僅廿年，平生素心，遷祔而已。今悉家有無，遂」吾夙志，則瞑目無恨。其弟其子，哀奉遺言，泣成其事。嗚呼！若公之博聞强記，通識多」才，抱致君全器之資，蘊賢人可大之業，宜乎上昇台鉉，寧濟生人，而位止遐方；若」公之忠誠儉讓，信節廉貞，奉上竭其孝仁，撫孤盡其慈惠，宜乎克享黄髮，榮及期頤，而」年纔知命。天之報施，其安在哉！予始未知夫蒼蒼之理。斯文也，承命而述，欲播之德，文所」不極，況不能文，空悲片石。其詞曰：」

姓因列宿，系自軒后，公侯繼世，賢英代有。惟我哲兄，光照厥後，温恭儉讓，聰明孝友。其一。丱歲通經，弱年筮仕，文學傳家，簪纓著美。名藩禮異，神州劇委，公方正直，慎終如始。其二。聲馳禹縣，譽滿周行，兩掖延矚，三府騰芳。栢臺持憲，粉署含香，克紹」先德，大振朝綱。其三。」聖君思理，選牧黎元，虔邦惠洽，旋復南轅。清靜爲政，教化之根，至今獷俗，猶霑淚痕。其四。」丹旐素車，萬里負來，洛水之曲，邙山之隈。同生瀝涕，諸子銜哀，千秋萬古，永閟泉臺。其五。」姪承慶書。」

（北京圖書館藏拓本　開封博物館藏石）

元和一〇五

【蓋】　失。

【誌文】

唐故朝議大夫守國子祭酒致仕上騎都尉賜紫金魚袋贈右散騎常侍楊府君墓誌銘并序　朝散大夫守太子右庶子武騎尉吴興錢徽譔　前試太常寺協律郎孔敏行謹録上石」

有唐建元元和，乃歲丁酉，四月孟夏，其日乙卯，大司成楊公得謝之二年，寢疾革，顧謂子弟啓手」足曰：吾齒七十四齡，生奉遺體，大懼不克，今幸全而歸之，所不瞑者，唯先故未襄事。言絶而薨。於」是復者升號于靖恭里第，三日而殯於倅。粤八月壬申望，其子汝士等祇服理命，卜宅先祖考妣」于河南府河南縣金谷鄉尹村之北原，啓公從之，以故夫人河南長孫氏合之。烏呼！得禮之順矣。」畢先君之志，盡孝子之心，善夫！公諱寧，字庶玄，弘農華陰人也。本蓋姬姓，周宣王之子曰尚父，邑」諸楊，得氏於後。至漢赤泉侯喜、安平侯敞，徵君寶繼家華，下爲關西令族焉。公而上六代隋内史」令曰文異，五代皇朝銀青光禄大夫瀛州刺史曰峻，高祖賀州臨賀令諱德立，大王父檀州」長史諱餘慶，大父同州郃陽令隱朝，王考汝州臨汝令贈華州刺史諱燕客，繼以天爵自貴，位不」求達，門高有待，德遠而興。公實臨汝府君之少子也，厥克顯揚，休有其光。先君先夫人追崇」禮命，告第再及者以子也。公幼挺清質，秀出倫比，既冠，擢明經上第，釋褐衣授亳州臨涣縣主簿，」强學問以安其業，主忠信以存其誠，行有餘裕，文以爲飾。故司徒文簡公之爲禮儀使，深加器待，」以職縻之，納于大麓，方議明陟，無何薨殂，其素不行。公左右就養，退居于陝，服勤孝敬，弟達州里，」觀察使李公齊運雅聞其賢，即致弓旌，從還於蒲，益厚其禮，表授試金吾衛兵曹參軍，充都防禦」判官。洎領京兆，復加慰薦，授奉先縣主簿。未及行，屬李懷光怙亂蒲壁，而臨汝府君棄養私館，公」號護裧輤，出違寇郊。元惡猜毒，趣令逮捕，且徇于衆，以求其端。人胥好言，寇不能害。既免喪，依於」處士北平陽公城，周旋德禮，吟詠情性。俄授長安縣尉。貞元初，鶴版再下，徵陽公爲諫大夫。」天子欲其必至，以公陽之徒也，俾將其羔雁焉。禮成而偕，觀者聳慕。尋轉本縣丞，亟遷監察御史，」以守官忤時，左掾鄱陽，稍移陵陽。廉使博陵崔公優延禮貌，置在賓右，表授試大理司直，充採石」軍副使，進殿中侍御史。銀艾赤紱，荐榮寵章。初，宣城大邑，井賦未一。公以從事假銅印均其户，有」平其什一，蚩蚩允懷，主公賴之。永貞初，有詔徵拜殿中侍御史，遷侍御史，轉尚書駕部員外」郎，出宰河南，入遷户部郎中，彌綸撫字，雅著名績。上憂元元之人，注意共理，由是以公爲鄭」州刺史。朞而報政，就增御史中丞，錫金印紫綬。蓋懷强援弱，均貧安寡，德用不擾，公之善經，邦人」愛思，表刻貞石。由理行高選，遷太僕卿，尋轉國子祭酒。公故張出，季舅參，大曆間嘗貳□成，通儒」碩德，推高宇内，洎公之拜，論者榮之。居一年，以疾請老，優詔致仕。惟公本和易之氣，蹈仁義」之途，敬恭以奉其上，慈愛以惠於下，善與人交而不諂瀆，敏於從政而無激訐，穆於閨門，裕于公」家。率是道也，而又趣尚禪悦，探味精賾，進退止足，刑于始終。乃六月景戌，詔贈右散騎常侍，」襚服加數，哀榮大備。夫人故長安縣令繽之女，先公一十三年歿於故鄣。明婦事母道，六姻七族，」稱其至焉。有子四人：汝士、虞卿、漢公，咸著名實；幼曰殷士，已階造秀。公殁之日，其無恨乎？汝士等」以余知公，號請誌述，質而不飾，敢愧貞珉。銘曰：」

猗厥司成，其儀孔修，四代之後，克揚孫謀。不競不絿，不剛不柔，直指齊莊，彌綸優游。百里敷澤，三」川處休，竹符銅魚，載緝榮瀦。入作太僕，具訓羣騶，乃長司成，生徒優優。移疾請老，繄古之猷，命子」襄事，孝思顯幽。震悼上心，寵崇珥貂，嘉音不忘，亦孔之昭。乃卜新阡，風雨之交，北邙陂陁，清」洛悠悠。安厥祖考，樂哉斯丘，司成徙之，鬱鬱千秋。褒贈制曰：念兹往運，禮重哀榮，無廢舊典，義存終始。故朝議」大夫、守國子祭酒致仕、上騎都尉、賜紫金魚袋楊：學古致用，懿文飾吏，詳言持正，抱粹含和。爰自弱齡，逮于白首，强志不息，清心益固。徵還列署，久踐」命卿，恒徇義於晦明，匪違仁於造次。厚其蓄社，方錫優游，不極大年，載深憫惜。其申縟禮之贈，列以侍臣之目，俾章寵數，用賁幽泉。可贈右散騎常侍。」

（周紹良藏拓本　河南千唐誌齋藏石）

● 元和一〇六

【蓋】　失。

【誌文】

唐義武軍節度易州高陽軍故馬軍都知兵馬使銀青光禄大夫兼監察御史樂陵郡石府君墓誌銘并序」府君諱默啜，字默啜，得封氏於媯皇之時，振芳猷於晉趙之代，」富可以擊破珊瑚樹，貴可以建趙稱至尊，史籍具列，讀何匪」虚。祖考雄乂，並名光玉墀，連還著累代之勳，繼踵播搏天之勢，即」銀青光禄大夫、兼監察御史、河東縣開國男，賞封食邑五百户，」是公之爵禄此者，蓋非一度，乃積重遷，應承百戰百勝之勢，」或是七縱七擒之略而致耳。大丈夫到此，孰不□□□於雲霄矣。」久來展效之所，逆侶止自亡魂；近日遊獵之山，啼猿猶知見□。於」戲！人生運有終極，命無長涯，享年七十有三，奄休壽於元和十二」祀季春姑洗之月十三日，在本鎮易縣南坊之别業矣。是用龍泉」隱匣，靈魄歸斗，金骨見瘞，玉譽流芳，武侯斯傾，狂師仍怯，」哀兮切兮沉一寶，痛兮悼兮傷二龍。即長曰少琳，次曰少清，及夫」人康氏。子母聚酷而號訴上天，泣血横湔。然禮有常格，須安永固，」以其年八月廿四日窆於州西北燕山之陽陵雲鄉之勝埠，卜兆得生」蛇之崗，槃龍之穴，高墳深壘而下貫九泉，仍恐後山河混溶，」勒玄珪而紀實尔。銘曰：榮霸標青史，功勳振大音，」運終樂有極，限到苦難任。慟哭唯妻子，摧殘貫古今，」昔時一國寶，此日九泉沉。高墳千古萬古，松栢前林後林，」盤旋兮唯日與月，相望兮荒塚青岑。人生若是，孰不傷心！」

（北京圖書館藏拓本）

【蓋】失。

元和一〇七

【誌文】

唐故府别將秦府君夫人太原王氏墓誌之銘并序」

府君諱愛，先望咸陽人也，顓頊之胤緒，穆公之苗裔，分派流移，散居方面，因遠」祖宦遊，即爲壺關人焉。曾祖諱鍾，志氣弘略，名著有聞，以受上柱國；祖諱力，獨」步於方外，以受上護國；父諱貞，功成盡節，事感殊恩，棄世皈緇；三代承襲，各爰」墳域，皆註銘誌矣。府君幼稟庭訓，夙承義方，終始不渝，禮樂出衆，家宗孝悌，」信行遐宣，遊藝依仁，操不踰節，翱翔雲外，安閑樂居，宗族遵其楷模，鄉黨稱其」令範，以受府别將，享年六十有六。以元和十二年季春之後，忽加疾疹，藥石無功，」以其年仲秋中旬有八終于私第。孤子二人，攀號泣血，觸地無容，竭忠孝於家國。」嗣子晏，不墜嚴訓，精藝弓裘，報效之誠緒；以鴻臚卿賜紫金魚袋上柱國；次子」旻，温恭色養，立性有規，里閭稱善。孀妻劉氏，哀號殞絶，哽咽增悲，擗摽叩地，」顔無光輝，鸞鏡獨舞，雙劍一虧；次新婦王氏，攀號慟絶，涕淚徘徊。哀孫有二。□」悲哉！夫人王氏，笄年伉儷，以仕秦門，卅餘年，婦禮不虧於孝道，守閨閫無越於母儀，令」淑餘芳，輝光内外，享年五十有六，以元和二年二月十五日終于家室。克今吉辰，再舉」合袝。次新婦吴氏，享年一十有八，以元和二年十二月中旬有一終矣，權殯村西南半里已」埃後。其大新婦路氏，去元和十一年三月廿二日終，權穸於大塋之左。日居月諸，遂求安」厝，筮卜叶從，宜用其年，九月廿三日葬於本邑三老之里祥鹿觀東北半里平原，」禮也。其原盤龍央掌，塋兆股肱，東瞻馬駒之嶺，紫氣發於丹霄；西望梨避」之山，白雲生於遠岫。南觀雄狐之穴，朱鳥成池；北倚仙君之阜，玄武登天。恐後」陵谷變移，紀得遺芳，刊石勒銘，永旌不朽。其銘曰：

剋生懿德，」樂道親人，心明八水，玉潤三春。擇及子孫，善流餘慶，」丹桂叢芳，寒松交映。龜筮叶卜，宅兆高原，名注白簡，」身奄黃泉。嗣次絶漿，攀號泣血，鬱鬱佳城，蒼蒼松月。」

（録自《山右冢墓遺文》）

元和一〇八

【蓋】失。

【誌文】

隴西李君夫人石氏墓誌銘并序　臨岱山人崔晟撰」

恒府郭下縣有隴西李君別業於當縣六上」鄉北房頭村，因播遷即爲茲村人焉，遂寄莊平山縣西北」卅里望仙鄉北白雁村。夫人渤海石氏，婦德名彰，芳譽女史，淑」慎純懿，世稱賢良，先代衣冠聯緜廿□曹大家之遺誡，萬古垂」貽；石窌夫人之賢良，歷代流示。況乎夫人不忝上古，有譽今時，□」婦鴻妻，不足其比。洎乎年邁蒲柳，大□奄茲，蒿里歸期，窀穸斯」限，積慶不果於天命，死生終冀於溘然。嗚呼幽神，靈真何」適，中閨罷鏡，内則無依，享年七十有四，終於此日，去元和十」一年景申歲正月卅日法和至元和十二年閏五月庚寅朔廿」三日壬子乃終於私第。人皆慘愴，吊鶴門欄，卜殯高原□之一」□橫看滹水，形魄太行，固勝地之清崗，採陶公之遺法，禮」也。九月廿有四日庚午，安厝於洞仙鄉東北三里平原，禮也。長子榮崇、」仲子榮燦、季子榮晟等，銜哀茹荼，攀慕德□□□何逮。祇」恐時移代平，陵谷變宜，刻石勒銘，永將不朽。其詞曰：」

至矣夫人，　慈（下泐。）」

（録自《京畿冢墓遺文》卷中）

元和一〇九

【蓋】失。

【誌文】

唐故沙彌僧蔣氏子墓誌」

唐樂安人蔣氏子家字曰稚子，生四歲，疹」美在手，因合而不掬。其顧復者痛之，」乃命依釋氏大悲之茈，將福其虧體。既長」矣，亦能道詩書文字，與梵學參進。又十八」年遇疾，殁于江陵府白馬寺，且窆焉，乃元」和十一年十月三日也。其家君諱」郕，是時貳官陝服。明年秋，始以其櫬歸于」邙阜，未至而司馬亦棄養于家，惟」仲兄顒，用九月廿九日行終天蓋祔之禮，」遂以釋子窆於兆内。以予親視朗陵之重，」情忝譚公之比，因請書。曾祖，皇朝吏」部侍郎贈禮部尚書，諱欽緒，祖，京兆府長」安□丞，諱溢，而薛之自出，以爲陵谷之辨，」悲夫！瑯琊王高述。

（録自《芒洛冢墓遺文補遺》）

元和一一〇

【蓋】失。

【誌文】

唐趙氏故夫人京兆宗氏墓誌銘并序　鄉貢進士李實撰」

夫人族本起乎五帝之苗，唯宗氏□先少昊之裔。夫人京兆人也，」處士宥之女。蘊滋令淑，德著閨門，至于笄年，歸於天水趙氏，名曰誠。」恭事舅姑，親疏如一，撫幼奉尊，婦道無替。相敬望其偕老，何」期積善無應，天降禍鍾，以元和十二年八月三日寢疾，終於敦厚」里之私第也，享年七十有四。其年九月廿九日卜葬于北邙原杜」翟村，之禮也。嗟乎趙君！耄年喪偶，孑立惸惸，悲瑤瑟先沉，鳳簫永」絶。有長女□□適高氏焉，至乎節行，鄉里頗聞，不幸早亡，于茲一」載。嗟其四子，三已長成，鄉閭稱其孝悌，朋友美其信義。長曰士□」汪□守節，動靜有儀，不失常體。次曰士則，保家之主，亦德義咸稱。」次曰談信，早慕出家，虔誠奉道，得無違理，頓悟三乘，亦不幸早亡，」于今一紀。次曰實，試左武衛兵曹參軍，情慕儒素，深入孔氏之門；」志切箴規，妙達周公之禮。弱冠從宦，清簡奉公，機策立成，事無留」滯，主司□議，可爲人英者哉！內主獻奠，外務家圖，尊幼叶和，」有無均等。經營喪事，無闕於時；羸形寢苦，敢忘戴禮。恐陵谷遷改，」刊石紀銘，誌乎千古；微才供命，愧無飾詞。其銘曰：」

夫人令德，必惟規式，信惠冲和，温恭允塞，婦道頗遵，母儀從則。其一。外睦姻親，內撫幼稚，秉志松筠，可標青史。□□不祐，殲我貞志，秣馬亭蒭，肆人輟市，孤幼滿室，曷以依倚？其二。悄然虛堂，觸目忙忙，形影如在，泣血徬徨，素車悠悠，旃旐北邙。其三。悲乎□歿，痛難永辭，寒風蕭蕭，荒草蘺蘺。星高月朗，虛照泉扉，念之絶腸，永無見期。其四。」

（周紹良藏拓本）

元和一一一

【蓋】失。

【誌文】

唐故横野軍判官朝請大夫試虔王府長史胡府君墓誌」

府君諱者字方，安定人也。頃因官創業，易地遷居，貽厥子孫，表」其禄秩。曾祖叔平，皇相州滏陽主簿；祖威，皇儀州和順尉；」父璧，兵部常選。烈祖簪裾，慶流後嗣。府君冰性鶴質，晴」山聳峰，貞明涖事，秋水澄鏡。何圖修短不測，天降災禍，越」貞元十年甲戌歲七月三日，終於私第，春秋六十矣。即以來月廿」日安窆於蔚州城北卅里崗原，禮也。夫人天水縣君趙氏，冠軍」大將軍豊之長女也。懿德明範，聞於邦族。何圖有羸老之疾，」去元和六祀十月八日終於私第，享齡七十三矣。即以元和十二年丁」酉歲冬十月五日祔長史之墳焉。嗣子三人：温、泳、渭等，□主喪事，」同懷棘心，刻石紀銘，用旌不朽。詞曰：

長夜冥冥，孤墳肅肅，日慘風悲，天愁雲矗。左鄰燕境，」□□□□，桑乾北注，趙土南分，庶千齡兮不朽，經萬古而長存。」

（周紹良藏拓本）

元和一一二

【蓋】失。

【誌文】

太原王府君墓誌銘并序　試左金吾衛兵曹參軍王禮賢撰

唐元和丁酉歲夏四月廿九日太原王君終于平原郡財城里之私第，春秋五十八。嗚呼哀哉！曾祖諱協，祖諱志良，烈考少恒，咸韞鞱當代，俱有其才。君幼禀純和，長懷剛正，藝應時出，擅女媧之笙簧，洞諧子晉之音，遠叶伶倫之妙，鳳響龍韻，宛如神仙，故得奇伎，致身出入王族，歷事顯貴，垂三十年，恭謹謙貞，終始若一，雖淳于多智，梅皐敏詞，善戲謔兮，無以過也。方將壽比靈栢，何大寒而凋。粵以其年十月五日卜窆于郡城西北五里原，禮也。夫人殷氏，先府君而逝。有子二人：長曰元佐，次曰元祜；女二人；俱懷孝思，逮至滅性。將啓舊窆，祔于新封，哀哉！銘曰：

蔓草蒼茫原邐迤，王君令室窆于此。雙劍一歸幾千祀，蕭瑟悲風終夕起。」

鉅鏕郡耿元製書　河間劉玉珪鐫。

（周紹良藏拓本）

元和一一三

【蓋】失。

【誌文】

唐故鄭滑節度十將孟府君墓誌銘」

公諱維字，其先平昌人也。三代祖公直，曰」新良奇，高道不仕。府君生禀異靈，受氣河岳，」冠年入仕，早歲趨庭，仁孝備於六親，七德全」而奉職，禮樂立身，賓嘉備體。一從授職，出有」嘉猷之聲，入有善音之響。何圖天與其仁，不」與其壽，以元和十二年閏五月廿八日終於」嘉善之里，享年六十有六。由是六姻號慟九」族。前張夫人。後娶宋夫人，元和二年十月廿」七日終，享年卌二。府君有子四人：長曰文，不」幸其月六日殂；次曰」侻，曰倫，曰儼，崩心泣血，」絶粒毁容，滅瘠羸形，哀號過禮。以其年十月」五日與張氏、宋氏夫人合祔於北原平陰鄉」祔先塋，禮也。恐陵谷遷移，乃爲銘曰：」猗歟孟君！承慶德門，輔佐君子，播流清芬。行」潔家肥，蕃昌後昆，泉門一閉，殁而無魂。

第三子前試太常寺奉禮郎僉書。」

（周紹良藏拓本　河南千唐誌齋藏石）

元和一一四

【蓋】　失。

【誌文】

唐故田府君墓誌銘并序　前恩王府主簿李杲撰并書」

夫僨位自高，樂天知命者，蓋親於道。守道即福至，求禄即辱來。遠」榮辱，避矰繳，鮮難及矣。方我府君之有焉。府君諱意真，北」平人也。先自敬仲仕齊，食封田城，因以爲氏，累代定君，以光齊國，」英豪既著，封爲孟嘗君，因官遷邑，慶涓忠貞。乃及曾祖自勉，」閑居不仕，育道丘園。皇考貴賓，敦襲禮儀，鍾美祖德。」府君務農勸孝，訓嗣克家，幼麗義方，長負仁信。洎狂胡逋梗，俶」擾中華，人無懷土之心，匪唯流於上黨。豈期夢兩楹之奠，幽境潛舟，曰以」元和十二年十月廿六日遘疾於上黨私第，春秋六十有七。嗚呼！府君先没，」夫人裴氏，珪璋映澈，桂葉凝輝，未逾不惑之年，以乙酉歲奄棄孝養。繼」室夫人郭氏，撫惠偏露，慈愛如初。有四孝嗣，長曰岌，仲曰萬昇，次曰萬」全，季曰萬興。岌見河東軍任，摧鋒犯寇，報國忘身；萬昇等三人并昭義軍」行，懇誠忠烈，偕鼓餘勇，視死如歸。賢孝冢婦崔氏，介婦張氏、陳氏，孝」妹高氏十一娘，孝孫榮子、郎子等，聿祈良兆，啓域從宜，以元和十二年十二月五日奉」考妣歸葬於郡城西南五里太平鄉南陶原村，以孝成終。其地奠鬱韓原，」勢牽壺壤，翼傳榮慶，遜聽宜分，旌表英風，列在文矣。其詞曰：」

英贊齊國，垂葉彌彰，列勳青史，傳紀萬邦。皇祖昭宣，育道丘園，」庭訓翼子，閑居放言。榮養纔崇，孝友著農，鍾美祖德，」弘道方隆。孝嗣哀哀，痛貫韓原，淚灑銘記，永訣幽泉。」

（録自《山右冢墓遺文》）

元和一一五

【誌文】

大唐元和十三年三月廿日，」清河張氏十八娘子遇疾卒」于永昌里之宅，廿六日，葬」于王柴村原，時年廿八。」夫人言不悞物，德過于容。」適武氏之門，未逾一歲；結恩」情之好，有若百年。嗚呼哀」哉！華而不實。沛國武季元記之。

歲在戊戌」

（録自《西安郊區隋唐墓》）

元和一一六

【蓋】失。

【誌文】

唐故東莞臧君夫人周氏墓誌銘并序　進士張師素撰」

夫人姓周氏，其族望本乎汝南，今爲陽羨中」江里人也。祖莊，父俊，皆不尚名宦，抗跡丘園，」孝悌謙恭，仁行昭著。夫人淑慎貞賢，温柔令」範。自禮歸臧氏之室，而琴瑟叶和，遵孟氏之」風規，有班家之令譽。嗚呼！元穹降禍，大夢忽」臻，未偕知命之年，奄促泉臺之痛。以元和十」三年歲在戊戌三月四日終於義興平西里」之私第，享齡四十有四。亦以其月甲申廿六」日己酉安厝于中江血瀆東北之平原，周氏」祖業之園地，從龜筮也。有子曰奉言，始童丱，」有女二人，長未及笄；俱號訴之無依，恨慈容」之永隔。恐桑田變易，陵谷傾頹，故勒紀貞石，」乃爲銘云：」

雙劍光芒兮嗟一沈，鳳歸杳冥兮鸞孤吟。撫」稚子兮淚盈襟，悲壠樹兮愁雲深。」

（周紹良藏拓本）

元和一一七

【蓋】失。

【誌文】

唐故鹽鐵轉運等使河陰留後巡官前徐州蘄縣主簿弘農楊君墓誌銘并序　姪壻梁國橋古夫敬述」

元和十有三歲夏四月九日，有唐文士弘農楊君以地官屬終于」平陰運司，享年六十。桂株折枝，文星不完。洎七月三日，從先兆於」洛陽縣南陶里，執紼從柩，皆海内知名士大夫。君諱仲雅，字繼」周，弘農華陰人。周之子孫，食邑於楊，因以命氏。其族也茂，其源也」深。擊鐘列鼎，爲七貴於西京；論道經邦，生五公於東漢。兩晉二魏」間，世吏二千石，或相于中，或藩于外，勳在王室，藏於盟府。君即皇」西臺侍郎、同東西臺三品之玄孫，宣、泗、饒、合四州使君之曾孫，均」州長史君之孫，尚書工部員外郎兼侍御史之元子，出河東裴氏。」公生而岐嶷，幼而聰明，能言而辯博，總角而軼羣。工於歌詩，天然」自妙，風月滿目，山水在懷，採月中桂，探驪龍珠，變化無方，駭動人」鬼。故劉水部復，唐之何遜；君之宗人巨源，今之鮑昭；咸所推伏，」莫敢敵偶。雖跡繫寰中，而心希物外，不揖卿相，不目流俗。十二奮」飛，竟屈於一第，時歟命歟！故僕射張公節制徐方，請爲從」事；前運司王公，又署今職。朝之三司，洎百執事，皆君之同時鄉」選，人競欲推之挽之，俟以高位；而沉滯下寮，悲夫！夫人頓丘李氏，」四海令族，先君而終，今之同穴，從周禮也。長子嶼，次曰頎，咸克荷」堂構，遵承風聲。長女適范陽盧寰，次女幼未勝衣。嗚呼！古夫門忝」通舊，地連姻戚，特以頑鄙之姿，爲大君子所顧，昔嘗刀筆見知，」思以薄伎自效，泣書貞石，庶夫不朽。銘曰：」

蒼山高高，越水湯湯，慶流方遠，惟君克昌。其一。 風韻獨得，冠絶當時，」詠碎風景，道盡新奇。其二。 故交邑子，半在鵷行，低眉下位，冀集高崗。」其三。 逝水西注，高春不留，敬篆貞石，永表林丘。其四。

試太常寺奉禮郎清河張從周書。」

（周紹良藏拓本）

元和一一八

【蓋】 失。

【誌文】

唐故龍花寺内外臨壇大德韋和尚墓誌銘并叙　從父弟鄉貢進士同翊撰」

大德姓韋氏，法號契義，京兆杜陵人也。元和戊戌歲四月庚辰，」恬然化滅，報年六十六，僧夏四十五。粵以七月乙酉，遷神於萬」年縣洪固鄉之畢原。遺命不墳不塔，積土爲壇，植尊勝幢其前，」亦浮圖教也。曾王父諱安石，皇尚書左僕射、中書令；大父」諱斌，皇中書舍人、臨汝郡太守；烈考諱衮，皇司門郎」中、眉州刺史；家承卿相德勳之盛，族爲關内士林之冠。始」先妣范陽盧夫人以賢德宜家，蕃其子姓，故同氣八人，而行居」其次，在女列則長焉。自始孩藴靜端介潔之性，及成人鄙鉛華」靡麗之飾，密置心於清淨教，親戚制奪，其持愈堅。年十九，得請」而剃落焉。大曆六年，制隸龍花寺，受具戒於照空和尚。居」然法身，本於天性，嚴護律度，釋氏高之。國家崇其善教，樂」於度人，敕東西街置大德十員，登内外壇場，俾後學依歸，傳諸」佛心要。既膺是選，其道益光，門人宗師，信士嚮仰，如水走下，匪」我求蒙。持一心之修繕佛宇，來四輩之施捨金幣，高閣山聳，長」廊鳥跂。象設既固，律儀甚嚴，率徒宣經，與衆均福。故聞者敬而」觀者信，如來之教，知所慕焉。嘗從容鄉里指於北原而告其諸」弟曰：此吾之所息也，爲其識之。嗚呼，生歸於佛，殁歸於鄉，至哉」其孝乎？所以報生育劬勞之恩備矣。窀穸之制，咸所遵承。弟子」比丘尼如壹等，服勤有年，號奉遺教。杖而會葬者數百千人，極」釋氏之哀榮，難乎如此，迺沉礎而志于墓云：」

迷方之人，妄聚之身，白月下臨，苦海無津。我得度門，性□□□」亦既落髮，於焉報親。孝乎終始，歸于故里，石幢□□□□」南趾。」

（周紹良藏拓本）

元和一一九

【蓋】失。

【誌文】

大唐故朝議郎行宮闈令充威遠軍監軍上柱國賜紫金魚袋西門大夫墓誌銘并序　從姪鄉貢進士元佐上」

公諱珍，京兆雲陽人也。曾祖　，祖彭，並藴異才，不苟榮禄，孝悌雖形於家室，聲芳已著於」遠邇。父進，朝議郎、行内給事、賜緋魚袋；立性恭寛，執心忠亮，入侍闈扆，出撫軍師，歷事」四朝，竟無敗累。

故中外貴介，咸遵厥行。公器局宏邈，見解殊倫，幹於理劇，果於從政，志存大」略，不忌小節，恒人譏其慠睨，高賢許其豁達。至德之初，釋褐從仕，大曆之末，擢居宣徽。建中四年，」王室多故，涇原叛卒，晝入犯門，鑾輿西巡，以避封豕。艱虞之際，尤尚通才，除内府局丞充」鳳翔、隴右節度監軍判官。時懷光不臣，潛與泚合，翠華於是更幸梁洋，節使楚林果有疑」貳，公每於衙府，輒肆直言，諭其將士，儆以禍福。國家靡汧隴之憂，州縣免誅夷之弊，微公之」力，殆不及此。德宗聞而異之，俾充荆、襄、沔、鄂、洪府宣慰使。興元元年，遂除洪府判官，監先」鋒兵馬使，伊、慎、下、安、黄等州。貞元元年，來獻俘馘，上旌公功，拜内僕令，令赴本道。其年季」秋，改充豪壽觀察監軍判官，尋除張建封尚書爲徐、泗節度，詔公獨監送上，職名如故。其」年朝覲，遷荆南監軍。上以公習於戎事，欲將任重，聖心未決，久而不遺。至八年，充劍南三川宣慰使。其六月，監淄青行營兵馬三千餘人戍于岐山，西扞荒服。上以公臨□不」私，撫軍有術，凡積星歲，踰十瓜時。十三年入奏，上嘉其勳，錫以朱紱。昆戎自從會盟，僁負」恩信，知我有備，未嘗犯邊。上以關東甲士，遠從勞役，悉令罷鎮，却歸本管。三軍」別公，援轡揮泣，如訣父母，豈勝道哉。既歸闕庭，復任高品。暨德宗昇遐，順宗嗣」位，爰選耆德，以輔儲皇，轉爲少陽院五品。永貞元年，屬今上龍飛，公以密近翼戴之」績，賜紫金魚袋，充會仙院使。元和元年，改充十王宅使。歷事六朝。公智足以周身，謀足以解難，事上不逼，接下不侮。自束髮委質，銜命撫軍，宣慈則烝庶再蘇，討叛則兇渠」受戮，動有流譽，人無謗言，若非淑慎，曷能臻此。公身居禄位，志不驕矜，克遵象外之談，不諱」生前之事，遂於長安縣龍首原西距阿城東建塋域。高崗雖枕，夏屋未封，君子聞之，僉曰」知命。夫人馬氏，驥之女也。内備四德，外諧六姻，邕睦允暢於曹風，折旋不虧於戴禮。不」幸先公而殁。有子四人，長曰季常，次曰季平、季華、季煜。或名參密侍，或職列禁軍，咸」藴構堂之姿，俱是保家之主。以元佐性無飾僞，文好直詞，爰命紀能，庶旌實録。其詞曰：」洪河孕氣兮嵩岳粹精，聖君當馭兮哲人乃生，才調不羈兮智略縱横，器宇寖深兮量包滄瀛。」結髮從宦兮捐私徇公，弱冠受命兮臨人撫戎，入侍丹陛兮三接明寵，出宣青塞兮九譯潛通。」功成位高兮鏘金拖紫，居安慮危兮先人後己，去健羡師老氏之玄言，齊死生宗大仙之至理。」自昔有生兮孰能不亡，考彼靈龜兮兆此龍崗，或掊或築兮高墳深穴，爰栽爰植兮青松白楊。」

上以公恪勤事主，密慎左右，至七年遷監威遠軍，使晝巡夜警，衛士畏威，敷奏」闕庭，衆稱其美。謂保貞吉以享百齡，逝川不留，奄隨朝露，以元和十二年七月一日遘疾，終于脩」德里之私第，春秋七十有四。以明年七月廿日壬寅遷窆於長安縣承平鄉先修之塋，從其治命也。」

（録自《八瓊室金石補正》卷七十　據《金石續編》卷十補字。）

元和一二〇

【蓋】失。

【誌文】

唐渤海王五代孫陳許溵蔡觀察判官監察御史裏行李仍叔四歲女德孫墓誌銘并序

女生元和乙未歲七月廿日，亡戊戌歲七月十八日於同州内城官舍，來廿七日己酉，瘞京兆府萬年縣龍首鄉因聖寺佛閣西門之南地。上接亡叔之墓，風接西塋之松，冀爾孩魂，不怕幽壤。銘云：

姓李氏，生崔氏，聰明神光，骨髮天祉。言語未正，自解親親，顧瞻溢彩，顏色沉人。走弄之間，嘔吐生疾，氣噎深喉，血流中質。玄風潛吹，元精不凝，柔閑在抱，呼哭莫應。既未及殤，詎可等彭，肝腸煽起，無奈此情！

元和十三年戊戌七月癸未朔廿七日己酉，仍叔撰文。

（周紹良藏拓本）

元和一二一

【蓋】失。

【誌文】

前河南府福昌縣丞隴西李君故夫人廣平劉氏墓誌銘并叙　從姪滁州軍事判官將仕郎前太常寺奉禮郎三復撰」

夫人諱媛，字玄真，其先廣平人也。系自陶唐，派兮炎漢，洪」源茂緒，標炳族類。曾祖令植，皇朝銀青光禄大夫禮部」侍郎謚曰憲；祖曆之，皇朝河南府永寧縣丞；父從倫，」滁州刺史；恭惟德門，代濟其美。自國初至貞元首祀，」爲王股肱，操國之柄者凡三人：左相祥道，其高叔」祖也；侍中齊賢，其曾伯祖也；中書侍郎平章事從一，」其從父伯也。夫人承奕葉之豐懿，挺柔貞之淑質，禮習」紛帨，工閑組紃。既笄，歸河南府福昌縣丞隴西李孔明，諧」鳴鳳之音，盡如賓之敬，蘊和于中，百行無不全也；貽訓于」外，六姻無不睦也。不幸短世，以元和戊戌四月一日寢」疾，終于河南縣恭安里之私第，享年二十有五。李氏嘗」有男一人，生十年矣，愛若己子，終然主喪，用是歲八月十」五日卜幽宅于洛陽縣平陰鄉北邙原，禮也。嗚呼！生于上」族，歸此著姓，慈父褰帷於名部，良人結綬於王畿，而不」登永年，不享遐福，斯命也已！以三復宗門末屬，賓館下寮，」陵谷懼遷，銘書是託。其文曰：

大圓蒼蒼，誰主化工？二姓纔合，三年遽終。家方再榮，禄」忝隨豐，體魄俄降，歡娱不同，蘭英蕣華，倏矣從風，幽隧一」閉，此哀何窮！」

（周紹良藏拓本　河南千唐誌齋藏石）

元和一二三

【蓋】失。

【誌文】

興國寺故大德上座號憲超塔銘并序　京莊嚴寺沙門元應撰并書

上座俗姓太原王氏，累世京兆涇陽人也。童子事師，年過受戒，報終七十有六，僧夏而五十焉。業精妙法，於大曆八年試業得度隸名住興國寺也。上座行操寒松，戒德霜白，道洽羣物而悲敬齊行，持念無虧，經聲不掇，優曇花之句偈，曉夕相仍，分陁利之開敷，香風不絕。向萬餘偏，稟學定於總持東院，繼七業之蹤；爇心燈於巨夜之中，明終不絕。而忽於今年，覺是身虛億，氣力漸微，絕粒罷飡，唯茶與乳，右脅而卧，四旬如生。命入室門人上座子良、都維那智誠等曰：吾今色身應將謝矣，努力勤策，法乳相親。金泉磑及梨園舖，吾之衣鉢，將入常住，以爲永業。言已，帖然累足而去也。門人子良等號呼慟天，空□血灑，澗流舊咽，庭樹摧枝，川原無色，悲風慘然。巍峨雁塔，崛起於西原；颼颼松吹，金龜之田，即於其年三月七日，於興國下莊淨室飛香，神顔不易，狀若平生，黯爾終矣。門人子良等採以荆珉，徵搜哲匠，鏤於金石，劖之以銘，欲使後賢而知今矣。詞曰：

戒行嚴潔，松篁比貞，秉志堅直，如崑如荆。衣珠内瑩，獨耀心靈，精持妙法，德冠羣英。四旬絶粒，而亡内逼，諸漏蠲除，聖賢不測。

唐元和十三年歲次戊戌十月辛亥廿日庚午崇建金龜鄉卧龍里紀也。　門人子弟：上座子良、都維那智誠、子昇、子禺、子琮、子倫、子英、尼弟子戒盈、童子阿萬、姪王鍨、仇元誠、史湊，趙旃。　法華邑人：史清、趙杞、房慎疑、牛雲、劉興、韋牧、宗悦、張政、敬鐶等。

（録自《金石萃編》卷一百七）

元和一二三

【蓋】　大唐故張府君墓誌銘

【誌文】

唐故檢校少府少監駙馬都尉贈衛尉卿范陽張府君墓誌銘　商州防禦判官將仕郎試太常寺協律郎崔復本撰」

大唐元和十三年青龍戊戌四月十九日壬申，駙馬都尉、檢校少府少監張公」歿於上都靖安里第，享年六十三。凡親友聞訃而至者，莫不拊心沮氣，望門失」聲。翌日，詔贈衛尉卿，表飾終也。

嘻！公以懿德自頤，恭愿接物，肥家」之道，闇然而彰。謂休祉必臻，位壽兩極。而昊天不弔，降此鞠凶，嗚呼哀哉！」公諱怙，字怙，范陽人也。昔留侯結客，覦秦政以飛椎；廷尉禮賢，下王生而係韈。」厥後伯英擅墨妙於魏代，茂先著博物於晉朝，枝鬱派長，仍世鍾慶。」曾祖守讓，皇朝贈兵部尚書；祖去逸，歷太僕卿，贈左僕射；」父清，尚」肅宗皇帝第五女郯國公主，累遷太常卿、駙馬都尉，贈光禄卿。公」即光禄府君之元子也。植性温和，執心貞固，循道守義，與善爲鄰。直己端莊，有」堂堂之貌；放神恬漠，無汲汲之心。處貴富而不驕，在綺紈而服教，釋褐授襄王」府主簿。寵以銀章，俄轉尚舍奉御，仍錫名曰怙。稍遷殿中丞。貞元初，」朝廷以公宫重禮，下嫁殊榮，選尚之艱，中外攸眘，苟非踐履無玷，謙默有聞，則」何以膺平叔之寵光，總魯元之湯沐？繇是特恩尚樂安公主，拜朝」請大夫，賜紫金魚袋。公主即代宗皇帝之息女也。柔」明婉嫕，能循法度，宜家宜室，爲戚里光。遵儉德於國風，焕母儀於彤管。每以蓬」麻在首，膏沐無容。惜蕭史之鳳不隨，痛嶧陽之桐半死。哭晝無節，哀感路人。有」子八人：曰造、曰逵、曰愔、曰超、曰遵、曰遠、曰述、曰達，或分曹禁衛，或作尉」神州，並能克荷家聲，不隕緒業。即以其年十月廿三日癸酉，蓍蔡叶吉，奉」公之裳帷，歸葬於咸陽縣洪續原之先塋，不背本也。造等懼先人」之景行無紀，而陵谷之夷埊不常，實見託於菲詞，庶無慚於真筆。刻諸貞石，以」置泉壚。銘曰：」郁郁府君，恂美且仁，代聯國戚，歷厠天姻。爰自幼沖，」累荷殊渥，能恭訓導，克奉禮樂。保持榮貴，翱翔寥廓，」高朗令終，詎云處薄。歸全何所？在秦咸陽，笳簫儼引，」騎吹成行。寒郊黤黤，大夜茫茫，風悲月苦兮隴樹含霜，」佳城一閉兮萬古蒼蒼。」

右千牛衛中郎楊晔書。」

（北京圖書館藏拓本）

元和一二四

【蓋】 失。

【誌文】

唐右金吾衛倉曹參軍鄭公故夫人隴西李氏墓誌銘并序　承務郎侍御史内供奉賜緋魚袋許康佐撰」
玉燭膏露，見於四時之和； 榮光卿雲，發爲二儀之瑞。 貞淑賢哲，在清」華之族，豈空言哉！ 夫人隴西
成紀人也。 齊州長史思整之曾孫，」博州司户參軍晧之孫，宋州楚丘縣尉宣之次女也。 婚姻冠冕，焜
燿」姓氏，仁賢禮義，措式邦國。 夫人婉懿女儀，光明婦道，德門稟教，」上智成性，動皆合禮，意若生知，
孝敬静專，柔明祗肅，歸乎君子，德必」有鄰。 奉長上以禮，友娣姒以合，恩以撫幼，勤以勗賤，容儀容
範，師表」中外。 有子二人，長曰績，商州上洛縣尉； 次曰絳，小名彬郎； 次曰纁，小」名小彬； 一女觀
音，年始七歲，訓誨教喻，」示之禮法，令在左右，使常習」見。 夫人夙丁荼毒，至於蓼莪罔極之痛，有終身
之憂。 是以常棲」心釋門，勤究空理，華靡綵麗不以飾容，珠玉珍玩未嘗忤視，至真不」二之法，曠然懸
解。 夫人幼子小彬，在孕十六月，誕彌顧復之勞，過於」常理，及乳育之日，常多疾患，年十餘歲，方免於
懷，屬愛之情，實亦加」等。 景申歲五月，小彬伯父工部郎中捐館，伯之嗣子生始三」月，諸父請以小彬
奉工部喪事。 夫人曰： 吾聞兄弟之子亦子也，」於我何異哉！ 遂勉而勗之，使從其諸父之命。 其賢明

智達皆此類也。」元和戊戌歲，隨長子績之官，以其年九月二日寢疾，終上洛官舍，春」秋卌八。中表傷痛，姻戚悲駭。以明年二月十八日歸窆于河南縣梓」澤鄉北邙原，禮也。康佐婚媾在夫人姻援之末，見命爲志，謹書」淑德，非傳聞也。乃刻貞石，銘曰：」

四時之和兮是爲玉燭，清華之族兮必有貞淑。其一。歸乎君子兮德」乃有鄰，母儀婦則兮可教國人。其二。天之與善兮胡不永年，空留貞」範兮遽閟幽泉。其三。北邙坡陁兮前瞻太室，千秋萬歲兮無復白日。」其四。」

（北京圖書館藏拓本）

元和一二五

【蓋】失。

【誌文】

唐故承務郎行瀛州平舒縣主簿知薊州漁陽縣事賞緋魚袋隴西李府君墓誌銘并序　攝涿州參軍鄉賦進士隴西彭藩撰」

士君子有材茂德碩而位不顯者，有壘仁積慶而壽不融者，天遠難訴，爲知音痛之，悲夫，」悲夫！今隴西李公其人也。公諱弘亮，字廣成，四公姑臧之後，世胄洪懋，門緒清劭，銀黃命服，」輝映倫等。公之列考曰子武，懷州武陟縣丞；毗貳之政，輿謡載洽。武陟府君之父曰真玉，朝散」大夫，累任至常州無錫縣令。無錫府君之父曰上義，銀青光録大夫，涇、隴、汾、晉、岐、曹等七州」刺史，揚府長史，右庶子，隴西縣開國公。三代一德，譜牒詳備，或綰銅章，三驅鷄於劇邑；或張」□蓋，七佩犢於雄州。建中初，成德軍節度使、太尉王公以公文彩峻發，温密沉雅，奏授承務」郎、左衛兵曹參軍。公以擇木心遠，非鄧林不宿，振衣脂轄，聿來我疆，初命瀛州平舒」主簿，凡五命賞緋魚袋；次攝莫州任丘主簿，知瀛之束城縣事。井賦有倫，流庸者復，敦學」校之道，迓賓朋以禮，一邑之人，僉望真拜。逾年，以本官改知薊州漁陽縣事，彈琴理人，又愈」於束城之政，因罷秩寓于海壖。以其匪金石之固，風火生疾，以元和十三年五月十七日捐」館于鹽田旅次，享齡四十有四。嗚呼！哲人其萎，閭里輟相；謝客去矣，雲山慘容。夫人范」陽張氏，即良二千石常侍大夫之令女，今相國司空楚公夫人之伯姊。婉」約其儀，閑和其德，賢爲陵母，烈爲杞妻，慟逾崩城，義重分鏡。有子五人曰瑜、琬、瑾、璋、珪」等。倚竹號穹，不愆禮制。伏以偃師松櫝，道路脩阻，力未歸葬，事貴從權，以十四年二月」廿四日窆于涿之東北周落之原，禮也。始自啥斂，訖于封樹，其間哀榮之備悉，」戴侯之力也。公之介弟曰弘立，以在原之切，狀其往行，見託詞寮，慮桑海推變，後嗣無」仰，愿誌前烈，垂馨墓門。銘曰：」　章」

四公之胄，姑藏其首，地貫宗正，望雄隴右。鑾刀既淬，幽蘭方秀，玉潤爲郎，汪汪莫究。杳然神理，」積善何謬，蔡生自負，顔子不壽。哀哀諸胤，目血心疚，請刊石於泉堂，與天長兮地久。

（周紹良藏拓本）

元和一二六

【蓋】大唐故蕭府君墓誌銘

【誌文】

唐故相州彭城郡蕭録公合祔墓誌銘并序　汝南郡周傑撰」

公諱子昂，字貫，相州安陽縣感化鄉曲溝管之人也。祖諱敏，考諱興，皆」有其德，而無其位。公家代儒門，氣色殊異，發言與公侯之腹心，規矩」得鄉閭之取則。或州縣不均，曲理偏訟，雖各有司□公且能直諫。牧宰」納談於四方。賓鄰邑聞，稱之爲智者。於是專城政德，令長自人，考合」得其中中，讚揚舉爲上上。朝廷節使，畿内頗知；府幕轅門，孰人不歎。」公信行志高，曾無宿諾，爲卑爲長，有讓有慈，尋古覽今，在醜不競。嗚」呼！天降之禍，寢疾彌流，不幸以元和十二年三月廿二日終高平疃之私第，」享齡七十有八。賢高氏夫人，去貞元四年傾歿，每聞承順舅姑，謙和娣」姒，訓子不踰禮節，事夫相敬如賓。非紅妻孟母之賢，誰能備於此？公再」婚清河郡張氏夫人，孀居主喪，不失儀度，訓撫孤子，無黨無偏。内言不」出於閫，外言不聞於耳，居仁執禮，克儉成家，孝行畢施，貞賢備著。今」用元和十四年三月廿五日啓發舊毳州西卌五里，即公之先代塋内西」北也。松栢氲氳，温風時起，南近大道，北有流渠，東西怛然平源，禮也。嗣子」五人：長曰自勉，次曰自察，三曰自寬，四曰自通，幼曰自峰。自勉等難兄難弟，」含孝含忠，毁滅過情，傷乎天性。傑與自勉昆季相識日近，託述斯文，」慮陵谷將變，年代推遷，刊石記銘，以傳不朽。公之盛德銘云曰：

美哉蕭公，德重深遠，人皆仰之，好賢不倦。討習文墨，」先禮後傳，拯孤濟貧，敬愛親眷。孝慈於家，六姻悲戀，」月落濁水，珠沉九泉。屏帷寥悵，空有嬋娟，嗣子泣血，」墳左喧喧。内外表裏，祭饌心專。素翻懸懸，柩車摇摇，」形瘞重壤，魂飛碧霄。」

（周紹良藏拓本）

元和一二七

【蓋】 失。

【誌文】

唐故潞府參軍博陵崔公夫人琅耶王氏墓誌銘并序　攝鹽鐵楊子留後巡官將仕郎前守陳州太康縣尉鄭君房纂」

元和己亥十四祀夏四月戊申八日乙卯，故博陵崔眷參」戎夫人王氏終惟楊楊子官舍，降年八十。烏虖！喪厥淑哲，」穹之不仁哉！歲未通，不克歸祔，以其年其月二旬有六日，」卜兆于廣陵郡江都邑章臺鄉鳴琴里禪智寺之□地權窆」焉。夫人系聯軒冕，煇燭寰覆，慶與淮長，門爲天下宗。高祖守」真，皇倉部膳部左司郎中，博、潤、滄、洪等五州刺史；曾王父希儁，」皇銀青光禄大夫，隨、遂、綿、相、越五州刺史，京兆尹太僕卿華容」縣開國男，謚曰貞公；大父炅，皇右衛兵曹參軍襲華容縣開」國男；烈考日雲，皇同州白水縣丞。夫人即白水長女。夫人鄭之」出，外祖曰曜，歷許州長社宰，終太子典膳郎。夫人十四齡而寡，無」子，曩從于壽春郡太守弟宗，後從于尚書郎、柱下史弟公亮，」皆祗奉于伯姊，義存于友愛。夫人端默柔懿，敬姜孟光未足」方也。於族也孝，於姒也睦，於幼也慈，於孤也仁，雖終不終，與天」壤偕。姬周裔孫君房襲聆淑德，爲之銘曰：

天不仁，天不仁，俾敬姜幽淪，將紀懿㤝惻乃神，絜貞婉聽永不泯。」

（周紹良藏拓本）

元和一二八

【蓋】大唐故李府君墓誌銘

【誌文】

大唐故隴西郡李公墓誌銘　鄉貢進士王正拱撰并書。」

公諱素，字文貞，西國波斯人也。累□□□，代襲弓裘，是謂深根固蔕，枝葉繁」茂。公則本國王之甥也，榮貴相承，寵□□灼。祖益初，天寶中，銜自君命，來」通國好，承我帝澤，納充質子，止衛□國，列在戎行。拜銀青光禄大夫、檢校」左散騎常侍、兼右武衛將軍，賜紫金魚袋，特賜姓李，封隴西郡，因以得姓也。」父志皇，任朝散大夫、守廣州別駕、上柱國。公即別駕之長子也。公天假秀氣，」潤生奇質，得裨竈之天文，究巫咸之□業。握算樞密，審量權衡，四時不忒，二」儀無忒。大曆中，特奉詔旨，追赴□□，□考試既多，人莫能測。三年在内，累」授恩榮，蒙敕賜妻王氏，封太原郡夫人，兼賜莊宅店鋪，遂放還私第，與」夫人同歸于宅，仍令高品四人監臨奏對，除翰林待詔。四朝供奉，五十餘年，」退食自公，恪勤無替。夫人有子三人，女一人。長子及女早歲淪亡。至貞元六年，不幸夫」人傾逝，仲子景侁，朝請大夫試太常卿柱國守河中府散兵馬使；季子景伏，朝散大」夫試光禄卿晉州防禦押衙。時遭禍罹，咸悉幼稚，漣漣泣血，不絕哀聲，同顧悌之絕漿，」得王褒之孝道。公愍念偏露，愛育無人，喪禮既終，再議婚娶，以貞元八年，禮娉卑失氏，」帝封爲隴西郡夫人。有子四人，女二人。長子景亮，襲先君之藝業，能博學而攻文，身没」之後，此乃繼體。次子景弘，朝議郎試韓王府司馬；少子景文，前太廟齋郎；幼子景」度，前豐陵挽郎；長女禮適羅氏，更歲而喪；在室之女，因疾而亡。嗚呼！公往日歷司」天監，轉汾、晉二州長史，出入丹墀，栖翔鳳館，曾無疾疹，暴起禍飛，天災流行，掩鍾斯」釁，國喪其寶，人之云亡。時元和十二年歲次丁酉十二月十七日終于靜恭里也。嚮」年七十有四。雖身没之後，盛德猶歸，上命宣傳，賑賚繒帛。帝澤不易，恩渥彌深，遂」召子景亮訊問玄微，對敭無□，擢昇禄秩，以續闕如，起服拜翰林待詔、襄州南漳縣尉，再立門庭之貴，復登禁旅之榮，冠蓋聯緜，形影相弔。隴西郡夫人與長子景侁」等每議安厝，無不流涕嗚咽。告子卜擇，龜筮叶從，罄家有無，以營遷殯。今於萬年縣」滻川鄉尚傳村觀臺里用置塋壠，時元和十四年己亥歲五月戊寅朔十七日甲午遷葬於此，禮也。故刻石爲紀，顯彰厥德。銘曰：」

卓哉李公，天降其聰。澗生秀才，人莫之同。家本西域，身榮漢宗。」克勤薦職，惟公奉忠。其一。鑒燭非愆，辯明不忒。二儀道遠，三光莫測。」人豈知之，公爲自得。四朝供奉，一門授職。榮貴及時，用光家國。其二。」魂歸壙宅，魄散青天。丘墳映日，松檟生煙。設陳尸位，號訴于筵。」玄堂既掩，刊石留年。其三。」

（一九八〇年于西安市西北出土，見《考古與文物》一九八一年第二期《西安東郊三座唐墓清理記》，陝西省考古所陳國英）

元和一二九

【蓋】 失。

【誌文】

鄭氏季妹墓誌銘并序　堂兄中書侍郎平章事羣述」

有唐河中府司録參軍滎陽鄭造之妻曰清河崔氏女，諱珏，字伯璋，生三」十四年，以元和十四年正月八日遘疾，終於從夫之官舍。問龜策得其年」五月景申吉，遂祔窆于河南府河陰縣廣武原先塋。有男子三人，女子」子二人，僅成童者二，既出適而夭者一，餘皆提孩或在襁褓。嗚呼痛哉！鄭」君撫且慟，殆不能勝，然後疏入門之淑行，咨余爲誌。於是撫膺泣涕，舉書」其略。昔我受氏，濬源長發，史諜詳載爲東武城人。我曾祖贈鄂」州刺史府君諱湛，我王父贈太子少師府君諱朝，我叔父府君」諱程，進士擢第，官至河南主簿。代以禮法孝悌稱于族姻，文學政事聞于」搢紳。季妹即河南府君之第二女也。維鄭之出，潁川守長裕其外曾王父，」洺州司兵叔向其外祖父。當先夫人就館彌月，珏與其妹并育，連璧之」喻，不獨士林，故以字義名焉。五歲而慈顔違，俯笄而嚴訓背，孝」誠天至，啼號靡極，聞而見者，爲之傷感廢事。其後長於諸父諸母」兄嫂之手，敬愛婉娩，不資雕琢。及辭家有行，祗事君姑，珩璜蚤暮，侍」膳嘗藥，綿星霜，涉寒暑，無墮容，無懈心。由是姑愛異之加等。憶其始歸」汝墳之歲，嘗命婢使之勤老者偕往，迨歸，謂予曰：婦事姑盡順矣，姑」待婦不間矣，然而恭命令，處勞約，有甚於諸婦者。予因知吾妹得所從，而」鄭君果佳士，非孝子順婦，其何能致長上之推誠無外者歟？其後鄭君從」事于陝于蒲，奉喪助祭，達情中禮，暇日讀經史箴誡不釋手，家人未嘗見」其有疾言變色之異。或退居郊園，躬閱樹藝，理絲枲之事，安貧自樂，熙熙」然終歲，唯親愛離闊爲□。及嬰疾歷時，羸然牀第，心識不亂。至于彌留，猶」能喻其夫以常理，顧諸子以爲託。蓋天資明茂，與道冥合，有似乎善學之」士，懸解獨得之徒歟？又可尚也。長兄羣，自幼則保護之，出門而戒送之，豈」虞天落，復與爲誌墓之詞？嗚呼痛深！銘曰：

積德鍾慶兮生此賢女，不資」繩墨兮自中規矩。有生之酷兮夭奪遐年，藐然無恃兮諸甥可憐。窅窅玄」夜，湯湯□□□攀車而孺慕，夫傷神而恨多，嗚呼！愛而不見，如骨肉之情何！」

（周紹良藏拓本）

元和一三〇

【蓋】失。

【誌文】

唐故隴西李夫人墓誌銘并序　從叔前河陽節度巡官前試太常侍協律郎玄質撰

夫人世家于絳郡，七代祖武陽公，因官于秦，今爲秦人。曾祖諱殷，祖諱廣國，詞華貫代，名稱當時。自幽陵干紀，屬車南巡，著責胡頌，唐書數軸，布在方册，官至陳州太康縣令。烈考諱通，寧州彭原縣丞；叔祖惟誂，有殊功於國，除將作監内作史。洎二帝陵園，以封樹中禮，遷户部尚書。夫人即彭原丞長女也。先夫人天水尹氏，以孤嫠是育，婚姻所宜，年二十餘，歸于試太子舍人潁川陳公劇。僅經二紀，特豚明婦順之禮，柔德彌彰；執饋有如賓之敬，聽從無怠。撫幼弟，養舅姑，雖古今孝列之婦，無得而喻焉。陳公數年，家徒屢空，今春遂從軍維揚，與之訣别，夏乃偕行。會淮楚有兵，如約過時，每忽忽不樂，積夢成災。元和十四年五月廿日暴疾，卒于夫之私第，享年卅七。以其月廿六日乃葬，非速也，從卜也。歸葬于萬年縣長樂鄉王柴村先父之塋，非權也，不忘本也。悲夫！有二男一女，幼在童孺，不知哀至，而爲哀也。有愛弟一人：曰士真，曰士和，皆哭踊絶地，泣血號天，充窮護喪，行路增歎。余以猶子之念，爰記兹石，誌于墓門。銘曰：

穆穆令德，惠和淑慎，好合君子，柔嘉淑聞，女儀閨範，玉潤蘭薰。天道不仁，神理難問，奄謝昭世，倏隨短運。痛幼弟兮心摇丹旐，撫童孺兮氣結中帷，仰房櫳兮如在，感松阡兮涕垂。嗚呼哀哉！

（録自《陝西金石志》卷十六）

元和一三一

【蓋】失。

【誌文】

唐故歸州刺史盧公墓誌銘并序　荆南觀察判官試大理評事李行脩撰」

元和戊戌歲正月，盧公以簡易慈惠之化牧秭歸，己亥歲七月朔旦，終于官，郡邑人」吏望喪啼號，山谷蠻獠舉酒祝延。後十三日，遷裳帷于荆州私第，以九月九日葬于」邙山大塋。廉使副丞相河東裴公悼公懿跡之不可追也，以行脩嘗忝同僚，俾書」其大都，勒于幽礎。公族本清甲，首冠羣倫，時之冢卿藩后，列尊賦重，男冠女笄，靡不」奔走其門，求爲繫援，則其受氏占數，人得而稱。高祖操，洛州司功參軍；大父寰，臨汝」郡長史；顯考政，太子中允贈汝州刺史，皆位不充量，鍾美於公。公諱璠，字璠。生而博」厚，幼有壯志，族姻貴勢，諠赫滿朝，閉心自求，過絶寒素，不數歲，舉進士上第，補西」府文學。德宗後元中，朝有邪臣，竊弄威柄。時工部尚書河東裴公佶爲諫」大夫，密疏條陳，破其黨與，邪直交捽，激若水火，氣高志遠，卒用不勝，遂出爲黔中觀」察使。窮荒醜地，沴氣焚如，門人賓從，愿留者衆。公即尚書公重表兄，且兼通舊，急」人感義，奮臂樂行，於是表授左金吾衛兵曹參軍，充黔南觀察判官。起歷險之壯心，」佐便宜之新令，獷夷率化，惡癘不作，績成三載，高視中縣。由是，裴公遷同州刺史」兼本州防禦使，公轉大理評事，復爲上介。賓主相熟，其道益」光。無何，裴公歸」朝爲紫微郎，公調補藍田縣丞，」歷監察殿中御史佐湖南東川幕，既罷，屬當路怙勢」者爲子求婚，將以事鈐扼於我公，遂甘卧楚郊，誓心自絶，教授生姪，忘懷養空。今」廉使府公，故尚書之季弟也，常藴天倫之戚，至感存於心目，博愛流於枝葉，所未厭」者唯公墊悴，思所以發之耳。及總戎鄜時，統尹神州，將欲昇名，期於拔起，公猶以前」事爲慮，皆不果行。會合有時，擁旄斯至，開鴒原之新府，續棠棣之舊陰，縟禮明誠，」無所辭讓。是歲九月，授侍御史，賜緋魚袋，充荆南節度判官。居一年，復表授歸州刺」史。嗚呼！以公之華宗茂緒，物不兩大，而致位二千石不爲不遇；以公厚於睦親，薄於」奉己，而享年七十不爲不壽；以公再娶，卒爲鰥夫，二子權、亢，免水火之災，已至成立，」斬然在疚，如不勝哀；一女適隴西李元實，柔明淑慎，婦道有聞，不爲不幸。而公之次」兄前東川節度副使、虞部員外郎、檢校大理少卿琬，如負至冤，無所赴愬，避適寢以」寧體魄，扶至哀以嚴器備，則異時過期之感，十省之愛，斯可見矣。夫人清河崔氏，曾」祖秀，秘書監；祖著；父褒。言世家者謂二族相配如均權衡。前夫人逮事先府君，無」子早世，後夫人即夫人之妹，嗣胤皆其所出，亦先公十歲而殁。令德相繼，漸于閨門，」故咸以祔焉。斯文之作，非唯陵谷是虞，用以慰仁兄孝子之心也。銘曰：

南州罷市，北邙啓路，洛水龍騰，嵩丘虎踞，以左以右，乃封乃樹，玄泉不發，黄壚永固。」嗚呼盧君，歸兹大墓！」

（周紹良藏拓本）

元和一三二

【蓋】失。

【誌文】

唐周球故妻張夫人墓誌銘并序」

夫人清河人也。父悦。夫人悦之幼女」也，春秋六十有八。時元和十四年」四月廿四日，終于私舍。以其年」十月一日窆于依仁鄉甫里村周」宅地塋，禮也。有子澄，叩地泣血，恐」陵谷改移，刻塼于號。銘曰：」

寂寂高堂，寥寥泉户，」月照長松，千秋萬古。」

（録自《金石苑·蒐古彙編》三十四）

【蓋】 失。

【誌文】

唐故左領軍衛太原豐州府折衝都尉員外王府君墓誌銘并序

軒冕所重者芳族，君之德；箴誡所尚者令德，夫人爲之。歲居在亥□三公舊墓改觀，以夫人和氏合祔，禮也。君諱守廉，太原之雅望也。遠祖從宦，因居上黨焉，相襲自遠，迄于盛唐。君之名位若靈龜之□骨者也；曾諱崇智，丹穴之巖鳳骨者也。府君有貞正之名，謙讓之美，皆夙著□。頃有叛臣構亂，蟻聚憑陵，屢乃畢力輸忠，志誠□命，恩效左領軍豐州府折衝。旌乎厥勳，春秋雖越於從心，名節□留於倒載。當七十有七，以元和六年八月十六日懃王之節盡矣，嗚呼！七擒之詠，千載空餘，命矣夫，悲莫能及！以當年九月十七日嗣子□□力扶曾祖并府君於壺關南崇仙鄉五集村北平原爲一堂之安厝。今汝陽郡夫人孀居之一半，皎然冰雪，厥初眉終，雖煢煢然撫於孤幼，猶孟親之垂訓，不失者七，豈遐齡示高而□疾，時元和十四年九月十四日，奄終于堂。公素虛淨，知懸解之由，鄙同穴之義，恐神無託，生人可哀，禮不從舍，周其何適。嗣子奉國、次子奉林，懷荼泣血，號天録實，以當年十月廿八日占吉兆與府君夫人同歸魂穴合祔，禮也。雄寶馬安并禹治，府君千古作比鄰，後恐桑田有移變，勒石萬古銘長存。曰：

英毅之德，其惟府君，輝影雖逝，聲名高聞。惜哉夫人，榮養斯隔，嗟矣孤露，空悲松栢。鷹揚之勇，武

□之威，隱顯靈識，魂兮來歸。

（周紹良藏拓本）

元和一三四

【蓋】崔公墓誌

【誌文】

唐故太子洗馬博陵崔府君墓誌銘并序　承務郎試蜀王府參軍成表微撰」

士有遊藝據德，斧藻言行，不形喜愠，不誤是非者，則聞之于」府君焉。府君諱載字載，其先齊太公之後，食菜于崔，而因氏焉。」洪源茂根，世有名士，至於貂蟬映時，金紫奕代，竹帛繁盛，不復書矣。」王父謙，皇易州脩政府折衝；列考季，試恒王府司馬。府君則司馬之」第二子也。伯仲五人，皆美鬚鬣，麗容貌，各身長六尺二寸，俱懷文武之用，」鬱爲豪盛之家。長曰戬，隴州汧陽縣尉；令弟鉷，長武城使兼御史大」夫；令弟晟，文林郎太子通事舍人；令弟成，大理寺主簿。府君植性廉」潔，執心沖和，遷善罔遺，見惡必止。豈謂德優齡促，奄隨尺波，享年五十」有九，以元和十四年五月廿三日遘疾，終于幽州薊縣招聖里之私」第也。夫人彭城劉氏，薨薨慼容。悄悄閨壼，齋潔喪事，敬逾古」昔。有子五人，男二人，女三人。長曰公聿，試左武衛兵曹參軍，侍疾有黃」香之譽，居喪繼柴也之哀。次曰公淑，善諷詩禮，名美我郎。昆弟等皆善」居喪，絶漿茹荼，泣血羸瘵，鄰里哀之也。女子等皆以孩提，生知孺慕，」可哀也哉！粤以其年十一月十六日窆于幽州幽都縣保大鄉杜村北」一里之原，祔于先塋，禮也。表微嘗接府君之餘論，沐」府君之清風，學淺詞荒，叙事有闕，緘之心府，有媿幽默。銘曰：」保大之鄉，桑乾之湄，泉扃長夜，潛翳英姿，逝于中齡，孰不凄其。」崔氏之先，世有英賢，既盛簪筆，亦耀貂蟬，太公之封，千古昭然。」孀妻茹荼，令子泣血，鄰無相舂，親有嗚噎，志諸貞石，用旌賢哲。」

（録自《八瓊室金石補正》卷七十）

元和一三五

【蓋】大唐故邵府君墓誌銘

【誌文】

唐故元從奉天定難功臣游擊將軍守冀王府右親事典軍上柱國勒留堂頭高平郡邵公墓誌銘并序　從姪將仕郎試太常寺奉禮郎飛騎尉仲方撰　文林郎前守渠州司户參軍魏瓊書」

夫生滅之相，貫于天地；盛衰之門，業推而化。故期生誠榮禄，奄歿」幽泉，機兹褒嚮之靈，刻石於玄扃之記。典軍諱才志，字玄甫，望出」高平萬年縣人也。曾諱慶，皇不仕；祖諱儀，皇不仕；父諱明，皇任昭」武校尉、守恭王府左帳内副典軍、上柱國，賜緋魚袋。公即長男也。」立身從仕，卌餘年，自建中四年癸亥歲朱泚寇逆，陷没城堙，執持」堂印，隨駕奉天，重圍之内，苦歷艱危，克復之時，」功勳崇獎，遂遷五品，職佐台堦，累序勳勞，歷更九任，勤效幹蠱，靡」資台鼎，孝奉家慶之休，廉謹風猷之德，遂至元和十四年八月廿」七日，藕遇朋友酒筵至夜，有司糾劾，以達」聖聰，詔下書刑，貶於坊鎮，又遇寒熱，伏枕數旬，有嗣子全」亮，儒直奉孝，過於孟孫；悲泣跪藥，甚於韓伯。孤妻張氏，親看扶舉，」洗浣哺飡，食不知味，寢不求安。弟曰才應，官任清資，職司樞密，朝」入公門，暮歸奉孝，恭敬悲念，乳藥哺飡，在處求醫，藥餌無效。豈期」壽限將畢，大愿不從，時年春秋五十有五。至元和十四年己亥歲」九月廿七日，終於坊州館舍。嗣子等號天泣血，聲一舉兮三絶，女」及諸姪新婦等，咸悲慟哭，傷痛四鄰，卜筮有期，至其年十一月十」六日舉葬於長安縣承平鄉史劉村附先代塋，之禮也。仲方素」諳有德，乃述其詞，銘曰：」

典軍功效，安國理民，重圍之内，印信奉陳。光榮先祖，」忠直事君，孝義奉母，哭竹求辛。身敗四時，久病瘦羸，」醫藥無愈，奄有云亡。魂歸逝水，形影無光，幽扃悄悄，」歸於北邙。篘風吹竹，悲聲白楊，年年松栢，空響泉堂。」

（周紹良藏拓本）

元和一三六

【蓋】失。

【誌文】唐故左領軍衛陝州上陽府折衝員外置同正員試太子文學沂州長史崔府君清河張夫人合祔墓誌銘并序」

公諱蕚，字秀粤，其先博陵人也，襲漁陽守仲」牟公之後。自周秦漢魏，至于有唐，皆匡輔王室，而簪」裾不絶。曾祖文，嬀州司馬；祖弘，薊州長史；父志，丹州長松」府折衝；立身孤標，迥出人表，嘉聲扇於寰宇，令名書於竹」帛。公節行不羣，文武雙美，奉上也忠直，接下也恩惠。分金會」友，倒屣迎賓，古往以來，豈得同年而語矣。洎元和九年七月五」日伏枕而終於恒府崇儒坊之私第，春秋六十八。夫人清河張氏。」蟾光降氣，坤德孕靈，受訓母儀，□□□□能出不逾閾，動不越」禮，貞淳婉順，九族和平。豈期倏短難源，奄從逝水，以元和九年二月八日寢疾而喪，享年六十一。嗣子三人：長晟，仲曰晉，」季曰逸，哀號叩天，淚盡繼血，骨□柴立，斬纕居喪。爲戎馬生」郊，擐甲靜亂，葬事未畢，綿歷星霜。元和十四年十一月廿二日卜葬」於齊城西北五里壽陽之原，而爲備禮也。恐高山爲海，深」谷爲陵，刊貞石以銘，垂將來之不朽。銘曰：」

高天茫茫，逝水湯湯，天道難量，人皆云亡。恒山之陽，滹川之旁，」高墳玄堂，雙玉沉光。嗣子哀傷，血淚霑裳，萬古星霜，青松白楊。」

（周紹良藏拓本）

元和一三七

【蓋】失。

【誌文】

大唐河東裴氏室女曰琪，貞元丙子四月廿」一日生於彭城郡，元和己亥十一月四日戊寅」終于白馬津，以其年十二月九日癸丑歸葬邙」山，祔先塋之末，禮也。厥父河北稅鹽使、朝」議郎、檢校尚書工部員外郎、兼侍御史、輕車都」尉、賜緋魚袋弘泰銜痛申哀，爲之誌曰：嗚呼！吾」承德緒，爾有懿範，宜其福壽，以昌他門。」逮及笄年，遂生微疾，俟其瘳復，將使從人。累歲」綿綿，勿藥無效，竟乖吾志，有負爾身。況夫人趙」郡李氏，收爾自外，鞠育十年，恩慈訓導，情逾所」出。洎彌留僅月，恤問無時，嘗膳求醫，以晝及夜。」嗟呼！藥術罔應，精魂永歸，彼蒼者天，生爾何」意？是知由爾曹之命也，非吾輩之闕也。至於」祖宗之業，素備於豐碑；骨肉之痛，將成其血淚。」傷悼不足，故述于銘。銘曰：」

脩短常理，盈虧有時，嗟爾之身，未盛而衰。邙山」之隈，洛水之湄，夜泉一閉，松檟風悲。」

（周紹良藏拓本　河南千唐誌齋藏石）

元和一三八

【蓋】失。

【誌文】

唐故滎陽鄭氏男墓誌銘并叙　季弟纁述」

唐元和庚子歲正月甲戌朔，十四日丁亥，鄭氏男終于江陵府」私第。嗚呼！在疚也享年廿五。粤以其年閏正月廿九日歸祔于」北邙先塋，禮也。嗚呼痛哉！修短之數，善不能遷；未濟之極，天」不可問。公諱緄，滎陽開封人也。鄭氏之先，涣乎史氏，不復繁著。」三世以至于曾祖諱游，贈太常少卿；祖諱寶，贈左散騎常」侍；父魯，前任右金吾衛倉曹參軍。公即倉曹之次子也。天姿」雄植，英秀獨邁，性嚴簡而尚儻之奇，愛廉貞不拘介獨之操，始」通詩禮，略觀史傳，博覽每盡其性情，探玩其味，無不研精，任重」致遠，有恢量之器，溫潤淑慎，自滋其身。倉曹見志，遇友而舉之，」聞者莫不傾耳而聽。公性好點識，敏而有文，韜於腹内者，人咸」不測。言不宿諾，行不苟從，率身克己，服道崇德，閨門穆如也，鄉」黨恂如也。至乃雄以濟義，勇以存仁，貞以立事，敬以守節，獨斷」於心，每若由己，實謂時輩所高，以是鄉里長幼，望風而靡，邦國」賢豪，聞名悦服。方謂拂羽喬木，緬昇高雲。遭命大過，棟撓而殞。」嗚呼！天咎公家，三世墳隴在北邙山，昭穆崇封，松柏成列，附葬」于此，行路共哀。始公伯父皇任工部郎中，海内之先賢也，含」純剛之德，有高代之之行，每見公嘆曰：吾家世儒術傳嗣，常懼」後來光列不顯。我見此子，實慰吾懷。爲公有逸羣之骨，拔俗之」標，超山越壑，可以駿邁也。豈其夭絶，禍茲良圖。纏幼同營道，氣」至不違，迹間情一，每爾於纏曰：共爾齊室家之好，立門風之譽。」未□其用，遂隔今古，幽冥永異，恨結此生，泣述直叙，敢銘茲石，」置之幽壤。銘云：

穆穆鄭君兮生此華族；温淑貞」範兮德比□玉，音容永翳兮哀有何已，獨有遺芳兮播諸惇史。」

（周紹良藏拓本　河南千唐誌齋藏石）

元和一三九

【蓋】失。

【誌文】

唐故趙氏夫人墓誌銘并序　吴郡顧方肅譔

夫人姓趙，望在平原，祖歿年遠，子孫絶嗣，無人紀於後世」之事，今難序焉。夫人父諱萱，皇朝定難功臣，官憲試鴻臚」大卿，先夫人三十年已前而卒。夫人即先鴻臚卿之令女」也。笄年十五，執事箕帚，而適于楊氏之門，如鳳之飛，雙鳴」相應，周旋二十餘載。而楊君寢疾，去元和六年十一月，終」于京兆府長安縣闤闠之肆，殯金光門外小嚴村之里，墳」塹存焉。兒女九人，皆尚幼稚，孤煢撫育，霜露所哀，追攀永」懷，哭對寒燼。夫人尋患腰脚，行李不逮，雖坐禦家事，猶慈」和六親。春秋屢徂，容鬢衰且貧，無以爲節，禮徇時宜，鰥」寡多猜，迫以從事，方再行于吴郡顧氏，低迷四五年，而公」潔躬，文字未達，寓居中彭漢武初興之地矣。夫人元和」十四年七月十一日不起宿疾，終於兹川。以元和十五年」少帝即位二月五日，改號爲永新元年，以其年歲在戊戌」二月十二日，歸窆于長安縣昆明鄉魏村先妣段夫人塋」塋，禮也。嗣子四人：文晟、文幹、文𣆀、文昱等，皆以哀號泣血，」匍匐仰天，聯翩弟兄，永失慈訓。方肅以哀情所屬，慮在幽」冥，刊石爲文，記之於壙。其銘曰：

惜哉仁賢，逝住中年，揜瘞蓁棘，親賓共憐。」愚夫撰銘，買石彫鐫，建記陵谷，他時獲全。」林栖暮鵶，壠憩啼鵑，寂羃春墅，長宵月懸。」□□□□，五藴虚假，萬古悠然，千秋永夜。」

（周紹良藏拓本）

元和一四〇

【蓋】失。

【誌文】大唐故儒林郎守陳州司兵參軍鄭」府君墓誌銘并序」

公諱憬，鄭州滎陽人也。皇唐維元和十」五年二月廿一日終於朱楊村私第，享」七十有一。其年歲次庚子四月壬申朔」十九日庚寅朔合葬於東都河南府河」南縣平樂鄉纏澗里北芒山杜翟村之」源，禮也。高祖諱覽，皇辰州盧溪縣令；曾」祖諱訓，皇趙州平棘縣丞；祖諱錫，皇登」州蓬萊縣尉；父諱憬，皇陳州司兵參軍。」身明經及第，本管洺州雞澤縣前任和」州曆楊縣主簿，第二任台州黄巖縣丞，」第三任陳州司兵參軍。外氏王祖」諱樅，皇魏州録事參軍、朝散大夫。男」鄭字員老名賓。故立銘記于墓文字撰。」

（周紹良藏拓本　河南千唐誌齋藏石）

元和一四一

【蓋】　失。

【誌文】

唐故朝散大夫秘書省著作郎致仕京兆韋公玄堂誌　第四子前山南西道節度判官將仕郎試大理司直兼殿中侍御史紓謹撰并書」

唐元和十四年三月廿三日，公棄背于長安新昌里私第，享」壽八十有三。嗣子縝、洎系、綀、紓、絢，哀號于天，毀未敢死，乃稽先王」卜兆之義，以明年五月一日奉遷靈座祔于萬年縣洪固鄉」畢原先太夫人太原王氏之塋焉。縝等咸以公潛耀道德，」不求顯著，他人論譔未能盡美，盍自志之。公諱端，字正禮，五」代祖孝寬，後周大司空鄖襄公；高祖津，隋民部尚書；曾祖琬，」皇成州刺史，贈禮部尚書；祖季弼，太僕寺主簿；烈考廉，尚書」庫部郎中。自鄖襄公以盛業洪伐，延耀後嗣，以至于郎中，茂纘」其德

□官壽不至，士大夫到于今嗟稱之。公即郎中第二子」也。體苞元精，天付全德，孝友忠信，莫匪生知。以古之賢達有保身」遺名不降其志不辱其身之道，莫不洞與心契，歸於一揆。故常以」恬曠自適，怡攝爲宗。是以家人忘貧，位不稱德。官歷率更寺主簿，」下邽縣主簿，下邽、陽翟二縣丞，國子監主簿。凡五仕三爲色養，二」爲孤幼，皆非公之志也。自是之後，蕭然杜門，淮夷削平之明年，」皇帝在宥，天下方宏孝理，詔百辟父母存有顯擢，歿有褒贈。時縝」爲工部郎中，由是拜公朝散大夫、秘書省著作郎致仕；」先太夫人追贈臨汾縣太君。時謂公之義方，縝之顯揚，斯爲」至矣。太夫人曾祖諱子真，皇襄州録事參軍；祖怡，河南尹」東都留守；考毗，昭應縣尉。太夫人生令族德門，稟柔明淵懿，」脩睦婦道，裁成母訓，輔佐君子，踰廿年，所以敬養先姑無違」尤，慈幼惠下無怨悔。縝等不孝，禄養未及，禍罰已鍾，而外族淪」替，靡所依倚。是以霜露怵惕，有加罔極之痛焉。以貞元六年奉安」宅兆，至是蓋祔。嗚呼蒼天！縝，工部郎中。系，陽翟縣尉。練，鄉貢進士。」紓，兼殿中侍御史。絢，前太廟齋郎。紓頑闇不類，哀敬不文，泣血」書石，以置泉隧。」

（周紹良藏拓本）

元和一四二

【蓋】失。

【誌文】

唐故朝散郎守珍王府録事參軍飛騎尉乘府君墓誌銘并序　守秘書省校書郎崔管撰　河南府參軍羅約

言書　朝議郎權知處州司馬賜緋魚袋翰林待詔趙良裔篆題」
公諱著，字太質，魏郡人也。其先周武王季父少叔之嗣三世秀友」申爲魯上卿，曆晉宋齊陳，冠蓋傳襲，
貂璫熊軾，焕乎史册。祖孜，晉」侍御史，永嘉鑾輿南遷，遂止吴興餘杭縣，經今十二代，陳五世祖」世子
拜諫議大夫，三徵不起。曾王父孝禮，皇資州司馬，去官隱于」鍾山；大王父道卿，異學洪名，飛遯不
仕，守鍾山舊業，歸終天穆；烈」考鶴，經明行脩，書判優美，解褐信州貴溪縣令，次任江陵府倉曹」參
軍。公處長子也，少而聰敏，苞羅載籍，年未弱冠，以孝廉擢第，起」授越州蕭山縣尉，次任潭州益陽縣
丞。及糺曹府扃六聯之務，理」議詳明，代奉道典玄言，窮釋門奥旨。公素薄名利，式罕知音，躡先」高
蹤，掛冠遠引，燒丹餌術，契玩情性，因訪侶東嶽，以元和十四年」十一月十三日河南府延福之私第，天
命不福，無疾而終，春秋六」十六。公門葉清風，藏書萬卷，懷珠吐玉，流芳溢吴。嗟公才行不貴，」李廣
之德不侯。夫人南陽支氏，貝州司功參軍博雅之長女，令德」淑慎，椒花葛藟，敬姜哀制，復見于兹。嗣子
四人：季昌、季寧，秀而不」實；長曰季登，幼曰季真，雍怡朗茂，討古搜今，文采尤異。茹荼荒毁，」苴杖
表儀，稱家之制，以備喪事。伏奉遺勒，令歸舊里，魯王四世返」葬于周之義，從公之制，得禮之中。以元
和玄枵之歲七月九日葬」于洛陽縣清風鄉高馬原之禮也。將恐代變陵谷，貞石克存。其詞」曰：」
天地否泰，厥寅于老，藴懷玄訣，貞和自保，退慕漢踈，」師洽南皓。安危動静，天命數窮，化逐冥往，神
皈運終。」龜兆告吉，馬崗叶良，逝水東注，西傾夕陽。薤懸秋月，」松摇夏日，空書片石，用紀名秩，寒
暑無慆，永憩幽室。」

（周紹良藏拓本）

元和一四三

【蓋】失。

【誌文】

唐故處士高平郡曹府君墓誌銘并序　隴西李邵南書」

公諱琳，字琳，其先高平人也。自降于皇代，世職不」絶。祖諱從雅，高道不仕；皇考諱元穎，雅性弘真，偃」仰自適，趨競名位，曾不干懷。公即元穎之第二子。」公養蒙閑居，或漁獵經史，晚節慕道，尤遵釋教，知非二」相，了悟一乘。不幸以元和十五年正月廿四日寢疾，」殁於洛陽縣北市里之私第，享年七十有九。以其年」七月九日葬於河南縣平樂鄉杜翟村之原，從其禮」也。夫人隴西郡彭氏，淑德婉麗，克諧姻族，撫孤幼以」營窀穸。長子忠義，次子宏慶，並皆職居禁園，苫塊」之中，形影相吊，哀摧杖策，泣血送終。有女三人，長女」適于孟琮，次女歸于劉端，季女娉于高遂，並貞範推」先，婦道母儀，堪爲女師。次女不幸先公而喪。嗚呼！」恐陵谷遷變，九泉之中，載乎名氏。其銘曰：」

履素無各，積善有慶，曹公立身，執德之柄。」忠貞是資，令德在斯，南山至壽，北牖臨喪。」金玉盈室，莫之能將，親賓痛悼，鄰里悽涼，」臨終不撓，存殁皆藏。」

（北京圖書館藏拓本）

元和一四四

【蓋】　失。

【誌文】

唐故河東裴公墓誌銘并叙　前鄭州滎澤縣尉王鉅撰

公諱昌，字仲達，其先河東人也。保姓受氏，其來遠矣。洎永嘉之年，衣冠南渡，風流遺烈，代有其人，禮樂搢紳，顯于家諜。曾祖元凱，祖明達，父仁安，並徽懿盛才，昭振前列，望高族茂，勳華貫時。公即府君之第二子也。禀淳和之性，有堅貞之操，以德行立身，以仁信交友，志尚閑逸，不以禄利爲榮，是以不屈節折腰，耽玩琴史，實明執之龜龍，仁物之衡鏡，隱淪混跡，洞達窮通，道在其中矣。於戲！有至行不享其福壽者，其斯之謂歟？以元和十五年正月十七日遇疾，終于長沙郡湘潭縣之江次，享年八十五。嗚呼！夫德立而人世不稱，行成而幽靈無報，短長之制命耶？以先塋松栢，陪葬尚賒，禮許從權，乃於上元縣鳳臺鄉梅頂崗之東北原别建兆域，以其年八月二日權窆焉，從吉兆也。夫人吴郡朱氏，淑慎忠厚，行成閨門，内政有敷，義光詩史。有子五人：長曰興、次曰幹、次曰超，次曰孚，詩禮垂訓，教及義方，識度自然，哀不逾禮；幼子曰祐，先公而亡。有女二人：長適彭叔雅，次適蔣幹，皆蓄令德，事舅姑有聞。蔣氏愛女，早謝浮榮，亦先公而卒。令子慮陵谷變遷，見託斯文，採摭行能，勒銘貞石。其詞曰：

於惟裴公，凛然循德，在醜不爭，惟人是則。樂天知命，道達通塞，栖心雲水，處世寂默，沿漢泝江，東西南北。其一。天胡不惠，哲人其萎，大樸已散，淳風不歸。丹旐翩翩，新隴巍巍，泉門一閉，與此山垂。其二。

（録自《古刻叢鈔》）

元和一四五

【蓋】失。

【誌文】

唐故楚州寶應縣丞韓府君墓誌并序

貞元十九年七月十六日，南陽韓府君終。公諱恒，字正則，侍中文貞公曾孫，宋城令純懿之孫，楚州司馬繹之元子。生而英邁，儀神卓異，身長六尺三寸，腰帶十圍，有從横才術，每論皇王治亂之道，未嘗不扼腕歎吒，以致君昇平爲己任。當代名士咸求交之。年廿，黔府薛舒辟爲從事。屬兵亂舒遁逃，公乃撫遏，迎而復之。以憂去職，後假名領縣邑者五，皆有殊政，尋授潭州倉曹。然以才調高邈，不苟合於時，竟蹉跎壯年，遊放林野。又爲寶應丞，十九年，享年五十六，終于萍鄉縣之官舍。臨終謂嗣子重華曰：吾平經時略，汝得之矣，吾殁無恨。重華時宰是邑，哀號護櫬，權窆于武陵山居，以元和十五年，重華自代州刺史除大理少卿兼御史中丞，其年九月三日，遷祔於洛城北原，禮也。嗚呼！有其才而無其位，前古所不免焉。乃爲銘曰：

天生英賢，瓌才偉姿，中壽淪殁，不逢其時。嗣子奉訓，慮虧修立，號天永終，以血繫泣。遷塋洛都，來自長沙，懷陰選墳，傍可萬家。

（北京圖書館藏拓本）

元和一四六

【蓋】　失。

【誌文】

唐故大理評事賜緋魚袋范陽盧府君墓誌　嗣子福建都團練□□評太□□字泰撰」

仁與命不壹，故先聖罕言；名與□不均，故達人□□□此二」事，府君有之□□□以□□□念則伯夷之□□晏之操」存焉。府君諱倜，字倜，望高舊燕，族分北祖。曾王父子亮，」皇朝任永寧縣丞；王父齊物，皇朝任婺州東陽縣主簿；烈」考滔，皇朝任壽州安豐縣丞；位□湮沉，皆德爲君子。府」君弱冠爲太學生，明經甲科，釋褐豫州上蔡縣尉，轉左司禦」兵曹參軍，授大理評事賜緋魚袋。夫其大畧以忠孝爲本，節」概爲心，天寶中，深爲時賢所重，期以百姓休戚刑政安危於」府君。無何，羯胡勃天，中夏搔擾，安豐府君即世，府君荐」丁内艱，處妹四人，未行他族，攜持鞠養，皆選擇良士咸得其」所；兼領諸孤待府君爲命者凡六十人。婚嫁既畢，優游淮」楚，爲太尉李公之所禮重，因奏授官。性樂山水，頗尚芝木，」陶然委順，不求聞達。以貞元六年十二月十九日，啓手足於」楚州之私第，享年六十有四。夫人渤海封氏，故户部侍郎希」顔之孫，故齊州録事參軍猗之長女。有敬姜之德，孟母之仁，」後府君九年，歸全於亳州臨涣縣。有子貳人：長曰泰，幼曰」嵩。哀守訓教，未能負薪；女一人，歸于清河崔震。以元和十五」年歲次庚子九月十日，泰、嵩泣血，啓自楚亳，合葬于鄭州滎」澤縣李君驛之西，禮也。泰謹具實録，不敢以文，罔極終天，勒」于誌石。銘曰：」德之高兮位之卑，仁之廣兮壽非眉。卜宅□□□□□子孫」哀咽兮終天期。

廣平宋準鐫。」

（録自《芒洛冢墓遺文五編》卷五）

元和一四七

【蓋】失。

【誌文】

廣平郡宋氏夫人墓誌　大聖善寺沙門齊諸撰」

夫人門閥未嘗不盛，軒華蓋代，繹葉連芳，杞梓蘭蓀，奐然光彩。」暨乎家門，性本閑放，不機官禄，自樂餘生，餌秔啜醨，退身養道，」諱曙。夫人即府君第三女也。及嫁娶之年，父母匹配，當楨元三」紀景寅歲，律中夷則，是稱向家之婦。向氏榮望出于河内郡，貫」屬襄州襄陽縣，大門諱晉，父名信，胄族崇高，門盈將相，至于紱」冕，朝野共遵。逮余尊嚴，遺榮棄禄，有如脱屣，遂與洪州南昌」縣宋家爲親姻，即公允之父母也。元和景戌歲應鍾月，合室傾」意，舉門寫心，北遊洛土之風，南阻江淮之秀，卜居河南府河南」縣通利坊，擇鄰而處。夫人享齡六旬，甲子餘一紀焉。嗚呼！彼」蒼不仁，降禍兮速，母道喪也，坤則無也。元和大淵獻歲無射律」中旬三日，終于私第。悲夫！父處鰥室，撫視增懷；兒女無依，長」號逝魄。以明年無射律下旬首二日，安厝於山邙之陽，皇都」之陰。隴樹罩月，榛棘參雲，愁煙蔽空，苦霧藏景。塋地屬河南府」河南縣界平樂鄉杜郭村之左，地主郭榮。地東西南北並自至。」男公允，小名洪子；女綵娘等，迺强扶力，苟延殘息，罄竭家產，而」修葬儀。慮綿曆星霜，時移代變，遂銅刻貞石，紀於前事。詞曰：」

廣平宋代稱上族，門風暐暐傳金昔，蘭蓀杞梓滿朝野，」朱輪綵轂相羽翼。家門大門驚寵辱，養性遺榮能遁跡。」洎乎厥妣生此門，豈料慈顏奄窀穸，卜築佳城在北邙，」馬鬣新封龍首側。」慮陵谷湧移兮時遷代謝，紀曆歲年兮刻字貞石。」

元和十五年九月廿二日安厝。　四字横廿三行。」

（周紹良藏拓本　河南千唐誌齋藏石）

元和一四八

【蓋】失。

【誌文】

唐故太原王公夫人李氏合祔墓誌銘并序　撰文人杜并」

公諱佺字佺，其先冀州人也。周靈王太子晉之後，襲太原，歷代軒」冕，印綬相繼者廣矣。皇祖諱甑，字甑；文可經國，武可濟時，德漠早」推，名器不假，壯年迴擢於高第。噫！何哉？高才而無貴位，誠乃斯言。皇考」諱金字金，學賈巨海，才掩孤峰，時英共推，代則難欠，非鄭生嚴子，孰可同年而」謂也？公質稟太素，氣資中和，道究玄元，藝精□旨。歲□放情遁跡，而恥於」徇禄屑屑哉！於戲，穹昊不惠，釁鍾吉人，桂折高峰，泉沉片玉，已元和十四年十」三月廿八日遘疾，終於青州益都縣平昌鄉之□□，春秋七十有七。夫人即」隴西李公之長女也，王公之嫡婦也。李公諱先嶠，淄州淄川縣人也。高隱軌躅，不」趨王侯，累世搢紳，閒生儒素。夫人天生綽約，代仰貞良，史箴必追，從行雙著，」以流芳之歲，適我王公。節義不逾，柔順是則，擬偕老期頤之歲，況去留夭壽」之差。嗚呼！月彩遽落，星光亦沉，已元和十四年□月十七日遘疾，先終於青州」益都縣平昌鄉之客舍，享年五十有四。長子叔遇，素懷孝友，特禀聰明，不」謝浦珠，攸同崑玉。噫！何哉？秀而不實，年廿有二，不幸在遠見夭，權殯於楊」府邵伯灣之岸側。嗣子中和，性本純素，天然友于，幼敏長仁，守信抱義。誠不」忝鄉曲之譽，無如博雅良士哉。泣血叩地，絶漿訴天，自死未由，杖而能起。女十一娘」子，早聞令淑，方失所從，樛木可期，女蘿未墜，哭既不哀，禮寧有容。公與夫人」以元和十五年十月十日龜兆於青州益都西北九里堯山東南隅，窆於」孝義鄉之原合祔，禮也。銘曰：」

處士生世，至仁且賢，務道遁跡，息機□天。其一。」桀溺莫近，林宗比肩，壽不曰耄，歸乎夜泉。其二。」李氏夫人，伉儷早日，如鳳如鸞，有始有卒。其三。」孤子祔儀，孝爲至性，封壠植楊，祚延斯盛。其四。」

（周紹良藏拓本）

元和一四九

【蓋】失。

【誌文】

唐故潭州湘潭縣尉崔府君墓誌　從父弟朝請大夫權知尚書户部侍郎倰撰」

公諱倚，字　，博陵安平人也。係于炎帝，世爲齊卿，」至穆伯食邑崔城，因以爲氏。自茲厥後，仁賢繼軌，備」於簡册，固可略而言也。曾祖晊，青州司馬；祖濤，穎王」府司馬；父誠甫，澤州晉城縣令；珪組承家，才屈於命。」公即府君之嫡長也。自幼遭罹世亂，虜塵犯於兩京，」漂寓江淮，優游道德。故浙東觀察使中丞陳少游特」表薦聞，因授潭州湘潭縣尉。僶俛從事，纔終考秩。南」方地卑，因遘疾不起，春秋　。有一子名季則，未冠而」卒；一女適弘農楊巽，巽卒，孀獨無子，依於季父。嘗聞」積善餘慶，今則反是。陻厄世故，淪没異鄉，息男早喪，」奠祀無主，存没之苦，可勝慟耶？公從父弟尚書户」部侍郎倰，頃廉問湖南，因命猶子季長，扶護靈櫬，歸」於舊國。以元和十五年十月十六日，葬於河南府洛」陽縣平陰鄉邙山南原，禮也。恐陵谷推遷，强誌幽宅，」操筆追感，粗申梗概。銘曰：」

盛德之後，素業不墜，才未乃展，」溘然中止，爰自湖外，歸於故里，」莊生反真，□□□□」

（北京圖書館藏拓本）

元和一五〇

【蓋】失。

【誌文】

唐故處士崔府君墓誌　從父弟朝請大夫權知尚書户部侍郎倰撰」

府君姓崔氏，博陵安平人也。名偃，字　。自受氏歷周秦」漢魏晉，爰及聖唐，珪組相承，仁賢接武，布在惇史，備於」家諜，不可殫載。曾祖晊，青州司馬；祖濤，穎王府司馬；父誠」甫，澤州晉城縣令；俱藴才行，屈於時命，天道與善，斯爲謬」歟！公少遭離亂，久違京闕，以道自適，優游過時，罕趨於」名，禄亦不及。因伯氏尉於湘潭，公亦從焉。長沙地卑，蒸」濕爲癘，年遘疾，終於　所。有女一人，適貴溪縣令張儇；」無子，一子名季長，以早卒。先人未剋歸祔，不忍遠離墳塋，」荏苒歲時，逮卅祀，從父弟倰蒙恩廉問湖上，問於蓍龜，」以元和十五年十月十六日吉，遂命遷護，歸於故鄉。單旐」悠揚，行路悽感，況於伯仲，恩匪他人，追想平素，痛切骨髓。」以元和十五年十月十六日葬於河南府洛陽縣平陰鄉」邙山之南原，禮也。恐陵谷推遷，不可無誌，强爲銘曰：」倏短之數，通塞之分，理不可推，天不可問。吾兄體道，遁世無悶。禄既不及，年亦不長，盛業不顯，幽抱不揚。善惡同途，行路凄涼，弱子匍匐，發自瀟湘，備歷風波，歸于故鄉，千秋萬古，丘壟蒼蒼。」

（周紹良藏拓本　河南千唐誌齋藏石）

元和一五一

【蓋】弓君墓誌

【誌文】

唐故太原郡弓府君并夫人郭氏墓誌銘并序」

六合包含，四時遷運，凡道氣而生者，靡不歸於終矣。」公諱□□太原郡人也。承古帝王之後裔，分茅列」土，因地而命氏焉。即長城公之褒後胤，代世享德，簪」纓無替。曾諱自寬，皇前攝幽州薊縣令；祖」諱亮。公守道閑居，靜身不仕，奉上惟孝，接下思恭，」與朋友交，言而有信。豈圖積善餘慶，二豎爲災，當」春秋六十有五，去元和九年九月廿四日，終於蔚州之私第。粤」有夫人郭氏，移天事天，上和下睦，四德繼於曹家，三從」同於孟母。何圖倏忽抱瘵，秦救不痊，行年六十有六，届」元和十五年八月二日，大限終於蔚州高第。嗣子如山，次子如岳，」克己復禮，追遠慎終，□當年十月廿七日於州西南四里平源，」禮也。恐山川易舊，水陸遷新，刊此貞石，紀其不泯。銘曰：」

長夜冥冥，孤魂肅肅，風悲日慘，天愁雲矗。」左鄰燕境，右界雁門，桑乾北注，趙土南分。」庶千齡兮而不朽，經萬古兮而長存。」

（周紹良藏拓本）

元和一五二

【蓋】失。

【誌文】右行。

有唐故燉煌張公并夫人河南元氏墓誌銘并序」

公諱季翬，氾人，家自得姓，史有詳焉。五代祖亮，」國初朝臣，立功立事，經綸王業，鬱有餘休。祖公謹，」襄州刺史；父協，揚州海陵縣令；宰邑化人，必聞三異；持」節曲郡，能慎四知。公則海陵府君第二子也。幼而好古，」長而知禮，鄉曲譽之孝悌。知榮耀非固，哂薄宦徒」勞，迺放心□□□道不仕，逍

□宴默，琴書自娛，」何必馳名然後爲德。以永貞元年終于汜川別業，享」年八十有九。夫人元氏，禮樂之門，懿德天縱，閨幃禮」則，鬱爲母儀。以貞元廿年終於故里，享年六十有五。有子」曰詵，天生達人，保守先業，言必及義，行不忤人。以元和十」五年歲次庚子十一月四日遷葬於汜川之陽，禮也，夫人祔焉。」嗟乎！脩短有期，若白駒之過隙；始終常理，亦共盡兮何」言。恐陵谷遷變，誌石宜存，銘曰：代有貞士，既賢且」德，家□□□□□有則，上天不仁兮胡爲是殛？哀」哀孝子兮昊天罔極，宅兆既卜兮良辰已剋，塗車儼」駕兮行路悽惻，地久天長兮子孫弈弈。」

（北京圖書館藏拓本）

元和一五三

【蓋】失。

【誌文】

唐朝議郎行鳳州司倉參軍上柱國司馬君夫人新安孫氏墓誌銘并序　前翼王府參軍賈中立撰」

夫人字堅靜，建業人也。曾王父瑜，睦司馬，即吳」之洪胤矣；祖從，朗録事；父愿，皇尉望江；咸襲繁祉，」垂裕後昆。夫人婉娩令淑，挺然生知，及笄年，適」于司馬司倉宗，窈窕閑雅，謙和優柔，行合規矩，言」堪典模，恭理黍稷，調暢琴瑟，義光中饋，孝顯家風，」絅衣無華，舉案有則，訓女四德，示男六經，親族娣」姒，肅然心伏，凡在閨閫，莫不書紳。性止恬淡，情忘」嗜慾，洞了生滅，俄而謝世。元和十五年五月十六」日微疾罔瘳，終于長安頒政甲第也，享年五十三。」以其年十一月廿二日將遷於國西阿城南原禮」也。嗚呼，生事畢矣！二女早逝，有子長裕，泣血哀號，」抑情就禮，痛雍穆之風，泯然斯絕，刊石紀德，庶幾」不朽。中立舊館之賓，睹其家道，不揆爲銘，未充名」實。銘曰：」

婉娩積善，不享遐齡，貞操符禮，柔和合經。」尺波一謝，寸晷罔停，愛其芳烈，刻石存銘。」

（周紹良藏拓本）

唐代墓誌彙編

長慶

長慶〇〇一

【蓋】失。

【誌文】

唐故朝請郎行撫王府功曹參軍平原郡倶府君墓誌銘并序　愚谷子梁匡堯述

公諱海，字全真，出自黄帝之苗裔，乃爲平原人也。洪源派遠，三皇生翼贊之臣；茂緒聯芳，周漢廣英髦之士。氣高雄略，每朝揚獨步之先；文字風清，聖代列天衢之末。世寄衡茅，爲武功人也。曾祖清，高蹈不仕；祖偉，朝請郎試左武衛率府兵曹參軍；道高守素，漁樵避世禄之榮；名振當時，兵要屈六曹之位。養蒙巖穴，世路仰其遺風；才逸官微，賢傑益其興嘆。列考玉，隱于衡門。志窮藥術，栖神於素簡之書；心慕長生，練質託金丹之妙。公即高蹈君之元子也。學贍文詞，明於理世，義高志遠，朋友慕其方來；德廣量深，朝野仰其仕從。舉以功優出身，解褐硤州司户參軍，調改朝請郎行撫王府功曹參軍。初登曹務，能官正方伯之儀；才佐皇王，守法備國儀之禮。飲冰從宦，輝映當時。逸翮翔煙，屈勢飛於霄漢；賢遵軌範，代仰清塵。嗟乎！久懷匡輔之誠，不展當權之用，悲矣夫！懸車之歲，寢疾辭官。長慶元年正月十七日，終於華原縣觀相鄉之私第，享年七十有二。先夫人太原王氏，後夫人渤海吴氏，並禮歸高族，同鸞鳳之和鳴；義表移天，等蕙蘭之芬馥。穠華尚茂，嗣子成人，春霜殞花，親戚傷其風燭。元和元年五月十日歸殯武功縣三時原舊鄉之塋。府君今年二月廿三日合祔於舊塋，禮也。嗚呼！天高地廣，痛琴瑟兮雙歸；白草煙深，感逝川兮嗚咽。元子文明，儒林郎試左金吾衛長史；仲子文誼，昭武校尉前守左威衛慈州吉昌府折衝都尉；季子文素，未仕；並才通文武，道貫英儒，禮及過庭，學深嚴訓。痛增氣血，哀徹五情。慮地變山移，誌于幽隧，命余援翰，握筆潸然，空媿於辭，乃爲銘曰：

身没于世，空餘德音。鳳鸞歸穴，琴瑟聲沉。蒼山霧苦，白草煙深。月照幽壠，魂歸故林。風悲松檟，行路傷心。

（録自《陝西金石志》卷十六）

長慶〇〇二

【蓋】　大唐故劉夫人墓誌銘

【誌文】

唐故彭城劉夫人墓銘并序　孤子前試太常寺太祝齊同撰」

夫人諱和，字信受，彭城人也。立性沉默，剛柔合」規，沖氣和光，含弘至道。威儀軌範，每遵班氏之」風；教子義方，有孟母之」則。何天不祐耶？懷至德」而無壽焉。未及一榮顯而殃禍所及，以長慶元」年三月十二日歿于仁風里，壽年六十二。有子」四人：長子幼雅，次子元素，次子懿雅，次子齊同。」以其年五月廿五日遷兆于洛陽縣平蔭鄉南」陶村，禮也。齊同泣奉遺訓，不敢讓於他人，捧筆」哀號，血淚盈於胸臆，訴上天之何路，叩幽冥而」無聞，素帷悄然，精神安在？思平昔之慈念，痛貫」肝心；想孤墳於平原，五情難處。齊同藝業敷淺，」意不盡文，封樹有期，攀想何及。牽拙鄙陋，以紀」年辰，乃刻貞名，以爲銘曰：」

天地無情兮造化無刑，人有至德兮何壽而無」貞？修短昧兮不可測，福冀助兮安有靈。幽冥隔」兮終永別，恩愛斷兮肝腸傾。」

長慶元年五月十二日鄉貢進士楊損書。」

（周紹良藏拓本　開封博物館藏石）

長慶〇〇三

【蓋】失。

【誌文】

唐故彭城劉府君墓誌銘并序　前鄉貢進士李洪撰」

維元和十五年十一月十八日，彭城劉君遘疾終于上都萬」年縣之旅館，享年卌有六。娶太原王氏，提公遺孤容奴，奉」公喪歸于東洛。王氏哀泣肝膽之血，即以長慶元年七月十」二日殯於河南府洛陽縣清風鄉諸葛村之北邙原，禮也。公」諱皓，字皓，其先彭城人也。積代冠蓋，備于譜牒，略而不書。曾」祖諱常，皇饒州長史；祖諱道鎣，皇朝散大夫、婺州司馬、上柱」國；祖父諱汭，皇前行洪州豐城縣丞；即縣丞之子也。年甫成」童，即棄幼志，有德潤於身，學以性直志孤，時情寡合，若非文」行忠信之士，則難造其門矣。丈夫處世，列鼎而食，擇聲而聽，」誰不欲之。本不以爵禄爲利，志在守道以保其身，曾無輕羡」之心，豈非命耶？遂卜勝地，琴酒陶情，鷗鳥親目，青紫視之如」浮雲，金玉覩之若瓦石。志存大義，天奪其才，蘭焚玉折。外大」夫人東海徐氏；室人太原王氏；生女一人什德五歲，辯慧過」人。空題左氏之詩，未對謝庭之雪。有子一人容奴十歲，尚在」襁褓。公之幼則孩提哀哀泣血，室王氏哭踊崩絶，含酸茹毒，」既守字孤之節，無虧卜葬之禮。嗚呼！風悲薤露，霜添素服，黄」葉暮飛，白雲朝結。恐桑田變海，松栢爲薪，略序遺風，用慰泉」户。刻金石爲銘，其辭曰：

賢哉劉君，積行攻文，身如玉潔，」德并蘭薰，門對峰巒，窗臨冰雲。珠玉奚貴，官冕奚榮，閲目詩書，」怡情琴酒。百年已矣，萬事凄涼，子猶在褓，王氏主喪。沉烏杳杳，」原嶺蒼蒼，銘于泉石，用記貞芳。公之賢兮多士良，才有餘兮賦」命不長，丹旐飛兮歸故鄉，陪松闉兮葬北邙。

弟曜。」

（周紹良藏拓本）

長慶〇〇四

【蓋】失。

【誌文】

唐故朝議郎行揚州大都督府法曹參軍京兆韋府君墓誌文　孤子式己□記」

府君諱署，字公致，其先京兆杜陵人也。曾祖興宗，皇朝散大夫司屬寺長史；祖令裕，皇朝散大夫尚書屯田員外郎；父傳」經，皇朝議郎京兆府盩厔縣尉。府君即盩厔第四子。居官」莊肅，守禮端嚴，直道是行，汩没下位，解褐奏授將仕郎，試恒王府」倉曹參軍，賜上柱國勳，選授朝議郎、行壽州都督府倉曹參軍；秩」滿，充諸道鹽鐵轉運巡官，親累，貶虔州雩都縣尉，量移舒州懷寧」縣丞，轉揚州天長縣丞。故相國李公鄘鎮淮南五年，以賊捕郵」驛委府君，時屬軍興，辭不獲免，投會箕斂，日當萬數。府君靜」以理之，一無差盬。元和十四年秋，國家削平區宇，曠蕩恩光，」府君自當牽復支科，詔授揚州大都督府法曹參軍，會府殷」繁，事多冗仗，府君度而行之，物得其所。謂積慶之所鍾，何天地」之不祐，嗚呼蒼天！以長慶元年八月十三日暴降氣疾，奄棄背」于揚州法雲寺之官舍，享年七十有四。夫人滎陽鄭氏，故」尚書倉部員外郎澍之次女。嗚呼蒼天！府君平生以孝義仁」信行于友朋，及於蠢動，豈家禍之辰，一無來訊。孤子式己，荒毀迷」謬，不知所從，泣遺誡而莫聞，仰蒼天而摧絶，内無强近之親，外」無投寄之友，慮微命之不存，闕終天之大禮。嗚呼蒼天！以其年八」月廿七日遵聖人卜宅之義，奉寧神於揚州江陽縣嘉□□」鄉五乍村王氏之前，從權擇祀，嗚呼蒼天！孤子式己，鞫□□□，□」侍慈親，兩妹未歸，一身孤立，造詣親友，求誌泉扃，詞□□從，□」無以託，是敢血筆書石，用備禮儀，哽咽荒迷，謹誌泉石，曰□□天，嗚呼蒼天！」

法雲寺沙門至廣書。

（周紹良藏拓本）

長慶〇〇五

【蓋】　失。

【誌文】

唐故安南都護充本管經略招討使兼御史中丞李公墓誌銘并序　朝議大夫守將作少監輕車都尉太原縣開國男食邑三百户王仲周撰」

儒述人理云：爲善爲不善有百祥百殃之別，前載書之，謂爲信然。粵」有安南都護兼御史中丞隴西李公諱象古，春秋五十三，以元和十」四祀秋八月十九日遇部將楊湛清構亂于軍郡，公之室韋氏洎三」男二女戕於一刻之間，沉於長江之濱。兵解之後，遺骸蕩然矣。公紹」玄元之遠慶，爲皇室之近屬。始封於曹者，同間平之樂善；節」制於襄者，媲衛霍之邀勳。積善則有之，降祥乃誣矣。旁求釋氏之説，」有云五濁波委，六趣輪迴，三世緣業，萬殊報應。余孔氏之徒也，又安」知西方象外之事哉！公太宗文皇帝之六代孫，襄州節度户」部尚書嗣曹王贈太師臯之子也。初以門蔭，授左武衛倉曹參軍，又」轉協律郎，尋攝監察御史，俄遷裏行，又換殿中，皆參淮河節度府之」右職。旬服求理，拜鄠縣令；禮寺籍才，命太常丞。連剖竹於岳、衡二郡，」洽著聲績，聞於朝廷，優詔擢爲都護領本管經略招討等使，」仍以風憲艾綬寵之。南越天遥地遐，風剽俗梗，撫綏之際，韋絃實難。」選灾則絲棼，束濕則鹿駭。曩之總戎於兹者，端本靖末，無聞焉。公手」執詔篠，心運吏術，欲以仁壽，福兹遐荒。孰殺之謡驟興，咸劉」之禍俄構，悲夫！公即冥之後，公之令弟金吾將軍道古哀絶人琴，言」圖血食，乃以己子，似續於公。嗚呼！歸土之儀不及，招祔之禮空存，以」長慶元年十一月九日嗣子縝虔窆衣冠於洛陽先太師之」塋右。大凡人生若休，同爲溘盡；螻蟻魚鱉，復何親疎哉！强爲銘曰：」

堯官刑清，周史道光，引耀疊慶，祚鍾於唐。克生中憲，宗室之」良，既峩鐵冠，亦綰銅章。連殿外郡，遂護南荒，實思變俗，載訏不綱。政」方浹洽，人幾乂康，誰謂爪牙，化爲豺狼？驟即冥冥，委于湯湯，孝哉嗣」子，祔之若堂。」

（北京圖書館藏拓本）

長慶〇〇六

【蓋】失。

【誌文】

唐故宋州單父縣尉李公招葬墓誌銘并序　隴西李縫撰」

曹國太師之長子諱士式，以孝行名世，而卒不仕。公諱會昌，不」仕之子也，於余爲親伯仲。天肥吾家，生有孝德，始三歲而」伯氏卒，有聲呱呱，禮未能致，我先人以翼覆之，念長育于懷，禮」爲猶子者，仲實如之。永貞元年，准詔受天蔭出身。元和」七年，選補單父尉。從筮之初，訓命嚴肅，仲能謹之，止任之日，以」本職無累，長吏書上下考申之，族以爲榮。當罷秩也，又伯氏經」略安南，先人守大宗正，仲因入問京師，涉歷左右。時」顧命曰：交趾久無來諭，吾心有加，汝爲吾通愛敬焉。於是逕越」南海，禮命不騫，至止之旬月，遇土將楊湛清叛。初矢及于屋，軍」吏莫敢先，仲孝果作心，倜然請命，遂引左袒者遇鬭于門中，勁」忿直前。後不繼至，爲賊刃所加，時元和十四年八月十九日也。」即時詔誅，兇黨疑懼，遂愈棄僵尸，渾亂波瘞，暨王命克」通，吾長兄絳茹毒之前，達于海部，哭慟滄波，倏履壖儌，累十日致」奠濱隅，舉帛來魂，次呼仲名，髣髴而至，悉負歸東洛，喪禮有差。」以長慶元年十一月九日次葬仲魂于北邙故原，禮也。仲享年卅八，以官」薄未娶，有長女貞，次女順，悉爲侍巾櫛者所育。及尉單父也，有」賈姓如□者，生長子艾，小女真。咸雖幼稚，悉抱孝心。噫！吾昆仲」常以孝友維誠，結禦其侮。今湛清賊于家邦，吾斯之未能」報也。如是顧爲禮成，乃書銘曰：」

孝果不避兮生有其志，成破是非兮歿爲後言，良木風僵兮枝」附先隕，不逮周文兮徒謝歸魂，嗚呼已而銘識空壙。」

（周紹良藏拓本）

長慶〇〇七

【蓋】失。

【誌文】

魏氏繼室范陽盧氏墓誌銘并序」

易曰：夫夫婦婦而家道正，正家而天下定矣，余以」是而不苟焉。元和初，嫡妻盧氏卒，服除左遷，窮悴」江嶺，内顧家室，閴其無人，思欲以立其門風，昌我」似續，是用納采于舒州督郵掾盧君曰謙之門，而」得繼室夫人焉，良辰備禮于池州官舍，翌日拜親」賓于庭，温容雅度，宛得天和，宜其室家，正位乎内，」不言而家道立，處中而六親和。天與其聰，不與其」壽，嗚呼！夫人盧君之長女也，其出隴西李氏，年十」九，歸之于我，後盧君卒于官，夫人從夫，不及歸哭，」望之而絶，感於無情。元和庚子，鄙夫自盧州謫居」赴召于京師，夫人領家以俟，明年疾作，夏六月」九日，卒于廬江之官舍，享年廿四。有女一人，生四」月矣。時稱授新命于洛陽，旅次哀纏，撫膺遠望，」命前夫人之子曰道護喪而至，十一月廿七日，祔」于先塋邙山之兆，禮也。嗚呼！恭可以主祭祀，」德可以保宗姻，天不憖遺，破我琴瑟。嗚呼其痛之。」鰥夫洛陽縣丞魏稱銘其墓曰：

天地既分，夫」婦爰立，厚德載家，百禄宜及。豈謂伊人，白駒景急，」想松楸之夜愁，痛孩嬰之時泣。嗚呼哀哉！」

（周紹良藏拓本　河南千唐誌齋藏石）

長慶〇〇八

【蓋】失。

【誌文】大唐故袁州宜春縣尉隴西李府君墓誌銘并序　子婿朝請郎使持節忠州諸軍事守忠州刺史賜緋魚袋王玄同撰」

維大唐元和十五年，龍集庚子，十一月甲午朔，十六日己酉，有宜春郡宜春縣尉李府君遘」疾，捐館于邑之官舍，春秋五十七。粵以長慶元年三月十三日，公長男居貞，次男居簡，自」宜春扶護旅櫬，侍奉夫人，來自荊楚，權居夷陵。家貧路遠，未克營辦，冀望親知之救，以」圖窀穸之事。是歲仲秋月，公夫人滎陽鄭氏又以哀迫形瘁，感深神傷，幽憤莫伸，由此遘」厲，以是月中旬十六日辛巳又歿於硤州，享壽五十二。凶酷併鍾，一家寄寓，行路聞之，猶且」嗟嘆，況親愛之心乎？公諱□，字□□，隴西姑臧人也。曾祖千石，皇河南府陸渾縣令；祖湍，」皇瀛州樂壽縣丞；父榮，皇定州北平縣令。洎乾元初，公祖樂壽府君以經明行修春官上」第，又從調集，始受一命之官，方自洛移家，且縻禄秩，俾孤霜有託，豈計高卑。才高位下，姻族」傷惜，有文集數卷行於代。生北平府君。頃因流寓，便家定州，娶滎陽鄭氏，即故相滎陽公」餘慶之堂妹，公即滎陽之甥也。公生長河朔，早習詩書，器量深厚，言辭溫雅。時太尉」王公節制鎮冀，以名高勳著，顯重當世，開幕辟士，無非才俊。秘書少監兼御史中丞鄭公濡，」爲盛府行軍司馬。以公族望清美，衣冠人物，景慕之厚，遂以次女妻公，得因軍功奏官，」累受冀州司兵參軍。公以諸舅皆在清顯，遂罄室入秦，用申覲謁。途經澤潞，又爲節」使王公虔休所留，委以劇務，冀有績用，欲遂薦聞。未幾而王公即世，公徘徊不遇，而」憤發累旬，且曰：丈夫生世豈長鬱鬱如此！欲遺脱名利，以養浩然，徙居江淮，遂其高尚。路出」曹濮，又爲淄青連帥所辟，既不獲已，且從所知，一見而禮待加等，再見而署爲從事。公感」深知遇，累抗直言，縷陳大體，辭頗激切，乃奏授兼監察御史。及侍中薨謝，季弟繼領旌旄，」心懷異圖，醜正惡直，遂出公爲權知沂州司馬，又徙爲曹州司馬。及元凶詞旨不順，朝」廷加兵，公遂稱疾闔門，堅卧不起。半歲餘，凶徒殲殄，東郡清泰，公爲□□所累，責授袁」州宜春縣尉。中朝公卿，皆知至屈，方因恩蕩，得爲稱別，衆議褒□□□未行，何天乎不」仁，奄棄昭世。夫人滎陽鄭氏，家之軒冕，見於譜牒，爲婦之賢，儀表中外；爲母之德，輝光姻」族。曾未周星，相次殂落，積善無報，仁人感焉。長女適忠州刺史王玄同，次女適兼侍御史王」元度，在室者二人。以長慶二年太歲壬寅公長男居貞、次男居簡、小男居約雖官宦未達，」且皆才人，文行立身，卓有名望。傳曰：有明德者不昌於世，其後必有達人。見於斯矣。號哭徒」行二千餘里，遠之洛汭，克遂歸窆，以其年五月七日，安厝於河南府洛陽縣清風鄉諸葛村」芒山原，禮也。秀才等永虞陵谷，見託銘誌。玄同猥以鄙陋之質，得爲門閭之賓，悲來填膺，牽」率書事，辭達而已，愧其不文。銘曰：」

洪鈞無私，鎔鑄萬類，清濁壽夭，物難求備。公之令德，世濟其美。識略宏達，輕於禄仕，造次」禮樂，顛沛仁義，高步公卿，下視青紫，鼓吹六籍，笙簧文史。篇題詠歌，寶玉參厠，滲漉英華，委」棄塵滓。如敷縟繡，五彩鮮備，如奏絃歌，宫商開起，陶然耽樂。流年如馳，未騁驥騮，已驚哀頹，」自兹厥後。達命棄機，委順遺形，酣歌賦詩，飲水曲肱，翛然自怡，乘興巾車。往往忘歸，不紀年」歲之遒盡，時運之推移。是以唱高和寡，知我者稀。婉婉夫人，德行弘懿，佩服茝蘭，繁茂桃」李，怡情琴瑟，以幹中饋，展敬歲時，以豐祭祀，人之師表，時之儀軌。如何不淑，咸驚殄瘁。丹旐」雙引，轜車相次，遠涉江山，歸還故里。州閭嘆息，親知墮淚，盛烈餘芳，千秋萬祀。孤子居貞書。」

（周紹良藏拓本　河南千唐誌齋藏石）

長慶〇〇九

【蓋】失。

【誌文】

唐故校尉守左武衛涇州四門府折衝都尉員外置同正員賜紫金魚袋上柱國劉府君墓誌銘并序」君諱明德，字節，望自彭城，漢武帝之裔，家本河曲延州風臨縣人也。因草擾之故，移家」此州，寄食臨泉縣界永吉村而業焉。曾祖及祖墜於譜籍，不録其諱。」父諱慕舉，傲隱雲卧，披荷戴簦，飲水曲肱，且歌且嘯，時稱逸者也。」府君有擒虎之勇，拔鈞之力，楊穿白羽，雁落虚弓，猿啼遶枝，號於奇人者哉。嗚呼」不禄，其如命何！遂於貞元六年正月廿九日寢疾而終别業，春秋六十有六。」夫人高氏，有容有德，合禮有儀，在室無虧，爲婦何闕，奈何天降其禍，致此凶變？於」長慶二年夏首十三日而殂矣。以蚨請師，青烏遠届，卜吉山澤，龍崗建墳，興於子孫，」榮禄剋就，事無不中，以其年仲夏月十二日永吉村西北二里合葬於平原而禮」也。嗣子奉天定難功臣上柱國鎮軍大將軍試殿中監十將朝逸：燕頷虬鬚，鷹」揚虎視，深其軍誡，仍色玄女之符；鐵石爲心，更冠楚王之勇。爲國展效，丹」心奉成，四稔討吳，身不離甲，苦鬭殫力，沉水溺躬，刀跡猶存，槍痕尚在，痛切之甚，莫大於」斯。中使知勞，元戎悉苦，累加榮職，大賜殊勳，光於子孫，彰顯中外。次子進晟，咸有懷」橘之孝，泣笋之憂，參省暮晨，曾無有倦。親之有疾，行而不翔，冠而不櫛，肉不變味，酒不」變容，喪親之傷，形質戢悴，絶漿泣血，號叫感人，山澤哀之，莫不悽愴。爲其孝妣追福，」請僧轉讀大乘，夙夜無德。凶儀不濫，大價召於良工；葬土殷豐，重遺酬於哲匠。次子」智清，先君而亡。逸之長子惠達，元和七年而逝，今并列於墳次，侍奉如存，晨夕無替。九」原之上，千春寂寥，啼猿斷腸，悲風不息，感烏銜塊，助於孝子之勞。丹櫬雲愁，素車煙慘，」歌吟薤露，鐸振笳哀，陵谷有期，傷於大夜，垂於後胤，彰讚平生，存亡路殊，以詞歌曰：」哀哉哲人，於何是美？言滿山川，名揚閭里。上敬而恭，下問不恥，直而能謙，和而有禮。奈何龍劍，俱沉逝水，風樹蕭蕭，荒墳累累。曾閔攀號，哀情摧毀，中外痛兮苦」深，腸斷絶兮不能已已。」

（周紹良藏拓本）

長慶〇一〇

【蓋】失。

【誌文】

安邑縣報國寺故開法大德泛舟禪師塔銘并序　承務郎守河中府虞鄉縣令袁允撰　文林郎前守饒州參軍薛頴書

禪師皇之姓，指樹釋之，號泛舟，調御丈夫以太子踰城，故師以王孫脱屣。叔祖玄宗，祖邠王，貴可知也；降祥興夢，照瑞誕辰，異可知也。夫以貴異之資，爲悟解之發；以修習之漸，爲定慧之牢。是故萬石之中，自生片石；百流之廣，忽耀一珠。根性非常，豈由關染；情趨所得，安俟老成。佩觿之年，愛捐於□角；行水之日，事顯於空瓶。亦既戒圓，遂從師止，安國神都□□，楚擢繁枝；玉泉荆國之華，峰標曠野，琵琶寺內，時比道安；芙蓉漏前，人矜惠要。旁通儒典，借□□□妙入□乘，登臨或遠。毛璩重翼，豈但設中；孫綽比咸，何慙致禮。大曆年，河東朔方節度使汾□□□福□□居寶泉精舍，隨機啓導，應物調柔，甘露自均，慈雲普蔭，迷趨悟返，虚詣實還，爲□□□德水之涯，作瞻仰於中條之首，道聞天界，響應神州。德宗皇帝希妙力於維城，廠御筵□□□□稱石之美，宋文疑日之能，青眼之侶攸歸，白足之徒盡湊。禪師義唯弘濟，志匪拘留，龍既升□□□去國掌窺□朕鈴報端倪，蒲坂倏遺，陝郊遄往，時逢艱食，求莫充腸，散騎乍遊，功曹或寓，置繩□□閑曠，歸錫杖於偷藏，減分施蟲，行乞知蟲。繇是類王珣之欽引，齊孟顗之歸依。貞元五年，陳許節度使曲公富貴還鄉，霜露逾感，輸金買地，營寺酬恩，陟圯之名，實邀僧惠；閑心之號，由起興宗。師以密德妙方，聲臻意集，刹迎流□，青告埋鍾，迅若化成，儼如兜率。無幾何，從容西望，顧步東偏，睨立匪朝，閑周即夕，不言而以錫扣，孰測其微，逮九年獻歲，方顯前知。居平晏若，旬有六日，過中猶坐，咸謂禪安；以衣蒙頭，衆驚神往。豆房則靄然煙馥，麈尾而颯矣松飄，景淡風凄，城空巷涕。凡生於己卯，滅於壬申，僧臘三十四。曲公以上將營護，陝伯姚公以日俸備供，邑宰崔君躬飭吏辦，其他有焚有露，猶滯執迷；今則全體全歸，奚傷解脱。遵大師躊躇之選，窆于寺之春率，建窣堵波以爲瞻慕，思惟之鄉也。有大弟子義集、證超、躋覺以先師之行業玄懿，授于清信男子重於銘曰：

蓬户朱門，躍翥愛恩，精微潔淨，登得禪聖。神本將形，不爲形使，神去形留，水過停滓。滓亦無滓，塔亦無塔，尊教敬師，傳者斯答。

長慶二年壬寅歲五月廿日鎸。　承後大德沙門彼岸門人等弁真、超進、智英、昭敏、惠貞、

惠亮。（録自《山右石刻叢編》卷八）

長慶〇一一

【蓋】失。

【誌文】

大唐洛陽縣尉王師正故夫人河南房氏墓誌銘并序　宣德郎行河南府洛陽縣尉王師正撰」

夫人諱敬，字都賓，河南洛陽人也。華宗茂緒，代高軒冕，八族稱首焉。高祖玄静，」爲尚書膳部郎中涇州刺史；曾祖肱，京兆府同官令；祖垂，河南府告成令；傳序」種德，不乏賢人，墨綬彤襜，繼爲循吏。堂叔祖琯，贈太尉，勤王盛烈，光照國史；」先考挺，京兆少尹、左庶子、常州刺史，爵清河男，藴仁行道，」後鬱爲名公，可以輔德，」故任宫相，其舉刺大郡，亞尹京邑，理行尤異。夫人即庶子府君之第四女也，」夫人盧氏之所息。夫人性本賢和，蓋奉教誡，早得柔淑婉順爲婦之道。」庶子薨謝八年，嗟夫人十六齡矣，尊夫人字而笄之，許妻于我，納采後數月，」不幸而尊夫人棄養，夫人泣血號慕，欒毁過禮。家無姑嫂姊妹以相依，乃託」穆氏從母于陜師正職河陽懷汝節度府，」至元和十三年四月，始獲親迎於」濟源縣。良愿既果，悲樂交心。其年冬，余府罷盡室入洛，漂泊羈辛者久之。閒一」歲，余尉洛陽，性拙且愚，值夫人體用閑淡，俱不能事事，雖亟食禄，家常罄虚，至」於温暖奉身之事，闕如也，而夫人處之不改其樂，未嘗健羡榮華，時閲釋典自」適而已。嗚呼！彼黔婁之夫婦，安貧樂道固如是；先時師正有男有女，及夫人歸，」愛撫若己出，有幼者留其母，長之育之，懿慈仁如是。彼數子者，蒙恩德一何甚！」夫人與昆弟之適遠別離也，涕洟不禁，慘悽累日，信友愛又如是；婢僕有過則」告諭之，終不加鞭箠，寬厚又如是。於夫也有禮敬而無妬忌，雅符關雎好仇之」義，實望偕老，庶幾世榮。何沴生寒暑，而疾作膏肓，醫巫方術，湯飲藥餌，盡心焉，」誠禱焉，曾未有問，抱疹彌固。長慶二年五月二日，奄終于神都履道里之官第，」享年廿三。嗚呼！天既難問，神亦何憑，爲善不祐，夭枉如斯，豈圖蘭夢之兆無答，」蕣榮之落遄及，長慟奈何！已矣奈何！長子景度，次子景章、景新，洎崔氏女等，皆」天與常性，因心則哀，嗷嗷孺慕，晝夜不絕。我之先塋，居函鎬帝城南，原曰」神禾，考時不協，未得歸葬，用其年八月十四日權厝於河南縣平樂鄉杜翟村邙」山前趾，禮也。凡務窀穸，物纔備禮，守家法也。惟夫人之淑問德狀，宜其文」士發輝銘誌，豈伊荒淺竊叙述哉？然而家無貨賄不足以請託，妻備貞賢，且懼」於隕墜，慙戢茹痛，抒其鄙詞。銘曰：」

英英蘭姿兮温温玉德，何以比象兮夫人儀則。喜愠罕面兮嫉妬不作，」猗嗟五載兮相奉顔色。貴富榮耀兮望余豈獲，衣弊食貧兮於子寃惻。」彼蒼者天兮胡忘降福？淑人短命兮其故誰識？歸祔先塋兮物力未克，」僑窆邙趾兮神姑安息。平樂之鄉兮杜翟村側，新墳巋然兮夫人封域。」

（周紹良藏拓本　河南千唐誌齋藏石）

長慶〇一二

【蓋】失。

【誌文】

大唐故崔府君墓誌」

公答，清河人也。曾」祖考等，并擢散雲林，愛亟自逸，榮冠不仕，守道」將閑。公自束髮仕君，盡忠以身報矣。有二子」燕嗣，長曰政，幼曰士寧；有二女。國水」清而渾濁不容，潭深瑩明則衆流而不誨。每聞」身清監也舉賢而可知，行敬恭也則克己而逾」謹。何期命也殄留，期漸特極矣，遂命男女曰：吾」卧疾聽林鳥之辭哀咽而有期，坐聞漏鍾散鳴」咽而填塞。言盡數日，大壽將極，行七十有四，去」長慶二年九月十五日而薨也。男女等并號訴」於天，天容慘色，擗踴於地不容。壠西李氏夫人。」嗚呼！保期同榮貴族，空霑破鏡之悲，首飾枕延」留諱於寢室，親姻送舊并副於塋，男女等并行」哀哭，扶護先人之舊廬。銀字數行，翩翩烈先塋」之後禮也。崗臨廣武，瞻嵩岳非遥，勢接長川，對」千林而并秀。嗟乎！煙生闇柳，月秀疏林，雲莽愴」以散空，風簫篠而蕩野，慮陵谷摧折，海激桑田，」刊石千秋，保名不朽，烈烈同兆，何殊故鄉。」

（録自《中州冢墓遺文》 開封博物館藏石）

長慶〇一三

【蓋】唐故濟陽丁夫人墓誌

【誌文】

唐故丁夫人□□□□并序 □東黄□昕撰」

夫人姓丁，其先濟陽人也。□□□□□」祖昭□父望。夫人性行温克□□□□」親戚諧和，可謂令淑。昕多幸忝□秦晉，」一十八年。何期疾疹暫縈，藥針不及，嗚」呼傷切，悲哉痛哉！以其長慶元年十二」月廿六日，終于私第，春秋享齡四十□。」于二年十一月四日，窆於明州鄮縣□」昌鄉之原野。有子審宗，年尚童稚；女曰□」子，又未從人。灑血哀號，撫視傷悼，執筆聊此，勒石爲詞。銘曰：」

立身之道，秦晉難會，夫人貞節，實慙匹對。上和下睦，」一十八載，謂將偕老，中路分背。傷嗟女兒，悲不□□，」□□□□，□增悲潰，執拂無因，耳目□□□□□□□□□。」

（北京圖書館藏拓本）

長慶〇一四

【蓋】邢公墓誌四周圜書：「猪鼠牛虎兔龍蛇馬羊猴雞狗」十二字。

【誌文】

唐故邢府君墓誌銘并序」

嗚呼！公忠義昭著，而名位不顯，悲夫！公諱真賢，字真賢，定襄人」也。其先承后稷之苗裔，周宣王之胤緒。昔周公旦子伯禽，武王封」於魯，後河間邢侯之系也。乃祖乃父，爲公爲侯，弈葉相承，子」孫遂家，至于今矣。高祖曾祖，隱諱不言，皆以自寬，賁於丘」園，琴酒爲情，優遊樂道。烈考諱諫，令名夙著，聲譽素高。」公即長子也。公豁達大度，好周人弊，鄉里稱之仁，交舊美之」義，百行俱備，三事不階。豈期災禍欻至，以長慶二年壬寅歲」九月三日寢疾于渾河林茂之私第，享齡七十有六。公此日」旭旦遺告，有如知終，語倍英靈，神增爽晤。辭畢溘然，有如之歸。」於戲！脩短之理，古今一致。以其年十一月丁巳朔四日庚申於舊塋」之内，禮也。夫人潘氏。作範閨闈，合雅琴瑟，孀居理家，嗟不偕」老。守婕妤之規，秉大家之則，訓育諸嗣，各以義方。有子四人：長」曰光詮，次曰暉，季曰光秀，光朝，並蒸蒸孝思，創鉅靡寧。繄暉」少有奇能，長而公略，知友吹噓，羣萃多譽。牧守委之以」腹心，奬之以劇務，僉曰忠孝者矣。竭産以集喪事，盡哀以成」其禮。猶懼陵谷有變，遂刻貞石，永紀徽猷，以揚茂實。

詞曰：」

源長流潔，善積家肥，刑公樂道，隱跡明時。天福良人，」享年期頤，達曙遺告，晡已而傾。代希比德，世無儔之。」寒天日斂，榛蕪掩晶，危峰抱闕，磅礴擁圻。嗣子號擗，」仁母毁肌，千秋兮永閉，九泉兮長咨。」

（周紹良藏拓本）

長慶〇一五

【蓋】失。

【誌文】

唐朝散大夫檢校太子詹事襄州節度押衙兼管内諸州營田都知兵馬使及車坊使卜府君墓誌銘并序　鄉貢進士盧子政撰」

子政少習典誥史傳，聞前賢有御衆濟時之才，匪不三復而歎。尚者長而志于天地四方」耳目間，有含忠履潔之士，未嘗不攝衣整容贊揚敬事，以才難也。自旅于襄，於衆口得河」東卜君之德，僉曰地無大荒，軍儲既富，使我雄藩獲安，庶士不辱，非卜君而誰？」君之先河東人，曾王考怡，王考鄰，并高尚不仕。君諱璀，字無質，性質而毅，行」潔而高，聞正直多懌懌之容，斥姦邪有懍懍之色。我唐貞元末，司空于公節制漢」南，爲諸侯師，凡所奬用，非碩才宏略，固無階而進矣。署君以節度總管充車坊使及」知征馬五屯，軨轄是固，駿逸是滋。二十年餘，日有能事。及司空嚴公主是邦，復重其才，」補充同押衙防城及車坊都知兵馬使，并勾當官園馬禾等，州府以肅，城隍無虞，三軍足」蔬，萬馬常秣，其大略也，奉公如私。元和十一年，蔡帥反側，王命以尚書高公充」唐、隨等州節度使，時所任使，實難其才。君以職屬尚書，補君充三城都虞候，部署」兵馬。君仁庶在中，威稜于外，所謂文武不墜者也。克勤在職，星歲數周，」元戎有委任」之誠，逆黨無窺覦之路。及僕射李公領襄陽，以君勳績昭著，寬猛適中，又補宜春棚」都知兵馬使，備辦戰具，委令部署歸降將士及招恤蔡州百姓，孜孜懇懇，事無不善。至元」和十三年，節度使尚書孟公又補充襄唐兩州營田兵馬使，管屯院四所，軍健三千人，」歲出斛斗三十萬石，或驕陽旱時，歲謂不稔，必潔誠具牲，躬禱靈祠，無不霈然有應，瘁」留復蘇，使漢南諸郡無凶年憂，非君之德歟？及蔡平，節使以殊績聞奏，惟」帝念功，授朝散大夫檢校太子詹事充節度押衙兼管內營田都知兵馬使及車坊使。前」後節制委用，悉如左右手，非公幹仁賢孰可致此？涖於職以忠誠，居於家以仁孝，九族六」親，恩惠必及。每以容衆禮賢敬奉釋道爲事經。日居家理，故治可移於官，卜君是矣。嘗」暇日顧夫人子女曰：吾聞崇山有崩，大川有竭，萬物草木既榮必枯，死生之理，昭然可」見。吾不可同鄙俗者貪生而惡死哉！前典所稱有始有卒，吾聞斯語矣，願及生前得備葬」事。夫人子女號叫嗚咽，不得已而營築墳闕于襄陽縣清平鄉招賢里原，從宜也。後十」年，以長慶二年九月十四日疾終于襄陽私第，享年六十六。夫人吴興沈氏，子一人曰」期，女一人猶室。嗚呼！德厚位卑，古今所歎，如君知足達道，貴賤齊觀，長事旌旄，歿啓手」足，乃知修身防患，事無苟求，亦古今所尚也。子政幸遊于襄，於辯論者熟君之名節，愿」以不腆之文，紀述盛業，得以成四方之志也。詠嘆不足，復以爲銘。銘曰：」赫赫諸侯，雄雄大藩，二十年事，委任于賢。其生以榮，其歿以全，」利富公家，業盛私門。名垂身後，墳覩生前，君子于歸，千秋此原。」

長慶二年歲次壬寅十一月丁巳朔□□日壬申。」

（周紹良藏拓本）

長慶〇一六

【蓋】失。

【誌文】

唐故貞士南陽曲府君故夫人蔡氏墓誌銘并叙　鄉貢進士孫正言述」

古者天子建德，諸侯策勳，則必肇錫土封，尊德命氏，其來尚矣。」府君諱系，字係，南陽人也。以世祖官達南陽，今爲郡人矣。欽若」遠祖，自帝鴻垂祚，周德休明，洎成王滅唐，封其子穆侯爲曲沃」伯，遂以命氏。乃後自烈祖巽，以道茂經綸，爲代州牧伯，皇考謙，」以才光佐國，拜襄府郡丞，餘慶方興，實生明哲，以氣涵元象，德」茂中和，極孝敬於仁親，傾信義於交友。在天寶末，屬幽陵起釁，」亂虐并生，我公此時，以處默爲心，不以浮華爲貴，於是放言避世，樂」道全真，優哉遊哉，不知歲之云晏也。方冀爲仁則壽，與靈椿以相終；豈」虞福始禍先，順四遊而不駐。日以貞元二祀二月十五日遘疾而終，享年七十有」七。嗚呼！公之夫人□陽蔡氏，皇雲陽縣尉文質公之第七女也。情勤妙」道，志慕禪羞，故得法號清淨心，以怡真寂，自釐正室，星紀頻周，撫嗣安」宗七十六載，不幸以長慶二祀十一月十九日棄養而歿。嗚呼！夫人安終之」夕，命嗣子惟證曰：昔汝先君之即喪也，志冥空有，遺令荼毗，形質雖殊，精」爽如在。汝若禮從安祔，宜復歸魂。嗣訓乃泣血呼天，言從理命，爰命孝婦張」氏、幼孫喜郎，長慶卜以壬寅歲之十二月廿日復先考之靈魂，合皇妣之幽壤，于」城西北蔣村十里之原，禮也。嗚呼哀哉！迺爲銘曰：

周王之祚，穆侯之孫，情勤妙有，」理會空門。婉懿夫人，德尊聖善，命葬貞魂，無違祀典。九原西望，壠月晨孤，」楚挽哀咽，銘旌啓途。嗣訓長號，皇孫痛慕，灑淚昭銘，式揚終古。」

（周紹良藏拓本）

長慶〇一七

【蓋】失。

【誌文】

大唐故天水郡權府君墓誌銘并序　潁川陳公肅撰

府君諱秀喦，其先天水人也。祖諱陽，博學儒門，養高不仕；父□俊，皇任丹州通化府左果毅。公即果毅之第二子也。少而敦敏，長而温愿，性本沖淡，不樂浮華，故冠冕縉紳，不能加也。將善積而慶遠，何彼蒼乎不傭，長慶二年閏十月十三日，終於鳳翔府建平里之私第，春秋七十有八。嗚呼哀哉！有生有終，古云常道。夫人隴西李氏，幼習女史，夙閑婦道，爰自笄總，歸于我公，亦謂鸞將鳳飛，偕老同穴。豈期大運忽改，俄沉逝川，元和四年四月九日先終于夫之私第，享年四十有七。即以長慶三年歲在癸卯十六日合袝于鳳翔城南原李保村，禮也。嗣子公緒、次子公素咸泣血毀瘠，見請爲誌。公肅雖不敏，用述芳音。詞曰：

英英我公，天禄永終，降年不永，難問黄穹。隴西夫人，先公而卒，逝水東馳，西傾白日。爰脩合袝，嗣子之儀，風凄古栢，月吊荒祠。佳城掩兮萬古，痛徽音兮長遺。

（録自《關中石刻文字新編》卷四）

長慶〇一八

【蓋】失。

【誌文】

□□□□□□□□□□□□□□□□□□□□」

府君諱□□□其先□□□□□□」（下闕）杖受封上谷石亭府，子孫寄焉。□王父諱」（下闕）美甘棠；大父諱西同，石亭府兵曹、高陽軍判官」（下闕）海霜，刀在指撝之手。府君即判官公之長子也。誕赫炳靈，駿發神秀，彈」冠登□□濟時難，奏受光禄卿，賜紫金魚。光輝燦爛，榮顯受年。何期」大運忽臨，日中見斗，奄然禄殄，以長慶二年三月二日卒於開曜坊之第，」春秋七十有七。嗚呼！皇天何負，喪此賢良，愁雲慘愴，日月沉光，以長慶三」年正月十六日窆於石亭府先塋之原。夫人田氏，頃年謝世玄寢，先妣以相」從合祔禮也。有子二人：仲曰懷順，天喪早終，内外傷嗟，鄰悲慟，長子□舜，」典軍衙前馬軍將、試鴻臚卿、騎都尉、上黨縣開國子，石邑五百户，銀□□」立身信直成固，頃從戒律，咸著功名，□禦邊疆，邁侵軼而增氣；固□□將，强」敵而轉堅。止戈殄寇，坐策齊驅，恒劍一揮，逆黨盡殪。是時也，日月再□光輝遍」□天日遠降，累德斑崇，酬勳貴秩，遂受銀青光禄大夫、試殿中監、同經略副」□兼監察御史。劍後傳芳，揚名保代。長子重舜，□□□深無改於道□□」□不勝□□□琰於幽泉，託風□於刻石。其銘曰：

凜凜□□，勇□□□，揚名」□□，□賜□□，□柳之年，劍折□□□□□□，金□扃兮無返，永訣痛兮傷心。」

（古文獻研究室藏拓本）

長慶〇一九

【蓋】失。

【誌文】

大唐故范氏女墓誌銘并序　兄鄉貢進士鄭述」

皇光禄卿贈左散騎常侍順陽□次女」字阿九，年十六，以長慶二年十二月十」九日疾終于京兆長興里。

太夫人」河東縣君裴氏傷悼貞淑，哀疚于懷。噫！」夫婉順情性，内理剋明，肅閨壼之儀，曉」組紝之跡，至美不顯，胡其鑒耶？」姻懿知者，垂泣來吊，」母兄之悲，其可勝哉？明年四月十三日，」窆於國之東隅白鹿原之别業。鄭奉」高堂之命，忍哀誌焉。銘曰：」

斷手裂心兮其痛何禁？欷余之悲兮殆」之深。呼不來兮思往莫得，入九泉兮」音姿悄默。天不善善兮奈何，心悽怛兮」無極。淚濕栢根兮聲咽曠野，一支長瘞」兮孤墳之下。」

（周紹良藏拓本）

長慶〇二〇

【蓋】大唐故隴西郡君夫人墓誌銘

【誌文】大唐故隴西郡君卑失氏夫人神道墓誌銘　前常州義興縣丞李元古撰」

曰夫珠光者可以外明於物，玉潤者然滋於川原。太夫人族望」平盧，家以邠上，鼎蓋軒冕，皆累□朝勳，俸受恩榮，遠近皆仰。」曾皇朝任右驍衛將軍昂之後矣，匡時定難，文武簡生，桂林一枝，」德揚京國。祖皇朝任特進、守左羽林大將軍諱卓。父皇朝任」開府儀同三司、守朔方節度衙前兵馬使、御史中丞嗣先。皆承」邦家重委，以安中外。夫人德風播揚，累世門閥，劍履相次，恭侍」母儀，威容自鮮，麗質殊異。既禮君子，俄深歲年，夫皇朝授開府」儀同三司、行司天監兼晉州長史、翰林待詔、上柱國、開國公食」邑一千户李素。上明萬象之總源，中爲五百之簡生，名烈朝剛，」聲振寰宇。長男右神策軍散兵馬使兼正將、檢校太子詹事景位，」次男前晉州防禦押衙景復，次男宣德郎、起復守右威衛長史、翰」林待詔，賜緋魚袋景亮，次男前威遠軍押衙景直，次男前鄉貢」明經景文，次男太廟齋郎景度，是以家族慶貴京□□連芳□□。」夫人月桂香吐，鳳林早春，夙彰節義之德，方期榮侍之寵，何穹蒼」而不祐，奄從凶咎之殃。夫薨於元和之末十有二祀季冬之月，」首尾六載，不期忽降舜華之美，夜月虧輪，鸞鶴□跡，長慶二年十」二月廿八日奄鍾斯禍。男等哀哭攀戀，擗踴無告。至長慶三年」四月十三日，安厝於萬年縣滻川鄉上傳村觀臺里，祔舊塋矣。用」順風儀，以申往惠，刻石陳記，揚于後世。銘曰：

□哉令母，容質芳著。內以恩布，外以義取。敬愛有則，禮數合度。□德既彰，禍兮何傷。鸞鶴斯逝，真魂夜長。至哀志□，有渙儀像。刻石陳記，陪增慘愴。千秋不移，戀□何望。」

長慶三年歲在癸卯四月乙酉朔十三日丁酉記。」

（一九八〇年一月出土於西安市西北，見《考古與文物》一九八一年第二期《西安東郊三座唐墓清理記》，陝西省考古所陳國英）

長慶〇二一

【蓋】　周公墓志

【誌文】

唐故周府君墓誌銘并序」

君諱望，字仙，蘭陵郡人也。祖諱　，考諱光，」鎮州散將游擊將軍守左金吾衛大將軍；宏才博古，」□

閱康成之門，愛好重賢，習當時之世。府君忠」以懷德，儉以立身，性靜謙恭，勳級殊綬，世承家」克，方迪後人，自樂逍遥，不貪榮禄，琴書披玩，内典偏」修。何圖兩劍一沉；雙桐半折，忽積巢鴻之釁，俄成」埋土之悲。君乃享年八十，即以長慶三年歲在癸」卯二月景戌朔卅日終於私第也。以其年四月廿五日權」窆於朔州天寧軍城西北三里平原，禮也。嗣孫」懷義，哀毁過禮，血變線裳，負土成墳，殆於滅性。絶」漿五日，追曾子之遺風；泣血三年，慕柴之命節。川連」雲蔚，地接桑乾，恐後山移谷變，代隔人遷，故勒」刊石揚名，因滋厥訟。」其詞曰：」
孤墳岌岌，壙野茫茫，斯人沉瘞，歲月延長。」風無靜樹，川則急流，素車一往，松檟千秋。」

（周紹良藏拓本）

長慶〇二二

【蓋】失。

【誌文】
唐故監察御史賜緋魚袋隴西李府君亡妻渤海高夫人墓誌銘并序　宣義郎前行河南府洛陽縣尉程勉撰」

夫人五代祖刑部郎中、大理少卿士訓，夫人鉅鹿魏氏；」高祖通事舍人覲王，夫人河東裴氏；曾祖皇朝散大」夫、潤州長史軫，夫人南陽張氏；祖皇洛州參軍事琇，」祖妣北平陽氏；父皇河南府密縣丞岳，妣博陵崔」氏；外祖齊州歷城縣丞峻，祖妣東海元宏女。」夫人即密縣府君長女也。宿承祖德，世襲衣冠，閨帷之」中，謹聞女則；他門之内，共揖母儀。兒女七人，各有攸處；」長子玄慶，自承祖蔭，前太廟齋郎；次曰克明；季曰克」恭，嚴訓之下，瞻于經學，鄉試之歲，嘗登禮闈，時命有涯，」奄從逝水；長女及笄之歲，凋於上春；次女當年，已適陳」昔，□也素承資蔭，亦冀從宦，共次二小女，蕣花之歲，因」染時氣，相繼淪謝。夫人痛生前之存亡，飲疾不起，」以長慶三年七月廿八日殁于東都富教里，享年五十」有四。長子玄慶，以惸獨之身，匍匐苦塊之次，推心泣血，」護終大事。即以是歲十一月四日，祔于北邙原陶村」先塋，禮也。勉即夫人親姨妹壻，力綴斯文，直書其」事，乃爲銘曰：

於穆夫人，性正行真，嚴明自處，中」外是親。而今而後，孰繼清塵？」

長慶三年歲次癸卯十月壬午朔廿一日壬寅嗣，」子玄慶謹扶力書，檢校人村户駱叔義。」

（北京圖書館藏拓本）

長慶〇二三

【蓋】失。

【誌文】

唐故太常寺太祝范陽盧君墓誌銘并序　堂兄東都畿汝州都防禦巡官朝議郎試大理評事上柱國方撰」

長慶三年七月癸丑八日庚申，試太常寺太祝范陽盧公卒於東」都康俗里。公名直，字本愚。臨汝郡長史府君諱寰之曾孫，太子中」允、贈汝州刺史府君諱政之孫，潞府右司馬府君諱珣之次子。記」云：儒有蓬户甕牖，安貧樂道，上不臣天子，下不事諸侯者，」公則其人也。經學精通，鄉賦兩應，叙録之次，爰授一官，後因」侍從遐方，歲月淹久，歎浮俗囂競，遂休舉事。達至理清淨，便不求」官，行無因循，志不苟得，守安貞之志，秉若訥之道，言無否臧，容必」恭肅，奉上以禮，接下以和，墳籍之外，遵浮圖教，至於弈戲雜藝，多」所不爲，焚香宴居，逍遥自得。貧窶不介意，喜怒不見容，君子以爲」難，自一時之高士也。是以年逾艾服，不沾一命，負屈黄壤，天乎天」乎！元和十四年十二月十六日丁叔父之憂，泣血毁瘠，行路」傷慟。服闋，哀慼内纏，杜門洛汭，惡衣惡食，不改其樂。異日，忽謂諸」弟曰：吾自知年不及耳順，豈非分歟！歎息久之。蓋知命者也。朝發」其言，及日中，遇氣瘚不知人，藥術祈禱，靡所不爲，竟無小瘳，奄然」長逝。嗚呼哀哉！噫！天之與善何謬？子不享其齡；天之賦命何偏？子」不有其成。嗚呼！享年五十三。以其年十月廿二日葬于邙山北原，」祔先塋，禮也。夫人清河崔氏，故潞州上黨縣主簿諱弈之長女。」淑德懿範，甚宜其家。有子一人，女二人。長女適滎陽鄭秉彝，男纔」幼學，次女幼小，孺慕合宜，裹衰就位，撫視摧慟，傷心痛骨，紀墓酸」□，斯何述焉。銘曰：

吾宗何衰兮爾殞速，爾命何奇兮不沾禄！孀妻弱子兮何依，子兮無依。」爾氣爾魄兮何之？誠彭殤兮一致，痛相見兮無期。」□岡迴薄兮松栢森邃，長河遥縈兮峰巒對峙，」□□邇兮兄墳次，魂其安兮泉扉永閟。」

（周紹良藏拓本　河南千唐誌齋藏石）

長慶〇二四

【蓋】失。

【誌文】

唐故朝散大夫試光禄寺丞譙郡能府君墓誌銘并序　鄉貢進士李退思撰」

府君諱政，譙郡人也，姓能氏。曾祖諱昌仁，皇正議大夫，使持」節沙州諸軍事守沙州刺史，兼充豆盧軍使，上柱國，贈太保」印，尾赤見在，名因才著，官以正遷；烈祖諱元晧，開府儀同三司、」檢校禮部尚書，兗、鄆節度使，譙國公，武略宏規，曠代無比，盛績紀」於史籍，雄姿列於鱗臺；烈考諱炅，銀青光禄大夫、守饒州别駕，」含光晦跡，行藏俟時，委命高閑，物爲我棄。府君即饒州之長子也。」幼而跂卓，長而敦質，仁義禮智，本於生知，嚴恪肅恭，習乎天性，器」宇宏達，標格清高，才爲時須，德愜衆望。頃年歷任諸使，公效頗多，」方伯奬其幹蠱，遂表薦授朝散大夫、光禄寺丞。立身清貞，從事檢」慎，折旋垂範，言行可師。嗚呼！忽遘沉疾，以長慶三年四月廿七日」終於河南縣福善里私第，春秋六十四。嗟夫！種德播義，克己復禮，」冀其鴻漸赤霄，爲時標準，神兮何昧，喪此良才。夫人江氏，四德備」身，禮樂茂族，玉温淑性，冰冽孀容，晝哭慟天，風悲日暗。有子二人：」長曰弘質，前郊社齋郎，孝友謙恭，修詞韞德，沖和抱一，克紹承家；」次曰弘賞，前郊社齋郎，雖幼稚之年，而識理精通，聰晤潁脱，禀河」岳秀氣，必廊廟之才。二子惸然在疚，杖而後起，窀穸是切，龜筮協」從，茹痛號天，拉血圖事，以其年十二月十日窆于河南縣平樂鄉」安善里北邙之原。以途路修阻，式遵遺命，不歸先塋，從宜禮」也。嗚嘻！玄堂一閉，曉日無期，慮陵谷將遷，遂刻石爲誌。嗣子弘質，」不以退思才理斐薄，見託斯文，顧慙荒蕪，豈足紀其盛美，敬爲」銘曰：

英英能君，肅恭敦厚，擅文擅武，可冠羣首。温」温如玉，推揚衆口，標格儀範，可貽厥後。蘭桂摧萎，馨」香不朽，紀令德於兹石，石與德兮長久。」

宣德郎前守宣州當塗縣尉趙齊卿書。」

（周紹良藏拓本　河南千唐誌齋藏石）

長慶〇二五

【蓋】　失。

【誌文】

故太常寺奉禮郎隴西董府君墓誌文　新鄭縣尉陽鹵撰」

有唐長慶三年歲次癸卯，隴西董府君諱开，字澄之，」以十一月廿八日遘疾，終于洛陽縣敦厚里之私第，」享年一周甲子矣。胤嗣呼號，天地爲之慘結；閭里痛」惜悲泣，罷其所營。恭聞南山有褰崩之説，東流有竭」絶之時，古往今來，未聞逃者，哀哉！哲人纔及中壽，公」本隴西人也。祖諱元爽，皇朝散大夫、海州諸軍事」海州刺史；父諱崇，皇銀青光禄大夫、宣州司馬、贈」監察御史、陳州刺史。公即司馬之次子也。道情充塞，」不貪時名，一命而已，官守太常寺奉禮郎。弟兄皆文」武兼才，歷典大郡；兒姪悉詞藻全備，孝友著聲。皆公」之義方訓導也。公本沖和，温恭好禮，謹潔儉約，爲衆」所推。烏戲！顔子不壽，天奚喪賢，以其年十二月廿九」日，歸祔于河南縣平樂鄉杜翟村北邙之原，禮也。夫」人穎川陳氏，先落蕣花。有子三人：長曰用誠，次曰愿，」曰恁。冤訴旻天，號叫無及，行路聞者，爲之改顔。諸女」從人者巨痛在天，號笄者沉冤絶地。孝等懼泉實丘」夷，刋石表世。其詞曰：

孝友敦性，文華飾躬，」□□孤秀，百夫之雄。盛才陸沉，于嗟運窮，厥德無忝，」□位不充。北邙連連，瀍水悠悠，刻石絶代，松檟千秋。」

（録自《芒洛冢墓遺文五編》卷六）

長慶〇二六

【蓋】失。

【誌文】

唐故朝散大夫光禄卿致仕上柱國賜紫金魚袋崔公□□□□□　從孫將仕郎守尚書工部郎中雲騎尉賜緋魚袋咸□」

公諱廷，字彦實，博陵人也。惟我崔氏，冠于百族，賢良繼世，故軒冕□□□□」相襲，故婚姻赫弈，德本深固，慶流綿邈，胄裔繩繩爲士大夫稱首，七□□□」至五代祖彭，咸以茂勳懿德，備載史册。高祖寶德，皇朝司封郎中；□□」生昭儉，皇朝汾州司馬；司馬生道斌，皇朝鄭州滎澤主簿；主簿生」鎔，皇朝試大理評事；奕世載德，不隕其業，儲慶累仁，純嘏有歸。公即評」事第二子。母范陽盧氏，工部尚書東都留守兼河南尹贈太子少保正己之」女也。公幼而力學，長而篤行。貞元初，進士及第，誠慤居實，名聲籍甚。其年爲」山南西道節度使嚴震重幣厚禮辟爲從事，授秘書省校書郎，端誠不苟，規」謀無隱，累遷監察御史。震薨，後使嚴礪上聞，請轉侍御史，朱紱銀印，處」之上介，籌畫惟允，藩條肅清。元和初，礪移鎮劍南東川，復表奏檢校刑部員」外郎、監領州事。綏戎撫人，軍理俗阜。及礪薨府罷，朝廷因加寵命，」俾輔藩國，遂拜珍王府諮議。會新羅王死，選可以宣達國命撫柔外夷」者，由是擢拜公爲尚書職方員外郎，攝御史中丞，賜紫金魚袋，充弔祭册立」使。朞年而返，授太府少卿，酬絶域之功也。其後歷河中少尹，除太子少詹事，」奉詔東洛弔贈故魏博節度使李愬。禮成而旋，墮馬傷足，不克復命，遂留」洛下，且換時月，有加無間，尋除光禄卿致仕。至長慶三年七月廿八日，薨于修」善里第。嗚呼！享年七十，非爲不壽；列位九卿，非爲不達。惜公道足以經邦，才」足以阜俗，貞諒達於鄉黨，仁孝著於閨閫，愛賢與善者，猶謂振起維綱，坐清」風教，彼天不憖，隨化而往，嗚呼哀哉！夫人鄭氏，封滎陽縣君，生一男二女，皆」不幸早世。嗣子計，河南府温縣丞，」承家克孝，令聞不墜。以長慶四年二月十」六日葬於河南縣梓澤鄉杜村原，遵理命也。以咸宗黨之舊，飽公休懿，見託」爲誌，多慚不能。今所撰者履歷遷授，其他懿文茂德，備諸碑傳。銘曰：」

太嶽配天，峻極嶔崟，祉流華胄，綿綿至今。超擢文場，縶維藩府，彌縫軍政，盡」瘁戎伍。德明行羶，乃列朝端，册换島夷，議使爲難。國命既宣，戎心」乂安，紫綬金章，踐履通班。移疾告歸，大君有命，上卿之禄，式優致政。方」期勿藥，俄成大病，貽燕後昆，嗚呼餘慶！」

長慶四年歲次甲辰二月十六日景申建。」

（周紹良藏拓本　河南千唐誌齋藏石）

長慶〇二七

【蓋】失。

【誌文】

唐故宿州長史博陵崔君墓誌銘并序　河陽節度巡官試太常寺協律郎燉煌張正謩譔上」

長慶四年正月廿一日，前宿州長史博陵崔君終于河陽，享年七」十二。先是支媵不寧，膏肓肇夢，我大夫公，君之季也，」杖節河上，得迎至以侍療。五藥徒備，九醫無功，喪我元昆，哀絶氣」悴。退命君之子彦素以二月十七日奉殯于洛陽縣之清」風鄉郭村之北原先塋，禮也。正謩獲塵大夫之館，猥承有命，俾論譔其芳懿而誌之云：」君諱璆，字叔度，博陵人也。導源于炎皇，受封于齊姜，氏因命邑，世」濟其哲。洎琰輔魏室，瑗銘座右，冠軒曄煜，金摐玉潤，灼若一氏，冠」于四宗。故元魏之後，我斯爲盛，歷南北朝，迨于王家，才士」差起，作時令問。曾王父預，皇監察御史贈麟臺丞，有清直」著于代；王父育，皇常州江陰令，有行義茂于家；」先府君孚，皇湖州長城令，而政德始大，終此下位，宜有達者，以充」人心。長史早篤行業，彌懷高尚，而友睦弟幼，勤善不倦。嘗」欲保和委順，靡得終于厥心；隨流取捨，官纔至郡長史。豈命矣夫？」宜我大夫公膺靈河嵩，與時藩宣，克荷重慶，以昭」先德，君子謂是言也信。嗚呼！長史君娶樂安蔣氏，生四子」二女子。長曰彦素，次曰彦餘，次曰彦甫，幼曰彦博。號奉靈輀，歸事」新封，陵遷谷變，猶存者非琢石焉何哉？嗚呼！銘曰：」

古河之南兮邙阜之陰，列栢離離兮大隧深深。四尺之封兮九泉」難尋，琢石以志曰：」宿州長史之荒岑。」

長慶四年歲次甲辰二月辛巳朔十七日丁酉。」

（北京圖書館藏拓本）

長慶〇二八

【蓋】失。

【誌文】

唐故顔府君墓誌銘并序　鄉貢明經李德芳述」府君諱永，其先瑯琊人也。祖考并繼世承」訓，餘風所播，家傳素業，門望清風，六合太和，」隱而不仕。府君中和立身，文武全節，温柔」成性，積禄崇高，孝悌邕邕，言謙有則。嗚呼！不」幸遘疾，即以長慶四年，歲次甲辰二月辛巳」朔七日丁亥，終于揚州江陽縣布政里之私」第，春秋六十有八。夫人□南黄氏，令則高」門，容華備質，笄年之歲，□于顔氏之門，事君」子盡忠，於親戚慈以□。有男二人：長曰亘，次」曰少洪，皆務□□，早達義方。即以其月廿九」日己酉安厝于蕪城之東嘉甯鄉五乍村之」原謝氏之地，禮也。恐年代綿遠，陵谷□移，故」刻貞石紀德。乃爲銘曰：」江漢炳靈，繼生賢明，猗歟顔君，鬱然時英。」落日空奄，逝水峨傾，卜葬平野，風摇栢聲。」

（周紹良藏拓本）

長慶〇二九

【蓋】失。

【誌文】

大唐故嶺南觀察支使試大理評事崔君墓誌銘并序　攝嶺南經略推官前試太常寺奉禮郎崔瑨撰」

嗚呼！有唐前嶺南觀察支使、試大理評事、權知康州事崔君終于州」之廨署，哀哉！君名恕，字敏從。父千里，常州司士參軍。祖徵，朝散大夫、」越州司馬；曾祖隱甫，皇朝銀青光禄大夫、檢校兵部尚書、御史大夫、」東都留守；其先清河東武城人也。涵流濬源，世爲名族，盛德尊爵，代」有其人。君生於德門，力善不怠，約髪筮仕，立政有績。敦睦而恤爲務，」感概而諾爲主，慤慎而通爲先，亮直而和爲宜。以是飭躬之道罔不」修，勵行之方罔不茂。初以蔭調補虢州玉城縣尉，後辟諸侯府從事，」自桂之廣，四奉知已而五居職，」三歷官而二寵拜，即試環衛與廷評」也。君以丙辰歲十月九日生，以甲辰歲五月廿七日終，未及蘧瑗知」非之年，不益賈臣負薪之歲，始終不周一甲子，其生也可謂促歟？官」纔試法寺，服未佩印紱，其仕也可謂未達歟？娶于鉅鹿魏氏。夫人皇」監察御史諱正臣之女也。德禮作嬪，誠孝供祭，始榮宜室，終痛乏嗣。」嗚呼！以君之踐脩，早有嘉譽，而名位未稱，享年不永，捐館之後，無子」主奠，天昧福善，禍及於君，嗚呼哀哉！以其年八月七日夫人哀奉君」之裳帷遠自嶺徼，歸于東周河南縣平樂鄉杜郭里，歸祔于」先塋，禮也。襄事艱勤，道里綿阻，晝哭之哀，傷感行路。自啓同歸之穴，」居稱未亡之人，生人之苦，苦亦至矣！嗚呼哀哉！天道冥默，人事舛駮，」雖欲窺究，未如之何。唯君之雅操率履，宜圖不朽，乃銘石曰：」

世載令德，强宗大家，圖諜相映，人爲國華。倬哉廷評，生異蓬麻，雲」翰超舉，絶足騁遐。宜得名位，永去泥沙，胡然逝水，溘盡生涯。寮友」悲慟，行路傷嗟，已矣崔君，命無以加。哀哀令室，痛有既耶？」

夫人外兄隴西李玄同書。」

（周紹良藏拓本）

長慶〇三〇

【蓋】失。

【誌文】

唐太原王公故夫人曹氏墓誌銘并序　徵仕郎前行汾州孝義縣丞趙儒立撰」

有唐臣試汝州龍興縣尉王式夫人譙郡曹氏；爲婦之道，四德」備矣；事姑之行，九姻宗焉。嗚呼無何，逝景忽侵，奄歸長夜。夫人」本自魏公廿七葉之苗裔矣。夫人父萬，試右驍衛兵曹參軍；母」清河張氏。夫人在父母之家，即至女工之事，躬儉節用，口非義」行而不言，跡非直徑而不踐。將配君子，宜其室家。王公即晉右」軍十五世孫也。是以美氣併鍾，玄風是蘊，精鍊心術，惠辯無窮，」遂爲樞近緊賫，良能禆補權要，動中規矩。夫人生於世，素質容」容，婦儀孑孑，可以播蘭芷之餘芳，標閨閫之令則。親戚眄睞，內」外式瞻。夫人長慶四年夏染疾，至于冬之日，醫療所不救，享年」卅有五，竟以沉瘵而棄世。其年十月十四日，終於樂城里。既捐」擇兆，幽明是分，即以十一月廿五日殯于王氏先塋，寧神禮」□。□人處於家，事父母以孝敬；配於夫，奉舅姑以恭謹。夫或使」王□方守于閨壼，庭非火燎而夜不下堂，門惟父母而晝不啓」關，爲婦之道，潔矩有如此矣。儒立忝日洛陽，□士沽諸文字，聆」其高義，遂命筆硯，粗述所事，尚萬分不盡其一二而已哉，慮以」歲月超忽，壟樹蕭索，故刊石爲銘。其詞曰：」

彼美盛族，傳芳不已。婉娩淑人，來儀君子。其一。奇遐禀訓，」規矩是同。柔順外備，坤德内融。其二。星滅雲卷，音□靡旦。」蕣華易凋，寒灰難煖。觸目增耿，寂寮閨館。其三。開壤闔埏，」彼蒼者天。面慕荒草，凄涼野田。嗚咽萬祀，紀石存焉。」其四。

式字簡大書。」

（河南千唐誌齋藏石）

長慶〇三一

【蓋】失。

【誌文】

唐義武軍十將試殿中監君夫人諸葛氏墓誌銘并序」

長慶四年，歲在甲辰，冬十月十一日，夫人寢疾」終於定州寧國里之私第，春秋卅八。嗚呼哀哉！」良人斯盛，嘉偶奚喪，青松方茂，碧蘿先萎，代」族詳諸圖諜，用簡厥序。夫人皇考曰演，」爲唐左金吾衛大將軍；金匱玉堂，玄奥之妙，」襲先君孔明之術矣。夫人即將軍之仲女也。」齋莊助祭，慈惠示下，動得物宜，夙禀嚴訓也。有子」三人曰再寬、再明，女一人。號泣居喪，備斂手足。即以」其年踰月葬于定州西南卅里久貞之原，禮也。」慮其陵谷圮遷，紀諸遺芳，銘之不朽。詞曰：」

夫人懿德，修成内則，以配君子，其儀不忒。柔順不忤，」詳明法度，克齊終始，恪慎所履。式資婦德，六」姻仰止，介享眉壽，旋歸逝水。風悲宿草，日落」泉户，悄悄幽魂，冥冥苦霧，鏡在鸞亡，凄涼千古。」

（録自《京畿冢墓遺文》卷中）

長慶〇三二

【蓋】唐故東平程府君墓誌

【誌文】唐故江西左廂教練使銀青光禄大夫試太子賓客東平程氏墓誌銘并序　鄉貢進士陳郡謝休文述」

君諱皓，京兆人也。自分族之後，載於史册，不」復述焉。祖倫，皇汾州司馬；父瓙，皇左金吾衛」倉曹參軍。府君則倉曹之第二子。君德比瓊」瑶，量同海岳，弱冠從戎，中年好學，彤弓盧矢」得其絶。自職事江西，爪牙□廉使，義勇中烈，」□於衆人，亞夫之譽，亦頻統領。不期朝露將」晞，夜壑舟移，長慶四年寢疾私第，六十六而」終。於戲！長辭昭世，永赴窮泉。長子冀，次子」祐，並承嚴訓，職事戎府；幼子雙，聞詩聞禮，郡舉孝廉；皆泣血墳揄，哀毁過禮，以五年春」正月十七日歸葬于灌城鄉懸榻里。恐陵谷遷變，紀之貞石。銘曰：」

夫人英英，蘭馥松貞，青春從戎，頻主柳營。」如川之逝，如風過燭，室女夜臨，嫠妻晝哭。」卜其宅兆，懸榻里中，人覩斯文，想其清風。」

（録自《山左冢墓遺文》）

唐代墓誌彙編

寶曆

寶曆〇〇一

【蓋】　大唐故董府君墓誌銘

【誌文】

唐故朝散大夫守潤州長史賜紫金魚袋隴西董公墓銘并序　季弟鄉貢進士交撰」寶曆元年正月乙丑，隴西董氏子復，自金陵護先君」長史公柩歸京師。越月景申，兆告吉，與季父交奉」長」史祔先營，禮也。長史諱岌，字不危。皇朝將作丞、」贈將作少監欽之孫，蘇州長史楹之元子。咸德」尊位閑，」不耀于時。長史明敏博識，好讀書，業左氏春秋何論，」一一窮聖人奥旨。貞元中，以天屬拜」懷州長史，自懷」改潤州司馬，繇司馬遷長史。長史常慕子産行事，得」寛猛道，民愛吏恐，不浹歲而政」成。于潤時，潤將王國清」作亂，脅吴人將掠州庫。州吏恇怯四散，逃壙竄竇，各奔」其屬。獨長史神貌」不擾，叱于吏曰：彼狂賊也，不訖日」當誅，胡若之耶？命左右闔州扉設御，果如長史言，卒」完其庫。

時廉察使亦嘉之，竟不爲薦奏，豈非命耶！」長史秦人，爲澤國氣所中成疾，長慶四年四月十八日」終潤州廨宅。潤人罷嬉，相弔于路。男曰復，曰隨，曰泰，皆」受嚴教，達于成立，號慕旦夕。將以揚先人之美，故授筆」于交。交衰病逾時，詞不能文，但直語其事也。銘曰：」嗚呼！生有慈仁，睦于宗親，殁有追思兮哀于路人，官不」崇兮命胡其屯，秩不終兮旐引歸秦，金陵之吏兮哭望」江濱。嗚呼！公之仁，公之仁。」

（録自《西安郊區隋唐墓》）

寶曆〇〇二

【蓋】失。

【誌文】

王府君墓誌并序

王府君者，公諱端，字奚子，瑯琊人也。累代」都洛，不顧名宦，任運經求，已度安危。慈母」八旬有二，蒙佛護存。母育二男，幼子早」逝，如失目睛。長男曰端，心懷十善，供施普」及，天賜風疾於上林之里，醫救數周，藥無」一效，以長慶四祀十二月八日奄然名滅。」母泣慟地，憾不喪軀。嗣子慶元，年未弱冠，」憂憶豈全；孤女曰五四子，」未識他族。兒女」擗踴，見聞傷歎。孀婦李氏，不時號訴，悶絶」難裁。嗚呼嗚呼！親眷哀泣，鄰巷憎悲，以」寶曆元祀二月廿八日，厝於河南平樂」之原，禮也。擇吉晨送，永保魂安。其銘曰：」皛皛白日，冥冥夜開，魂隨善往，魄逐福來，」永歸淨域，鎮坐花檯。」

寶曆元年正月廿九日建記。」

（周紹良藏拓本　河南千唐誌齋藏石）

寶曆〇〇三

【蓋】　失。

【誌文】

唐故左清道率府率杜公墓誌并序」

公諱日榮，京兆杜陵人也。天生高志，性乃温」恭，常行五孝之至，風儀之美，衆推事君，」晨夙懃恪，行跡忠貞，遂列勳官至此。何」期天之不祐，春降秋霜，苗而不秀，遂染高荒之」疾，卒于私遞。夫人李氏，四德無虧，三從備着，孤之」苦之，痛慣五情。男文璋，試家令寺丞。文武薄深，孝」傳今古，侍奉餘儀，禮則有期，龜筮協從，去寶曆元」年四月十二日，葬于長安縣龍首鄉嚴祈村。恐年深」代久，遂乃剋石爲銘，安泉路之題記之」耳。其曰：」

公之高志，德望供勳，官襲寵榮，以遷其職。」言將靈祐，今被禍剋，夭喪泉門，思覩不德。」

（北京圖書館藏拓本）

寶曆〇〇四

【蓋】　失。

【誌文】

唐故北平田氏夫人墓誌銘并序」

夫人令望北平，即齊國輔弼，衣冠挹世，義啓千齡之躅，孟嘗」公子之遠葉。祖諱意真，父名萬昇，數代居漳濱，爲潞人也。」夫人即長之令女，淑順其美，玉貫温潤，芳香蘭蕙，四德六行皎」如也。笄年禮聘隴西李君，治家婦禮守節，和鳴琴瑟合調。」年光廿一，豈謂蕣花朝開，風姤而暮殞，縈疾於寶曆元年夏」四月一日終于私第，嗟乎！花凋漳浦，玉碎韓山。令子八八，孝行」全心，銜恩灑泣。嚴父墮淚，慈親涕零，良人悲曰：結婚望千載之榮，豈料沉九泉之路。孤鸞失影，別鶴無聲，花既謝而」庭宇寂寥，君長逝而房櫳慘色。旅寄鄉外，誰爲室中？託在」何人，以成家事？夫人於其年其月廿七日遷窆於潞府城西南三」里臨泉村西南一里平原，禮也。壺口峰右，漳水之濱，創栽隴樹，」恐年代遠，陵谷變，遂刻石紀銘，詞曰：」

田氏玉顔，花謝春圃，鳥啼壺口，水咽漳浦。令子墮」淚，良人悲苦，刻石九泉，永標千古。」

（録自《山右冢墓遺文》）

寶曆〇〇五

【蓋】 失。

【誌文】

唐故鉅鹿魏府君墓誌銘并序　鄉貢進士盧畟撰」

府君諱仲俛，鉅鹿人也。皇考琦，高道不仕，以知空」門，早悟玄教，依於經典，能生信心，積善立身，雖俗」若釋，處衆自靜，大隱同名。府君吴氏之出，承習」之道，不逾家法。然倜儻多才，性能周物，親戚朋友，」無不霑恩。忽嬰疾疹，以寶曆元年四月三日奄終」於清化私第，享年卌四。以其年五月六日歸葬於」河南縣平樂鄉先塋舊原。府君前娶賈氏，先」數年而殁，今自他穴啓舉合祔新塋，禮也。有女一」人，年幼在堂，婉淑惠茂，親族稱之；後娶徐氏，婦儀」有則，邕穆閨庭。今主喪執禮，皆府君長兄仲連。」追天倫之厚情，悲同器之先落，感孀婦之晝哭，念」孤女之號擗，盡力竭財，以資窀穸，有以見仁孝之」切也。恐丘隴變更，封疆改勢，勒銘泉壤，以誌千秋。」銘曰：」

爲智之上，性直心明，存積其善，殁有其榮。送終既」厚，在原之情。　茫茫先室，同祔佳城，刻石泉壤，標封」萬齡。」

鄉貢明經李邵南書。」

（北京圖書館藏拓本）

寶曆〇〇六

【蓋】　失。

【誌文】

唐故黄崗縣丞陳君夫人諸葛氏墓誌銘并序　文林郎前亳州譙縣尉鄭抱一述」

夫人諸葛氏，其先瑯琊人也。曾祖澄，豪州刺史；祖故，韓」城縣令；父萬，泗州司馬。夫人年十六，適黄崗丞陳君曰雅，」先夫人二十二年卒。黄崗重然諾，夫人力贊成義聲，有」同掛網者，君不自解，貴均罪，以幸宥，乃譴没南土。夫人」内挈古訓以訓子綬，及長，量名之遠，不急於蚕養，因縻」東都留守府職，得試官太子通事舍人，其以奉以備，欲」不羨貴尚義，尤及先人，前後罄赴者不一，人亦賀夫人誨」養有哺，衆亦謂職不足繫陳子千里，足不疾騁，懼狙輩」計陷。長慶四年秋果卒，是斂竟時，夫人大哭曰：天何予！」一世往以譴，一世今以是。天刃我，惡我乎？不寶金罪也。」號一發，不識者亦墮涕。以寶曆元年五月廿五日瘇髮」而卒，春秋六十一。果有良婦，果有良孫。舍人府君娶熊」氏女，生子曰康、曰賡、曰度。嗚呼！今主奠也以康。先是黄」崗寄賀土，夫人今墳于子墓之右，卒之年六月十二日」窆也，終其祔且誌乎殯曰：」賢不必壽，聖不終富，媲義胤淑，天奪其報。鮮罄羅列，一」日而絶，顛倒善否，戕良蔽妬，與道而□，孰混孰清，埋銘」石腐，北邙其墓，誰復以土，孝孫之主。」

孤子康書。」

（周紹良藏拓本　河南千唐誌齋藏石）

寶曆〇〇七

【蓋】失。

【誌文】唐故鄉貢進士范陽盧府君墓誌　朝散大夫權知漳州刺史鄭紳撰」

有唐長慶四年五月十八日，鄉貢進士范陽盧君寢疾，」卒於東都永泰里私第，享年卅七。元昆嘏，以因依妻族，」留寓閩川。從祖兄方本，坎壈無家，隨流萍泛，哭喪主奠，」唯部□□李義。嗚呼生也數奇，没也□□，葭莩之親，聞」之隕涕，矧天倫之痛，其可既乎？君諱□，字子鷟，曾王」父知遠，資州刺史；大夫寵，河中府户曹參軍；烈考竚，太」常寺奉禮郎；閥閱蟬聯，禮法傳襲，備諸圖諜，庶姓莫齒。」自童丱讀儒書，弱冠通子史，才藻逸發，再登文場，而命」蹇於時，才躓於運。由是脱略干禄，優遊故園，美天爵之」有餘，伊人事而何有。故歸全不負於付命，没齒無愧于」前賢。夫如是有道玄晏，豈相遠哉。夫人博陵崔氏，故某」官某乙之孫，某官某乙之子。和鳴之道，如賓之儀，彰於」內壼，已備前誌。先君若干年即世，以寶曆元年八月二」日合祔於芒山南原從先塋，禮也。痛乎回也短命，豈」空歎於宣尼；伯道無兒，寧獨傷乎安石。况其伯氏，乃予之半子，見託斯文，遂爲銘曰：」

劍潛于匣，玉藴于石，不啓不剖，人其焉識。傷哉天子，其」道亦默，秀而不實，古今共惜。萬里長途，跬步而塞，痛」玄夜之不還，悲乎昔兮無極。」

（周紹良藏拓本）

寶曆〇〇八

【蓋】失。

【誌文】

唐故石府君墓誌銘并序」

府君曰忠政，字不邪，生于京兆府萬年」縣人也，邑崇仁里，清閑不仕，自居其家。」昏何氏，不幸元和二年四月逝，葬城西小嚴村。府君壽年八十有二，終于長」□二年七月十日，以其年八月二十一日亦葬于小嚴村。長子義後亡，亦葬於」此。後□□元年，當家□□□義鄉南姚□□掃灑莊一所，遂再□□遷厝莊東南□十步已來，遂擇吉晨，以其年八月九□□祔翁婆及兄義并安于墳闕，乃命□□存之不朽。銘曰：

八月□風悲切切，安厝先靈歸墳闕。□□孝感理於天，萬代子孫昌不歇。」

（周紹良藏拓本）

寶曆〇〇九

【蓋】失。

【誌文】

唐故寧遠將軍守左金吾衛大將軍守并州竹馬府折衝都尉解君故夫人張氏墓文并序」

夫人姓張，清河人也，漢太子少傅子房之後。皆德光搢紳，」名載史策。夫人性緫惠和，行兼寬敏，四德通備，三從有程。」初筭之年，因媒氏受都尉公之禮請而應敵焉。都尉公諱」晉卿，節行沉密，識量公雅，言必稽古，性敦純直。禄雖厚命」何短耶？去貞元廿年十一月十四日遘膏肓之疾，先夫人而終，權殯於栢臺」村西北平原，禮也。夫人自居霜寡，貞列知名，訓子推孟軻之母，執禮」爲梁鴻之室，禮範光於風雅，内則彰於貞明，中外式瞻，里閈歸德。何圖」天命有數，大運難逾，居朽敗之年，卧沉綿之疾，藥飲不救，以長慶」四年冬十月十五日奄歸泉壤，享年七十有四。卜寶曆元年九月三日」葬于潞州潞城縣永濟鄉西王村西一里平原，禮也。悲夫！有子」二人，皆秀而不實，相次夭枉。護喪主祭，有孝孫大政，處弱歲，菽麥纔」分。今所備喪禮皆女之夫氏，辦集儀表。孤女張氏十一娘、康氏十三娘」等，號天擗地，上訴無階。復恐年代推移，陵原有變，列之貞石，以紀泉門。詞曰：」

惜哉寧遠，早變逝川，夫人張氏，旋歸下泉。二子云殂，一孫零然，」始居□歲，誰當奠筵？兩女哀號，泣血仰天，松丘壠邃，萬古千年。」

（周紹良藏拓本）

寶曆〇一〇

【蓋】失。

【誌文】

（上缺）左武衛執戟守中武將軍試左金吾衛郎將諸葛府君墓誌銘　宣德郎試左武衛兵曹參軍韓宬撰」

□□澄，其先瑯琊人也，承蜀相武侯亮胄胤。曾祖，　」考士牟，初受太子文學，次遷崇玄弘文館大學士，累授」□□府。君器宇沖邈，調韻不羣，才智天生，識量神假。」□□有室，以武舉擢第，拜左武衛執戟，實鼎鉉之清階也。」□□左金吾衛郎將，出入禁衛，警蹕巖廊，號令清嚴，」親□□辰扆。嗚呼！瑚璉之器，必冀用於朝宗；棟梁之材，將成功於」□□。豈圖災生二豎，夢起兩楹，秦緩退醫，扁侯息藥。享」□□□有八，以　年　月　日終於河陰縣三山鄉三山里之私第矣。」□人滎陽鄭氏，名逾班謝，禮越孟姜，柔順天資，婦德彰著。」享年七十有七，以元和十五年四月廿一日終於河陽縣之第矣。」有子二人，女二人。嗣子立則，見任兖府左廂馬步都虞候；次子」立成，見任河陽軍後院十將；幼承雅訓，夙荷仁慈，雖日月」逾邁，每哀慟過禮。敬以寶曆元年歲守辛巳九月辛」未十五日乙酉塋葬于河陽城南六里大和里之北原禮也。」將恐人代遷易，谷變山移，刻石命文，誌于幽隧。詞曰：」

元氣氤氲，肇降人倫，英旄獨秀，貞幹不羣。」事親竭孝，奉國忠勤，佐兹武衛，班秩縉紳。」豈圖災變，殲我良人，轜車儼駕，將奄松門。」刻石紀德，萬古攸存，望蕭颸兮白楊，庶□□□此君。」

（周紹良藏拓本）

寶曆〇一一

【蓋】失。

【誌文】

唐承務郎前試左武衛兵曹參軍攝易州滿城縣令趙全泰妻沛郡武氏墓記

夫人姓武，常山真定人也。其先宋武公後，遷沛郡，流芳散葉，得地皆榮。祖顔，皇趙州司馬；父諫，皇冀州司倉參軍；簪冕承家，琳瑯繼世。夫人即司倉之幼女也。恭守先訓，爲婦柔和，内撫遺孤，外睦親眷，其於孝行，難以具陳。以寶曆元年七月廿一日卒於定州深澤縣之官舍，享年卌有六。嗚呼哀哉！有兒女五人，丱雉相次，哀號一絶，悲感四鄰。即以其年十月十六日遷窆於定州西南卌五里新樂縣仁義鄉之原祔於先塋，禮也。全泰官移北州，纔餘一月，旋聞疾困，醫禱無徵，顧命之時，後事無託，關河阻遠，奔赴不及，痛一朝而永隔重泉，感平生而撫棺慟哭。盧陵谷變遷，刻石紀其年代也。

（録自《常山貞石志》卷十）

寶曆〇一二

【蓋】失。

【誌文】

唐故試太常□□□□□□張府君墓誌　前攝鄆州盧縣主簿□□□譔」

公諱巽，字子華，其先范陽方城人也。曾王父國楨，齊州□□大父□」廬州巢縣主簿；烈考峰，濮州司功參軍。公即司功之季子也。擢□」於膏腴，陶性於詩禮，故五常生知，六義默契，抒情□□□管粲」然。竟以孀孤仰給，凶吉相襲，不得策名太常，□價天衢，前後」受假署於連帥府者，簡書三換，分劇務於度支，□□□」司再移，皆期於治靜事舉，吏休功倍，」至若輯□□□喜」愛賓客，嬉諧讌樂，嘔噱終日，未嘗倦也。公長兄早卒□□」孀姪爰依，公念深猶□，情過無服，雖辛苦契闊，必衣之而」後衣，食之而後食，物議多之，以爲著行，非慈悌中積，其能」爾乎？□翮方奮，雲逵尚永，不幸遘疾，以寶曆元年九月」二十日終於青州鹽鐵院官舍，春秋四十有四。嗚呼！以公」之藝學義行，良材利器，而時命竟乖，數運莫偶，有□」之者，孰不吁咨？即以其年十月二十一日，窆于青州□□□」孝義鄉堯山之西原，從權，禮也。嗣子泰，未越提孩，藐□」在疚，孺慕哀□類于成人，承公之家，爲有後也。以□□」忝□童年之舊，備詳行實，故以幽篆見託，敢宣直詞。」銘曰：」

維張氏之洪源巨柢兮生於帝軒，茂緒紛綸兮冠」蓋實繁。降及府君兮慶存德門，忠信孝友」兮可貽後昆。何景命之遄逝？嗟福善之虚言。堯山」之下兮崗原鬱盤，幽隧宅兹兮」神靈保安。」

（周紹良藏拓本）

寶曆〇一三

【蓋】失。

【誌文】

唐故將仕郎試涇州參軍楊府君墓誌銘并序　上谷成勣述」

君諱宗本，字宗本，其先弘農人也。厥自黃帝得姓，迄于」聖唐，偕世茂族，君即其餘派也。祖光□，贊善大夫，綿」州別駕；祖母彭城劉氏；皇考軋，高蹈林園，養素自得，」文學禮讓，州閭共推，命不勝時，溘□中壽，悲夫！皇妣」高平徐氏。君終鮮兄弟，有妹五人，偕淑慎令儀，閨閫以」睦。此皆先府君之遺誡，亦君之善□長也。君立性温柔，」奉義自守，每孜孜以徇家，不因循以待物。動必有恒，處」乃有裕。惜矣命不及乎知命，位未登於黃綬，享年卌有」七，以寶曆元年四月十九日遇疾，卒于私第。嗚呼！君自」先府君淪棄後，採拾家資，出適予妹二人，悉歸于隴西」李氏，皆君之嘉選也。妻南陽張氏，遂州録事參軍岑之」第七女也。好會相得，琴瑟斯調。有子一人，曰元吉，年未」弱冠，以哀號成禮。即以其年十一月十六日權窆於遂」州方義縣終義鄉北原，禮也。以余與君先府君爲執」友之舊，寄託爲文，豈憚執紙操觚，叙傳後胤。銘曰：」弈弈楊氏，承家保嗣，處下以嚴，奉上必義。」實用餘福，即此爲貴，禍構無胎，揭焉中圮。」霜妻尚夕，嗣子且稚，門巷人稀，風秋葉墜。」孤墳始立，篆石斯記，千秋百祀，永以爲識。」

（北京圖書館藏拓本）

寶曆〇一四

【蓋】失。

【誌文】

唐故郭府君二夫人墓誌銘并序」

有唐郭公字柳，諱柳，其先□原人也。柳祖考不□公」以儒爲業，高尚不仕，曷謂痗□以貞元十二年十二」月十三日卒於還慶坊私舍也，春秋五十有九。夫人周」氏。坤順有□敬事舅姑，忽疾療不差，興元年初先殁也。」次夫人趙氏，詩禮成德，規風有章，天既積休，何齡不永，」三旬卧疾，五藥無徵，以寶曆初年九月七日捐世安陽縣郭」氏之舍，享年六十九。於戲！蘭枝既折，桂樹先摧。有二女：長」從陳氏，次歸趙氏。雖禮□天，茹毒叩地，哀苦孰知。」天水夫人有弟法名靈素，内讀佛經，去來□□」耳；外披儒典，知禮之克行。乃與陳氏□□□□」力爲葬儀，以其年十一月廿五日祔府君共夫於望城」東北角平原禮也。將歲莫紀，勒石爲銘。」

孚哉郭公，勞謙仁風，貞元歲末，捐世如空。」周氏趙氏，詩禮成坤，皆不同壽，相次殁身。」二女叩地，

□惻枝親，□□□□，歸葬一墳。」

（周紹良藏拓本）

寶曆〇一五

【蓋】失。

【誌文】

有唐故李氏故陳留解夫人墓誌」

夫人特禀元和，明於節行，早罹□□，」惠訓諸孤，仰白月以鑒形，慕青蓮而」擢質，謂終孝養，永保遐齡。奈何天不」憖遺，飄靈太素，嗚呼！以貞元十八年七」月廿五日終於三市之第，享年六十六。有」子二人：長曰積，次曰□□□號楚，泣血」苦塊，考龜筮之未從，□祔靈于先□，」以其年十二月七日權厝於平陰之原，」禮也。恐時遠代謝，刻石佳城，兆叶□□，」申於□□。」嗣子元應，寶曆二年正月廿九日，自□」扶護先考遷祔。鄉貢進士趙南華撰并書。」（嗣子元應以下兩行爲後刻，「考遷祔」三字疊壓「鄉貢進士」四字之上。）

（周紹良藏拓本　河南千唐誌齋藏石）

寶曆〇一六

【蓋】失。

【誌文】

福建都團練押衙何君誌銘　銀青光祿大夫檢校太子賓客上柱國鄭瑀撰」
唐寶曆二年歲次景午八月景申朔五日」庚子福建都團練押衙何君卒，越十九日，」葬于萬年縣龍首鄉龍首原。君諱洪□□」金陵人。曾從源，皇任潮州司馬；祖肅，皇任」廣州湞陽縣令；父令任左衛長史；母南陽」張氏。君童幼仁順，孝敬發自天性。」長史以慈順加等，未嘗一日闕晨昏溫清」之禮。由是親族咸屬意焉。嗚呼！既秀既實，宜享眉壽，天乎不祐，殲我令士。功未宣於」王室，官未及于一命，親友嗟悼，宜加於人」一等矣？恐歲月悠久，銘于貞石曰：」
於維何君，幹蠱有聞，履信思順，友于天」倫。宜考宜壽，媚乎君親，如何已矣，豈天之」仁？銘此貞石，用章永年。」

（周紹良藏拓本）

寶曆〇一七

【蓋】失。

【誌文】

唐故鳳翔節度押衙兼知排衙右二將銀青光祿大夫兼太子賓客弘農楊公墓誌銘并序　鄉貢進士任唐詡撰」
天子有熊羆之臣，諸侯有爪牙之士，是以上配列宿，下比山嶽，以資於忠義，以成於志」節者，公其蘊焉。公諱贍，字士寬，弘農人也。曾祖及祖，出於幽冀盛族，史」籍已載，故不書諱。父孝直，守鄧州長史、兼山南東道團練使、臨漢監」牧副使、兼侍御史；貞元初，洎常山連帥太師王公弘覆燾之心，撫騎」士如子，招綏有禮，賞罰必中。公之家君，遠慕風教，投事麾下。」太師署以重職，將啓戎行。歲月彌輪，受恩益重，及僕射出常山之」日，公特獻誠懇，誓從旌旗。僕射美其父作子述，俯乃允從。公少而」岐嶷，長而恭懿，文武不墜，器宇天然，有名將之風，懷國士之量，特授鄭滑」親事兵馬使、兼東城使。雖爲裨將，得子文之儔；名冠當時，不阻蔿賈之」賀。家傳孝義，外讚惠和，濟濟沉沉，弘敷羣望。僕射拜鳳翔日，授節度押」衙兼排衙右二將，轉益清慎，夙夜匪懈。雖總戎伍，口不言武，每誡其軍士」曰：少長有禮，出入克諧。得其衆心，如肘運臂。彎弓得鴻超之善，援筆得」鍾褚之能，韜藏機密，用律衙正，時人可謂金貞玉粹者乎？何圖昊天無」狀，將星虧晦，太山其頽，哲人其萎，以寶曆二年七月八日寢疾，終于鳳翔」府敷化里之私第也。享年卅有八。夫人渤海高氏。令德有聞。夫人即擇交」之女也。有子三人：方立、方本、方古爲嗣。以其丱年，未有宦叙。痛瞑目之」日，家君在遠，夫人嗣子不得親殮。嗚呼！壯年不永，奄棄白日；朱顔未凋，」歿于幽壤。僕射念忠貞繼代，聞喪傷悼，凶事親令部署，禮合於儀。以」其年八月廿五日厝于岐山縣望雲里，禮也。恐陵谷遷變，故勒銘貞石。其詞曰：」陰山降神，生彼哲人，忠勇成志，禮義立身，」生涯永隔，秋月爲鄰。原野何依，既封既樹，」名德雖存，魂歸太素，貞石勒銘，紀于千古。」

（北京圖書館藏拓本）

寶曆〇一八

【蓋】失。

【誌文】

王府君墓誌　試河南府功曹參軍盧德明撰」

唐故山南東道節度隨軍、試太僕寺丞、上柱國王府君公諱敬仲，字」文仲，元由太原郡也。曾祖朝散大夫、使持節河州諸軍、試河州刺」史諱謂，夫人滎陽鄭氏；祖中散大夫、使持節益昌郡諸軍」事、守益昌郡太諱思旭，夫人京兆杜氏；父朝議大夫、試光禄」寺丞、上柱國諱英，夫人彭城劉氏；并勳烈累代，門傳素風，繼子」令達家名，則今故公也。孝廉成性，謙讓立身，强識博文，實謂君子。於」貞元中奏敍試衛左及太子通事舍人，於其年又充廬州使職，」聲美四方，行聞國器。至元和初祀，充宣歙池等州都團練使隨軍，」寬懷説師，恩濟周物，至九年充浙東道同團練副使，柳營夜月，分燭」高照。至十三年，襄陽鎮守特邀任能，授節度隨軍攝衙推，詰理唯政，」物無抱怨。迺名遂退身，假故之適，忠直是祐，難取閑暇。長慶元年，充」攝睦州判司，守愛仁約，寮欽幹才。曷知身瘵縈捐，藥餌不驗，於寶」歷二年三月廿一日終于饒州樂安之旅館，享齡六十有八。于時邑寮」哀悼，行路悽惻。有令弟試左衛長史名賁，傷手足分割，追攀哭」慟，服儀可則矣。夫人濮陽宇文氏，孀素守節，而撫育愛子。男三」人：長衎、中徹、小衢。并孝行必聞，生知禮樂，泣高柴血，備集凶儀。卜」龜筮之良，得葬期數，則寶曆丙午歲十月廿七日，葬于河南府河」南縣平洛鄉杜澤村之野。郊野蒼茫，風雲慘慘，窀穸成古，紀不朽」德，憑乎刻石，彰其由之。文曰：」才幹天假，薰榮早彰，」元戎貴用，特達忠良。累任職司，」備經佐理，孜孜立誠，德彰遐美。魂魄玄夜，質遺窀穸，」永永之驗，紊之于石。」

（周紹良藏拓本　河南千唐誌齋藏石）

寶曆〇一九

【蓋】失。

【誌文】

唐故昭義節度衙前先鋒兵馬使滎陽鄭府君墓誌銘并序　承奉郎試左衛兵曹參軍前攝昭義縣令史方邁撰」

公諱仲連，族鄭氏，其先肇自宗周，宣王母弟友封之於鄭，是爲桓公子孫，因」氏焉。靈苗繩繩，代著仁傑，軒冕華時推甲門，維桑於京索之間，今爲滎陽」人也。七代祖諱　　偉府君，後魏開府儀同三司、尚書右僕射、平南」將軍、廣州刺史、襲襄城公；高祖諱玄敏，皇朝散大夫、蘄州長史、」司農丞；曾祖諱由古，朝散大夫、河清縣令、宣州司馬；王父諱」廣嗣，左司禦率府兵曹參軍；烈考諱楚卿，杞王府司馬，贈殷州刺史。」公即殷州府君之長子。生芝蘭之室，長簪紱之家，積習儒風，不肅而教。」遭中原俶擾，四郊多壘，乃卷癈典謩，恢張策術，有歸清排難之志，遂謁河東」節度使、侍中馬公，布憤激胸襟，陳討除利病，一豁雲霧，留之麾下，署討」擊使。會尚書元公詔拜河陽節度使，乃公之陽也，思我舅氏，日志三」城，留署節度押衙。厥後右僕射孟公董戎三城，署公都虞候，轉河清」鎮遏兵馬使。洎孟公移鎮澤潞，公又隨之，充節度押衙兼府城都虞候。長慶中，」相公彭城王劉公保釐東郊，鎮撫襄國，署公先鋒兵馬使，俄遷澤州都虞候兼防城」兵馬使。寶曆二年春，奉牒追還，依前充先鋒兵馬使。嗚呼！哲人其委，梁木斯壞，」以二月五日終於邢州某里之私第，春秋六十有二。夫人長樂馮氏，皇殿中監」諱榮之季女，先公而歿。有子四人：長曰撲，試左清道率府兵曹參軍、上護軍；孟曰振，仲曰授，衙前散將；季曰摽，至孝等蓬頭棘心，泣血過禮，克荷昭訓，棘心充窮。後夫人」扶風竇氏，奉公裳帷，晝哭蓬首，恭率令嗣，哀號飾終。遂以其年歲在景午」十一月七日遷神於潞府城東北開村之平原，以夫人馮氏祔焉，從宜也。銘曰：」

滎陽甲族，冠冕名家，焜燿區宇，光輝爪牙。」曆趨元勳，忠節罔差，不幸無禄，」哀哉命耶？壺口西原，木落霜華，君子幽宅，」松筠載嘉。欒欒諸孤，號訴縗麻，千秋永夜，鶴□鳴鴉。」

（録自《山右冢墓遺文》）

寶曆〇二〇

【蓋】失。

【誌文】

維寶曆二年」歲次丙午十」一月甲子朔」七日庚午渤」海高府君墓」誌。」

（周紹良藏拓本　河南千唐誌齋藏石）

寶曆〇二一

【蓋】失。

【誌文】

唐河中府猗氏縣主簿盧公故夫人清河崔氏墓誌銘并序　朝議郎守河南縣令輕車都尉賜緋魚袋盧商撰」

夫人姓崔，清河人也。皇朝贈太常少卿子美之曾孫，溫州刺」史溆之孫，夏州行軍司馬兼御史中丞放之季女，滑州掾隴」西李寰之外孫，河中府猗氏縣主簿涿郡盧伯卿之匹也。爰」自中外，洎于夫族，皆爲百氏稱首，海内言族□推婚姻，舉門」風、論人物者，號三宗爲鼎甲。故夫人幼聞詩禮，雅慕恭儉，以」柔靜爲德，以孝慈爲仁，不留情於麗靡，務肥家以和敬。霜露」既降，潔酒醴以盡孝心；寒暑戒時，躬組紃必自敏手。我門爲」婦，垂二十年，侍謙之光，執禮之柄，推厚居薄，風雨不移。寶曆」元年春，盧公官替，寓于舊邑。明年春，公如秦，夫人卧痾，男女」環列左右，候所苦而無告，唯曰歸吾洛中。詞畢而絶。時二年」四月十八日也。及公星馳而至，已望門而哭。誰謂同心，不覩」瞑目，嗷嗷孺慕，號叫鰥獨，哀哉！夫人去我何速！時春秋卅有」七。盧公追其遺言，以其冬十一月九日，歸窆于河南縣金谷」鄉焦古村，禮也。夫人生子男女九人，其男長曰讓、次孟六、次」小孟；六女一適人，二許嫁，三皆幼穉，未識母師之訓，而亡所」恃，煢煢在疚，如不勝喪。夫人令德鍾厥後矣。讓余之猶子也，」勒銘貞石，其無愧詞。銘曰：」

洛之北兮邙之陽，松青兮栢蒼蒼。金谷蕭條兮無馬埒，」古原鬱盤兮爲龍崗。有美淑人兮葬泉壤，空餘令德兮傳芬芳。」

（北京圖書館藏拓本）

大和

大和〇〇一

【蓋】失。

【誌文】

唐故河陽軍節度衙前將朝散大夫試殿中監樂府君墓誌銘并叙　前試太常寺奉禮郎史元益撰」

公諱昇進，南陽郡人也。少而承訓，長有令聞，立性政直，藝能推許，志期霄漢，名」不稱知，軍府惜能，常之保護，高曾大父，名著當時，累有官勳，以具諱載先君之」銘誌矣，故略而不書。公代職英武，家素忠良，規矩有聞，」不愆經禮，終始若一，」常」濟沉淪，或脱衣輟食以待南北之士。年纔踰立，莅事轅門，忠勤奉公，用赴誠信。時」貞元中，河陽節度祁連王幹其絶倫，倚惟厚行，特補署同十將試太常卿。公」以守職謙讓，裨補竭忠。至元和五年，僕射孟公改遷衙前將、朝散大夫、試殿中」監，委其心腹，實賴爪牙。及隨任昭義軍，轉見精勤苦節而無退焉。後」節度追赴闕庭，公罷府職，南歸花邑，未逾累月間，」元和六年孟秋初旬，大夫烏」公聽三城之衆，佇軍談之美，遂請一見，依前職舊。芳名振邁，布於千萬人口，終不」見分毫乖於公體，人之德行，乃至於斯。在家在邦，必聞其政，破妖平寇，功告數通，訓」子純深，皆遺誡敬。朋流迴望，將立後期，何忽染疾不瘳，雲雁垂翅。上天不祐，逝水」泉冥，壬申歲春正月六日，終於河陽之私第也，春秋五十有一。公夫人達孚氏，河」南人也。承家紀德，五禮備身，惠遍親親，恩施和睦。常遵曹氏，修女誡之儀；訓習兒」孫，保孟姜之德。婦孫滿室，甘旨日奉，實爲人先。光景奈流，旋疾而至，萬藥無效，」百齡何來。時寶曆二年春二月一日，終於河陽之私第感化里，年六十有四。三子」泣血，上啓蒼蒼，號天幾絶，叩地奚訴。嗣子少真、次少晟、次少弘。爲孝爲禮，哀」慟人人，克恭克和，選筮良日，卜丁未歲夏四月九日合祔於河陽北原鹽坎，之」禮也。嗚呼！雙車既駕，薤露歌悲，往來遲遲，鄰里哀淚。公之長子少真，謙謙禮」度，雅範風時，朋友結交，古之握髮吐飡，誠不爲志士。余忝承眷分，佇聽於將」來，述公之令聞，直書其往事，勒在金石，爲銘誌於墓矣。所冀神明不昧，慮」山原將改，故爲之銘。詞曰：」

昭昭氣宇，播于三城，道藝推洋，如天有星。好文有武，當時之英，累任軍職，」無不欽名，玉葉是凋，魂歸泉冥。惟公夫人，淑慎其美，令德有聞，傳於閭里。」桃李陰成，哀哉已矣，日月流芳，俄來逝水。夜臺寂寞，悲風時起，千年萬年，」銘之此地。」

（周紹良藏拓本）

大和〇〇二

【蓋】 失。

【誌文】 誌尾「驚蓺」以下十二字刻于誌石之側。

唐故文林郎試左金吾衛兵曹參軍武騎尉何公墓誌銘并序　揚州龍興寺沙門惟一撰」有唐大和元年五月廿五日公卒於私第。公諱允，其」先廬州人。曾王父賓仕，王父珽，皇考胄，游踐儒籍，」遠名綵生，令道貢德於世。公温美玉潔，粹和深正，雅」好經理，直道清白。國以度支重宰□淮南院事。」公給引叢務，可無洪細，悉主之其間，兢兢負荷，不怠」宵晝，疾徐喜愠，不形形色，招待賓友周厚，交結檢劑」服用，性緒簡約，春秋五十五，疾生榮腑，溘然辭世，與」善降祥，其安在哉？季弟朕斷肱臂，漸入肺肝。」夫人曲阜施氏，蘿蔓褭弱，失所附託，劍湮潭洞，哀苦」孀立，俯視孤孫隋，小委舜花。公愛子弘實，纔冠之歲，」孝行天授，承順膝下，仁素聽愍，忽遭傾棄，辛盭情」體，自啓手足，號痛之聲，孰忍聞覩。屬以多故，權窆於」廣陵嘉寧鄉陸遂里鑿墜封櫬，引植松栢，秋空院寥。」景添其苦，懼陵谷將變，刻石紀事。銘曰：」

一氣暫聚，當午易欷，其數限盡，孰能留之。聲華先達，」疊疊歸斯，公之化焉，使問愴而。丘隴蕭然，濃露以滋，」漠然下泉，無聞返期。生人謂常，子哀妻悲，手足明眷，」驚蓺神欺。歲月遷驟，風月照其。」

（周紹良藏拓本）

大和〇〇三

【誌文】磚。

皇唐歲次丁未大和元年七月己丑六日甲午日正常州晉陵縣萬春鄉平山里下蒲村西五里青山彎夫人薛氏，戊申吉墓一所，東去山七十步，南去湖二百步，□□山一百步，北去山卅步。庚首之墳。（下缺）

（録自《江蘇金石志》卷五）

大和〇〇四

【蓋】失。

【誌文】

唐故東都福先寺臨壇大德廣宣律師墓誌銘并敍　前河南府河陰縣尉清河崔章撰」

維唐大和元年七月二十有四日，東都福先寺律院大德年」七十三，寢疾遷化於院居，僧夏五十四。其徒以其年八月五」日，奉窆於洛陽縣平洛園，遵遺命也。大師姓成公，諱志」辯，字廣宣，澤州晉城人。童年問道於濟源縣化城寺明」照大師，年二十，受具戒，遂依律學大德曇濬因隸居福」先寺。先是祖師定賓著章疏甚高，爲學者所尚，而福先」律儀，首冠天下矣。宣公承大名，繼積學，天立儀表，冥」資操行，端清而和，備成而嚴，故得顯式僧徒，紹登壇位，」講求其道，誘誨羣蒙，自初學而卒業者凡七十人；肆筵」席演義理者凡四十遍。吾所謂至也。勇於弱年，勤於中年，」兢於暮年，凛凛慄慄，若猶癈墜。率是自畏，以至於終，」嗚呼！其不可及已，即儒衣偶聖，非顔閔歟？故軒裳有道者」及士族知名者無不誠嚮。京兆杜師古弟兄暨愚之弟兄，」皆四紀之舊，其敬最深。大師嘗以門弟子真滿踐修類」已，待之甚厚，至是寢疾，悉以德稱壇位，屬焉省署。得與□」告，自賓至宣，四葉相承，今滿又承之，其盛哉。遇病不文，且」不敢以全德列於年地之識，異時咨於作者，冀表其墓云。」銘曰：」

仲秋命節，泣送吾師，順化何苦，塵情自悲。霜明其操，冰」□其儀自此不見，孤立巋而，嗚呼哀哉！」

華州參軍事清河崔罕書。」

（北京圖書館藏拓本）

大和〇〇五

【蓋】失。

【誌文】

唐故朝散大夫臨晉縣令上柱國李府君墓誌銘并叙　從弟河南府洛陽縣尉行方撰」

公諱鼎，字鼎，其先隴西成紀人也。昭行茂績，焕乎前史。五代祖」孝恭，封河間王，行臺尚書左僕射、三十州大總管謚曰元，配饗」神堯皇帝廟；高祖崇義，土襲舊封，官列右揆，河東道大總管，圖」形陵煙閣。自陵煙而上至於景皇；凡五世，皆以人倫傑秀，」河岳挺生，德被幽明，道該寰宇。曾祖尚道，太子通事舍人；祖汪，」絳州翼城令；父聳，彭州唐昌令；并公方利器，休稱藹如，位不展」才，名屈於命，進脩之心俱遠，升達之路咸卑。公即唐昌府君」第三子也。童而惠，冠而明，孝以奉親，悌以事長，鶱翾遠致，萬里」爲途。始以天蔭出身，授韓城尉，後爲延陵丞、江都丞、河東尉、平」遥令、臨晉令。至於敷理化，齊政刑，考稽疑，决寃滯，存孤弱，去姦」邪，求之古人，不能遠過。方期大任，以樹勳庸。逸足未申，英姿遽」落，寶曆二年正月一日寢疾，終於臨晉縣通達之精舍，享年六」十有七。夫人廣陵藥氏，關内節度、御史大夫子昂之息女也。柔」容順則，閨閫有儀，享福不長，先公而殁。有男一人曰公衍，以」文行博達，歷仕爲晉陽尉。有女二人：長適隨縣尉元仁表，次適」河西丞陳弘度。公衍娶河東薛氏，即普閏長翥之次女也。并天」與至性，哀毁過人，扶服護喪，反葬邙趾。以大和元年九月一日」祔葬於洛陽縣清風鄉郭村先塋，禮也。恐谷陵田海，託予」銘之，其詞曰：」

惟公之先，基德而立，惠澤既溥，福慶乃集。景皇嗣起，世繼清芬，」金珂玉振，帝子王孫。逮于府君，運與時蹇，韜略藴奇，含光晦德。」才既不耀，道亦莫申，龍蟠蜀地，劍躍平津。殁齒晉封，歸葬邙趾，」新兆是掩，孤墳特起。去鳥翻翻，行人悠悠，晴郊日暮，古樹風秋。」

（録自《芒洛冢墓遺文》卷中）

大和〇〇六

【蓋】失。

【誌文】

唐故河南府司録事參軍盧君墓誌銘并序　外孫歐陽溪書」

君諱士瓊，字德卿，范陽人。家世爲甲姓，祠部郎中融之長子，明經及第，歷」寧陵、華陰二縣主簿，知泗州院事，得協律郎。鄭少師之留守東都，奏爲推官，得大理評事，韓尚書代爲留守，請君如初。尚書節將陳許，奏充觀察判官，得監察御史。府罷，歲餘，除河南府户曹，以疾免，河南尹重其能，奏爲司録參軍。大和元年歲次丁未九月庚申，發疾而卒，年六十九。君少好著文，精曉吏事，少游故丞相楊炎、張延賞之門，楊美其文辭，張每嘆其吏材過人。嘗職同州，當徵官税錢，時民競出粟易錢以歸官，斗至十八九。君白刺史言狀，請倍估納粟，下以澤民，上可以與官取利。刺史詰狀，君辨其所以必然，刺史行之，民用得饒。未一日，果被有司牒，和收官粟，斗級六十。後刺史到，欲盡入其羡於官。君既去職，猶止之曰：聖澤本以利民，民户知之，不可以獨享。刺史乃懸牓曉民，使請餘價，因以絹布高給之。民亦歡受。州獲羡錢六百萬。其爲户曹，决斷精速，曹不擁事。及爲司録，始就官，承符吏請曰：前例某人等一十五人合錢□僦人與司録養馬，敢請命。因出狀。君訶曰：汝試我耶？使拽之，將加杖。承符吏衆進叩曰：前司録皆然，故敢請。君告曰：司録豈不自有手力錢也。參軍得司録居三之一，君曉之曰：俸錢職田手力數既别官品矣，此食錢之餘，不當計位高下。從此後，自司録至參軍平分之。舊事掾曹之下，各請家僮一人食錢助本司府吏廚附食。司録家僮或三人或四人就公堂餘食，侵撓廚吏，弊日益長。君使請家僮二人食錢於司録府吏廚附食，家僮終不入官廚。召諸縣府望吏告曰：其居此歲久，官吏清濁，侵病人者，每聞之。司録職當舉非法，往各白汝長，宜慎守廉靖，以澠池令爲戒。其所改易，皆克己便人，堪爲故事。及君卒，士君子相吊哭，咸以爲能高而位卑不副。有子三人：孺方、嗣宗、嗣業，號慕祇守，不失家法；女二人。前娶清河崔敏女，無子；□娶滎陽鄭虬之女，有子。葬於龍首原東北。孺方叩頭泣曰：丈人嘗與先子同官，而游宅居南北鄰，敢請紀石。翱」不得辭，乃據所見聞者鐫其實，可類推以知凡所從事之賢。銘曰：」
嗟盧君，性直而用優，約己以利人，宜壽宜貴。」以極時所，惟其緘而不伸，以喪厥神，豈奪惠於東民。
悲夫！」

（周紹良藏拓本）

大和〇〇七

【蓋】失。

【誌文】
唐故鄉貢進士京兆韋府君墓誌銘并序　試秘書省校書郎崔周冕撰」
大和元年十月二日，鄉貢進士韋行素卒於外族仁風」里之私第，以時月未協，不得祔先塋，用是月八日
權」葬洛陽縣北部鄉北原村。公自周秦漢魏迄於我唐，」世爲著族。曾祖彬，皇蜀州青城縣令；祖克
勤，皇河南府」汜水縣令；考廙，皇河南府汜水縣尉。公即廙之幼子。少」孤，依於外家。公善屬文，尤
攻詞賦，其體麗而壯，調清而」遠，性稟中和，卓然獨立，使文學俱成，垂譽於世，皆」叔舅衛尉少卿齊公
堭之致。寶曆歲秋，赴賓薦，應進士」舉，芳聲藹然，實後來之光烈。方期逸轡騁躡，迅翮摩天，」不幸短
命，志業無就。夫人高陽齊氏，即衛尉少卿長女」也。天授賢明，温恭柔惠。昔姜媛逑穆；馬氏配袁，
孰得爲」□。公舅堭，早著冠時之名，爲儒者之軌範，故四方之士，」□愿爲姻援者，十有九焉，而獨妻於
公，則公之志行可」知也。公砥礪名節，酷似其舅，比夫孺子獲譽於懸榻，仲」尼見稱於倒屣。於戲，大

用未登，下壽而夭，享年卅五。有」稚子二人：長曰阿改，次曰成儼。嗟夫！天授公之才，不付」其命，則積善貽慶，必在子乎？余見命爲述得書遺烈，其」詞云：

獨秀貞姿，昂昂絶侶，澄波萬頃，清風空著。挺生」夫君，徽猷茂緒，伊何不仁，胡忍斯致。不福其壽，不配其」位，顔亦無命，黄亦如是。嗟乎！公之志業，已矣已矣！」

（周紹良藏拓本　河南千唐誌齋藏石）

大和〇〇八

【蓋】　失。

【誌文】

唐故討擊使試太子通事舍人南府君墓誌銘并序　鄉貢進士胡道輿撰」

南遺仕魯爲大夫，公即其後，因官居陜，遂爲陜」人焉。曾祖諱某，某官；祖諱某，某官；考」諱某，某官。公諱昇，字昇，享齡四十有七，以唐寶」曆二祀疾溢大禍，八月七日，終於洛師。嗚呼！職不崇，」壽不遐，蹈善而福不降，斯其信耶？公投跡軍門，」職居牙爪，兼主乎廩。廩之司也，古難其人，倉父名子，」實爲至戒。若弘而惠，鮮克不敗，敗則官刑之而家業」没。重納以吝，則誅求衆而民用怨。公得其中，投」刃莫礙，入耗甚薄，出給甚平。鼠兮雀兮，纔暴其羨。已」無私潤，官罔積折，能矣夫。使獎其勞，改補討擊使，奏」試太子通事舍人。未果大用，貞玉忽折，嗚呼哀哉！以」大和元年十月二十一日權殯于河南縣平樂鄉杜」翟村。有子一人，年七歲，泣血罔極，有成人風，親故見」者，咸爲出涕。恐陵谷遷徙，銘以記之，銘曰：」

南氏世爲大夫于魯，後裔因官兮宅陜之下。」公之司稟兮成績可覩，用未大展兮倏千古。」幼子號慕兮淚血如雨，松栢兮煙月長苦。」

（古文獻研究室藏拓本　河南千唐誌齋藏石）

大和〇〇九

【蓋】失。

【誌文】

向府君墓誌」

唐大和二年歲次戊申二月丁巳朔，十六日壬寅，而安厝」焉。大門諱晉任金州司馬，家門諱信任太原府折衝，清」望出於河内郡，本襄州襄陽縣人也。家榮國寵，忠孝偕芳，」上佐之美，聲震文房；將任折衝，名高武庫。安邊定難，功就」退歸，餔糟啜醨，接膝鄉黨，遂娶廣平郡宋氏夫人爲伉」儷，生二男一女，長子公允，次子公著，女廿娘。夫人成家」致美，作配馳芳，盡歡榮，早從逝水，去元和十四長慶元年九月廿三」日終于洛城通利坊里也。府君自此鰥居，家無亞室，」潔己立行，唯道是親，印珠長挂於情臺，法水永滋於意腑。」修諸檀施，倒屣而行；撥惡因緣，甚探湯禍。五臺山寺，三住」齋僧，每度何啻萬人，一一躬親馳奉。府君享齡七十有」四，大和元年五月十九日終于京兆府靖恭坊私第，扶護」葬于洛城北邙山之陽杜郭村。於戲！別封馬鬣，創卜烏墳，」古遵合卺之儀，令易昔人禮。隴月分照，陽和各春，杳杳夜」泉，茫茫窀穸，虞川原變改，刻此銘焉。」
曹族靡邇，勳猷自遠，官任文武，寵禄非淺。」安邊定難，功成名遂，解鉀退歸，乘閑自貴。」室喪明寶，川沉夜珠，穌然潔己，道性清虚。」屢注清涼，齋僧三萬，不倦行役，而崇廣愿。」年過從心，去留難曉，運數豈知，終于京鎬。」卜葬東洛，北邙之陽，慮川原兮不永，」刻貞石兮天長。
大和二年十六日建。」
（周紹良藏拓本　河南千唐誌齋藏石）

大和〇一〇

【蓋】　失。

【誌文】

唐故朝散大夫守汝州長史上柱國清河崔公夫人隴西縣君李氏墓誌銘并序　檢校尚書屯田員外郎兼殿中侍御史清河崔耿撰」

維皇唐大和元年歲次丁未冬十月廿三日故汝州長史」清河崔公之妻隴西縣君李氏構疾終於東都審教里之」私第，享年卌八，孤子植、杭等號奉帷裳，以明」年春二月十六日祔葬於北邙山，合葬非古，以縣君謙順」之德，讓元妃同穴之尊，禮也。　縣君諱貞，字齊壹，其先隴西」人也。　曾祖琁，邠王府參軍；　祖羿，皇處州司户參軍；　考僅，皇」河南府福昌縣令。　縣君福昌之第廿女也。　外祖壽州長史」京兆韋倫。　長慶中，崔公官於朝，階朝散大夫，勳上」柱國，而縣君以從夫之榮，受封本縣縣君，生於清門，積善」仍世，爲女時以婉慧稱於姻族，爲婦時以精力自誠，奉助」祭祀，以敬順禮法，輔佐君子，加以均育之慈，御下」之仁，和氣淑姿，浹於中外，而終始不違其令範歟。生三男」二女，其繁備具乙巳之誌。植、杭等自縣君陳衣以至於安」宅，以生知之性，力行之不怠，必盡於人心，其有後乎？哀哉！」銘曰：

李姓日也，光照羣族，甲望華閱，聲金振玉。懿兹柔貞，執禮」雍肅，用和理家，家道以睦。衆善在躬，宜荷豐福，不享永年，」如何不淑。于嗟乎德煇祚流，延延兮而子孫必復。」

次男杭書并題。」

（周紹良藏拓本　河南千唐誌齋藏石）

大和〇一一

【蓋】失。

【誌文】

國子祭酒致仕包府君墓誌銘并序　銀青光禄大夫守左散騎常侍上柱國張賈譔」

君諱陳，字□□。大父融，蘊江山之秀，以文藻知名。開元末，相國曲江公」將所賞異，引爲集賢殿學士、大理司直，贈祕書監。考諱佶，天寶中，以弱冠」之年，升進士甲科。文章之奥府，人物之高選，當時俊賢，咸所景附，洎登」朝右，蔚爲名臣，歷銀青光禄大夫、尚書刑部侍郎、國子祭酒，掌禮部□」舉、祕書監、丹陽郡開國公，贈禮部尚書、太子少保，雖文學政事，擅當□」之名，而訏謨弼亮，負平生之志。用未濱極，人咸冤之。君即少保之胤，孝」友端慤，慎言敏行，童年門蔭，補千牛備身，嗜學益專，琢磨不倦，未嘗□」侍□紫宸，升内殿，而放蕩其志業也。人咸奇之。授華陰尉，丁少保府君」之憂，因心之孝，哀則有餘，柴立中疚，杖而後起，咸謂大賢之有後也。□」從簡書，强志幹蠱，辟荆南永安軍判官、左衛兵曹，爲度支使所命，授□」理評事，改山南東道營田判官，監察御史裏行，劒南、西川判官，殿中侍」御史，内供奉，襲丹郡開國公，授雅州刺史、本州經略使，福王府長史，□」王傅，國子祭酒，致仕。年五十七，終於西京昇平里第。嗚呼哀哉！初少」保府君之爲汴東兩税使，治於楊子縣，地主淮南，連率怙亂，保姦□，」懷叛志，蒼卒迫脅，以攘公積。少保府君知力不可遏，遂乘流而下。其後」朝廷示天地之容，不正其惡。府君乃名子以志之，亦由古人之道也。後」君在雅州，爲風恙所中，及扶持至城，遂有長史王傅之授。噫！夫年方」五十，才可理人，而右揆平章事竇公，工部尚書張正甫、太子賓客皇」甫鏞、洎左散騎常侍張賈皆門生也，感恩追舊，永愿扶奬，仰憑神理，」日俟有痊。神不鑒臨，溘然長往，嗚呼哀哉！凡我門生，相顧長慟，報德無」所，痛可忍言。以太和二年二月十六日葬於東都河南縣平樂鄉杜翟」村之北原。一子恭，年未弱冠，明經登第，號泣孺慕，禮無違者。刻石」以誌，庶展哀懷。

銘曰：」

有德有裕，不垂于祐，慶不長兮。有學有行，不承于後，門不昌兮。□」嘻門生，或列于相，咸顯于朝，報恩無所，心悲傷兮。

河東柳汶書。」

（河南千唐誌齋藏石）

大和〇一二

【蓋】大唐故開府郃國梁公墓誌銘

【誌文】

唐故右神策軍護軍中尉兼□□□□□府儀同三司行右衛上將軍知内侍省事上柱國郃國公食邑三千户食實封三百户贈揚州大都督安定梁公墓誌銘并序　朝請郎前試大理評事上柱國雷景中撰并書」嶽降靈粹，時生哲人，運契休明，光輔□德。暨入掌綸誥，出平寇戎，使妖氛廓清，建功業廣大者，」安定梁公也。公諱守謙，字虚己。姓標令族，代不乏賢，擢居元臣，班列獨步。曾祖晟，皇任左清道率府長史；祖希倩，」皇任寧遠將軍、翊衛中郎將；父庭，皇高道不仕；咸以大志，□脩令名，隱居莅官，皆陰德濟物，玄慶不泯，素風藹然。公」則嗣其後也。爰自弱冠，節行孤高，起登内朝，便處要地，貞元末，解褐授徵事郎内府局令、充學士院使。公藝業精通，」器宇沈邃，性不苟合，發言成規。元和初，進階宣義郎，遷掖庭局令，監琳琅杞梓之士，賜銀章朱紱之寵，依前院使。」憲宗以文明御宇，知翰苑勤勞。四年，加朝議大夫拜内常侍，錫金紫之命；授正議大夫，總樞密之任。自統握大柄，謀」猷日新，方隅乂安，兇醜屢滅，綱紀中外，弼諧聖朝，至公無私，環海清謐。十一年，丁内艱，茹毒銜哀，泣血過制，以」其内相權重，奪情起復，授忠武將軍知省事。公識度寬明，機智深遠，潔白廉退，一之古人。其年冬，詔徵天下之師。」討淮蔡之師，監統之選，不易其人，藉公良籌，膺此殊任，進階加雲麾將軍，充行營招討都□。時閫外之事，委公裁之；」威肅令明，將校知禁。明年夏五月，拔郾城，降叛卒。賊勢既挫，皇威益張，撲滅可期，詔命□闕，卻秉機務，再□」盛朝。冬十月，蔡之元凶果就擒獲，俘馘上獻，氛埃蕩銷。此時天兵猶未卸甲，公又銜命暫統師人，甄叙戰功，勸」賞在手，駟騎所至，道路風生，殘孽餘兇，皆感恩宥。復命，十三年，加冠軍大將軍，遷右監門衛上將軍，尋拜□□□軍護軍」中尉，朝望益重，勳庸轉高，厚德深仁，天下欽服。公素蕴宏略，初權禁戎，恩信不虧，進獻無闕。十五年，拜特進，列」戟朱門，渥澤逾盛，繇是實其府庫，精以戈甲，驚巡撫禦，靡不躬親。十五年，遷驃騎大將軍、兼右武衛上將軍。時」皇帝昇遐，宗社未定，公首册儲貳，肅清宮闈，又加寵命。長慶元年，封安定郡開國公。冬十月，西戎犯邊，」詔下左右神策兼京西諸道兵馬討焉，拜公爲監統。乃精選良將，訓練鋭師，犬戎畏威，慴憚奔北。二年，封邠國公，食邑」三千户。四年，拜開府儀同三司兼右衛上將軍。公捧日從龍，偏承聖旨，儉德守道，家無餘財，竭俸傾心，脩建」功德。不以壽終爲諱，於大塋側，創置先修，栽種松楸，樹立碑記，君子謂之達覩也。洎敬宗嗣位，夏四月，小孽猖狂，」凌犯帝座，公即日掃蕩，以靜皇居，忠憤昭彰，勳績廣茂。二年冬，彗起蕭牆，禍生宮掖，潛龍未震，神器」不安。公引兵誅夷，旋定社稷，功高前列，位冠内庭，加實封三百户。大和元年春，公朝對之暇，嘗謂朋從曰：大」寵辱若驚，功成身退，苟順天道，必全其真。因迴止足之心，頓起滿盈之誡，愿保冲素，不顧浮榮，遂陳表章，懇讓權位。」皇帝嘉歎，累答天書，褒德贊功，三請未許。公尋進車馬服用，使與將校言別，一軍號慟，聲徹九重，卧轍攀轅，如喪」父母。蓋恩信慈惠感人之深故也。明日將赴朝謁，披露血誠，冒觸宸嚴，固乞休退。上引其帶礪之誓，念以翼」輔之功，省表歔欷，難輟斯任。公再陳哀迫，方遂深衷。君臣銜悲，相顧流涕，聖心重惜，如失股肱。此日」敕又令班列大臣，咸送到私第，歸休之盛，千載一時。公歷侍六朝，每立殊績，名位雖退，恩榮不渝。翌日，拜右衛」上將軍致仕，特加全禄，賜錢帛粟麥，寵命優崇，榮耀里閭，光載史册。追二疏之遐躅，慕陸賈之高名，優遊林泉，多在別」墅。前後御藥寶器凡九降天使，恩亦至矣。豈料天不福善，忽罹于殃，以其年冬十月廿日，暴薨于永昌里之」私第，享年四十有九。嗚呼！帝道克昌，元臣遽没，乾綱載定，一柱俄傾。」天子輟朝，都人罷市，追懷痛惜，倚賴無期。追贈揚州大都督，寵其逝也。賚布帛之外，別賜錢一百萬，以備齋七之給。」夫人南陽韓氏，以令淑温和，配合琴瑟，婦道邕睦，母儀肅嚴，早受恩榮，封號冀國，每起撤帷之慟，猶懷舉案之儀，痛切」崩城，追攀不及。令子五人：長曰承敏，任朝散大夫、掖庭局令，賜緋魚袋；次曰承度，任朝議大夫宫闈局令，賜緋魚袋，充沂」海監軍；仲曰承乂，任朝議郎内府局丞；仲曰承汶，賜緋魚袋；幼曰承政，賜緑；皆玉潤貞姿，博通羣藝，忠孝雙美，聲華並馳，」不墜清風，克奉嚴訓。自丁艱釁，號哭無時，雖執三年之喪，竟佩終身之感。有女二人，長適太原郭氏；親弟一人曰守志，任」原王府司馬、兼侍御史，恭而且悌，禮義脩身，揮涕纏哀，同護喪葬。以大和二年二月二十三日龜筮叶吉，將窆于京兆府」萬年縣李姚村白鹿原先修塋，禮也。鹵簿儀仗，所司備供。感春色無光，路人掩泣，送終之飾，亦冠絶當時。嗣子以景中」久踐門闌，粗諳事實，恐陵夷谷變，因令爲文，輒課虚懷，無慚直筆。銘曰：」

嶽瀆降靈，賢人誕生，孤標令德，翊戴文明。少負公才，早登翰苑，鯤鬐雖化，驥足未展。密近旒扆，從容掖垣，偏承」睿渥，獨掌綸言。始佩銀章，旋紆紫綬，秉持樞要，匡建在手。帝命監統，籌能濟時，鄜城將拔，遽滅淮夷。出杖皇威，」入權禁旅，恩霑品物，義振區宇。位極開府，功高護軍，底寧宫闕，掃蕩妖氛。祗事六朝，策名二紀，道齊得喪，」榮保終始。每味玄寂，常嗟俗塵，崇脩梵宇，廣樹良因。寵辱若驚，勳庸不恃，朝車請退，賢路請避。屢獻表章，懇辭官榮，泣」離丹陛，悲慟皇情。既遂休閑，隱居别墅，優遊泉石，纔變寒暑。天意不憖，禍殲忠良，俄然遘疾，奄爾薨亡。」天子輟朝，股肱如失，大廈棟傾，巨川舟没。痛結親愛，哀纏里閭，風悲繐帳，日慘輀車。鬱鬱佳城，蕭蕭寒栢，萬古千秋，紀」在貞石。」

（周紹良藏拓本）

大和〇一三

【蓋】失。

【誌文】

唐故汴州雍丘縣尉清河崔府君墓誌銘并序　從父弟將仕郎前崇文館校書郎千撰」

公諱樅，字茂卿，崔姓，清河東武城人也。始以列王受氏，中以徙封□」望，自漢魏以降，軒華人物，禮樂清議，山東上族，無比大焉。曾祖王」父贈鄭州刺史府君諱湛，題輿七郡，所至歌詠。曾祖王母太原王」夫人，柔德廣大，五福周備。王父大理評事府君諱虔，雄文碩學，晦」德不曜。王母范陽盧夫人，闈則高明，六姻從式。烈考潁州潁上」縣令府君諱利，篇翰政事，聞於當年。公即潁上府君之次子。早」□食貧，童幼敏幹，奉尊夫人之甘旨，承諸父之訓令，通和比鄰，」□睦昆弟，綽綽有裕，姻戚尚之。始以門蔭補汝州龍興尉，考滿，攝魯」□尉。或爲讞獄之官，或主郵傳之務，不家食者凡十祀，累換牧守，皆」待以材儁，委之繁劇，操刀必割，常有餘地。至於孜孜力善，勤勤立家，」宗黨至大，而慶吊之禮必及；孤幼滿室，而撫養之恩必至。可謂仁矣。」無何，丁私艱，哀毀遘疾。服闋，就常調，授汴州雍丘尉，時與母兄湖城」丞槫、母弟江陽主簿枅，偕榮新綬，夷輩欽羨，懷告東下，抵洛師展親，」發舊疢，凡三日，告終于道光里之私第，享年五十有五。時大和元年」三月廿五日也。以歲未通吉，權即宮於城北惠林寺之北垣。明年歲」在戊申二月丁亥朔廿八日甲寅，奉遷於洛陽縣平陰鄉陶村之北」原，附于先大夫，禮也。夫人范陽盧氏，故夔州刺史專之衆女，生」五男，曰朱義，曰魯魯，曰趙九，曰龐老。次子早夭。二女曰名娘、建娘，皆」在童丱。夫人柔順而幹家，銜未亡之痛，圖永固之兆，自新鄭別墅，挈」長男稚女，匍匐集事。湖城以所主務重，江陽以所任道遠，皆乞假不」得請，乃篚帛將命，先期而至。至於卜宅之遠邇，哀儀之豐約，湖城制」焉。以干嘗學春秋，書命誌事，銜涕刻石，直而不文。銘曰：

生于華宗，克孝克仁。仕于明時，既恪既勤。總此衆善，宜壽而禄，」郡爲尸宰，謙不祐福。婦嫠而號，子孤而啼，逝水不還，春風慘悽，邙泣」原兮陶之里，從□先兆兮列松梓。哀哉此世兮同歸于此。」

（河南千唐誌齋藏石）

大和〇一四

【蓋】唐故桂管都防禦觀察等使桂州刺史兼御史大夫賜紫金魚袋贈左散騎常侍劉公墓誌銘

【誌文】

唐故桂管都防禦觀察等使桂州刺史兼御史大夫賜紫金魚袋贈左散騎常侍劉公墓誌　山南東道節度管內觀察處置臨漢監牧等使光禄大夫檢校司徒同中書門下平章事使持節襄州諸軍事兼襄州刺史上柱國

涼國公食邑三千户李逢吉纂」

維大和丁未歲正月，桂管都防禦觀察等使、桂州刺史、兼御史大夫河間劉公」栖楚字善保，始受命之桂林，八月廿五日公薨，時年五十二。」上爲癈朝，贈左散騎常侍。公之祖諱瑜，德州司馬；父諱博，尚書司勳郎；以公故」贈給事中。公夫人河東裴氏，早終無子，以弟之子宗儒主其祀。越來歲夏五月」十二日，元兄河南尉栖梧洎宗儒護其喪歸葬河南府河南縣之邙原，禮也。烏呼！」今聖人在上，鋭精於思理，方構大廈，製公器，而繩礪之良工歿於炎荒，哀哉！初」公爲左拾遺，嘗言事，未即用。後朝紫宸，進諫懇直，因頓伏文石之上，奮」身連擊，自誓以死。余與奇章公方立侍左右，懼遂殞踣，遽前請罷，遣」命扶而去之，猶蒙袂疾趨，朱殷四流。」上駭甚，使醫奔視，則骨已糜而血方注。即日賜銀艾之服起居郎。公自度不起，」移疾之洛中，居數月，聞其病已，以諫大夫徵。歲中，遷刑部侍郎。會京兆尹缺，議」未有所定，」上遂特命授之。其在神州，超張而撟王，於是知」敬宗愍皇帝之能知人而尚賢也。公英風勇氣，終始于素，其在河朔鎮之帥，沿」於習俗，邀傅其子，公固陳不可，至將伏劍。帥遽止之，猶徙于邊。尋以奇計致王」士則於朝，因授宫門丞，换鄧州掾倉曹，復求奉使涉河，所至用尊」主稟命爲説，聞者感悟。後從事漢南，休行直名，流于襄人。子言之：回三月不違」仁，公之不違，其特三月歟。及乘桴南浮也，」上未嘗不思之。追詔垂下，不及者數日。既捐館書聞，慟之不已。」將大加褒異，執政復以科例言，故屈於常數。昔長沙六安之遷也，節未立於時，」功未加於人，猶到于今稱之。矧公以貞姿茂勛歿焉。」君不忘其忠，民不堪其愛，哀其可勝既耶？春孟月，喪自桂如洛陽，時人知其賢，」尚未有筆之於墓者，走知之也熟，獨泣涕而銘之。詞曰：」

殘吾軀骸，保吾邦家，折而不撓，思而無邪。英風壯氣沉山阿，朱汲之遊」樂如何？

文林郎守虢州湖城縣主簿李仲京書。」

【蓋陰誌文】

公夫人河東裴氏，祖諱孝智，建州刺史；父諱逢，太常寺協律郎。夫人協律之第」三女。懿德淑行，聞于親族，不幸元和十年六月廿九日先公而終，享年廿有四。」前以歲時未良，權窆于洛之北原，今啓祔于公之塋，禮也。公之元昆河南縣尉」栖梧，迎公之喪自鄂至洛。天之不憖，暴疾旋終，主辨二喪，鍾于次弟牢州刺史」起伯，遵奉前事，泣告仲京。以公之英風操義，備于涼國季父之文，以其」文自襄漢而來，前後事之未書者，今不敢編於文之次，將別誌于石之陰，固不」俟於文字也。隴西李仲京録書。」

（録自《芒洛冢墓遺文》卷中）

大和〇一五

【蓋】失。

【誌文】

唐故知鹽鐵福建院事監察御史裏行王府君墓誌銘并序　淮南節度掌書記監察御史裏行李讜撰

公諱師正，字中權。五代祖珪，太宗皇帝時爲侍中禮部尚書，封永寧郡公，顯」德令業，蓋于天下。皇朝正議大夫、尚書主爵員外郎、襲永寧公崇基，公之高祖也。皇」朝洛州武臨縣令、贈陳州刺史茂時，公之曾祖也。皇朝給事中，房陵、大寧、彭城□□」郡太守，累贈工部尚書、太子少師燾；公之皇祖也。皇銀青光禄大夫楚州刺史兼團」練、營田等使御史中丞贈衛尉卿遘，公之皇考也。皇朝中書舍人、集賢殿學士、汝州」刺史韋公斌，公之外祖也。自侍中至于中丞府君，皆以聖人之教互相傳付，餘芳□」□，公實得之。年十四，中丞府君棄養將禫，又鍾于彭城郡君太夫人」□氏之哀，拊柩號慕，旁慟鄉里。除喪久之，將力文就鄉薦，俄奮曰：吾豈能卑身折氣」□□於善鳴者之後耶？調補汝州郟城縣尉。秩謝，鄧之守楊公同遜以軍從事辟之，」□□贊能，而人用康。已而詣吏部，授右監門衛録事參軍。烏公重胤以鈇鉞鎮河陽，」□公之才，奏協律郎，辟之。既入其府，烏公甚歡，事自公者，行之無疑；不自公者，使視」□□。録其效，奏大理評事。烏公移渤海，復以渤海請公，公視姊于漢陽，弗從。明年授」洛陽尉，吏將爲奸，必須公歸休時。罷洛陽，相國王公播以鄭滑榷酤務，請公及滑。□」帥□公愛之，馳使相國，且以幣乞公于幕下。相國笑曰：吏吾器也，割方利，其可與人。」相國罷鹽鐵，吏部尚書王公涯代之，以究運事請公，公以疾歸于京，及平復，以從事」□院事于南徐請公，公受焉。是時天子宫中或言王相國之善，而指尚書之」□能，詔遂復相國而罷尚書。公在途，相國即以鄭滑務歸公。居一年，奏公利入□」□，院無鹵偷，請以監察御史裏行移于閩，詔從之。廉察使衛中行侵害下民，公□」□御史府壯其事，請以真徵，未至，暴疾終，年卌九，是時太和二年四月四日也。夫人」□南房氏，左庶子挺之第四女。公尉洛陽時而没。將葬公之昨日，乃遷夫人柩同□」□窆而封，遵昔義也。有子四人：曰譔、曰謑、曰誂、曰訙，皆修詞翰，卓犖不常。女九人，一」女嫁崔鎰，八人或初笄，或始亂。鎰以尚書水部員外郎兼殿中侍御史，銀魚朱衣生」□□事于梁，譔泣血護柩，自閩歸，卜祔于祖塋不吉，即以十月十四日□□□

□」□河南縣平樂鄉杜翟村。將葬，謀請銘，躔嘗與公遊，素知公之善，書之□□□□」
□□□閩，□守是履。蒙昏耄恙，委吏與子。縱厥貪□，□□□□」□□□賄，既迫奪之。人有室家，又
驅掠之。閩人咨□，天子在京。」□□而哀，□□于庭，既謫而代，物始無害。閩□□□圖公以觀」□□
弗瘳施登□川。閩人泣送，□□□□□下有言，觀一知千。」□□□□，正者豈存。天觀文□□□□
何勞孝享閩人□□。」

（河南千唐誌齋藏石）

大和〇一六

【蓋】大唐殤子鄭行者墓誌

【誌文】

唐殤子鄭行者墓誌」

殤子姓鄭氏，行者其名，余之元子也。實有岐」嶷之資，聰慧之性，奉尊上曲盡其情，」意備應對，每見其
敏捷，大凡人事，盡得機要。」所闕者未知書耳。繇是鄉黨驚視，目爲奇童，」咸以爲異時必能飛鳴驚
人，一舉千里。豈期」不實，四歲而夭，嗚呼痛哉！校書郎李戴工爲」文，嘗録其行事爲異童志。嗚呼！
爾夭于元和」三年十月權窆于邙阜之别墅，逮今廿一年」矣。余罪釁不天，再集荼蓼，偃師縣亳邑」鄉北
原，吾先人之所宅，越翌日，」合祔上先府君之塋，是用歸爾」骨于大墓之側，爾其有知，當爲」弄孫，代吾
左右，承顔泉隧，其」樂如何。吾殘骸哀瘵，臨爾一慟，竟何言哉！竟」何言哉！

大和二年十一月八日父前諫議大」夫肅記。

（録自《東都冢墓遺文》）

大和〇一七

【蓋】失。

【誌文】

大唐故澧州慈利縣令李府君墓誌銘并序　從弟奉義郎前鄭州管城縣主簿瑠撰」

夫源清流遠，德顯裔長，史籍莫能備詳，搢紳難爲」殫述者，著於斯矣。公之先隴西成紀人也。遠祖咎繇，次祖耳」字伯陽，涼武昭王暠即其先人也。九代祖瓚，後魏漢陽郡」太守；高祖玄表，唐光州刺史；曾祖思慎，太原府交城縣令；祖」遜，潤州丹徒縣令；父惟應，宣州宣城縣尉。公諱蕚，即宣城」第二子。端慤立身，忠烈成性，以降伏牂牁，詣闕進獻，以」功授澧州慈利縣令。子愛黎甿，推誠案牘，臨下見愛，去」任見思。榮未及於丹霄，禍遄至於窀穸，以元和四年六月廿」日終。昔娶滎陽鄭氏，乖其和順，尋而離析，既無胤嗣，諸」姪護喪，以大和三年正月十五日祔塋殯於河南府密縣」義臺鄉許呂管敬義里明山之陽，禮也。姪弘楚、弘諫、弘」仁，并恭孝立身，勤儉成性。宅兆既卜，手足胼胝。弘楚自遠啓」護，涉歷江山，感十起之愛慈，痛九泉之冥寞，恭請爲誌，」用列嘉猷。銘曰：」

體道立身，秉義成德，士林之光，邦家之則。內行外聞，剛潛」柔克，淑人君子，其儀不忒。其一。塋兆陪祔，威儀顯榮，力姪盡力，」禮合人情。背山近水，路控兩京，用虞遷變，故勒斯銘。其二。」

（北京圖書館藏拓本）

大和〇一八

【蓋】失。

【誌文】

唐故越州衙前總管杜府君墓誌銘并序　亡妻隴西郡李夫人合葬爲墳　山陰沙門東乂述

府君諱□，其先□□□乎□詩曾祖□祖珍，名宦不叙，欲略故也。府君氣宇英明，風神雄大，□□門之緒且時從□傑□□□展伏波早世，天命不祐，賢良所嗟，大和三年三月廿六日私第而故，享齡六十。以其年四月廿四日卜葬于山陰承務鄉九里村馬□之地宅兆，之禮也。夫人李氏，元和十二年四月二日先夫而終。内則令範，可傳女史；今合祔墳塋，蓋琴瑟榮枯。嗣子師素，弓裘克繼，泣血茹荼，哀號事喪，岵瞻屺瞻，□雷在□風悲拱木，月□佳城，恐山谷遷動，勒銘萬古。詞曰：

府君之生，材□□□禄位文武，猗歟令名。天命何欺，遽違人世，喪親怙恃，窀穸俄□。哀孤孝子，荼毒肝腸，奉柩扶護，合葬龍岡。松栢新栽，風光萬古，佳城異代，刻石泉户。

（録自《古刻叢鈔》據《古誌石華》卷十三補字）

大和〇一九

【蓋】　失。

【誌文】

楊氏墓誌并序」

楊氏諱　　，祖宗弘農人也。曾祖　　，皇祖　　，皇父」史籍具載，略而不書。皇皆高尚遁跡，怡逸林藪，桎梏」冠冕，不求聞達。楊氏即　之長女，自笄年適于李氏，移」天結帶，琴瑟和諧，如友如賓，卌餘禩，而不幸賢夫早亡。」楊氏松心霜操，孤貞守節，不虧婦義。比委家伏事于」先相公，因侍從」浙江西道觀察處置使、禮部尚書至于潤州，柔遜卑牧。又」逾七載，無何染疾，藥石無療，以大和三年七月十三日終于」使宅別院，享年八十。有子一人曰　先客他郡；有女」一人，適于王」氏，家於洛陽。亦以其年　月　日將遷靈櫬歸葬于洛」陽　鄉　里　原，禮也。嗚呼！慮陵谷遷易，桑田互改，遂刻石誌之。銘云：」

嗚呼！卑柔女儀，節操有規，禍福相倚，修短有期。風燭奄然，」魂魄何之？旅櫬孤舟，淮河之湄。楚煙梁雲，丹旐翻飛，北邙之側，」洛水之涯，一窆玄宮，終天已而。

（周紹良藏拓本　河南千唐誌齋藏石）

大和〇二〇

【蓋】 唐汭王諮議張公墓誌

【誌文】

唐汭王府諮議參軍張公墓誌銘并序 朝散大夫行京兆府户曹參軍盧從儉撰 昌黎韓逵書

王者制國，立文武之訓，招選茂異，命百執事。其於興禮樂，陳教化，式繫乎文；禁奸慝，刑暴亂，必資乎武。分鑣并騖，癈一莫可。其有器識通濟則兼用之。該二事者，今得之於張君矣。君諱伻字伻，其先北地貴强族也。曾王父栖巖，皇平州刺史；大父瓌，皇龍嵎節度邢洺觀察使；邢洺生道晏，皇左散騎常侍兼御史大夫，涿州刺史；皆風格奇偉，洞究韜略，張皇戎律，宣布朝經，延慶後昆，濟美不泯。公即涿州第三子。克荷前脩，不隕厥問，始自齠齓，已若老成。抱忠勇果敢之姿，仰祖宗勳重之業，而乃飾以書劍，勵其鋒芒。公之元舅司徒高公，每所歎重。司徒公諱霞寓，嘗隨族父崇文平劍南西川寇難，論功第一，徵拜衛將軍，尋授振武軍節度使，又轉唐鄧邠寧慶等道節度使。入備爪牙，出膺藩翰，揚歷雄鎮，威重當時。以公孝敬忠勤，可□戎事，曰：吾之宅相，其在爾乎？因推煩啃之恩，委以牙門之任。歷職既久，官秩累遷，皆著能名，顯赫中外。既登朝序，克揚休聲，方振翮於九霄，忽埋魂於重壤。天乎不憖，嗚呼哀哉！以大和三年八月十一日終于汭王府諮議參軍，年四十四。識與不識，聞風慨然，惘公之有其才而無其時也。夫人清河崔氏。清門淑德，婉娩聽從，有合巹共牢之恩，無齊眉偕老之業。撫棺誰訴，塊然未亡。有子一人曰憲郎，冲孺未立，呱呱以號。公之内弟右威衛將軍扶，即司徒公之元子也，含風雲然諾之分，撫孤雪淚；感平昔指使之恩，爰悉家財，式護窀穸。以其年十月廿三日窆于萬年縣崇義鄉南姚里，蓋從宜也。且曰陵谷靡常，將識泉户，乃以銘文見託，感其義故抽毫以應之。銘曰：

於戲張君，文武兼才，業廣運促，遄歸夜臺。風烈則在，精魂不追，淑人如此，彼蒼何哉？龜筮叶從，宅兆將託，晴河天曉，寒郊月落。風悽薤露，塵隨繐幕，度城闕兮逶迤，閟音容於泉壑。

（北京圖書館藏拓本　開封博物館藏石）

大和〇二一

【蓋】失。

【誌文】

唐故中大夫澧州刺史賜紫金魚袋范陽盧府君墓誌銘并序　孫朝散大夫守尚書工部郎中上柱國商撰」

盧氏之先，自營丘啓封，菜邑定氏，至秦博士敖，遂稱燕人；漢侍中植，名著海内，學爲儒」宗，居涿郡，魏太祖表其地爲先賢之鄉。子毓爲魏司空，孫珽、曾孫志、玄孫諶皆名重晉」朝，爲當代髦碩。諶曾孫玄，玄子度世，又以學行秀傑，光於元魏。度世有四子，淵、敏、昶、尚，」皆克紹祖德，能嗣先業，始以人物爲盛，次以官婚爲最。自敏四世至常州刺史府君諱」幼孫，常州生黄門侍郎府君諱獻，黄門生鄂州刺史府君諱翊，鄂州生府君諱昂字子」皐。世因時而浸遠，德與門而彌光，始以明經解褐衣參陜州軍事，三遷至鄠縣令，自郎」將謫鄧州司馬，以勞錫金紫貴階，擢隨州刺史，改澧州刺史。治四歲而盜息民阜，俗欣」所戴。及符節受代，屬時難俯定，國步猶梗，乃曰：扁舟泝沿，衡門偃傲，是吾之素志。及」此遂因民留戀，故林宴息，宗谷神以養和，守儒行以立訓。暑濕生厲，凶悲亟纏，以永泰」元年六月十八日，傾背於郡之東郭別墅，享壽七十。夫人清河郡君房氏，吏部侍郎穎」□之孫，恒州刺史光庭之女。寶應二年九月終堂，春秋六十有二。兆歸未吉，先寓殯於」□楊縣。及府君閔凶，遂即其地而權窆。冢嗣長，故河西縣令；次廣，河南縣丞贈右司」□□；別子一人，僧號守真。右司之孤工部郎中商，總角伶俜，稟慶先世，辛糜散秩，未」□餘生，運偶休明，得請營護，以大和三年歲次己酉冬十月廿六日，奉遷我王」父王母合祔于河南縣金谷鄉焦古村，禮也。府君植性高朗，臨事敏達，睦親以仁，莅政」以義，徇其志而不畏强禦，激於衷而能蹈危難。資禮樂以立身，稟孝悌而成德。故門多」踈屬，室滿羣從。爲潞之主吏，有從父弟尉于外邑，使酒掇患，將爲州帥侵辱。府君發」聲抗詞，感動觀聽，其帥遽申異禮，豈憚屈法。佐方州也，屬京洛失守，盜南侵逼，府君」驅率郡豪，感激義武，教以戰陣，申其號令，且扞且守，隱如敵國。節度使魯炅器其能，壯」其志，請爲戎倅，委以留事。及炅師覆汝墳，卒全樊鄧，繄我之力，故遂有郡符金紫之寵。」及問俗澧濱，天下新罹寇難，挾邪樂禍之黨，猶棼棼其心，伺間竊發。有戍將與牙將交」惡，白晝起叛。府君除惡務盡，屍谷口叛卒二百餘人，自是澧水息波，荆蠻罷柝。然後」爲均田閭，立阡陌，制婚冠，條喪葬，便俗約法，因人設禁。逮小子迎護之來，與尊門」政成而去，歲逾五紀矣，黃髮舊老，猶存詠歌，因採甿謡，獲傳祖德。嗚呼！至人不耀，君」子蹈常，必俟其時，方展其用。掾僚卑也，逢彼之怒，而能脱季於禍；郡佐散也，見危思致，」由是奪虜之氣。及剖符以莅，專城而視，寬以導民。峻以操吏，有懷凶德，盡殲厥類，斯可」謂達孝悌、得權道矣。率是行之，非不器之謂歟？負其用而不躋其位，命也。銘曰：」

儒爲素，孝爲常，寶慈儉，體循良。言顧行，行必方，成門户之耿光兮！其一。」資忠信，仕州縣，踴高步，安卑掾，激於衷，氣乃見，由急難以淬鍊兮！其二。」胡塵昏，寇鋒逼，我乘鄣，虜聯北，倅戎旃，弭凶慝，臨大節以報國兮！其三。」剪谷口，清澧濱，留遺愛，傳邦民。跡以古，事猶新，空餘南楚兮播高芬。其四。」

（北京圖書館藏拓本　開封博物館藏石）

大和〇二二

【蓋】失。

【誌文】

唐故滑州司法參軍范陽盧君墓誌銘并序」

范陽盧初，字子端，皇唐黄門侍郎獻府君之曾孫，鄂州刺史翊府君之」孫，殿中進馬晏府君之子，刑部侍郎滎陽鄭少微之外孫也。高門令子」能厥訓，由是姑臧公揆以其子妻之，内外甲族，官婚具美。始以門蔭歷」荆州參軍事滑州司法參軍。大曆乙卯歲，攜家請急至楚之山陽，以姑」臧公揆時寓此邦，實來之故也。以其年七月寢疾而歿，壽四十四。自寢」疾逮乎歸全，叔父臨視，同生在旁，懿親密戚，罔不咸萃。故其疾也救無」不至，其終也禮靡不周，生榮死哀，人事備矣。所不可延者殆非其冥數」歟？君生於華地，少有端操，機神外朗，和氣内充，周旋進退，抑有常度。德」可以享黄耇，而命也有涯；材可以登周行，而年也不至。道長運促，其命」矣夫！有子二人，藐然始孩，未及於禮。歿吾館也，吾其主焉。

叔父殿中侍」御史晊，日慟哀次，來庀其喪；君之女弟，吾族子從義之妻。君子然早孤，」唯李氏一妹，先是從夫在楚，及君來之亡也，得與盧氏之女護其終焉。」内事維持，嫂妹同力，崩城之慟，聞者哀之，陟崗之望，於兹絶矣。昔余之」有此婿也，蓋潘陽之舊焉，亦猶郗家之擇羲之，欒門之得叔寶。豈謂生」死忽異，門閭闃然。以其年八月權窆於楚之山陽原，行士制也。時其既」秋兮物可悲，日黯黮兮無色，雲陰深兮不飛，妻行號以攀櫬車，步步」兮遲遲：孤抱乳以隨柩啼，若知兮不知？于嗟盧君，逝不可追。銘曰：

嗚呼嗚呼！天乎天乎！才不必貴，梅生下位；德不必延，顔氏無年。」子之亡也，胡寧是旃？殯爾何所？山陽之田；兆云吉兮龜同筮，」金鷄鳴兮玉犬吠，庶冥贊兮昌後裔，追榮返葬祀萬世。」

其孤知度支雲陽院試大理評事伯卿，永惟大事未畢，烝烝孝思，夙」夜銜恤，以卑秩綿力，哀懇未從。粤以大和三年己酉歲十月廿六日，自」楚州啓護歸祔于河南縣金谷鄉焦古村依澧州伯父之兆域，」東北相去廿六步，西北去尹村大塋五里。其誌文府君外舅故相」國李公撰述，故因而不改。堂姪守尚書工部郎中商記。」

孫前鄉貢明經知退。」

（周紹良藏拓本　河南千唐誌齋藏石）

大和〇二三

【蓋】失。

【誌文】

唐鄭府君故夫人京兆杜氏墓誌銘并序

維大唐大和三年歲次己酉十一月十五日，夫人歿於鳳翔府軍營官舍，享年七十八。以其年其月廿三日，安措于天興縣三良鄉三良里，禮也。夫人京兆杜陵人也。其先本周杜伯之苗裔。夫人以幼齒，遭天寶末年，國有喪亂，至於土地分烈，衣冠淪墜，雖甲族大姓，未知厥所。於是夫人并不記三代官諱。夫人以道自樂，以貞自保，雖單孑惸立，而不失閨帷之志，縱蓬居萍食，而令問益峻。及適鄭府君之門，薦羞之禮，執笄之勞，未嘗忤纖微之節。不幸府君早亡，有女一人，綅裙相繫，數十年間，教以三從，示其四德。及踐朱軒玉墀而不虧茅屋之操，縱曳金縷綵翠之服而與素臬無異。粉黛花鈿，見如瓦礫，唯親經佛，導潤志性，實謂青敷蓮花生於火中，世塵已出，而享斯壽，雖日奪其嗣女之恩孝，其誰奈生死何？殮藏之禮，裳帷之具，皆嗣女鄭氏躬自營護焉。嗚呼！松梓之栱，歎孤女之煢煢；隟駒將奔，痛夜臺之寂寂。岐山之下，鎮孤墳焉。乃爲銘曰：

幼離艱兮長惸居，無夫無子兮晏如如。嗣女所養兮八十餘，體大道兮任去聲虛徐。中壽木拱兮命有諸，勒銘紀石兮岐之墟。

西河任唐詡撰

（録自《關中石刻文字新編》卷四）

大和〇二四

【蓋】失。

【誌文】

唐故朝請郎行太原府文水縣尉裴府君墓誌銘并序　弟朝散郎前左監門衛冑曹參軍簡述」公諱諠字諠，河東人也。華宗襲慶，代仰高門，雅局連芳，人崇令」望，則題諸史諜，略而不書。曾祖仲將，皇貝州刺史；」祖迥，皇河南尹贈工部尚書。考曰勝，皇河南縣」□賜緋魚袋。公則簡之第五兄也。幼習文儒，少從官叙，才」行卓立，精彩自然。處羣衆之中，標出拔之狀，每爲名公器重，亦」時望歸美焉。常禮樂修身，孝行立節，弱冠入國學，應孝廉科，數」舉而不登第，得非時之歟！命之歟！君子共興永歎。元和九年，以」蔭第齋郎出身，選授許州長葛縣尉，考秩未終，再丁」家艱，致毁加等，哭無常聲。至大和二年，又選授太原府文水縣」尉，纔過一考，忽染痢疾，數日之間，醫巫不救，衆類所悲，百身莫」贖。以大和三年六月十六日傾逝於文水縣官舍，享年六十七。」嗚呼！尅己於仁，悉心主善，道以昭益，室無暗欺。今位不至高，壽」不至永，蒼蒼者天，何以報應？以其年十二月九日葬于河南府」河南縣梓澤鄉宣武里，祔曾大父之塋東北，從宜也。夫」人河南元氏，皇旌德縣丞彬之女。有子二人，名鄭邑，非元」氏所出，年十五，□血號天，天性也。簡手足之喪，痛深骨髓，不能」假手，輒自立言，援毫涕零，豈任嗚咽。恐年代更遷，山海變革，刻」銘立石，以示後昆。銘曰：」

入仕幹蠱，閨門肅邕，未及遐壽，冥寞何從？行路銜涕，鄰里罷春，」乃成新壠，依于舊封，哀哀幼子，慘慘喬松。」

（周紹良藏拓本　河南千唐誌齋藏石）

大和〇二五

【蓋】失。

【誌文】

滑州瑶臺觀女真徐氏墓誌銘并序　義成軍節度使銀青光禄大夫檢校户部尚書兼滑州刺使御史大夫李德裕撰」

徐氏潤州丹徒縣人，名盼，字正定，疾亟入道，改名天福。大和」己酉歲十一月己亥，終於滑州官舍，享年廿三。嗚呼哀哉！長」慶壬寅歲，余自御史丞出鎮金陵，徐氏年十六，以才惠歸我，」長育二子。勤勞八年。惟爾有絶代之姿，掩於羣萃；有因心之」孝，合於禮經。其處衆也，若芙蓉之出蘋萍，隨和之映珉礫；其」立操也，如昌花之秀深澤，菊英之耀歲寒。儀静體閑，神清意」遠，固不與時芳并豔，俗態爭妍。嗟乎！崖谷之蘭，植於庭則易」朽；江潭之翠，馴於人則不久。豈天意吝奇，芳於近玩，不鍾美」於凡情？淑景鮮輝，掩陰氛而遂翳；良珪粹質，委埃塵而忽碎。」無心所感，況在同心。殘月映於軒墀，形容如覩；孤燈臨於帷」幔，音響疑聞。冥冥下泉，嗟爾何託？余自宦達，常憂不永，由是」樹檟舊國，爲終焉之計。粤以其年十二月二十日葬于洛陽」之邙山，蓋近我也，庶其子識爾之墓，以展孝思。一子多聞早」夭，次子燁，將及捧雉，未能服縞，顧視不忍，强爲之銘。銘曰：」

鬱余思兮哀淑人，才窈窕兮當青春。去吴會兮别爾親，越梁」宋兮倦苦辛。抱沉疾兮彌十旬，終此地兮命何屯！嗟爾子兮」未識，灑余涕兮霑巾。託邙山而歸后土，爲吾驅螻蟻而拂埃」塵。」

（周紹良藏拓本）

大和〇二六

【蓋】失。

【誌文】唐故蘇州司户參軍王府君墓誌銘并序」宣德郎前試衛尉寺丞宋肅述」

公諱逖，京兆人也。爰自封姓，洎于兹辰，凡歷千祀，冠冕」繼踵。高祖抗，金紫光禄大夫、殿中監、陝州刺史；曾祖惟」忠，銀青光禄大夫、登州刺史、河南河北租庸使、兼新羅」渤海諸蕃等使、文安郡太守；祖演，右羽林將軍、梓州司」馬；皆令問令望，嘉謀嘉猷，前後登庸，并列清史，殊勳茂」績，靡所能載。父蘇州司户參軍。公以積善流芳，餘慶鍾」美，丕承先訓，垂裕後昆，棣萼聯榮，門風增茂，博通武藝，」尤擅文章。矢引滿百中楊穿，賦纔成三都紙貴。前夫人」梁氏，一子簡能。簡能齠齓之年，慈母傾背，門風令德，靡」所能知。後夫人宋氏，一男名勗。夫人學齊班謝，德并姬姜，」敬填威儀，克諧九族。勗襁褓父喪，弱冠親崩，哭極無聲，痛」深有血，行爲人表，孝自天資。以大唐大和四年庚戌歲二月」廿七日壬申，扶護遷祔于河南府河南縣長樂鄉平原」里之北原，禮也。肅，勗之伯舅，念彼零丁，孤遺一身，遷祔三」代，爰自江徼，來赴洛陽，幽穸再安，尊靈永固。京尹哀念，」特賜俸錢，荷德仰思，留生何謝？銘曰：」

平野茫茫，流水湯湯，三墳對列，衆山之陽。」行雲動色，遲日無光，苟今追古。哀深感長。」

（周紹良藏拓本）

大和〇二七

【蓋】失。

【誌文】

□故右内率府兵曹鄭君墓誌銘并序　潁川陳齊之撰」

昔鄭桓公爲王卿士，始受鄭於周，因封命氏，漢魏以」降，其族滋大，有唐以來，□華□軌，君其裔也。曾王父」璿，河南少尹；王父溥，尚書右部郎中，歷青、邢、相、衛、兖、」幽、懷七州刺史，入爲左庶子；皇考華，駕部郎中、吉州」刺史；仕濟其美，時與其能。君即吉州之少子也。隱不」違世，顯而成晦，於所與以義，於所入以□，以遨遊江」湖而無所爲累也。君諱準，字□道，其先滎陽人。有憲」也之貧，無□□之貴，人之於此，皆不堪其憂，君之於」此，未嘗滑其□□□□爲知命也。大和四年正月二」日遘疾，終于蘇州華亭縣白砂鄉徐浦場之官舍，享」年六十有三。有子五人：嗣曰宗儒，次曰宗韞，次曰宗」慶，次曰宗遜，皆銜恤茹哀，克奉先訓；又一子奉釋氏」教，端慤清淨，修無生忍，名曰弘直。嗟乎！伯仲叔季，於」執喪之禮，皆得順變。即以其年秋八月廿五日權葬」于義興縣洞庭鄉震澤里下朱村原，從宜也。有女三」人，皆在沖幼。五子以余有往年之舊，請余於文，銘曰：」

其生也天，其死也天，死生皆天兮，何適非然。嗚呼！苟」不達於此，哀何勝焉！」

（周紹良藏拓本）

大和〇二八

【蓋】杜氏夫人墓誌

【誌文】

唐故夫人京兆杜氏墓誌銘并序　鄉貢進士杜師顔述」

杜氏之先，帝堯之胤胄。堯以天下讓舜，其子作賓於」虞，故歷虞夏商周，世爲諸侯，軒冕不絶，卒難得而詳述。」大父諱，皇雲麾將軍、試金吾衛大將軍；父諱華，皇成德軍」節度驅使官、試太子賓客。府君以名官爲累，恬養道隆，遂棄」職遁名，以保全真之理。夫人即其第一女也。幼冒家訓，宛有令儀，爰始笄年，婦節有閑矣。强公高其賢行，納幣而親迎之。夫人自移」天□死，迨卅餘年。夫人正以佐夫，嚴以訓子，祇備禋祀，協和宗親，實由」鳲鳩有居巢之德，宜其享五福，延百祥。天胡不傭，壽不盈於中筭，年」五十七，以大和四年六月廿日卧疾，終於鎮府真定縣安樂里之小寢。以其年」九月廿九日遷於祔於府城西北五里壽陽村之原先塋之左次。有男三」人：長男惟寂，次惟順，幼惟義。令夫惜如賓之不復，愛嗣思陟屺之無」由，懼原陵有變，懿行無文，刊石泉扃，誌其不朽。銘曰：」婉婉夫人，令儀令質，光宣内範，以保家室。如松之茂，如蘭之芳，德雖備物，」壽胡不昌？生涯日短泉夜長，千年白骨埋幽荒，嗚嗟月落九秋暮，」月中寒草凋濃霜。

大和四年九月廿四日記之耳。」

（周紹良藏拓本）

大和〇二九

【蓋】失。

【誌文】

唐故高府君墓誌銘并序」

公諱誠，渤海人也。祖策，父詠。公即其長」嗣矣。養真不仕，處順而安，孝友忠貞，交遊」必善，雍穆兄弟，花萼同芳，守道丘園，不苟」而取。何圖神理茫昧，奄喪哲人。洎大和四年」夏六月廿三日遘疾，終于揚州江陽縣布」政坊之私第，春秋五十有六。前婚芮氏夫」人，育女四人，二已從事，不幸於長慶三年」先公而夭；後娶弘氏夫人，顧無嗣胤，忽逢」凶舋，心折骨驚。仲弟曰貞。以其歲秋八月七」日俄然辭世。季弟號泣旻天，如折手足。乃」剋其年於十月一日窆于當邑江津鄉閻」村先塋，從宜禮也。爰恐陵谷遷變，封樹」莫存，請余爲銘，用慰蒿里。」銘曰：」

雍雍仁兄，穆穆令弟，花萼同芳，榮枯一體。」卜其宅兆，蕪城東表，永夜松扃，風悲月吊。」

（周紹良藏拓本）

大和〇三〇

【蓋】大唐故吳府君墓誌銘

【誌文】

唐故奉議郎試洋王府長史濮陽吳府君墓誌銘并序　鄉貢進士寇同撰」

府君諱達，字建儒，濮陽人也。其先與周同姓，文王封太伯於吳，」至武王始大其邑，春秋之後，與爲盟主。及越滅吳，子孫奔散，或」居齊魯間，因爲郡之籍氏焉。祖偉，皇任虔州虔化縣丞；父瑛冕，」皇任禺州別駕；題輿貳邑，克著公清，積慶所鍾，實繁胤嗣。」別駕娶鍾氏而生四子，府君即其長也。弱不好弄，長而能」賢，清白自持，有南朝隱之之操；雄謀獨運，得東漢漢公之風。歷」階奉義郎，累試洋王府長史，始著籍于豫章，晚徙家于京國。優」游墳典，怡性林園，脱棄軒蓋之榮，趣玩琴樽之樂。雖二疏之辭」榮，四皓之讓禄，媿之長史，今古何殊。不幸以大和四年夏六月」有六日遘疾，終于勝業里之私第，春秋六十七。以其年十月廿」日辛酉祔葬于京兆府萬年縣洪固鄉北韋村。烏虖！梁木斯壞，」哲人其萎，青烏占窀穸之期，白鶴爲弔喪之客。夫人扶風郡」萬氏，閨門肅睦，無慙班氏之賢；四德不虧，豈謝謝姑之德。先以」寶曆元年十月廿一日，捐館于前里第，及今克遵祔禮也。夫人」實生二男一女，長曰仲端，次曰仲璵，并幼而敏慧，有文武幹材，或」親衛於丹墀，或縉經於白武。追隙光之莫及，痛風樹之不停，」以其禮經有制，空垂志行之文；金石靡刊，孰紀陵之變。銘曰：」

吳氏之先，周室配天，封伯東南，世多其賢，春秋之後，國始大焉。」代著仁德，府君嗣旃。清慎廉退，吾無間然。秩試王府，道優林泉，」積善何昧，逝于中年。洪固高原，南抱樊川，佳城鬱鬱，宿草芊芊。鸞鳳茲祔，龜兆叶吉，夜月松風，萬古斯畢。」

（周紹良藏拓本）

大和〇三一

【蓋】失。

【誌文】

唐故泗州司倉參軍諸道鹽鐵轉運等使巡覆官劉府君墓誌　友人知鹽鐵埇曲分巡院事前試太常寺奉禮郎盧樅撰　内兄前滑州酸棗縣尉弘慶書」

公諱茂貞，字子松，彭城人也。曾祖諱寬，定州別駕，贈漢東郡太守；祖諱琪，」右金吾衛翊府中郎將，贈靈武郡太守；皇考諱泳，睦州司馬；并代有時名，」位俱五品。公則睦州府君嗣子，出於吴郡張氏，幼孤，復無弟兄，依外」族而就學，克勤業而有成。年廿一，明經登第。元舅平仲以公人器不」常，志在成立，遂以女妻之，亦姻不失其親，先聖所重。年廿九，釋褐補洪州」建昌縣尉。公以大事未畢，荼棘貯心，所請禄奉，唯供糲食。逮官」三考，營費具焉，遂求假啓舉合祔兩代，以元和十二年十月廿八日奄送」并終，爲子爲孫，孝禮俱備。長慶二年，鹽鐵使聞公之才，署職東都院」巡官；又以漕運事重，嶮地急人，遷知集津分巡院。大和春初，雖再調泗州」司倉參軍事，使司勾留，元領舊職，後轉河陰院巡官都催上運。今年春，新」使舊相太原公始秉重務，鋭意求理，用公之見，委公一司，遂遷」署使職，依前都轄運事。公器識深遠，貌質清重，蒞理不惑，處馭有方，」統臨萬艘之夫，易於一驂之靳。又凡所機見，常智莫測，實蘊濟世之才，養」民之術。天不祐善，遽殲忠良，以大和四年六月十一日遘暴疾，啓手足於」河陰院之館舍，享年四十有四。公下世之日，妻兒悉在垣曲，長子航」奔匐於路，經旬方遂，護歸道化舊宅。以其年十月廿日窆於河南府」河南縣金谷鄉尹村之西原，祔先人之塋，禮也。公兩兒兩女，并」未成立，天鍾至性，哀毁異常。夫人是樅從甥，事公廿二載，有淑德聞」于外，嚴敬行于內，奉君子則婦道極修，育兒女則母儀克儉，乃保今後，不」墜前風。嗚呼！聖人所重者上壽，世俗所貴者榮禄。公立身履行，事無」忝於古賢，天何不仁，錫命禄而懸異？今則形殁名存，孰不增歎？余素寡□」業，與公爲相知之友，公夫人請余述公生世所踐，貴事詳」實，意不在文，攬涕直書，德難具紀。銘曰：

大天蒼蒼兮過所測？大地茫茫兮何可量？痛碩德兮無壽，嗟大器」兮忽傷。青松摧兮白玉毁，生若浮兮終已矣！」

（周紹良藏拓本　河南千唐誌齋藏石）

大和〇三二

【蓋】大唐故李府君墓誌銘

【誌文】

唐故右神策軍同正將壯武將軍守左金吾衛大將軍員外置同正員上柱國賜紫金魚袋李府君墓誌銘并序

試太常寺奉禮郎楊礎撰并書」

公諱文政，其先隴西人也。曾景，祖然，久從轅」門，藴上將之材，有孫吴之略。公始仕從戎，」授仁勇副尉，尋累勳至上柱國所至之境，嘗」冠軍鋒。帝賞公之能，授左金吾衛將」軍同正。公忽爾纏疾。有四男：長曰叔慶，次」曰元左、元素、元宗，侍寢，久尋藥餌不中，孝悌」曾參也。大和四年七月十日，終于常樂私第，」享年五十一。以其年十月廿六日，卜窆于京」兆府萬年縣滻川鄉鄭村，之禮也。夫人史氏，」志性温柔，仁德欽美。有四子，叔慶等皆高節」行，輕財好義，則上達雲霄，居喪毁滅，逾制度」乎詒誌，不墮風就。詞曰：

於戲！李公成德，束」身從戎，著于貞節，事君之道，芳英列於千秋。嗚呼噫哉！府君空餘令名。」

（録自《西安郊區隋唐墓》）

大和〇三三

【蓋】　大唐故弘農縣君楊氏墓誌銘

【誌文】

唐左神策軍護軍中尉副使兼左街功德副使金紫光禄大夫右監門衛將」軍上柱國高平郡開國公食邑二千户劉公故夫人弘農縣君楊氏墓誌銘并序　朝散大夫試太子詹事兼監察御史魏則之撰」

夫積慶者宜鍾乎介祉，享祐者宜降以永年，繆盩若斯，根源靡究。然修短之分，」豈造次而踰焉。嗟乎！月墮仙娥，星收婺彩，花摧玉樹，噫足悲哉！」夫人弘農楊氏，諱珽字瓊華，京兆長安縣人也。曾祖待賓，皇昭武校尉、守」綏州義合府折衝；祖延祚，皇任内飛龍厩都判官、賓應功臣、太中大夫、行」内侍省内常侍、上柱國、賜紫金魚袋；父惟良，皇任華清宮使、朝散大夫、守」内侍省内常侍、上柱國、賜緋魚袋；皆簪組傳榮，衣冠奕葉，庸勳繼代，諜譜詳諸。」夫人即内常侍公之長女也。坤靈毓質，蘭畹挺姿，性稟沖和，量懷温雅。詩」書贍曹家之奥，管絃精蔡氏之能，婉嫕含貞，宗族攸重，三星始見，百兩爰來。年」洎初笄，適于高平劉公渶潤，齊眉等貴，合巹聯輝，相敬如賓，和鳴並耀。日」來月往，卅餘載，晨昏盥饋，夙夜無違，逮事舅姑，益彰温清。因夫延寵，疏邑」顯榮，石窌之封，固無慙德。繇是閨門欝郁，素履彌芳，壺範聿修，彤管稱美。宜乎」永諧宮徵，終契百年之歡；樂往悲來，旋徵二豎之夢。膏肓有驗，和扁無瘳，沉瘵」連綿，委惙臻極。以大和四年六月十一日卒于輔興里之私第，享齡五十有四。」粧奩遽閉，香閤永辭，逝水不迴，奄歸長夜。嗚呼哀哉！瓊枝忽墜，鸞鏡徒懸，悼隔」幽明，痛深泉路，兆卜先遠，龜筮告從，旌旐啓行，輀輴就引，即以此年十月廿九」日還窆于鳳城西之龍首鄉龍首原，禮也。有子五人：長曰仕仟，子亭判官、太」中大夫、行内侍省内府局丞、上柱國、高平縣開國男、食邑三百户；次曰仕俌，朝」議郎、行漳王府參軍、上柱國；次曰仕侗，中散大夫、行内侍省内府局丞、上柱國、」彭城縣開國子、食邑五百户；次曰仕僚，次曰仕份，賜緑；或趨馳禁掖，或參貳」王曹，或委質宮闈，或優遊墳籍，皆形神特立，儁秀當時，聲掩八龍，價邁三虎。茹」荼叩地，瘠毁苫廬，泣血絶漿，孝侔曾閔，攀號不逮，孺慕罔依。感切風泉，哀纏骨」髓，恐川成峻岳，山變洪波，愿刻貞珉，庶旌盛烈。銜悲見請，竊愧謏才；握管□辭，」多慚漏略。銘曰：」

易讚坤靈，詩美嬪則，婦道母儀，柔從淑克。行標茂範，德播擇鄰，事上盡敬，撫」下推仁。宜昌百禄，保壽千春，天胡不臧，降禍兹辰。宅兆何所？鳳城西偏，松檟」云樹，曉夕凝煙。楊葉蕭蕭，馬鬣危危，芳塵漸遠，朗月空垂。」

將仕郎試太常寺奉禮郎李約書。　吴郡朱弼刻字。」

（周紹良藏拓本）

大和〇三四

【蓋】無。

【誌文】

唐故陳府君墓誌銘并序

府君諱琳，潁川人也。故祖諱□□，父諱沛維。府君温良，志性□□，□窺名利，遁迹邱園。何期□□□□徽，降鍾斯禍，年六十一，以太和四年九月六日命終，至十一月十二日，□□□施氏同葬于（下闕）

（上海市文物保管委員會藏磚）

大和〇三五

【蓋】無。

【誌文】

唐故施氏夫人墓誌并序

夫人吴郡人也。故□諱小光，適陳□氏之門。□夫人雍雍和睦，四德無虧，年六十一，以太和四年十月十五日壽終，至十一月十二日遷奉合葬蘇州華亭縣北七十里北平鄉。故（文闕）哀號擗踴，（文闕）三年（文闕）遷移，故（文闕）銘記（文闕）魂兮不（文闕）

（上海市文物保管委員會藏磚）

大和〇三六

【蓋】失。

【誌文】

大唐故亳州録事參軍任公墓誌銘并叙　鄉貢進士李師可撰」

公諱修，字　，其先樂安人也。曾祖正，皇宋州宋城縣令；」祖貞慎，皇廬州合淝縣令；父朏，皇綿州刺史，銅章宰邑，建」隼牧人，芳聲餘烈，民到于今哥詠。公生而岐嶷，長而好學，禀」嚴訓以立身，師六經以進德，動符天爵，得儒門之要道。弱冠」以門蔭上仗，三衛出身，釋褐授歸州録事參軍。安黄節度使」伊公慎辟爲從事，奏授太常寺協律郎調授鄧州新野縣令，」河南府伊陽縣丞，累授亳州録事參軍。公素尚剛毅，志惡回」邪，持直諒以從政，不隨時以徇俗。自糾纏一郡，才稱其官，提」其綱不遺其目，舉其直以措其枉，疑讞必辨，毫芒必察，自二」千石至于胥徒，皆以公正見憚。所以三易牧守，皆爲至知。去」年亳之郊水沴荐臻，民無菜色，刺史輟以紀綱，委其輯綏，連」宰兩縣，去思一口，觀其績知其爲人也。大和四年秋七月罷」秩歸閑，踰月遘疾，某日終于譙縣興教里之私第，春秋六十八。以」其年十二月六日，嗣子等啓護歸葬于河南府河南縣」平樂鄉百洛村之先塋，禮也。夫人隴西李氏，故越州山陰尉」泮之女。令範規則，德配哲人，撫孤送終，存歿中禮，士君子咸」謂婦道備矣。慮年代綿邈，陵谷不分，書其事勒石爲識。銘曰：

仕途渾渾，不可殫言，令問已著，斯人詎存！蕭蕭白楊，綿綿古原，勒石傳芳，留于墓門。」

（周紹良藏拓本　河南千唐誌齋藏石）

大和〇三七

【蓋】失。

【誌文】

唐故承務郎試左武衛兵曹參軍攝無極縣令天水趙公墓誌銘并序

公諱全泰，字全泰，常山郡真定人也。考諱融，易定節度參謀□度營田副使、朝請大夫、檢校尚書兵部郎中、兼御史中丞，賜紫金魚袋、上柱國。公至學之歲，曾讀詩書，冠帶之年，留好文藝。起家攝定州無極縣主簿，再爲府掾，五宰屬城。事有始吉而終凶，政有前中而後否，衣舟疏綱，限至難逃，殁世之年，五十有四。時則大和四年十二月廿九日。夫人隴西李氏，宗正卿亳州刺史瀚之孫，都水監丞潁王府參軍陝州夏縣丞邁之女。晝哭毁聞。有子二人：長曰存序，幼曰存戌；有女二人在室，摧慕過禮，以太和五年正月廿七日遷窆於州城西北七里翟村平原，禮也。貞而可久，刻石銘之。銘曰：

奔曦轉側半西沉，顧影知爲長逝心。悲風槭槭吹原野，荆棘籠墳荒草深。

（録自《常山貞石志》卷十）

大和〇三八

【蓋】大唐故夫

【誌文】

唐故洛州司兵姚府君夫人隴西李氏夫人墓誌銘并序」

夫人尚谷郡人也。父諱晟，易州滿城」主簿；承家席寵，世有令名。夫人青濃桃李，莘」襄繁祉，崇徽蕙穆，秀色苔榮。自于幼年，有儀」也。十七適於姚府君。夫人温茲惠和，忠信攸穆，弘此」四德，而務六親，訓子以睦，教女以順。洎乎仁而不壽，生」也永終，去大和四載五月，因以寢疾，婺星霣落，時年」四十有九。嗚呼哀哉！雅有高行，終而不忘。至大和五年」太歲辛亥二月庚子朔廿七日丙申，有祠子四人：長子」志寧，次子寔，季子弘亮，愛子宙，並有崇職，武藝」絶輪，卜此穴兆，修殯於浮陽城東南七里。西撫千里之」園，東近賈村之右，葬此中央，地久天長。」其銘曰：」

夭夭桃李有莘，灼灼淑人儀佳，攸睦婦道不譁，」窈窕嬪□孔嘉。何榮彩之芳茂，玉質永於長沙。」

（録自《京畿冢墓遺文》卷下）

大和〇三九

【蓋】唐故東都留守檢校尚書左僕射贈司空崔公墓誌。

【誌文】

唐故東都留守東都畿汝州都防禦使銀青光禄大夫檢校尚書左僕射判東都尚書省事兼御史大夫上柱國贈司空崔公墓誌銘并序　中散大夫守尚書左丞柱國祁縣開國子食邑五百户賜紫金魚袋王璠撰　朝議郎尚書考功員外郎雲騎尉扶風縣開國男食邑三百户賜緋魚袋權璩書」

公諱弘禮，字從周，博陵人也。今聖嗣位之四載，詔公再釐東周。其年十二月十七日，以疾薨于位，皇上震悼，不視朝一日，命官」就洛臨弔，贈賻布帛，次又詔贈司空，儒者之寵數備矣。曾祖預，皇監察御史，贈麟臺丞；祖育，皇常州江陰縣」令；烈考孚，皇湖州長城縣令，累贈尚書户部侍郎；弈葉素風，及公而大。公始以進士擢第，洎愚登秀才科，」相遠十五載，公始終之措履，官業之功行，愚聞甚略，而詳於公之門人盧義高曰：享年六十五，歷官廿八，」解褐河南府文學，次從事靈州，表授太常寺協律郎，充觀察判官，又授大理評事攝監察御史，赴辟東都爲留」守推官，尋奏正裹行，仍賜緋魚袋，爲防禦判官，又歷殿中侍御史，應召義成軍作節度判官，後改職營田副使，」帶職轉侍御史，後檢校金部員外郎，兼侍御史，充東都留守判官，從嘉招登賓席者前後四府，而皆肅給以幹」事，誠明以報知。又以高朗之韻，居羣無疑；苞并之器，與衆彌廣；識者謂公總大權處高位其鉒見矣。元和十」一年，除忻州刺史。定襄之人，氣俗尚武，不本樹藝，歲多歉食。公教之農桑，下流歌詠。未滿歲，義武軍表授檢」校户部郎中兼侍御史，賜金章，充義武軍節度副使。公念以河朔舊事，未可以馴致而變也，偷安受禄，非平」王心。旋爲太原所請，權知汾州。其政如忻州。十三年，改守棣州。州實臨河，爲朔北之射的也，無備不可以應卒，」表陳其宜，論者或異。旋拜衛州，充本州防禦使，次加侍御史，兼魏博節度副使，再加檢校兵部郎中，俄改相州，」兼中丞，充本州防禦使。其牧相衛也，湔洗舊染，而納諸軌度，人之嚮化，如草偃風。十五年秋，拜鄭州，蓋陟明也。」州當孔道，東夏務殷，公應物通理，吏急人泰，厥聲載路，號之爲能。時故相國張公始鎮薊門，嘗言曰：控于大」邦，誰其共理？表請弭左貂兼憲丞爲之副。未至，改拜絳州。時議以公七典州邦，四倅戎律，或干戈之地，或彫」弊之俗，率能勤勞而就於化，寬厚而得其樂，佪翔淹泊，未陟朝序。長慶二祀，特遷河南尹兼大夫。公含其」明，權其術，吏之欺謾者息心，事之小大者在手，聳洛畏慕，于今稱之。明年，拜河陽三城懷州節度使，仍檢校左」常侍兼憲長。斯鎮也，咽喉河外，承衛洛師，惟兵士戎器爲務之要。公日夜以教誨之，程度以淬鍊之，一年而」補亡，二年而大備，四方至者觀而生慄。進加禮部尚書，以寵功也。大和初，除華州刺史、檢校户部尚書兼大夫，」充潼關防禦鎮國軍使。未周星，遇故太尉烏公重亂薨於鄆，時問罪滄海，兵戎方興，鄆當寇衝，安危是繫，朝」論以非公不可任，詔自華馳傳節制東平，臺省崇秩，命以仍舊。公推誠布恩，内撫外禦。時太傅王公提」兵於棣州，又資公以立勳也，而能以兵以食奔太傅之急，以威以略侵同捷之肌，寇用日蹙，公力居最。故」左揆右揆疊至以就加，所以示疇庸也。賊平，除東都留守、畿汝州都防禦使，判東都省事，進階銀青，檢校兼官」如故。昔周以君敕保釐東郊，而公功成罷節，復繼斯任，搢紳之士，孰不瞻歎。中臺八座，選用惟精；秋官五刑，」輕重攸繫。徵爲刑部尚書，以疾不赴京。旋以洛郊地重，求舊以委居守之職，由是再升。楊歷益崇，人望逾至。天」之不錫永年，而壯猷未竭，此其命耶？即以大和五年四月己巳二十八日丙申葬於東都洛陽縣郭村北邙原，祔于」先塋也。公嘗論曰：人生一代，倏忽間耳，居富貴而以單貧自苦，是矯也；蒙爵禄不以患難爲先，非夫也。故平」生以志意感概功業自負，心無細故，志好大節，偘偘然真丈夫之事也。公娶太原王氏，故兵部尚書紹之女，」先公而逝。長女適河南丞皇甫弘，次三女德德、鄭鄭，遷遷。有子八人，長曰道士玄鑒，早慕至真，栖心塵外；次」彦防，前陝州安邑主簿；彦佐，前右衛倉曹參軍；次彦輔、彦博、彦成、彦光、彦鎮；咸似續前業，敦好儒素，居家有雍」睦之稱，行己守詩書之教。哀哀號叫，以奉先遠。謂愚嘗學舊史，託以紀前烈，述遺風。爰稽行實，編以成誌。銘曰：」奕奕崔公，盛烈昭融，以文輔政，以武建功。往在元和，屢爲從事，左右謀猷，賓主之美。剖符北地，曖若春陽，尹」正東洛，肅若秋霜。于河之壖，于鄴之方，總戎杖鉞，韜略乃光。徽思曳履，寄切保釐，人望則遠，隟光已微。洪河不」窮，白日不老，能久盛名，斯爲壽考。邙原故崗，松楸初樹，閟石篆文，記曰」唐司空之墓。」

（周紹良藏拓本　河南千唐誌齋藏石）

大和〇四〇

【蓋】失。

【誌文】

唐右衛倉曹參軍崔君夫人滎陽鄭氏墓誌銘并序　宣義郎守河南府河南縣丞皇甫弘譔」

嗚呼！秦晉既匹，韶華方茂，諧如琴瑟，馥若茝蘭，誠宜著代承」家，貳于□□宗事。夫人滎陽鄭氏，曾祖昭遠，官至坊州刺史。」坊州生嶧，官至越州長史。越州生儉，官至太子通事舍人。夫」人即舍人之第二女也。外祖雅，清河崔氏，官至朔州鄯陽縣」令。濬源長派，代濟其美，華族洪胄，士流所高。夫人年始及笄，」歸于博陵崔君，纂組剪製之工，饔餼醴酏之事，勤敬聰達，肅」恭明淑，四德不虧，六姻取則，至於首摇金翠，步節珩璜，賓祭」之禮可觀，窈窕之宜克舉。及司空公寢瘵之日，夫人問安侍膳，婦道無違，飾去鉛華，食絶」葷茹，既居喪執禮，哀稱其服。斯可以保福祥以肥家，處和柔」以偕老，何昊天不惠，而種德生災，寒暑成疾，膏肓爲癘，以大」和五年四月二日終于東都集賢里之私第，享年廿有一。秦」醫不及，楚魂難招，美玉無輝，靈珠晦色。和風轉蕙，忽變其驚」飆；遲日泛蓮，遽驚乎過隟。以其年五月十七日殯于洛陽縣」清風鄉之原，將祔皇姑，禮從周也。嗟乎！返虞致神，」主奠無子，良人聖善，哀可既乎？倉曹追予維私之親，以紀述」見託，用刻貞石，有慚斯文。銘曰：」

猗歟淑媛，儷兹國士，將順柔和，宜綏福履。」何桃李之遽凋，俾梧桐之半死，佳城有路兮蘭」室無光，鸞棲孤影兮龍抱長崗，傷夜臺之永閉，」懸隴月兮蒼蒼。」

（河南千唐誌齋藏石）

大和〇四一

【蓋】失。

【誌文】

唐元和九年歲次甲午」三月十九日，琅耶王公亮」第六女葬於潤州丹徒」縣萬春鄉宣風里，恐他」年改卜，故誌之。」大和五年歲次辛亥五月廿四日，遷」于河南府河南縣平樂鄉杜郭里。」

（古文獻研究室藏拓本　河南千唐誌齋藏石）

大和〇四二

【蓋】失。

【誌文】

唐前揚州海陵縣令劉尚賓夫人范陽盧氏誌銘　孤弟澗譔」

夫人范陽盧氏，北祖大房。曾祖嵩，陽武令；祖晉，丹陽」尉；父逵，殿中侍御史、内供奉、賜緋魚袋、知河中度支」院。外族潁川陳氏，故淮南節度使、檢校司徒、同中書」門下平章事兼太尉少遊，夫人外祖也。夫人殿中」之次女，陳夫人之長女，故我先夫人加愛於夫」人。夫人天生孝友，善非擬模，爲女養親，爲婦奉」舅，二姓外内，實以孝聞。故敬其夫知婦道之順也，慈」其下重骨肉之親也。劉明府自武功丞之□海陵令，」夫人爲婦十二年，而終其夫兩任，夫人從人之後，心」不離家，夫官秩罷，兩遂歸寧，奉養慈親，如在室焉。」及丁尊夫人之艱，毁瘠傷性，念及諸孤，遂乃成疾。」嗚呼！積善罔報，天不祐仁。夫人奉教空門，信崇釋理，」虔誠經像，悲此幻影，豈是先知其壽不永？享年卅」五，大和五年五月廿二日，殁于泗州開元寺。嗚呼！孤」弟室妹，何所託焉？良人護柩，歸此故鄉，仰德悲酸，」感義悽傷，用其年八月十四日，歸厝於洛陽縣平陰」里，禮也。孤弟澗追感夫人之德，而爲銘曰：」

氣和而正，性利而柔，女儀端備，婦德莊脩。智敏而聰，心明可□，想彼馨香，富於慈□。」

（周紹良藏拓本　河南千唐誌齋藏石）

大和〇四三

【蓋】失。

【誌文】

（前闕。）日夕喧喧，長幼」（中闕。）下，輒亂公庭，分財割宅，備有文」□，致使醜聲溢路，穢跡盈衢，列名位於同坊，立門」命於當曲，刻石用爲厚記，永代爲憑案，著司分書，」傳於後代矣。大和五年歲次辛亥，二月庚午朔，三」日壬申，葬用十一月二日，府君享年卌有九，終於惠順坊私第。厥有二子，長」曰元宗，次曰元審；有一女子，長及笄年，適娉馮家，」昏定晨省，禮事姑嫜，永與馮家，繼其宗嗣。府君之」子志孝二人，卜其宅兆而安厝之，即洛陽城北邙山南，取洛陽縣平樂」（中闕。）遂爲詞曰：否往兮泰來，哀哀兮號訴，」（中闕。）千秋兮永固。」

（周紹良藏拓本　河南千唐誌齋藏石）

大和〇四四

【蓋】失。

【誌文】

范陽盧府君墓誌」

君諱景脩，字子從，小字駟郎，姓盧氏，范陽人也。」曾祖諱寰，臨汝郡長史；祖諱政，太子中允、贈越」州都督；父諱琬，檢校太子右庶子致仕。外氏崔」姓，外王父諱顒，太子司議郎。君即庶子之第四」子也。孝友恭信，端莊温敏，盛文學，美人物，以是」全德來京師，舉進士，一發失鵠，人咸冤之，遂僦」居長安中。以大和五年十月二日遘疾，終于光」福坊西南隅李氏之廟，享年三十四。其仲兄景」南護喪歸于洛陽。其年十一月八日葬于邙山」陶村之東原先塋之側。景南泣偏孤之殘喘，」惜同器之金枝，匍匐千里，悲纏病身，强搦管書」石，紀官氏以虞陵谷耳，其能文乎！銘曰：」

仁必壽兮，以子而不知；善必福兮，以子而愈疑。」既耕獵之有得兮，於子心亦何思？嗚呼！子從清」芬令望兮曷其已而。」

（周紹良藏拓本）

大和〇四五

【蓋】失。

【誌文】殘。

□□李氏本玄元道君，及（下泐。）」高尚不仕，門無泛交，訓誡（下泐。）」□□永大和辛亥季月建（中泐。）郡」□夫人韓氏，起因唐叔（下泐。）」□□□晉室□□韓鶱（下泐。）」□□□□□□□其（下泐。此後約泐六行。）□□□□□□□逾□（下泐。後約泐三行。）」□□□□□□□□未學，輒無讓焉，敢□（下泐。）」（上泐。）此佳城□啓宅兆（下泐。）」（上泐。）仲（約泐五字。）芝蘭在圃，蕚□□芳，令□□□（下泐。）」（上泐。）從克備□德昭彰知身□□幻化無常不滋□（下泐。）」（上泐。）無應天□□母賢子孝，養不終（下泐。）」（上泐。）□□□子孫遺範地（下

（周紹良藏拓本）

泐）。」

大和〇四六

【蓋】失。

【誌文】

唐故試太常寺太祝范陽盧府君妻清河崔夫人墓誌銘并序　親弟前守秘書省校書郎讜撰」

太和辛亥歲十月己巳，故太常寺太祝范陽盧府君妻清河崔夫」人寢疾，捐館於河南康俗里第，享年卌有六。越明年正月，其子宗」冉卜兆於洛陽縣平陰鄉陶村之南原，以其月廿六日奉夫人帷」裳，遷其先君以合祔，從龜之吉焉，禮也。夫人純孝仁愛，根于天性，」莊慎禮法，稟于慈訓。逮年，歸盧氏，蘋蘩酒食，敬恭婦道，姻戚有聞」焉。間歲，讜覲伯姊于洛陽，乃歎息言曰：吾念晨昏之違，未嘗」少寧其心也。河洛衣冠所萃，且家世之舊，爾其圖之。及侍板輿」徙家，夫人締構儲庤，唯懼己力之不足。異時孜孜以昆弟婚仕後」時爲慮，聞一有所遂，即拜慶高堂，喜形于色，所以懽棣華之榮，」慶門户之有光也。太祝於讜之室爲從父兄，經始婚媾，夫人實殫」其財力。嗚呼！夫人明識懿行誠有過人者，俾夫子貴達，必能陳殷」雷之詩，申闔門之訓，固有以式是閨閫，形于國風，魚軒象服，豈足」得哉！卒無一遂，而又不享其年，天道神理，何斯之甚酷歟？哀哉！夫」人稱未亡，子與女子子之存者猶三人，長女適滎陽鄭秉彝，次女」未從人，皆先夫人夭歿，宗冉始成童，由明經上第，今甫冠歲，甚秀」而文，餘裕休顯，儻在是乎？夫人其先東武城人也，言門户者爲清」河小房，世胄軒冕，人得而稱之。曾祖謂，左衛長史；祖荐，河南府陸」渾縣丞；父弈，潞州上黨縣主簿。盧氏先世官諱，載在太祝墓版，故」不書。嗚呼！天倫之喪，痛莫甚焉，矧伯姊厚德仁愛，不能展一日」之報，以至於永遠，其哀有既乎？忍淚録實，慰吾甥之孝思，期幽黨」之髣髴。銘曰：」

惟柔與淑兮閫閫是多，既宜他門兮且孝其家，禄不享兮壽不遐，」仁而不報兮天道謂何？百其身兮靡贖，望九原兮涕滂沲。遺訓垂」乎令嗣，庶德善之不磨。」

（周紹良藏拓本　河南千唐誌齋藏石）

大和〇四七

【蓋】失。

【誌文】

唐故東渭橋給納判官試太常寺協律郎扶風馬君墓誌銘并序　朝散大夫守江陵少尹上柱國趙倅撰」

有唐貞□□□□□□□馬□□大和六年正月四日寢疾，終于江陵府江陵」縣三善□□□□□□□十□六年二月二十一日□窆于所居縣桐臺鄉之」原，未良□□□□□□月廿五□夫人隴西李氏啓其嬪，挈其孤，奉裳帷歸葬」于河南府□□縣平陰鄉□□□祔君先塋，遇吉辰也。君諱儆，字伯起，其先與」予實同宗。遠□□□□□□□□其後興，徙於咸陽爲右史，故爲扶風人。」宫融碑爰□□□智用□□□□漢間，咸至大位，魏晉以降，代有聞人。曾祖」莊，皇滑州□□□令；□□皇郴州司馬□□州刺史；考參，皇監察御史裏」行賜緋魚□□□□□□府君第□□□自弱歲□□攻文，堅特有守，强毅」不倚，舉□□□□中□□□降辱身□□□衣還家□□□洛抵于汝墳，故澤」潞節度使□□□□□□□汝□刺史，愛君之才，有恨識晚，署防禦巡官。不樂」羈紲，且以□□□□□□之歸□□□間，温清之暇，閉關□書，不妄嬉賞。潭帥」張正甫□□□□用□□□□□先府君□□□三年，閭里稱孝。」既免□□□□□使穆代□辟爲判□□廩之事非□□□無何，以疾辭，復」歸于□□□□□使僕射王公潛以爲□有賢士，宜□□□之，補館驛巡官，」歲餘，□□□□□以導志，縱酒以陶性，林泉□□，煙□□賞，熙然自足。卒歲」無悶，視□□□□□轤鑠秕稗也。君自韋之出，伯舅□□居喉舌且爲帝」師，寵□□□□□朝右，四方諸侯，爭同所欲，中外姻戚，畢臻其門，蜂會雲」集，□□□□□□樂道不出蓬蓽，獨無蘄請，恩亦□□貞□自處，識者多之。」宜其□□□□歷清切，不幸短命，嗚呼可哀。元兄□□□□身從事湖湘，官」至監察御史□□□年亡；令弟儆，登進士科，佐嶺南□□□□協律郎，後君」四年卒，□□□□□□聞夫人考皇汾州介休縣令□□□安貧夕惕追」萊妻之□□□□□敬姜之知禮，和柔明敏，宗族稱之。有男四人：長曰權，」次□□□□□□□□□□有裕，行已無違；如二人，長適戴□，□纔數歲，陵谷」□□□□□□□□□□而書之銘□」

□□□□□□□□□□□生□於無位貫穿多識□□無□□□□雜心無」□□□□□□身，擺落澆態，克全天真，衣不務華，□□□糲，白刃可蹈，」孤標難奪，□多跡□□人所歎，逮啓手足，士林興惋。孀妻幼子護靈車，故園□」□歸舊墟，野風蕭蕭霜月虚，自古皆然將何如！

男檮奉命銜涕書。」

（周紹良藏拓本）

大和〇四八

【蓋】失。

【誌文】

唐幽州節度衙前兵馬使王公夫人故隴西李氏墓誌銘并序　正義大夫檢校右散騎常侍兼光禄卿上柱國賜紫金魚袋劉礎撰并書」

夫人諱元素，其先隴西人也。爰祖及父，俱厭名位，高尚不仕，以從」其心。夫人四德克修，五常無爽，鄉黨重其孝，鄰里傳其行，年」□九，適王公門家于幽州之幽都縣，與其娣姒，偕事先姑。」夫人藝出自然，孝秉天性，及姑之病，綿歷歲時，夫人色不」滿容，行不正履，飲食湯藥，必致其誠，裁縫繡畫，必盡其力。是以」先夫人愛之重之，不使離其側，每謂所親曰：我見此新婦則疾覺」小瘳。其敬順之至，通於神明矣。洎丁先夫人之禍，亦以孝聞。有」男二人：長曰從約，次曰從禮；有女一人，早歸於礎。元和之末，」穆宗纂位，礎自幽州□倅，作牧南陽，夫人愛女隨焉，銜命西」上，旋屬薊門長惡，媢黨稱兵，音書兩亡，倏忽十載。九秋明月，不照」別離之心；三峽夜猿，應識悲涼之思。粵去年秋七月，方達京邑，棄危」疑之地，登仁壽之鄉，室家以和，骨肉相保。豈期百花林下，未盡歡」娱；三春節中，俄聞哭泣。以大和六年二月廿有九日遘疾，終於道」政里之私第，享年六十六。屬纊之時，精神不撓，所有遺託，其詞甚」哀。嗚呼！夫人合二姓之好，歷四紀于兹，事夫稟梁鴻之婦道，訓子□孟軻之母儀，理家以正，接下以慈，命也不造，德之何衰。即」以其年五月八日歸葬于京兆府萬年縣龍首鄉成義里鳳栖原，」禮也。雖音徽昭美，已布於遐邇；而陵谷更變，式資於述作。琢于貞」石，用紀遺芳。乃爲銘曰：

桃之夭夭，灼灼其華，彼美夫人，宜其室家。既出李宗，」嫁爲王婦，容止可觀，進退可度。唯靜唯默，以貞以素，」誰謂年光，忽如薤露。成義之里，鳳栖之崗，寂寂墓門，」蕭蕭白楊。身葬異國，神游故鄉，萬歲千秋，德音不忘。」

（周紹良藏拓本）

大和〇四九

【蓋】失。

【誌文】

唐故冀州阜城縣令兼□□□史賜緋魚袋滎陽鄭府君夫人博陵崔氏合祔墓誌銘并序　承務郎前試太常寺協律郎雲騎尉王球撰」

府君諱濛，大唐貞元十二年六月二日，終于冀州阜成縣。三代官業名氏，」舊誌之所詳焉，故不重書，春秋簡文而已。夫人博陵崔氏，大和六年歲次」壬子五月九日，遘疾終于平陽里之私第，享年六十七。其年七月七日，合」葬于東都河南縣平樂鄉北邙原祔先塋，禮也。夫人先祖務仁」之曾孫，蘄州蘄春縣令贈贊善大夫子烈之孫，棣州刺史、兼御史中丞、贈」光禄卿漸之次女，奕葉華蔭，門高士風，聯聯紳冕，光輝不乏。洎絲簧同韻，」鑾珮等音，承盥酢以奉廟獻，守敬順以和中外，風雨霜露，三十七載。」有子三人：前絳州司馬賜緋魚袋長曰杞；前趙州平棘縣丞二曰樞；前趙」州參軍三曰楬。有女一人，適姑臧李佾，懿恭容裕，中外實許，傳明淑之儀；」和睦慈仁，上下共推，承嚴誨之義。夫人年十五，歸于府君，常以」府君家本居秦，偃仰皇澤百餘載，大曆初，偶因薄遊，滯留河北，當時」國家化流八表，仁人之誼，先浸于河朔，求名學宦之士，如不失彊理矣。又」值廉察使王武俊採掇賢彥，重仰才能，且以薦用，假名於理劇之奧；終遺」求事，得地於膺藝之鄉。以是申婚禮於他域，繫名族於德門，士君子亦」曰叶時之美稱矣。厥後天下軍威轉雄，兵志難戢，薄之即不守封限，寵之」即不循略度。從建中初，鎮冀之間，自爲一秦，頗禁衣冠，不出境界，謂其棄」我而欲歸還。府君與夫人男女，戢在匪人之土矣。暫謂隔王化於三」千里之外，離我戚於五十年間，府君至於身歿，不遂却返。夫人遭從」夫之痛，孀在危邦，司馬季仲幼志未立，與諸骨肉落爲汙俗，賴去元和中，」司馬親叔濆以文畏佐以學重慕於彼地之帥，帥殞而子承元以順逆自」諭，舉軍來王，司馬扶輿出乎虎口，持小輩附於驥尾，其餘血屬姊弟，」數年之內，稍稍而至。司馬遂爲忠孝所聞。頃者李寰僕射受鎮於此，奏舉」成名。余見司馬當理第宅於晉，授甘滑於絳，再隴西李氏淑令勤虔，修」養晨夕，實仁子之教婦也。先太夫人謂司馬曰：爾官雖貧，秩且自立，使」吾兒孫男女歡聚不遠，寢食愛思，得復乎清平之代，如此非汝之力，吾誰」致之？仍聞婦之事姑也：針不自紉，不上姑之體；食不自和，不入」姑之口。人子之道方就，慈母之旨始安。天奪其和，翌日疾作，司馬與李婦」面垢而形容摧羸，懷憂而骨髓軫瘵，銜毒止中，請命於上。及夫人」之終，號昊一聲，灑血在地，外人聞之，亦爲之隕涕。嗚呼！夫聞善本于孝，貴」本于忠，夫人雖不享府君洪名大禄，而生子婁婦，行仁守義，所」謂同降爵禄，庇于門祚，不謂之不被榮慶矣。古不云乎孟姜有貞義之譽，」曾閔有至性之流，會美于夫人之室，誠莫加也。夏五月，司馬乞諸途」而成諸禮，輀車啓路，哀絶請書。余爲里人也，諳備景行而誌諸忠孝，」俾粹琬琰，薦于馨香。銘曰：」翚雒葱蘢兮水湯湯，其一。笄組歸窆兮車洋洋，其二。旍幡素旆兮秋日藏。其三。善」□令範兮萬古芳。其四。孝道慈節兮仁之鄉，其五。佳城郁郁播者長，其六。福及子」孫兮恩穰穰，其七。夫何永永而之崗。其八。」

（周紹良藏拓本　河南千唐誌齋藏石）

大和〇五〇

【蓋】大唐故劉府君墓誌銘

【誌文】

唐故朝請大夫唐州長史兼監察御史彭城劉府君墓誌并序」

公諱密，字霞夫，其先望出彭城，自漢楚孝王已降，執珪璋，佩侯」印，史諜載之備矣，銘紀三代，故略而不書。曾祖諱道積，進士」擢第，終襄州樂鄉縣令；列祖諱希順，終秘書省秘書郎；昭」考府君諱粲，明經擢第，終澤州刺史。公皇祖姑爲睿宗皇」帝正后，誕讓帝、唐昌公主，由是枝附赫弈，輝光胄族。公幼不好」弄，能敬師受詩及春秋左氏傳；既冠，游大學；三年，舉孝廉，不中」第。因與諸生講罷，語及時之通塞，窮達之事，乃奮然起曰：大丈」夫得不以晝干天下而求富貴者耶？」焉能久戚戚於斯而已！遂」東書東游濟漢，揖漢南節度使樊公澤，澤愛其材，表爲試太常」寺協律郎，兼列職於轅門之内，奉禮樂於清秩，整介胄於軍旅，」貞元十五年，于公頔節制漢南，尚以淮寧阻命，鄰境是憂，念陸」賈之使南越，思食其以下齊城，府幕軍戎，無所當選，乃命往説」焉。有功，兵還，奏加兼監察御史。元和六年，裴均相國領鎮，録」以前功，奏授朝請大夫、唐州長史，後亦累爲廉使奏叙勳階。元」和十一年，考秩既滿，職請退休，優遊别墅，尋繹黄老，嗟乎！高鳥」已盡，自棄良弓，宴息林園，潛心道術，一旦鵩來萃，災變寢門，以」大和五年八月二十二日，終於宜城縣私第，享年七十。公前娶」高陽齊氏，有一女。齊夫人先公三十七歲而殁。後娶博陵崔氏，」先公十八年而殁。崔夫人有二男二女，長男曰可復，次男曰彝。」復長女適隴西董氏，次女適弘農楊氏，先公一歲而殁。皆泣血」過禮，不勝毁瘠，以大和六年七月十六日啓崔夫人之殯，十九」日與公合祔于襄州襄陽縣東臺鄉之南原，禮也。銘曰：」生而惠，長而强，禄亦爲豐，壽亦爲長，有子有孫繼其光。」

（周紹良藏拓本）

大和〇五一

【蓋】失。

【誌文】唐朝請大夫試絳州長史上柱國趙郡李君故夫人京兆杜氏墓誌銘并序　從弟將仕郎守宏文館校書郎宣猷撰

夫人諱瓊，字瓊，本京兆杜陵人，後因家邢州，遂爲邢之堯山人焉。曾祖知慎，皇將仕郎守冀州南宫縣尉；祖昌運，皇守忻州定襄府左果毅上柱國；父栖巖，皇朝散大夫試左武衛長史。夫人長史之叔女也。笄年歸於李君，明正清劭，輔以材能，落落焉有賢傑之操。始予隨進士貢，路出漢濱，時寓夫人里第，税駕宣猷與夫人別業接連，得叙宗族，日漸月深，情同密親。閒歲，李君隨牒襄陽，夫人亦來漢上。其奉夫也之後，徒馭如歸，開顔拂逕，主禮甚渥。李君賢厚少事，以儒書自適，門内之治，實夫人主之。以敬，其訓子也以義，其睦親也以誠，其接下也以德，吹惠布明，家政焕然。舉是而言，雖賢丈夫何以過也。嗚呼！材智方遠，光景不借，以大和五年十二月三十日薨於襄州旌孝里之私第，春秋六十五。明年十月十一日安厝于襄陽縣習池鄉之西挹里。夫人生二女二男。長女適太原王儀，次女適扶風馬寧，長男德元，次男德章。德元幼奉擇鄰之訓，明經擢第，釋褐隨縣尉；德章休休然，亦以詩禮光業。今則泣血崩心，若無所容。先遠有期，託予誌德，濡毫寫悲，不羞不能。銘曰：

杜氏之先，陶唐同源，遠派揺漾，爲傑爲賢，夫人體之，令範昭然。身同朝露，門閉幽泉，刻銘片石，千年萬年。

（録自《古誌石華》卷十三）

大和〇五二

【蓋】唐故杭公合祔墓誌銘

【誌文】大唐故儒林郎試左千牛衛長史飛騎尉杭府君故穎川陳氏夫人合祔墓誌銘并序　鄉貢進士程度撰」

君諱季稜，其遠中山人也。□□歷代，枝葉承繼，□禄綿綿，名聲昭彰，」焕乎書傳，自晉末離亂，鄉□不□，人多流亡，因涉江抵金陵，遂得樂」土，累代居焉。曾祖湍，皇任□□□軍檢校右贊善大夫；祖珣，皇」任衛州司兵參軍；父進，皇任□□□□□□司馬上柱國。君即」司馬之次子也。骨梗其心，冰霜爲□□□□□□承宗，自少縱」心得黄老，味患桎梏，不求爵禄，恥□□□□□□安貧，育蒙暗彰，其」行壯齒，有知者在朝列，分君平生□□□□爵其身，不蔭于後，方」誘而仕之，欲拔在霄漢，遂授儒林郎、試左千牛衛長史、飛騎尉，因徙」家于洛京。又數載，薦者以位不稱方未便，君意常悒悒，每懷江湖釣」水卧雲之興，遂膏車而再遊之，復抵吴興，自江南奇石異流，遠怪靈」跡，無不得周而覽之。因沉疾於蘇吴之間，遂思棹舟而返洛。以大和」六年正月十七日道次于梁城，疾革而終，享年七十。有子二人：長曰」式，將仕郎、前守舒州宿松縣尉，再調于京，授宋州柘城縣尉，以切禄」位而爲孝養，始喪方不得在傍，及聞，戴星泣血，絶漿毁形，旬周而達」洛；次子戎，自江及梁，就養服勤，及居喪，情充充如有窮，既殯，意瞿瞿」如有求，古人之心，盡於此矣。女一人，適汝南周從質子，以文名，方仕」爲鄆州壽張尉。君早娶夫人潁川陳氏。夫人令問賢淑，得媲君子，卓」然之行，以和九族。去大和元年五月七日，厥疾暴生，先終于温柔里」之私第，享年五十有三。君先塋在河南縣平樂鄉杜翟村東原，夫」人以繼葬之。今君以大和六年十月廿六日復合祔焉，禮也。其地泉」深土實，據邙面洛，神都壯氣，俯然觀之，尚恐崗陵□□□於千古，所」以刻石，遂爲銘云曰：」

大道其身，樂愚邦國，名暗而彰，聲寂而出。自達玄理，」沉無外識，□志雲心，克岐克嶷。食飽一簞，居榮一室，」禄不念之，甘從退鶂。身去名在，如覿形質，刻石萬年，」以贊鴻福。

登仕郎試太子通事舍人吕貞固書。」

（周紹良藏拓本　河南千唐誌齋藏石）

大和〇五三

【誌文】磚。

唐故聚府君墓誌銘并序　諸葛咢撰」

府君諱慶，字文悦，馮翊人也。大和六年青龍在壬」子九月十七日終蘇州嘉興縣進思鄉私舍，春秋」五十。祖疑，曾祖瑫，父達，家諜具述，不書也。公即達」長子也。志操孤峙，孝友無先，雖不夢奠之」徵，忽生鞋履之别。娶陸氏，有子二人：長藥，次允」孚。女一人。偕血泣柩左，扶疲問於筮兆，當年十」月廿六日封當縣南甘露鄉崇福里祖墳，禮」也。恐煙峰及巨溟變改，請文勒石。詞曰：」悲鴻驚月啼霜天，寒雲長夜斗牛懸，」嗣子哀號望不返，令問遺風光萬年。」佳城虎踞龍左盤，刊文勒銘金石堅。」

（北京圖書館藏拓本）

大和〇五四

【蓋】闕。

【誌文】

唐故朝散大夫守尚書吏部郎中兼侍御史知雜事上柱國臨沂縣開國男食邑三百户瑯琊王府君墓誌銘并序　承議郎守尚書庫部郎中知制誥充翰林學士上柱國賜緋魚袋李珏撰」

惟大和六年夏六月哉生明，吏部郎中兼侍御史知雜事王公年五十二年卒。既越月，」御史中丞兼刑部侍郎宇文周重緘王公平生所行事，致書」於翰林學士、庫部郎中、知制誥李珏曰：吾友王君，亦子之與游，今不幸葬有日，吾屬」有紀綱事，不暇親筆硯。子以文爲官，盍誌之。珏以固陋，再辭不獲已，且銘有道之墓何愧焉！王」氏之先，本於周靈王太子晉，以忠諫廢，天下之人謂之王家。至八世孫錯七世而生翦，仕秦，復」爲大將軍。翦七世而生吉，仕漢爲諫大夫。去官全道，隱于瑯琊之臯虞。吉生駿，爲京兆尹。駿生」崇，爲司空。崇五世生覽，仕晉爲宗正卿。覽孫導，匡輔元帝，中興江左。導六世生儉，仕南齊，爲太」尉，謚曰文憲。文憲三世生裒。仕宇文周爲司空，封石泉公。石泉生隋安都太守鼐。鼐生」皇中書舍人弘讓。弘讓生太府卿方泰。太府生鴻，爲同州馮翊尉。馮翊生志悌，爲長安尉，贈吏」部郎中。郎中生汶，殿中少監致仕，贈工部侍郎。工部少有高志，不樂榮官，致仕贈官之命，皆」由公顯。公諱衮，字景山，本名高，工部公之長子。幼有操行。元和初，以拔」萃登科，授祕書省正字，調補伊闕主簿。許孟容尚書、裴次元常侍尹河南，皆署爲部從事，府中」之務悉委焉。今竇司空之分陝也，薦授監察裏行，充判官。崔淮南繼竇爲陝，又從而辟署。俄以」本官歸御史府。滿歲，轉殿中，皆留臺爲監察。時奉詔鞫權長孺獄，委曲得情。爲殿中時，有」鹽鐵贓吏，本罪抵死，大理斷流，敕下東臺，公不奉詔，抗疏論奏，竟當厥辜。由」是穆宗深奇之。特拜刑部員外郎。家在洛，以膝下爲戀，刑曹決獄，不宜分司，轉都官員」外。未幾，遷度支郎中，急召赴闕。時竇司空初領計務，先是亟易大吏，吏緣爲蠹，泉貨散」落，浩無端涯。公即盡閱簿書，心計筆扶，不旬月得錢八十萬貫，黠胥老吏，相顧失色。丁」工部公艱，勺漿不入口七日，太夫人勉諭，方就制。哭無常聲，賓不忍弔。既禫，丁」太夫人憂，泣血六年，幾不全者數，要不滅性，有神明焉。服闋，除司勳郎中。宇文公長南」臺，奏知雜事，改左司郎中兼侍御史。中謝自陳職業，上器之，面錫朱衣銀魚。滿歲，」轉吏部郎中，仍舊職。汲汲然，承長奉公，知無不爲。公自外除瘡鉅之痛，結爲痼疾，耿耿」不寐，有時而作，蓋君子終身之憂，加人數等焉。及此全歸，終無瞀亂。公出於蔣氏。外祖」曰清，天寶末，爲河南採訪判官。安禄山陷洛京，與李憕、盧弈臨難抗節，同日併命。忠烈湮墜，垂」七十年，强魂待我而葬，易名由我而舉。長慶中，追謚曰忠。皆公養太夫人先意」承志之所爲也。公精力敏思，周於物務，剖煩析滯，從容若閑。宰相方以顯重處之，卒不」至，命也。夫人樂安蔣氏，即忠公之孫，建州刺史郕之女，先公十一年而歿。夫」人柔明之德，聞於族姻。公嘗誄之，誓不復娶。子男三人：長曰存夫，光陵挽郎；次曰絢，幼曰綯，」皆前明經。女五人：長適校書郎樊宗仁。其年十月廿六日，葬於河南縣平樂鄉杜翟原，祔」工部公之墓，其孤啓先夫人之殯，禮從周也。公深中篤行，善與人交，捐館之日，賢」大夫無不爲之出涕，丞相亦歎息失聲。銘曰：」

王氏之先，上賓于天，子孫宜昌，瓜瓞綿綿。惟漢大夫，考槃沂川。地蓄靈異，世生忠賢。脩源滔滔，」高蓋聯聯，咸有盛德，光明簡編。三葉泳時，名□道全，逮至雜」事，行尤馨羶。養能先意，喪則致毀，生榮死哀，可謂孝子。曆官有立，百事皆理，觸類多才，與人一」致。年孤中壽，秩負高位，命也於人，固無求備。刊石表德，于千萬祀。」

（開封市博物館藏石藏拓）

大和〇五五

【蓋】 失。

【誌文】

大唐大和六年歲次壬子八月辛酉」朔，廿三日癸未，北平田氏第二女享」年十八，卒于河南府洛陽縣履信坊」里之私第。以其年十一月十一日葬」祖塋之側。曾祖，祖，官諱碑石存焉。」父聿，朝議郎權知光王傅，上柱國，賜」緋魚袋，分司東都。母博陵崔氏，權葬」荆山。所生即勃海嚴氏也，省悲□之後。」吾本無女，亦可不紀，生也有家，汝有」行於家，從情乃紀。其人八歲，居適喪，」孝而成疾。又恭慎別母，兄姊訖世無」□。又氣力頃剋，猶顏色於病母。哀哉！」德行沉而不浮，既封既樹，終可託以」久者，厥功斯石乃誌之。」

（河南千唐誌齋藏石）

大和〇五六

【蓋】 失。

【誌文】

唐胡府君夫人朱氏墓誌銘　儒林郎試左金吾衛長史上護軍明援撰

胡府君安定人，其先分氏於舜曰胡公滿之後也。綿歷載代，英賢顯赫，以元和十二年十一月四日先十七稔而終。祖考名諱，仕進文藻，曁府君德行名節，男婚女娉，悉具前誌，故略而不書。夫人族望沛國，累世因時播遷，今爲江夏安陸人也。曾祖大父，載在家牒；考諱璧，遊心物外，守節巖阿，志道忘情，不屑時務，可謂丘園奇士，聖代逸人焉。夫人即處士第一女也。柔惠懿淑，婉娩雍妍，禮樂素諳，女工夙解。年及乎笄，歸于府君，琴瑟克諧，澣濯示儉。箕帚既恭，蘋蘩式潔，閨門以睦，宗族以和。中羅府君之艱，痛鴳枝之半折，恨龍劍之偏沉，撫膺盡哀，秉心全節，惻愴搴慕，寒暑載移。於戲！吉兇倚伏，幽微難明，德禮彌高，年齡忽落，以大和六年□寢疾，明年正月十□日終于江夏郡中和里之私第，享年八十有二。越二月廿□日，合葬於黄鶴山之南原府君之塋，遵魯人之祔，同皎日之詩，禮也。嗣子真等，皆發刃受鋒，觀材見寶，孝心塞乎天地而横乎四海，豈止於泣血終喪感深殞絶而已哉！以援曾預嚴親之友，奉命述其盛德云。銘曰：

嶄巖黄鶴，峰巒傍薄，邐迤南崗，形勝北翔，合祔舊域，威儀不忒。猗那夫人，德禮難倫，閨壺朗澈，松筠表節。地久天長，桂馥蘭芳，桑田變海，貞石不改。

（録自《古刻叢鈔》據《古誌石華》卷十三補字）

大和〇五七

【蓋】失。

【誌文】唐故試大理司直辛公墓誌銘　姑射處士畦畚撰

公諱幼昌，字弘運，其先隴西人。曾父奉國，開府儀同三司、豐州刺史、」天德軍使、兼御史大夫、上柱國，隴西郡肅國公。食邑三千户，贈工部」尚書；烈祖榮，朔方節度副使、□會都知兵馬使、兼御史大夫，平陽郡」王，食實封一百五十户；父□，持節通州諸軍事守通州刺史兼御史」中丞。公累傳茂範，籍振能名，聰博機謩，卓然宏異。始總□郡會，嬉戲」之際，識者目落落之清姿，則駭謂固天縱也。暨長□□□翰墨，撫□」□□□□□□□□□□明示將來□□一□荷□□□」莫大之術者，何腰金拖紫之崇貴，得不坐而至乎？何伏波定遠之□」爵，得不俯而置乎？亦何倏矻矻伏膺，然後爲學。繇是六奇三略，開閫」襟□，每鳴弦架鏑，遠近弛張，謂古之破葉號猿，今足當仁矣。公以業」□簪組，旌戟交輝，固欲指掌青雲，捧揚白日，仕進之廣路，宦學之多」門，□躡梯階，式爲修立，授試大理司直，□寄結僚友，□追游孟仲，芬」葩芝蘭疊馥，豈止趨庭申孝敬之則，□節盡周旋之誠，遠望前」程，孰究邊極。豈其彼蒼者天，脩□無算，巨鱗既□，煙溟勢窮，以大和」六年十二月廿五日卒于平陽郡之私館，□□廿有七。胤子師周，孺」騃未識，熙怡詎悲，零丁雁行，□□荼慼且□中丞□□遷牧通川，南」北迢遥，山川綿隔，□家于□已歷歲時，凶訃難飛，鶺鴒增疚。仲兄幼」直等部辨儀具，克叶龜從，以明年三月廿七日□送歸，附於京兆萬」年縣三趙村東原之大塋，禮也。固恐桑田凌谷，俄徙星霜，庶摭」□，實憑不朽，而雕于石。其辭云：

命運罕知兮杳冥莫惻，」□□建□兮殲我懿德。不可贖兮永□□春，閉玄宮兮松栢爲鄰。」

（周紹良藏拓本）

大和〇五八

【蓋】失。

【誌文】

唐故朝議郎守尚書比部郎中上柱國賜緋魚袋隴西李府君墓誌銘并序　朝散大夫守中書舍人上柱國崔枸譔」

公諱蟾，字冠山，景皇帝八代孫，淮安王之後，族系源流，著在國諜。曾祖」孟犨，皇任泗州刺史，襲膠西郡公；祖房，皇任京兆府渭南縣令；父千鈞，皇」任右贊善大夫。公即贊善之第二子。風神峻拔，體識弘遠，年未弱冠，以經明遊」太學，忽不樂，乃修文舉進士，頗以行藝流譽於士友之間。元和六年，登太常第，方以」詞賦擅美就科選於天官，無何故尚書孟公自給事中撫俗制東，開幕序賢，首」膺辟命，授試秘書省正字，充觀察推官。孟公峻直有風節，雖顯貴，其樂善就賢」如不及。嘗爲毗陵守，公寓居義興，飽其名義，繇是歸重，及在幕下，細大是咨，以」直道始終，禮敬愈厚。孟公徵拜小司空，府罷從調，判入等，補京兆府咸陽縣尉。」屬故相國竇公廉問南徐，奏署監察裹行，充都團練判官，俄轉殿中，復爲觀察」判官，推誠奉知，臨事不苟。時裨將構亂，變生蒼卒，時從容賓席，運籌中權，烈火驚飈，」指顧而定。既竇公入拜，屬今相國贊皇公承詔代之，不日舉其功善，」奏加命服，請仍舊職。尋又竇公薦聞，除尚書虞部員外郎，自外臺殿內入」南宮者，久無是拜，非佐理之效，彰于一時，風問之休，洽于羣聽，則何以及此。明年，丁」贊善憂，毁瘠僅勝喪，于義興啓護先夫人帷裳，合祔于東周。其幼弟年廿，權窆」于吴楚之間者，又營奉數喪，歸于先域，備物稱家，必誠必信，禮無違者，人以爲」難。喪紀外除，今相國贊皇公尚觀風浙右，復以都團練副使上請之，」詔除檢校禮部郎中、兼侍御史。洎相國節制滑臺，移鎮蜀中，皆以副車之重，贊」其戎事，轉檢校兵部郎中兼御史中丞，俄歸中書，拜比部正郎。贊皇公自」內庭領天憲，以風望當倚注之重舊矣，出居藩□凡三鎮，且十年，厚下之慈仁，服遠」之威功，播于聲詩，刻在金石。乃膺陟明，遂登□□，夷險東西，公無不從，搢紳之徒，僉用爲榮，莫不以二府之屬許之。而嬰疾逾年，救藥無及，溘隨運往，其命也」夫！享年五十一。以大和七年五月四日啓手足于長安宣平里第，卜得其年閏七月」乙卯朔七日辛酉之吉，歸喪河南府河南縣金谷鄉張村祔先塋，禮也。夫人」范陽盧氏，無子，有女四人，其愛屬泣公有德不嗣，乃聚而謀曰：事誣於禮難矣，」度義緣情，誰又忍其已焉。故以季弟爲嗣，名慶復，主奠承後。當今之例，亦一二名家」矣。嗚戲！公以孝友彰于閨門，信義稱于□□，能敦行己之道，不學非聖之書，濟」時方屬於上才，怛化忽嗟其短命。悲夫！栯與公隨計偕有同門之舊，從使檄沭」嘗僚之懽，周旋二紀，分好彌篤。其兄監察御史裏行磁，泣徵曩素，見命譔述，且虞陵」谷，其何敢辭。銘曰：」

□□宗英，慶屬維城，楚元之後，乃在更生。我唐膺期，百代本枝，淮安而下，」□□猷爲。修詞力行，居易俟命，孰謂中身，而臻大病。洛水之陽，邙原之右，佳城永閉，」□□斯鏤。」

（周紹良藏拓本　河南千唐誌齋藏石）

大和〇五九

【蓋】似無。

【誌文】

唐故内供奉翻經義解講律論法師辯空和上塔銘并序　正議大夫守秘書監上柱國瑯瑘縣開國公食邑一千五百户賜紫金魚袋王申伯撰」

天地之德至大，非風雷日月之用，不能贊其化育而發」生乎萬物；釋氏之教至精，非聰達惠覺之士，不能揚其」妙道而化度乎羣疑。天生法師，克契斯義，用安一世，以」垂化後云。法師諱登空，姓任氏。弱而神清，幼而不羣，年」八歲，心已嚮佛。誠請既行，緣愛自去，遂授經于惠雲，卒」學景鸞。耳所一聞，亦既懸解；目所一覽，又若夙習。跪陳」精奥，師皆歎異，知□其法，非天縱之，孰能如斯？法師」常謂弟子曰：我靜觀衆生，或瞽或聾，嗷嗷嗤嗤，溺於狂妄，」若智者不能拔，仁者不之慈，雖獨揭厲于清源，則大聖」之教，又將安施？於是張善惡報應，驅僻邪於中正，導真」如之理，解拘縛之勞，登高抗音，化所不化。侍」代宗則聲仁王之文，言發而歸于大中，理貫而合於至」正，故君聞而仁，臣聞而忠，推而廣之，夙化斯變。」詔法師與天竺三藏譯六波羅蜜經，功畢上獻，」天子感歎，錫賴有加。雖異方之奉斯學者，知有所本矣。」由是大教揚溢于海内，惠風漸漬于人心。朝廷垂」衣，刑措于下，其或有助乎？嗚呼！時將不幸，人其無依，」以貞元十年正月十五日告行于興唐寺，報年六十二。弟」子惠見等與俗侶白衣會葬服縗者千人。□以其年三月」四日，弟子智誠等共起塔于畢原高崗。既相與號慕」不逮，因諮鄙人，刊銘于石，述其妙道用慰永懷。銘曰：」佛有妙法，使皆清淨，世界罕聞，色塵皆盛。其一。心逐于妄，」情亂于性，扇爲頹風，蕩然莫止。其二。大哉我師，降厥」慈悲，開示寂樂，破摧昏疑。其三。法相既圓，色空自離，千萬」大衆，歎泣而隨。其四。大教既揚，威德亦光，除彼煩□，化爲」清涼。其五。功成身去，自契自薦，銘于塔石，與天俱極。□□」

大和七年歲在癸丑八月十五日比丘智亮等建。」

從一　法原　超秀　惟□　惟安　惟永　智謙　日榮　海印　惟曉　惟旭　自謙　善惠

少游

京兆田復書」

（周紹良藏拓本）

大和〇六〇

【蓋】　失。

【誌文】

唐故京兆真化府折衝都尉魯國車府君墓誌銘并序

公諱□，字益，其先京兆雲陽青龍里之人也。曆世簪纓，累傳勳緒。守真履道，非禮不言，貞固居身，動不逾矩，國有慶命，官無遺賢，授公游騎將軍、京兆真化府折衝都尉。授禄清廉，寮寀稱美。公輔弼公卿，竭忠盡節，亞相擇任，委之腹心，乃署公押衙兼司勾檢。守職清慎，吏徒敬之，策名立身，言行無玷，精專堅白，慎終如初。公先君諱說，皇朝議郎、鄜州直羅縣令，風宣百里，化洽一同，黎庶仰仁，感愛風義。公即縣尹之中子也。公長男名元暢，禮樂成人，公侯所尚，列居牙爪，時輩欽風，宗族稱仁，鄉黨稱孝。次子元章、元孚、元歘，并孝儀成家，光儀不雜，有成人之美行，無苟且之風。長女第卅，適于韓氏；次女卅二、次女卅三，咸美麗芳姿，蘊斯令德，明潔素質，婉媚青陽，珪玉□可等其顔，蘭菊安可齊其質。公一染□疾，綿歷星霜，救療無徵，奄歸大夜，以大和七年七月二十四日終于汧源縣太平鄉崇義坊之私第，享年六十有八。夫人丹陽朱氏，神聽正直，天假惠能，以早年遘疾，身先逝水，龜兆有吉，慶流後昆。即以其年十月三日遷祔于汧源縣臨汧鄉麻坊村北原，禮也。嗚呼！夕陽向晚，秋葉迎霜，光景難留，足堪傷悼。慮年代綿邈，□谷變移，命余抽毫，以誌貞石。

英英我公，其道難同，謙謙君子，肅肅門風。□何言哉！喪我賢才，逝水東注，有去無來。□也有命，禍起一朝，松筠未改，梧桐早凋。□子哀纏，泣于旻天，絶漿飲恨，淚血連□。生其有神，没兮何適，慮代異時移，記兹彌□□。

（録自《陜西金石志》補遺上）

大和〇六一

【蓋】失。

【誌文】

唐故馮府君墓誌銘并序

府君諱倫，字寰周，長樂人也。曾思但，祖琰，父璋，俱養性丘園，高尚不仕。府君即璋第二子，幼而簡約，長而宏雅，恬然自處，不趨世利，禮則凝重，器宇沈深，雖榮之與辱不能動其色，忘言得意，忻忻如也，輕財重義，博識多能，理性内融，徽猷外發。男公造，立身恭謹，色養兢兢；二女令淑有聞，各娉他室。嗚呼！斯人不保遐壽，少乖攝衛，伏枕彌旬，藥術無徵，奄隨風燭，以大和七年八月一日終于私第，享年七十。府君殁也，陰雲暗慘，鳥雀悲鳴，至理元微，天何可問。男女迷謬，叩地號天，閭巷傷聞，爲之憋默。夫人陳氏，蓬首灰心，沈哀骨立，徒想瓊田之草，無復返魂之香，以其年十月十五日葬於江夏長樂鄉射亭里之原，禮也。北背黄鶴之嶺，南瞻八□之峰，恐年代浸疏，川原變易，刋石記事，永將不易。辭曰：日月至明，尚有盈缺；丘山至壯，尚有崩裂。感彼馮君，隨波生滅。時惟孟冬，析析悲風，凝陰蔽野，苦霧霾空，敬勒斯誌，千載無窮。

大和七年歲次癸丑十月癸未朔十五日丁酉樹。

（録自《古刻叢鈔》）

【蓋】失。

大和〇六二

般若波羅蜜多心經

觀自在菩薩（不録。）

弟子王瑗，妻蕢栴檀智，男元佐、元僴同贖此經。

【誌文】

唐故同州司兵參軍上柱國京兆杜府君墓誌銘并序　姨弟尚書吏部侍郎鄭澣撰」

嗚呼！士君子表於代而列於薦紳靡間言，由己之仁義，是以而」又繕性於和，體道於仁，遵坦衢，泳天爵，獨禀貞厚，與令名相終」始，雖位壽或舛，人且許之爲達矣。公諱行方，字友直，京」兆杜陵人也。曾祖諱元志，杭州刺史；王父諱參」謨，陝州司倉贈禮部郎中；烈考諱倫，文術政事，爲時龜」主，異時選部，第書判，明廷策賢良，皆登甲科，價壓公論，歷」憲闈郎署，而後出分符竹。公即澧州府君之長子。弱冠」遊國庠，以經明擢第，釋褐任右司禦率府胄曹參軍，久之從調，」換同州澄城縣丞，三改秩至左馮翊司兵掾。以大和七年秋七」月十二日啓手足于上都昇平里之私第，享齡六十。問於龜策，」得十一月甲寅吉，乃卜窆于萬年縣龍首鄉龍首原。夫人」滎陽鄭氏祔焉。」夫人試秘書省校書郎稱之第二女。操順」淑朗，先公十年而歿。有子五人：碩、顥、顗、頎，其幼小字曰」老老；女子子二人，皆柴立致毀，弔賓爲之反袂。公平生」於分義最明，四方名人洎中外族昆弟，其或旅食靈臺，求選京」職，懽然授館，改星霜無倦色。閑探百家之言，賦詩什頗遒麗。奄」□□□□□人以命不可說相唁。澣知公之事烈詳熟，雪」涕識，□□而□之。其銘曰：」

□□夫□□昭令圖，陰騭難詰兮或隆或汙。精金不試兮良玉」不沽，清風可挹兮白日西徂。野雲屯兮壟草蕪，永矣潛寐兮國城東隅。

堂弟前同州夏陽縣尉述甫書。」

（周紹良藏拓本）

大和〇六三

【蓋】　失。

唐故安定梁君墓誌銘并序」

【誌文】

皇大和七年冬十月十四日，安定梁君卒於晉」陽縣望桑里，春秋一十有一。其年十一月甲寅，」遷窆於壽陽縣飴露鄉段亭村莊之西巨」□之南。君名春，字春，唐河東節度散將、」驃騎大將軍、試殿中監輔國之孫，皇河東□十」將、儒林郎、試宋州宋城縣尉季淮之子，實謂并」汾之標，英雄之葉，訓誨弘誘，小學大成，至於孝」經論語，通卷背文；顏氏字類之書，問之便寫。幼」而洞明，珠瑩庭曜。豈期歡與代而相違，悲隨齡」而忽迫。豈平分之失序，感霜露之不時？桂葉桐花，」芳春便落。慈尊聖善，寸割中腸；姑叔諸親，咸」哀妙幼。遇歲宜非便，未就大塋，卑而難留，禮期逾」日，協從斯地，窆殯茲墳。恐年移代改，過隟難分，」墎是人非，孰明遼鶴，故鐫樂石，銘表將來，記」之下泉，用憑千古。其詞曰：」幼而能惠，聰明天假，總角乘羊，成童戲馬。」諷念孔文，人推清雅，謝玉瓊珠，瘞茲墳下。」

（録自《山右冢墓遺文》）

大和〇六四

【蓋】　失。

【誌文】

大唐故朝議郎河南府登封縣令上柱國賜緋魚袋崔公墓誌銘并叙」

忠信篤敬天爵也，淵默誠慤者有之；卿相禄位人爵也，運機□□者得之。至若」志意脩而驕富貴，道義重則輕王侯，由是論之，人與天一何遼哉，今見之於崔」公矣。公諱蕃，字師陳，魏郡博陵人也。自食菜受氏，世有明哲，子玉以座右顯，季」珪由屏風著，或以春秋筆削自任，或以嫉惡鷹隼興謡，後魏定姓氏族爲第一，」風流熾焰，以至公大王父玄隱，皇朝比部員外郎；王父誧，華州司法參軍；父濈，」少府監贈散騎常侍，皆以清重稱美，首冠士流。於戲！侯王不繫其本根，鳳雛必」生於丹穴，公即右貂之仲子也。早以門蔭補崇文館學生，試經早第，授華州參」軍，歷攝諸曹，若素更練，方辯才之適用也。次授鄭縣主簿，未上，遭内艱，色慘」神傷，飲泣而哀，衣裳外除，猶杖而起。久之，方調授鄭縣尉，不樂煩劇，辭疾就選，」授左金吾衛録事參軍。蘭錡□清，聯獲殊最，以政治脩舉爲樓煩陳公所辟，」遷監牧使判官，奏大理評事。公勤績著，羣牧孳息，轉大理司理、兼殿中侍御史。」陳公改遷，又爲後使郭公邀留，奏殿中侍御史，遷監牧副使。騂騮駰駿，服御稱」旨，特加章綬，以報勳勞，朱紱煌煌，益光寵命。郭公以稱望彌重，非外□所」堪，上表薦聞，除河南府倉曹參軍，秩滿調集天官，又以才出九流，記名」宰府，衆謂此時必居廊署。執政失鑒，除登封縣令，咸共冤歎。公獨欣然之官。二」旬遂至顛殞。大和癸丑歲閏七月三日，啓手足焉。享年五十有九。夫仁者必得」其名，必得□壽，鈞軸不至耆傅尚遥，稽延前志，一何爽也！公率性閑暇，襟抱澄」曠，弱不好弄，樂道遺榮，自幼及長不易其操。德宗韋賢妃，公之從母也，」恩華重沓，□□□□，竟以沖退，不受其榮。家貧位卑，斷可識矣。娶河南于氏，有」子二人，長曰閻約，挽郎出身；次曰閻六，歲與名齊，戲罷輒啼，傷心何極。有女六」人，長適太原王氏，餘未及笄，皆泣血呼天，行路哀歎。季弟著，檢校太僕少卿□」州别駕，手足情重，灑淚盈襟，撫孤奉櫬，以其年十一月八日歸葬于京兆□□」縣寧安鄉曲□域，祔先塋也。博齊與公少相狎，長相愛，芝焚蕙歎，吾□□□用」感生平，泣而銘曰：

孔周之劍，不能煞人，光含冰雪，閉匣生塵。上稽燧古，夐絶無鄰，□□□□□」今辰。岳岳登封，深懷至仁，垂髫啓手，不喪其真。道非偶運，不執□□，身爲」帝戚，且復居貧。沖謙抑退，安此沉淪，諸傳萬祀，孰不書紳。少陵原畔，萬木無春，」唯餘令德，終天不泯。

嵩陽隱士趙博齊撰」

（録自《非見齋碑録》　據《古誌石華》補字）

大和〇六五

【蓋】　失。

【誌文】

唐故正議大夫守殿中監致仕上柱國賜紫金魚袋太原王公府君墓誌銘并序　朝散郎守尚書虞部員外郎上柱國盧蕃撰」

公諱翼，字鵬軒，太原人也。曾祖師襲，皇洺州洺水縣令；祖待仙，皇鄭州司」馬；父智温，皇商州商洛縣令，贈太子左贊善大夫，累贈陳、鄭、同三州刺史；」妣彭城劉氏，封襄邑郡太君，累封彭城郡太夫人。

公即同州之子也。娶渤」海高氏；父巖，皇太子詹事、兼御史中丞。生四子：長曰仲連，前任許州鄢城」縣令；次曰仲伸，前任襄州宜城縣令；次曰仲儒，前任鄧州司功參軍；次曰」仲武，前任鄧州穰縣尉。公世爲盛族，冠蓋蟬聯，文武才兼，傑出流輩，釋褐」潤州金壇縣尉，次任虢州玉城縣尉，次任左威衛兵曹參軍，次任京兆府」昭應縣尉，賜緋魚袋，次任鳳翔府士曹參軍、充鳳翔隴右副元帥巡官，次」任太僕寺丞，次任岳州别駕，次任鄧州長史、兼監察御史、賜紫金魚袋，次」任檢校大理少卿、兼侍御史、權知唐州刺史，修營壘，葺兵器，軍實大備焉；」次任冀王府長史、充東都閑廄宮苑等使，次任嘉王傅、通王傅，次任守殿」中監致仕。楊歷寵光，凡十七命，守位專職，皆有能聲，難於備徵，略舉大者。」洎爲元帥巡官，漢南支郡，雖副倅介僚，莫先其顧，至於兵機進取，精要簿」書，通變指歸，悉以咨委，故得西平勳伐，不愧汾陽，比崇燕國，英威永與征」南相望，夫爲丈夫之立也，孰可并焉。嗚呼！以大和七年四月廿八日終于」東都安業坊安業里之私第，享年八十六，雖貴壽俱然，聞者無不興其殄」瘁之歎，悲夫！嗣子仲連等號不返聲，血迸冤睬，外姻既至，且相謂曰：鄭郊」故地，龜卜協從，遂於河南府河南縣金谷鄉泉源里北邙西原，得其形勝」之地，乃以其年十二月廿七日啓先妣之兆于襄陽，以明年正月」廿日合附于北邙新闕，禮也。仲連等以蕃漢上曾承顧眄，洛下嘗蒙不遺，」千里之遥，見託編次，道遠難讓，遂爲寄刊於沉石云。銘曰：」

王氏煌煌，奕世榮光，洎至大監，器業益詳。建中三年，大駕西省，公」若陳琳，亦陪荀令。克奉威武，竟成功忠，收復京師，事與天崇。既至漢」南，元戎尊恣，公於帳下，必決疑似。榮踐屬城，伐木益兵，人康俗和，淮夷近」寧。自止天都，禁司貌葺，驊駮騏羿，飼秣均及。既遂休致，翛然掩閉，脱去」簪組，清風再還。瞀數難期，大運俄至，鄭郊故地，蓍龜不利。北邙西陌，新闕」峩峩，永是封植，長旌逝波。
仲儒書。　刻字人許元晸。」

（周紹良藏拓本　河南千唐誌齋藏石）

大和〇六六

【蓋】失。

【誌文】

唐故幽州節度押衙金紫光禄大夫檢校太子賓客攝嬀檀義州刺史□□□□□等使兼御史中丞東海郡高公玄堂銘并序　奉禮郎守太常寺丞崔沂□」

飾終之典實，可紀於勳賢；茂胤前脩，則必垂於器望。」公諱霞寓，字霞寓，其先」東海郡人也，齊太公之後，蟬聯而大，益大其宗，因北國隨官，代居燕矣。曾祖諱永興，」皇左衛翊府中郎將；王父諱行仙，皇京兆府折衝，充靜邊軍使；列考諱栖巖，」皇寧武軍使、輔國大將軍，行左金吾衛大將軍員外置同正員，試太常卿，上柱國，」兼殿中監。公即大將軍第十五子也。幼彰國器，長負雄才，囊括六經，邃懷大□。」得黄公之妙術，蘊毅勇之英聲。初效質貞元中故太師彭郡劉公，以名家子擢充」補步軍副將、雲麾將軍、左衛大將軍、試太常卿。逸驥始步，秋鴻刷翰，轉領步軍□」一命再命，幾廓沙漠；三命四命，囂聲日闐。遷拜薊州馬步都虞侯。昱歲，改□」左廂馬軍都虞侯。恩威肅爽，名耀一時，特授檀州刺史兼營田團練等使□□」御史。境逃獸跡，珠還浦明，累加奏幽州節度押衙、金紫光禄大夫、檢校太子賓客。」兼御史中丞。遇以境塵犯塞，時無戎閑，方伯藉伏虜之籌摇振旅，改攝嬀州刺」史，告勳如舊。政以不撓而安，才以任能自博，占風闡化，求瘼安人。暨周星，移防練」使兼知儒等州事。霜未幾，轉攝廣邊軍使兼營田等使，終於位。於戲！金枝□□」併鍾秀於粹和；武柄儒房，實得偕於閔哲。效仕洎乎執憲匡時之略□□」任賢列岳之名，方會雲風，馳騁異節，何四時之運，迺禍福相依，臻否所鍾，翻□□□」以大和七年五月十三日迮疾歸謝，時年六十六。夫人陳郡袁氏，德結君子，光揚□□□」行述宣，克脩內則，奄所天之痛，無喻哀艱。有嗣子一人曰元位，試雲麾將軍守□□□」將軍充幽州衙前將；藝精騎射，克紹弓裘，代承紱冕之榮，名著忠良之□□□」□不避滅身。女一人，歸北平榮氏，叶從禮適，孝戚自心。將筮青烏，方期種□□□」歲在攝提格二月三日葬於昌平縣安集鄉里之原，禮也。慮以陵谷互□□□□」故刊石爲銘，致之泉壤。其詞曰：」

英豪盛族，世繼賢良，□□□□」□□□長。家邦之援，儁彦之特，錫祿霸時，揚名光國。雍容禮樂，□□□□」□□□□□埋輪。所冀鵬翻，將期四裔，如何青冥，白日忽噎。□□□□」□□□□□□□在匣昆吾。青青短松，峨峨高闕，歷古千秋，□□□□」

王朝順鐫。」

（録自《京畿冢墓遺文》卷下）

大和〇六七

【蓋】失。

【誌文】

大唐故太原王氏夫人墓誌銘并序　前宣武軍節度參謀試太常寺協律郎鄭當撰并書」

大和七年十二月十六日，夫人王氏歿於洛陽縣綏福里私第之寢，享」年廿七。明年二月十五日，權窆於河南縣平樂鄉杜翟村之原。龜兆既」叶，龍輴將馭，痛悼不逮，收涕書詞。夫人諱緩，太原祁人也。始得姓于周」靈王太子，自秦漢已降，光昭史諜，姻媾脩整，鬱爲右族。曾王父諱」崟，實亞宗伯；王父諱礎，擁節黔巫；嚴父璠，今連帥浙右。夫」人張出也，故丞相弘靖之外孫，顯赫蟬聯，天朝獨步。夫人承中外之」積慶，生蘭玉之姿質，初笄之歲，實歸於余，孝友因心，閨壼傳訓，柔克親」睦，慈明家肥，素履之餘，諷讀成性，恬淡簡暢，逍遥頤貞，食貧晏如，周仁」不倦。敬余之長，撫余之下，相順之志，終日不違，富貴浮雲，所愿偕老。每」更涼燠，或奉家誨，靡不以承顔有闕，手足乖懽，向隅泛瀾，恨不明」發。此之資性，雖恭姜何述。前日余以府移梁園，且迫見召，乃相諭曰：赴」知無險，況幸寧謐，愿復僶俛，無疑偕行。至止滿歲，忽曰：春秋徵夢，自知」無幾，愿甘貧洛汭，且侶緇黄。無何，嚴君出鎮南徐，旌旆由洛，晨」昏戀切，固請東下，不復顧身命，忍一日離也。明年疾作，愿還吾廬，謂不」復起，思有歸託。至都，綿歷抱疾，不間愚之憂也，知無不爲。一日告余以」壽夭陰定，非人能易，勿藥俟命，鼓盆當師。即命女奴發奩篋，視衣服首」飾之具曰：斯可送矣，幸無枉費。一子曰翁兒，年始五歲，撫之曰：愿以此」故，無遠吾門。余驚且摧，其色不撓。是何曠達明決之如是？翌日卧食，奄」然而往。冤叫穹蒼，白日將改，肹蠁無荅，吾復何云。嗚呼！自結褵至留掛，」纔七年耳，德容工言，婉懿和哲，付何備也？夫官再命，其壽不世，奪何甚」也？吁！余不知竟有真宰者乎？有而何所宰乎？長男曰興子，愍其他出，念」逾己子，咸在提卝，鞠然靡恃。余先塋滎水陽，物力未就，大事猶荷，」斯爲權窆，冀俟通便。陵谷之慮，聊紀歲時。銘云：」
清淮洋洋，夫人降祥，洎歸吾門，宜家道彰。閨範母儀，宗親」領袖，所祈偕老，天胡不祐？今則已矣，邙山之原，掩我芳姿，」萬古之冤。寄哀于銘，魂也何言！」

（北京圖書館藏拓本）

大和〇六八

【蓋】大唐故李府君墓誌銘

【誌文】文自左而右。

大唐故隴西郡李府君墓誌銘并序　鄉貢進士昔耘撰　兄承務郎行潞州長子縣尉璵書」
夫地稱膏壤，迺生度用之材；家號忠貞，必育仁義之子。蓋慶由」善積，氣自元深，在論物情，其義一也。府君諱琮，字温中，先曰」隴西人也。門承台鼎，代襲勳崇，懿範令儀，生而復禀，謹飾挺立，」孤高莫儔，爰自稚齡，至于羈歷，抱瑚璉之器，有老成之風，處榮」蔭而貌不自媒，爲貴胤而心無所伐。曾祖欽，皇金紫光禄大」夫、左金吾衛大將軍，贈太子太保，雄名偉望，迴冠古今。」祖晟，皇開府儀同三司、太尉，兼中書令，贈太師，間傑之後，特因」時生。匡國寧人，事著貞元之世；徇忠奉節，名光圖閣之書。」父愬，雲麾將軍、前右龍武軍將軍、知軍事，禀靈祚胄，挺器英枝，」韞忠略而候難以行，置謀猷而候時乃進。府君飽聆教道，足」守義方，未踰弱年，兩覲銓選，位官察職，流輩無雙。罄勤恪以務」公途，竭俸禄而資私養，朋友歸美，親族稱賢。謂若寒松，永固淩」霜之質；翻如春槿，旋飛不實之華。傾自疾纏，暨于莫救，時大和」八年二月一日終官于朝請郎、行都水監丞、雲騎尉，廿有一，何」顔子促矣！傅父保母，哀無輟時，恨存殁之有殊，屬穿竇而獲」曰，誠有可載，議刊刻焉，遂命末才，俾爲紀述。以是年是月十五」日墓于京兆府萬年縣寧安鄉杜光里，庶年祀更易，陵谷推移，」希播餘徽，用銘於石。其詞曰：」貴葉勳枝，非爾迺誰？挺生秀氣，特禀英姿。體抱沖和，」色踰謙敬，宇蓋松寒，肌膚玉淨。中稱孝謹，外伏敦良，」威儀自得，行義潛彰。千里之駒，九秋之鶚，方富於年，」曷爲凋落？原儀將設，送禮斯陳，黄壚日閉，萬古千春。」

（録自《績語堂碑録》）

大和〇六九

【蓋】失。

【誌文】

唐故茂州刺史扶風竇君墓誌銘并序　將仕郎前守河南府參軍高証述」

維唐大和七年歲次癸丑，冬十月廿二日乙巳，前茂州刺史兼監察御史扶風」竇君終于成都府華陽縣鹽泉里之寄第，嗚呼哀哉！君裔祖曰鳴犢，春秋末仕」晉趙氏爲大夫，實有顯懿，位不隆乎衰世，仲尼稱其賢。厥後世載其德，迄于」吾唐，延洪卌代，綿千二百祀，卿相牧守，史無虚籍。於漢文景之世，充安成侯以」姻聯帝室爲清河望族，其子廣國，改封章武，承天之寵，累世襲禄。後徙居右扶」風，故爲平陵人焉。其貴富纓冕，東京彌盛，安豐聞喜，勳名間立，繩繩不墜，難乎」繁載矣。曾祖懷亶，皇朝洪州刺史、茌平縣公，贈右僕射；祖昌，故彭州九隴長，贈」工部尚書；父叔彦，故和州烏江丞」；咸抱令德，不躋貴仕。君諱季餘，字幼直，少禀」端操，與時不牾，年垂四十，方從假禄，自雅州名山長至成都雙流令，凡七領劇」邑，屬蜀土彫削之後，名爲難理，絃歌所及，必聞善聲。長慶之末年，廉使杜」公以其績登聞，方授眉州録事參軍事。後以君器識沉毅，臨物不撓，州邑秩」序，淹時紡才，乃表授右贊善大夫、兼監察御史，未幾而西邊有事，尤難綏輯，遂」假君茂州刺史，實任寄委，尋正其秩。己酉冬，南蠻内侮圍成都，君自茂總攝生」羌，得衆一旅，鳴鼓東下，爲之救援。寇旋□歲而罷。會今相國贊皇公撫寧」西川，索才振滯，頗熟其勞，以君領西山飛輓之務。殘潰之後，邊虞方殷，推誠在」公，亦聞稱職。無何，以從父兄故丞相司空公疾篤于岐陽，遂求休奔問。兄」薨，終葬事，銜哀而還。天倫感深，日以沉瘁，而宿痼會作，數月而終。享年四十」九。娶雅安守河間劉公渭中女，生二男，長曰郡郡，始五歲；次曰朗朗；并一女，」猶未捨乳，煢然裔土，無所依歸，生人之痛，何以汰此！厥有隴西李氏，五子二女，孟」曰渾，仲曰裕，齒皆鄰冠室矣，以積善之蔭，咸有仕梯；次曰迦葉；次曰藥師；次曰」阿慶；女曰盼子；次曰頂師。以明年三月十九日庚午歸葬于東都城北金谷鄉」之原，祔于」先塋，禮也。證夙忝君懽，備詳右事，且與劉氏昆弟早爲名場遊，」承其」請，敢辭荒陋。銘曰：

洛城之幽，幾半舍兮，里曰金谷北邙，竇氏之封，在其中兮。維茂之守，」歸葬於此，其永久兮！」

渾書文，　隴西李元楚刻字。」

（周紹良藏拓本　河南千唐誌齋藏石）

大和〇七〇

【蓋】 失。

【誌文】

唐故平盧軍討擊副使銀青光祿大夫檢校太子賓客□□□彭城郡開國男食邑三百户劉府君墓誌銘并序　朝請郎試左武衛兵曹參軍趙商述」

公諱逸，字海，其先彭城人也，昔陶氏之後裔。祖諱方□志行不」羣，孤標獨異，公忠濟物，勇略稱時，終雲麾將軍、試左金」吾衛大將軍；父諱元宗，素藴奇志，早踐戎旃，親衛爪牙，内外」經歷，終義武軍兵馬使、金紫光祿大夫、檢校太常卿。公即第四」子也。幼專詩禮，長藝弓裘，不墜門風，雅稱宗祖。長慶初，以」鎮冀不軌，醜跡彰聞，元戎太原王公乃脱彼凶妖，束身」詣闕。公乃親爲侍從，共拔海壖，殊節即成，衆望斯洽。主上以」太原公勳績超拔，乃授義成軍節度使，公即行焉。俄又有除鳳」翔節制，公又親從。既至，十年從事，一旦無虧，邇又有國命，除平盧」軍節使，公又從至，復署前銜。時元戎自丁家戚，將謀葬於京」輦，乃命公行。事無纖大，一以歸付。既達所務，俄聞元戎寢疾，即星」馳却迴。及到以至薨殁，公乃號慟發泣，情不勝哀，悲恨鬱結，因」兹成疾。大和八年三月廿日，終于青州私第，享年五十有九。以其年四」月廿五日吉，權窆青州益都縣永固鄉之原，禮也。凋弓既罷，無」施遶樹之能；寶劍沉埋，自有斗牛之氣。公夫人清河孟氏，晨」昏號泣，痛不可勝。有子一人，儒林郎試隴州汧陽縣尉曰憕秘，兼」居職位，已及尊親，爲子之道，斯亦當矣。慮其年代更易，陵」谷隤移，爰刊貞石，將期不朽。

其銘曰：」
江陸之才，挺生於世，毅勇相襲，英謀斯繼。」天何不祐？降此禍殃，質形雖滅，其名永臧。」
（録自《山左冢墓遺文》）

大和〇七一

【蓋】失。

【誌文】
勃海嚴氏墓誌　前光王傅賜緋魚袋上柱國田聿譔并書」
維大唐大和七年歲次癸丑後七月乙卯朔，二十」八日壬午，疾枕卒于河南府洛陽縣履信坊里之」第，享年四十一。以八年夏五月辛亥朔四日甲寅，」葬於河南府河南縣平樂鄉張陽村之里也。其人」即勃海，嚴也其氏。先君軍於魏，而名不稱，常厚酒」爲意。此女生妓肆，余時家於魏，女君少以樂藝方」進余門，受性明博，愜適正禮，可重可媿。乃當處吾」之室，先也育男二人，長曰名廣，次曰名廙。已生女」一人，成長而亡，即前年之禍。墓在於東，親其塋以」封以樹。歲月何已，已者遠可厚，亦誌之至，遂悼成」其銘：」
卒葬既具，私分用叙，日月自馳，我懷不違。」生無阻情，彼此和顔，補余之道，二十三祀。」亡女在側，幼子哀至，夏日赫照，新墳野次。」我有血誠，君當知之，葬我葬所，永遠望極！」
（周紹良藏拓本　河南千唐誌齋藏石）

大和〇七二

【蓋】失。

【誌文】

（上缺。）難虞復知計略遂遷銜□都虞侯，（下缺。）」（上缺。）校太子詹事。三年又奏授檢校太子賓客。（下缺。）」（上缺。）職，勤儉清政，鮮有其倫，部下感恩畏威，衆（下缺。）」（上缺。）知之如此，僅十年矣，竟未大遇。公曾讀古書，（下缺。）」（上缺。）之所扼耶公娶夫人張氏，有二子，長曰元卿，充（下缺。）」（上缺。）柔女一人，適劇氏。幼子及女不幸早亡。公身遇疾，以大和七（下缺。）」（上缺。）於上谷之官舍，嗚呼哀哉！時享齡六十。夫人及其子在（下缺。）」（上缺。）幾欲不支。其明年五月十一日，卜葬于定州西十三里。懷遠（下缺。）」（上缺。）禮也。公之幼子德柔，以其日亦附葬之。公有子嗣元卿，履行志節，（下缺。）」（上缺。）喪事無踰古人之制，洒志父之德於泉壤，庶與天地長久，斯可謂孝也。（下缺。）」

□□茫茫，人猶逝水，自古迄今相悲不已。爰有劉公，中山□□，」□□克全，才略孰計。職于燕郡，何啻十年，未遭大用，而歸下泉。□□護葬，來附先塋，送終之義，孝冠前經。」

（録自《京畿冢墓遺文》卷下）

大和〇七三

【蓋】失。

【誌文】

大唐鄜坊丹延等州節度軍前討擊使銀青光禄大夫檢校太子賓客上柱國北平環公故夫人廣平郡程氏墓誌銘　王玠撰

夫人爰自閨幃，素聞令淑，以秦晉之疋，叶琴瑟之和，聘于環公二八載矣。公門館洞開，賓寮日至，長林之下，蕭灑清風，曲沼之傍，豐茸細草。或臨流而笑語，或對酒以笙歌。飲膳足供，罍罇不燥。兹乃夫人有中饋之德，副君子好志之心，上客翕然，衆口談一，不亦美矣？不亦罕歟？豈圖積善無徵，忽構斯疾，狂飈震激，緑樹摧芳。嗚呼！四鄰傷慟哭之聲，丹旐慘高懸之色，弔賓盈路，孰不嘆嗟，實乃夫人之節行也。夫人則大和八年五月廿八日終於鄜州洛交私第，享年卌有二。女子廿四娘，號泣無時，悲哀詎止，則以其年六月廿四日權厝於鄜州洛交縣西北八里廟原谷之□，禮也。於戲！貞石永存，厥銘不朽，代述其事，慘然筆端。其銘曰：

所期偕老，何乃忽分？哀哀慟哭，逝者寧聞。其一。忠心是思，無休歇時，人來暫解，客去還悲。其二。生前所執，于此威儀，夜臺長閉，冥路何之？其三。音容永謝，覿覿無因，鏡匣粧奩，但委埃塵。其四。拱樹森森，旌竿孑孑，淚滴草頭，露珠和血。其五。

（録自《古誌石華》卷十八）

【蓋】失。

大和〇七四

【誌文】

故鄭氏夫人墓誌銘并序　前湖南觀察推官監察御史裏行寇章撰」

唐大和七年閏七月七日，前監察御史裏」行寇章妻滎陽鄭氏夫人殁于潭州，享年」五十。夫人無子，有二女。其年十二月，章領」二女護夫人靈櫬舟行北歸，至明年六月，」達于東都審教里私第。以其年八月六日，」葬于河南縣金谷鄉之原，邇」我先考亳州司馬府君塋，從季子位，禮也。」夫人家世簪紱，詳載國史。曾祖日用，潁王」府掾；祖穆，太原府榆次尉；父毗，太僕寺丞。」夫人慈孝恭儉，柔明和正，懷道德者咸敬慕」焉。章幸配夫人，不得偕老，天違我心，嗚呼！銘曰：」

賢哉夫人，道義無鄰，存修百行，亡感六親。今古」明德，夫人是則，愧慙愚夫，銜哀以書，陵谷攸虞。」

（北京圖書館藏拓本）

大和〇七五

【蓋】　唐故王府君墓誌銘

【誌文】

唐故太原王府君墓誌銘并序　鄉貢明經陳釴撰」

公諱振，字振，太原郡人也。其始封：周之後，姬之胤，曁皇祖以上名」諱爵禄，冠冕焕乎史籍，衣纓派襲，間著功勳，無時無之，赫矣美矣，」不假墨載，言形可備，詳乎圖牒矣。皇考陵，蘊德居貞，躁靜殊用，常」慕雲山之逸，早趨林藪之閑，嗜學耽書，遁世無悶，而享年不永，延」祚千齡，早終，殁于舊第故邑之里禮也。公居家理治，行成於內，」移鄉蓬轉，懋遷貨居，遂性源流，果得其所，蓋依仁據德，杖忠義而」行，自天祐也，非夫者，其然豈其然乎？公非斯人之徒歟而誰歟？」何旻天不吊，降災哲人，訃以臣唐大和六年十二月遘疾于洪州」南昌縣，伏枕于是。至七年正月三日終，于是享年六十有六矣。嗣」子四人：伯師德，仲師宗，叔師度，季師禮，皆文武不墜，公侯必復，能」承庭訓之遺教，克奉觀行之旨言。號踴居喪，扶護至上，乃涉」江逾淮，泝汴入洛。以通年未遂，比權殯於郟鄏北原倉坂之下。至」孝等每懼神理幽抑，奠享多乖，拊擗摧胸，淚滴成血。今夫人張」氏，匡其不及，承家主喪，而哀子恭命奉訓，卜宅告就，以有唐大和」八年甲寅歲八月己卯朔廿四日壬寅遷舉，祔葬于河南縣杜郭」村之西原下，禮也。夫人痛纏心髓，空恨未亡，撫視孤稚，終天永訣。」慮桑田或變，原隰成陂，孝子孝孫，胡依胡恃？乃命師宗告予曰：何」以紀事？何物不朽？予謂曰：文可記功，石可不朽，愚昧荒拙，不揆柢」命，乃援筆徵工，刊石立誌。其銘曰：」

芒山之崗，蛇伏龍藏，氣呈休瑞，地載禎祥。其一。」可久可大，有福無殃，青烏卜吉，墨子筮堂。其二。」前臨洛涘，後枕瀍陽，西高東下，子孫其昌。其三。」石不可朽，銘不可忘，千載之後，嘉猷孔彰。其四。」

（周紹良藏拓本　河南千唐誌齋藏石）

大和〇七六

【蓋】大唐故楊府君墓誌銘

【誌文】

唐故太府寺主簿弘農楊府君墓誌銘　宣德郎守左春坊太子内直郎賈文度譔」

公諱迴，字居然，其先弘農人也。纓冕不歇，炳焕相聯，雖曰四代五」公，其後益熾。公曾大父玄珪，任銀青光禄大夫、守工部尚書贈太」子少保；大父錡，任銀青光禄大夫、守衛尉卿、駙馬都尉、尚萬春公」主、贈太常卿；父亘，任中散大夫、守光禄卿尚宜□縣主；世秉懿德，」姻襲金枝。初任文敬太子廟令，奉蘋藻，供祭祀，禮敬必誠，嚴」謹備至；次任左監門衛胄曹參軍，和而不固，雅而應物，克己復禮，」時然後言；次任左威衛胄曹參軍，性專静内敏，有幹局，無□無爲，」化成於政；次任河中府河東縣尉，儉慎端默，居官廉恪，所□不過」一局，而政行一邑；次任太府寺主簿，干位必敬，臨事必端，□嘗以」悔悋改節，爲權豪屈言。府君有子二人：長子曰弘，次子□□。訓以」義方，敦閲詩禮，咸能被服文行，時人稱公善誘善教。何期□不福」善，以大和七年十月十七日寢疾，終于延康里之私第，享年五十」有三。吁！公之殁也：志負其愿，壽違其仁，官屈其器，君子是以嗟其」才而哀其命。嗚呼！渭水東注，時與之俱，音光緬然，何□□矣。夫人」秀谷縣主。禮樂風操，家之範也；柔明孝慈，天之質也。□修采蘋之」職，以正家節，楊氏之六姻肅，九族睦，實夫人是賴。豈期倏短，是歲」十一月十日，不勝其哀，薨於靈側，春秋二十有六，後公廿三日而」殁。公之難弟前司農寺丞道，涕血護喪，痛失雁序，謹以歲次甲寅」八月己卯朔廿四日壬寅，遷公及夫人靈座合安厝於萬年縣高」平鄉高望里，附先塋，之禮也。猶懼人世陵谷之不可期，胡刻石」誌之，冀其名氏之攸遠也。銘曰：」

瓊樹零落兮秋夜長，金枝寂寞兮遺清芳。」永扃泉户兮誠感傷，天乎欲問兮徒蒼蒼！」

弟通直郎前守司農寺丞武騎尉逌書。」

（周紹良藏拓本）

大和〇七七

【蓋】失。

【誌文】

唐故鄂州永興縣尉汝南周君墓誌銘并序　鄉貢進士侯璉撰」

唐故鄂州永興縣尉汝南周君諱著，字老彭。唐户部尚書」諱玄達，京兆府美原尉諱釋否，洺州鷄澤尉諱容，尚書之」曾孫，美原之孫，鷄澤之嗣子，則公也。公早歲窮二經，舉孝」廉。貞元十六年，擢上第。元和中，釋褐補晉州霍邑尉。秩滿，」次調鄂州永興尉。君華族之後，餘慶流芳，居家有孝愛之」譽，從宦有廉直之聲，問望規矩，人以則之。嘗謂厚禄廣壽，」以顯姻族。嗚呼！天不祐善，使名立三紀，宦纔二任，而終。以」大和八年歲次甲寅六月五日遘癘于揚州河南縣私第，」享年六十八。妻燕郡平氏，故岳州昌江令諱陟之子。婦道」令儀，作範中外。有子二人，女二人。長曰好古，次好問。長纔」幼學，次乃稚齒。女長曰喜奴，次曰媚奴，皆孺弱之年，未及成人，」遽遘君禍。嘻！夫人攜持諸孤，親奉喪祭，用其年十」一月丁未朔，八日甲寅，窆于河南府河南縣平樂鄉杜郭村。」嗚呼哀哉！貞順克己，砥礪爲心，胡不嚮厚禄保眉壽而已？」奈何孀少妻孤幼子而終焉？則處世之艱危，又何君之甚」歟？故作銘以序。恭寬信敏兮子之四全，禄不保德兮壽胡違賢？幼子嬰女」兮累累後前，君其歿兮何甚斯邅？我匪君親兮序不精妍，」望柩增歎兮寧無潸然，聊紀貞石兮永閉窮泉。」

（周紹良藏拓本　開封博物館藏石）

大和〇七八

【蓋】　失。

【誌文】

唐故清河郡崔府君墓誌銘并序」

公諱昮，字寳，其先出于博陵，家居洛陽，今爲洛陽人也。」公世本賢豪，門承積慶，志心儒學，尤精利道。自幼及于皆」以忠信哲智，性高通幽無滯，能孝於家，施于有政，怡道自安，」恬神養肆，皎潔廓硌，鮮枝摧逝。嗚呼！享年卌有九，薨於洛」陽縣仁風里私第。夫人梁氏，禀禮叶和，範宣閨則，外融淑令，內」秉明德，何傷修短，瀁疾遺流，舜華先落，逝水長歸，佳城」夜臺，永同窀穸。嗣子叔貞，次子叔則特秀，早趨庭而受訓，因」束髮而從仕，效左羽林軍。有女三人，長曰真娘，次曰大順，小女小順，」悉以毀瘠號天，悶擗訴地。先王有制，哀忘未懷，即以大和」八年仲冬月有十四晷運吉日，合祔邙山河南縣」白塔之前，陪先塋之左。叔貞感罔極之恩，罄家」備事，寂寂九原，空悲封樹，以繼多年，歆龜勒石，」芳傳子孫。故爲銘曰：」

禮教不朽，嗣業無虧，宗族相續，承嚮在維。其一。」天轉地變，山河平移，鐫石藏銘，以記他時。其二。」

（周紹良藏拓本　河南千唐誌齋藏石）

大和〇七九

【蓋】大唐故夫人趙氏誌銘蓋文據《八瓊室金石補正》卷七十二補。

【誌文】大唐故興元元從登仕郎守内侍省内侍伯員外置同正員上柱國朱公故夫人天水郡趙氏墓誌銘并序　朝散大夫守太子右贊善大夫兼通事舍人侍御史上柱國崔鍔撰

崇高兮廣大之厚，礠礴兮周流之遠，浚源長派，茂榦脩柯，著于圖諜，可得而言也。夫人姓趙氏，其先天水人。逮乎笤室，克纘威烈，播揚芬馥，歷世輝耀，搢紳之盛，著乎人文，炳然昭彰，備存簡册。夫人幼禀禮法，長明詩訓，閑惠詳雅，實生之知。及笄而歸于朱氏之門，克承坤順之柔，婉娩謙恭之美，奉舅姑著雍和之稱，睦娣姒有柔愛之儀，垂範可以示後昆，立程可以式九族。加之以恭儉施惠，愛人以禮，慈和温敬，六親儀形。是宜克保室家，永綏豐禄。良時難再，哭二十二年，及兹從心，專意内典。以嗣子奉命鷄林三歲，然復疢心疾首，六時禮念，冥期祐助，以福後尤。果符神力，保全以歸，洎相見時，悲倍於喜。浹旬，大夫寵命日隆，自宫闈令拜閤門使，中外相慶，咸謂夫人冥求保助，以致於斯。既契夙心，吾無恨矣！嗚呼！方歡娱於色養，遽見悲於夜泉。夫人以大和八年四月十六日終于長安輔興里之私第，享年七十有五。歸全之日，遺命謂大夫曰：汝忠於國，又孝於家，海外三年，吾期重見，於此盡矣，更何恨焉？啓手足，親戚悲號，皆若終身之酷，可謂生死之義備矣。先府君元和七年即世，權窆于京兆長安縣龍門鄉石井村，今以其年十一月十四日改卜新阡，重安窀穸于承平鄉大嚴村合祔，禮也。嗣子朝政，宮闈扃令充閤門使，克承家之景行，著撝謙於士流，文以飾身，武資忠力，一心匡主，萬里前途，泣血煢煢，杖然後起。兩女長適濮陽吴氏夫人，二歲而卒；次適彭城郡劉氏，晝夜哭泣，水漿不入，行路感歎，殆至毁性。鍔嘗忝國命，與大夫同赴三韓，備聞夫人善德，託以叙述，不敢飾讓，庶紀其梗槩，其餘美烈，固存乎女史。刊於貞石，以懼陵谷之變也。銘曰：

灼灼蕣華，皎皎如月，既歸我里，禮法斯設。其一。垂範體則，用光婦德，克奉舅姑，亦展忠力。其二。永享豐禄，宜其家良，白日不駐，青松已行。其三。哀哀嗣子，崇崇高原，冥寞長夜，髣髴在焉。其四。隴隧新啓，壽堂初開，合祔神宫，永安夜臺。其五。

（録自《關中石刻文字新編》卷四）

大和〇八〇

【蓋】失。

【誌文】

唐故田府君墓誌銘并序　前右内率府兵曹參軍郭夷簡撰」

公諱少直，其先雁門郡人也。祖諱良頎，皇不」任。公器宇爽朗，情機昭敏，忠信著行，優遊自閑，」禮義經心，仁智通博，宿心奉道，意達無爲，了悟大」乘，洞澈空理。娶滎陽鄭氏夫人，盛族珪璋，容華迥」秀，聞諸令淑，宜爾室家，道叶和鳴，懿夫偕老。何圖」天不假善，神道有欺，公乃先逝，以大和七年六」月九日遘疾終于洛陽北市之里，享年七十有五。」即以大和八年歲在甲寅十一月廿日景寅，葬于」河南縣平樂鄉王寇村之原，禮也。府君有子一」人曰式居，位神策軍散將兼左武衛兵曹參軍，習」先之業，不墜弓裘，禮義居心，衆所稱美。有女一人，」內則無虧，至孝成性，號天叩地，鄰五皆傷。嗣子恐」萬古之後，陵谷有遷，刻以貞石，藏之不朽。其銘曰：」內修厥德，優遊自閑，宿心奉道，與俗殊緣。哀哀胤嗣，泣涕漣漣，令德之後，襲慶宜焉。愁雲漠漠，松栢綿綿，□□馬鬣，億萬千年。」

（周紹良藏拓本　河南千唐誌齋藏石）

大和〇八一

【蓋】　鄭夫人墓誌文

【誌文】

唐故揚州大都督府法曹參軍京兆韋府君故夫人滎陽鄭氏墓記」

夫人第十五，姓鄭氏，其先滎陽人也。大和八年」九月十六日，暴染氣疾，奄棄背于揚州江都縣」來鳳里之私第，享年五十八。以其年十一月廿」日權祔于先府君舊塋，從時禮也。孤子式」已，孑然在疚，形影一身，候年月□大適，啓揚子」之祖殯，歸祔故國，將列松楸，泣血齋心，期」於畢遂。夫人曾祖諱元久，皇朝贈隨州刺」史；大父諱景之，皇朝贈右贊善大夫；烈考澍，皇」朝尚書倉部員外郎。夫人即倉部之次女。」華東茂族，海內清德，藏諸家諜，備于人表，豈哀」述之敢稱，慮陵谷之遷易，求誌貞石，以紀血誠。」其於先府君之世冑簪纓，官婚令望，託于」舊誌，不敢重書。嗚呼蒼天！孤子式」已、孤女廿二娘等謹記。」

（摘自《南京博物院集刊》一九八一年第三期）

大和〇八二

【蓋】 失。

【誌文】

唐北平故田府君墓誌銘并序」

府君諱萬昇，字昇，命氏虞舜之裔，因官命族，□□□葉」成公之胤嗣，届齊公子文源流分派三荆，垂茂至于唐，公」卿無替焉。曾門諱貴賓，高尚處士；祖諱意真；并令望」當時，不干禄位，探賾墳典，歌詠唐堯。本松栢并州人也，遷」居潞□龍潛處，向四紀焉。公雁行仲弟也。天孕和氣，性」耿介節義，履古人軌轍，抱君子之賢，蕙蘭襟帶，芬馥友」朋，禮樂軍府，桃李人寰，貽厥子孫，享年天命之歲有六，於」大和八年秋八月九日縈疾，終潞之私第。嗟以珠沉漳浦，玉碎」韓山。夫人清河崔氏，婉婉令淑，昭昭女範，鴛鸞于飛，琴瑟」調合。移天就天，本期偕老，孤劍先没，雙桐半瘞。嗣子四：長」惟則，次惟貞，仲惟遠，季惟謙，并禮樂立身，文武標美，雁行并翥，」庭樹四枝，可以亞先代三荆，古即今也。上天崩坼，血淚和流。公仲」弟萬全，季弟萬興，棣蕚五枝，三枝泉路，鴻雁一序，兩隻行稀，泣向九」泉，目垂雙淚。公於其年冬十一月廿日遷窆於府城西南五里」先祖塋内。創栽隴樹，寒雲慘色，哀歌咽聲，四子捫天，雙弟墮」淚，血染寒草，風悲古原，月釣荒隴，旌孝感也。恐年代遠，陵」谷變，刻石九泉，永安千古。

銘曰：」

一劍匣兮沉逝川，四子泣兮慘寒天。恐松栢兮變陵」谷，刻貞石兮安九泉。」

（周紹良藏拓本）

大和〇八三

【蓋】失。

【誌文】

唐故義武軍節度十將陪戎副尉守左威衛沁州延儁府別將員外置同正員上護軍弘農楊府君墓誌銘并序」

公諱弘慶，字弘慶，其先弘農人也。天枝貴族，奕葉」騰芳，珪組蟬聯，延耀不絶。曾祖諱林，皇雲麾」將軍試左金吾衛大將軍；皇考諱璿，朝請郎」試左率府長史；咸以風神朗邁，儀表端莊，布德義」以資身，英才拔俗。公即長史之孟子也。含章挺秀，」器宇深沉，天縱清機，神授武略。貞元中，聯帥陳」賞其百夫之特，署公親事正副將。倅其貔武之師，」寄以腹心之用。元和初，成德不庭，天討有罪，公乃志」輕生於勍敵，效死節於疆場。元戎賞其丕績，授」公使宅正十將，褒其有功，處其劇益見閑，爭其權不紊其政，直而能温，光而不耀。俄授公營」田都將。三農畢力，萬頃芃芃，師人興足食之謡，」倉廩有坻之詠。公享年五十八，以大和八年八月廿六日終」於崇仙坊之私第。州鄰慘切，邑野悲傷。夫人張氏，晝哭如儀；嗣」子仲禮，泣血居喪。以其年十一月廿四日窆唐縣唐城鄉之原。銘云：

英英哲士，如龍如光，動靜可則，出言有章。天胡不惠，」奄喪貞良，薨里日短，泉臺夜長，千秋萬古，永閉玄堂。」

（録自《京畿冢墓遺文》卷下）

大和〇八四

【蓋】失。

【誌文】

唐故楚州兵曹參軍劉府君墓誌銘并序　進士景琰撰」

公諱崟，字子嵩，望美彭城，家寄京邑。曾皇祖禰，德」行咸高，仕位佳政。屬干戈亂動，告牒失遺，略而不言。」公青春懷橘，白面淩雲，出事公卿，奏成品秩，解褐任洵」陽縣丞。才繼陸安，政敷五德。次任寧國縣丞，上司勒留，」下士遠慕，雖不親臨百姓，才亦播顯多能。三任楚州兵」曹，位亞題輿，道益熊軾，館驛事集，戎旅獲安。公累」任清肅，上考成高，既應運有殊，何壽年不永？大和八年」七月一日逝懷德私第，享年六十有二。仁兄悲切，痛失」鴒原，哲弟浦陽縣尉兼列職度支，不復同衾，那堪異鄉。」夫人趙氏，頓罷鼓瑟，晝哭悴容，德繼敬姜，聲齊孟母。嗣」子歡郎，年未志學，時歎少孤，上唯號天，未能主葬。女三」人，長適楊族，次居內年，季在襁褓，非惟親戚慘愴，實亦」行路悲傷。子壻楊氏，願報泰山之恩，淚送逝川之」落；室人泣血，難報罔極，其立誌石，弘農意焉。以大和八」年十一月廿六日葬于長安縣□□鄉窀穸，禮也。恐陵」谷遷變，乃刻石爲銘，辭曰：

永壽楚楚劉君，刀筆凌雲，」友于難繼，善政易聞。兩贊大邑，」一椽理君，」身歿名揚，不朽蘭芬。棣萼斷腸，孀妻晝哭，」雅合更榮，如何不禄。墳起曠野，殯毁華屋，」天然隆崗，長埋片玉，長女佳壻，祖奠潸然。」下淚即日，霑恩早年，安魂紀德，萬古稱傳。」

（録自《績語堂碑録》據《金石續編》卷十及鈔本《唐石録文》補字。）

大和〇八五

【蓋】失。

【誌文】

唐故朝散郎行河中府虞鄉縣尉李公墓誌銘并序　子壻朝議郎前行京兆府兵曹參軍上柱國武公緒撰」

大和六年壬子十月十五日甲戌，朝散郎行河中府虞鄉縣尉李府君啓手足」於京兆府鄠縣之別業，享年七十有一。至九年乙卯正月十五日辛酉，嗣子章」等奉靈輿歸祔于河南府洛陽縣平陰衙村邙山之原，遵遺命」從先塋，之禮也。嗚呼哀哉！公諱翼，字子羽，其先趙國人也。本於」玄元之胄，至楚漢之起，有裔孫曰左車，著於趙子，因家其地。洎晉治」書侍御史楷有三子曰晃、曰勁、曰叡，遂分爲南西東三祖焉。西祖自勁之」後，至公五代祖公淹爲左司郎中，名顯國史，生杭州刺史自挹，自挹生華」原縣丞全素，全素生絳州刺史萱，皆高才碩德，垂烈于後。絳州府君娶」司空兼右相楊公國忠第六女，公即絳州之元子，司空之外孫也。幼以門」蔭自崇文館明經調補太常寺奉禮郎，再授河中府虞鄉縣尉，秩滿」歸鄠縣之幽居，遂耽翫文史，脱棄榮宦，食貧樂道，四十餘霜。公以」相門之孫，郡守之子，家業豐厚，足自贍給，而宗族弟兄，遠近咸至，」同居共食，無所間異，不十數歲，蕩然靡餘，忻忻然若有所得而不恨」也。匪保財産，克敦友愛，可謂過人之度矣。夫人博陵崔氏，父伋，通事舍」人、揚州司馬。淑懿成德，明慧垂訓，琴瑟和配，殆將四紀。公有子八人：長曰」罕，次曰畢，次曰章，次曰隼，次曰革，次曰卓，次曰旱，次曰牟；長女適范陽盧氏，」次女適沛國武氏，幼女二人方待年於室。以公緒早忝國士之知，見託紀述，」辭不獲命，乃爲銘云：

李氏初系，玄元皇帝，其後枝分，生廣武君，楚漢之際，奇書有聞。子孫因之，遂居趙土，軒冕焜煌，乃爲三祖。於惟虞鄉，西祖之良，孝有貞」厚，中和直方。早去榮宦，棲遲自强，輕財睦親，家悴名光，守道終志，人誰」不傷？哀哀嗣子，敬奉遺旨，泣血攀車，崎嶇千里，祔葬先塋，斯焉已」矣。邙山北至，洛水東流，白楊蕭蕭，清風修修，精魂永閟，萬祀千秋。」

（周紹良藏拓本　河南千唐誌齋藏石）

大和〇八六

【蓋】失。

【誌文】

唐故宣州旌德縣尉李君墓誌銘并叙」

君諱紳，字宗，今嗣曹王絳之季弟也，實崔」氏之出。孝惠明敏，忠而有謩，知親而親，不」疎其疏。始以天蔭，選授斯任，在秩諒諒然」有濟物之心，吏憚民悦，得廉察使沈傳師」之知，稱獎荐至，曹人具瞻。秩滿薄遊，遇疾」于揚州南堰王氏之私第，藥餌無效，逮卌」日，卒于疾所，享年三十五，時大和甲寅歲」九月十三日也。未娶，有三子曰賨、曰重、曰」小重。幼而無知，皆保賴于長仲之力。卒之」明年二月廿二日，歸祔于先塋。吾其次」仲也，葬而銘曰：

手足之痛，楚而内纏，天」不可問，吾其茹冤。其一。耳屬之柩，號爾之靈，」力憊血眥，爾其吞聲。其二。才爾何主？夭爾何」戸？日月云逝，恨無已而。其三。邙崗洛汭，舊櫝」青青，歸爾於此，剋石斯貞。其四。

文昌□□」

（北京圖書館藏拓本　開封博物館藏石）

大和〇八七

【蓋】失。

【誌文】

唐故國子監禮記博士趙公墓誌銘　將仕郎守右補闕集賢殿直學士袁都撰」

公諱君旨，字正卿，天水人也。曾父諱簡，大父諱釗，皇考諱瓚，皆篤行求」志，没齒善道，雖不躋貴位，而籍甚於鄉里。」公孝友純至，耽習儒訓，尤好爲禮學，嘗言：昔我先師教其子鯉，且曰不」學禮無以立，然則男子生世，莫大於立身；立身之本，莫大於禮。其可以」斯須去乎？遂取禮書陳於前，日夜諷誦不倦。業既就，來上國，應三禮科，」果得高等，因授右監門衛録事參軍，又歷國子監助教及丞。誘教生徒，」多所發明，莫不遵順指義，洗拂訛誤。人人敬仰之，以爲師。丞在監實掌」公事，公恪次幹用，罔不濟集。及秩滿，謂所知曰：吾本以禮進。禮之用：」塞天地，包萬物，無所不施，豈可止爲儒而已耶？使吾以此宰一邑，刺一」州，自視學古爲心，庶幾不爲薄吏矣。遂宰陸渾、江陵二縣。其政用清白」檢身，革貪爲廉；用仁義理人，化頑爲順。勤敬涖務，賦税前期，惠愛懷物，」户口增額。而又折節好士，曲盡禮意，當世名賢，尤加珍重。人亦以此多」之。故相崔公羣嘗尹江陵，高公之才，歸言於執政，除連州刺史。既」至郡，行其術，化人用大理，識者謂龔黄復出矣。暇日往往與族賓泛舟」載酒，娱放於山水之間，因其勝絶，創立亭榭，或題短韻以寄情性，蓋其」餘力耳。既免郡，浩然有歸故鄉奉墳墓之志。無何，朝廷復古建官，立」五經博士，咸以爲非公無應其選者，拜國子監禮記博士，尋兼領立」石經事。以大和八年十二月十九日寢疾，終于京師通化里，享年五十」九。嗣子宗本，適在他邦未至；女真師甚幼。公故人大司農王公彦威」者，實爲主其事。夫人高陽許氏，既哭盡哀，顧謂家老曰：今不幸至此。」前無男傍無親可以倚荷者。未亡人其敢不知先夫有學行政事，宜」刻於墓。今返葬，念居外，急無可託，因故人來弔者請之何如。都聞公之」喪往弔，趙氏老以爲言，都從之，以大和九年四月十日乙酉葬於河南」府河南縣平樂鄉杜翟村之原，銘曰：」

禮義根身才爲末，刺郡立朝非不達，萬物萌生有蹶絶，嗚呼趙公居此穴！」

（周紹良藏拓本　河南千唐誌齋藏石）

大和〇八八

【蓋】　失。

【誌文】

唐故奉天定難功臣遊擊將軍天威軍正將杜公」夫人隴西李氏墓誌銘并序　　澂事郎試太常寺奉禮郎李遇撰

夫人姓李氏，隴西人也。其先伯陽之後，歷代或相或將，」史諜備書，今闕而不録。夫人父諱承顔，奉天定難功臣」天威正將，逆豎作亂，掃除氛祲，功冠當代。惟夫人生稟」秀異，温柔内和，蘊蘋蘩之風，蓄貞順之德。及玉笄耀首，」梅實當時，言歸好仇，以嬪于杜公焉。所謂秦晉得同儕」之匹，齊鄭無相偶之嫌，躬儉儀表於室家，婦德素推於」宗族。不尚鉛華之飾，曾無出閫之言，唯善是修，頗精内」典，洞徹至理，了悟真如，縱孟母鴻妻，難并其德。何期庭」梅始豔，春霰方凋，院槿初華，暝風旋落，以大和九年二」月九日寢疾終于輔興里之私室，享齡七十。遂以其年」四月十日龜筮叶從，遷窆于長安縣龍首鄉故金夫之」塋側，離而祔之，從魯禮也。嗣子文章，左清道率府，職在」上司，才德高遠，代之曲藝，靡不在躬，忠孝兩全，人罕儔」匹，自罹創鉅，毁瘠爲容，哀絶曾子之漿，痛注高柴之血，」煢煢孑然，營護喪事，陵谷是慮，銘以誌之。銘曰：」

婉美夫人，華如桃李，内則匪虧，外嬪君子。蕙質雖謝，淑」德彌芳，骨委新隧，魂飛故鄉。松門月告，隴樹煙傷，瘞泉」壤兮已矣，風蕭蕭兮白楊！」

（周紹良藏拓本）

大和〇八九

【蓋】　失。

【誌文】

唐故滎陽鄭氏女墓誌銘并序　　從父兄登仕郎前守河南府長水縣主簿紀撰」

鄭氏女小字黨五，第廿八。北齊尚書謚平簡公諱述」祖八代孫；大王父諱游，太常少卿；王父諱寵，尚書庫」部郎中；列考直，河南縣主簿，即郎中第三子，代居長」安修行里，家風禮樂，爲世所重，亦備刻于主簿府」君先誌。元和末，府君得任，携赴河南。長慶初，」府君罷秩，逾旬暴終。府君娶范陽盧氏，有一子一」女，偕出于范陽夫人，其兄緩，經明登第，未禄而逝。」夫人累歲嬰疾，以大和八年十二月而終，以叔妹泣血」長號，感六親倍痛；懣心時哭，發四鄰所傷。哀不蹔息，」瘠毁斯過，未及卒哭，羸疾日侵，以太和九年二月廿」八日，夭于河南府宣範里，春秋逾笄五年。嗚呼！天何」不仁，促其斯壽？登及嫁之歲，無適人之禮。以其年四」月十日，歸祔于邙山先塋，禮也。紀寡姊妹，手足相」依，形影斯分，痛連骨髓，追念無及，故以爲銘。銘曰：」

幼失所怙，長失所恃，靡瞻靡依，」土何可寄。擢心莫訴，殞身斯遂，」孰謂誠感，昭然自致。嗚呼沉礎，」□□永誌。」

從父兄縝書」

（周紹良藏拓本　河南千唐誌齋藏石）

大和〇九〇

【蓋】失。

【誌文】

唐故山南東道節度押衙光禄大夫檢校太子賓客前行鄧州長史兼侍御史弘農縣開國男楊公墓誌銘并
序　試太常寺奉禮郎潘聿譔」
公諱孝直，其先姬姓，伯禽之後，封爲楊侯，因命氏焉。自秦漢至周隋，其」衣冠英偉，代不乏人。近年
家于燕垂，因職業在斯。曾祖模，祖翰，皆」委身盧龍軍，名居列將，或勳致柱國，或官榮憲司。考達，成
德軍節度」征馬野牧使兼中軍都兵馬使，御史中丞，上柱國，弘農郡開國伯。」公既生於將門，幼習武
略，故王令公武俊臨鎮之歲，從事戎旃，獲」居將校。公天與忠勇，洞精戰陣，其或鄰境不庭，戎馬生郊，
由是有」詔興師，元戎命公董而征之，無不勢如破竹，煙塵底寧，故得河朔知」名，時人方之張飛、關羽。
自令公至司空，服事三代，終始如一，勳績既」著，知遇亦厚，故以元和十二年權深州刺史，至十四年改
攝冀州刺史，」皆班列牙門，官帶郡守，故時論多之。元和末，王司空承元遭讒言萋菲，」憲宗見疑，司空
乃剖心歸朝，聖恩尋宥，公首末陪從，義若魚水。」司空重拜滑臺，公亦在焉，又蒙奏滑臺長史，軍職仍
舊。長慶二年，」牛尚書元翼解深州圍歸闕，路出於滑，與公舊知，此日相遇，何歡如之。」洎鎮漢南，即
日奏公鄧州長史，仍隸軍府。詔可其薦，焕乎」綸言，寵光斯甚。由是脱身河朔，移家漢陰。自隴西薨，
逮今逾一紀，會四」海無虞，此藩皆台衡重鎮，公已日暮途遠，雖名在散職，連帥」重焉。不幸以大和九

年三月廿五日遘疾，終於襄州襄陽縣鳳林鄉南」津坊之私第，春秋八十有五。以其年夏四月廿五日還葬於通泉鄉招」賢里之原。夫人男氏，成德軍衙前左厢步射兵馬使檢校國子祭」酒承嗣之女也。昔年物故，葬于鎮州，今則不獲同穴。嗣子瞻，本道」王司空授滑州節度，後除鳳翔充押衙，肘腋驅使，不幸終于鳳翔。次邈，」鎮州衙前兵馬使，身且在遠，奔赴未期。喪事不可以無主，以其孫方立」爲後，則太史公所謂緣情而制禮之義也。卜筮皆吉，窀穸戒期，方立恐」異日陵谷必遷，故刊石以誌云。銘曰：」河朔漢南兮隔千里，英雄冥漠兮長已矣！寶劍歸泉兮閉秋水，」伉儷乖離兮終天也！」

（周紹良藏拓本）

大和〇九一

【蓋】失。

【誌文】

嬪吴氏墓銘并序　處士胡季良述并書

□□標于史册，關雎著於詩首，即今方古一貫也。安君令嬪渤海吴氏，世業儒奉道，爲鄉閭之令望。以夫人少爲淑女，長爲孝婦，終爲嚴母，全之也。□吉人爲善，惟日不足，以大和九年□月五日終于烏程縣臨苕鄉之私第，年五十有三。比盛年則非夭折，方眉壽則痛青春，即以其年五月廿八日葬于霅水鄉仁王寺之西。安君感其賢淑，克遵蒸祀，買石誌德，紀之文。有子曰師敏，承□保終于禮也。石□文以□詞曰：

仁王山兮寺西園，孤墳寂寂兮閉荒原。思婦德兮黯黯孤墳，平生義□兮片石誌言。

（録自《古誌石華》卷十八）

大和〇九二

【蓋】失。

【誌文】

唐故東都留守北衙右屯營軍押衙宣節副尉守右威衛沁州□儁府折衝都尉員外置同正員上柱國賜紫金魚袋鉅鹿魏府君墓誌銘」

府君諱叔元，字趙六，洛陽人也。家本東都，門傳禮讓，忠清」素範，歷代相承。」父諱川，以元和八年九月廿四日崩，殯於楊賓村。母清河張氏，去大和五年四月廿四日亡，擇得良辰，遷移亡父就母新」塋，具葬兹墳，哀慟禮畢。府君仁以下惠，清以奉公，職事」東都，三十餘載。每於軍府上下通流，或在肆行，人皆瞻望。」何期世有生滅，忽染瘡疾，藥餌無徵，奄鍾禍酷。以大」和八年歲次甲寅七月十八日終於河南縣清化里之私第，春秋」五十有五。府君在日，性好崇善，割捨資財，布施供養，設」齋懸幡，寫經鑄像，豎立燈臺，添修石柱。在城諸寺及以」嵩山、龍門、白馬、慧林、龍興所有伽藍釋境，處處安名，大」德老宿，尋常請謁。更有諸院天王，一一隨心資助，無不周」遍。兼放家人阿枝、採仙從良。所種福田功德，並皆慶讚以訖。」府君只有一弟，名之士，則同氣比肩，齊心竭力，供侍父母，嘗」無欠闕。以其年八月一日相次亡歿，行年五十有二。」府君有四男，長頲，次頔，各以成立，名繼在公，不離行侶；」第三子穎，智惠過人，不幸短命，去大和六年三月十八日」喪矣；第四子顴郎，年雖幼稚，聰俊黠惠，恭順其美，一」心無二。姪男弘立，隨業所居，弟兄魚水，不異連枝。」府君剋用大和九年，歲次乙卯，七月卅日，丹兆齊舉，送歸于洛陽」城北河南縣界杜翟村中，祔先塋次。仰天叩地，號慕殞絶。夫人錢」唐范氏。

妹夫東都留守衙前判官將仕郎試左千牛衛長史李庭書并修文篆。」

（周紹良藏拓本　河南千唐誌齋藏石）

大和〇九三

【蓋】　失。

【誌文】

唐越州會稽縣尉清河崔公夫人滎陽鄭氏墓銘并序　崔氏堂姪宣德郎守秘書省著作佐郎集賢修撰倬撰」

大和乙卯歲五月四日，我季母滎陽鄭氏因就館得」疾，終于江陵府官舍，從叔父之職也。享年卅四。姬姓之」國，鄭親而大，周實依之，勳庸碩茂，春秋左氏所書最爲詳」著，□崇高𪗋淪，則必炳靈載德，蓋其源發所由然也。故自」秦漢迄于今，名卿偉人，繼耀圖史，及乎浩汗派别，祖分南」北，在北者鼎蓋尤爲時重。季母實北祖第五房也。祖」嶸，皇常州長史；父恪，皇試大理評事嶺南觀察推官；皆以」仁理身，以道從政，聞於士友，洽於話言。其外曰河間劉氏，」故宣州觀察使銛其祖也，積慶合德，鍾是柔懿，年廿四，歸」于叔父，有女子子三人，長曰令兒，次曰楚兒，其孩者」未名。季母母崔氏之别子曰偁，曰偕，及適鄭氏之女」子，若己顧復者，視遇有加等，均養無異心。叔父方深」宜室之美，以克承家之重，而遭命不淑，穠華中落，州里軫」惻，邦族興歎。即叔父之覽餘迹，覩遺掛，傷神之慟也宜」哉。以其年八月三日丙子歸窆于河南縣平樂鄉杜翟村」之邙原。叔父命倬刻石置于墜内，以揚其徽音，銘曰：」彼柔美兮，清河之室兮；洛北鮮原，閟淑質兮。松栢深森，下」悽慓兮；重壤一閉，何時見白日兮？」

（周紹良藏拓本　河南千唐誌齋藏石）

大和〇九四

【蓋】失。

【誌文】

唐王府君墓誌銘并序

戴仁而處，抱義而行者，即瑯邪王府君。公諱仕倫，字文迴，其先晉右軍一□□代孫也。曾祖璆，皇祖恩，皇考良，忠貞不士。公春秋五十有七，以大和九年六月廿二日終于暨陽之私第。嗣子宗志，次子劉老，稚年荼毒，泣血絶漿。以當年八月廿九日葬于故朱夫人之同塋所也。山連藥王之岡，地□建興之壟，且離城郭不逾一里，去人煙十步有餘焉。恐山川遷變，乃刊石爲銘：

賢哉哲人，抑抑秩秩，無嗜輕桃，好求之質，云何積善，而遘斯疾？悲占青松，哀辭白日，萬古千秋，於焉永吉。

鐫人武都章武及并書。

（録自《古刻叢鈔》）

大和〇九五

【蓋】失。

【誌文】

唐故平盧軍節度押衙兼左廂兵馬使銀青光禄大夫雲麾將軍檢校國子祭酒兼御史中丞上柱國食邑二千五百户劉公夫人隴西辛氏墓誌銘并序　　文林郎試大理評事苑可長撰

夫人辛氏，隴西郡人也。父諱行儉。夫人即府君長女也。娉于」彭城劉公，不幸早薨。夫人禀山岳之粹靈，受人倫之大福，博行」而多聞，發言而合禮，素德全備，淑慎咸儀，迨于姻親，俯仰咸」若，挺霜操而馳其聲，女功而發其譽。夫人六十有六，以大」和九年秋七月廿日而薨。夫人有子二人：長子平盧節度」衙前虞候、雲麾將軍、試殿中監、上柱國克勤，次子節」度散列將克恭；生女一人曰引子等，哀毀過禮，杖而不起，」乃扶靈柩，當年冬十月七日，祔葬于青州益都縣永」固鄉廣固之里。以先塋不利，故别遷宅兆，西據于河，侍」北丘之崇秀，東極于荒，南眺青山，北臨于郡，仍」書銘于墓内。□□曰：」

白玉無瑕，青松有節，德儀咸備，行偕先列。」棄塵世」而歸天，流芳華而不歇。蒼茫野色，雲悲」鴻咽，林檍檍兮悲風，光娟娟兮夜月。」

（録自《山左冢墓遺文》　據《古誌石華》補字）

大和〇九六

【蓋】 失。

【誌文】

唐故東海徐府君夫人彭城劉氏合祔銘并序」

大和八年歲次甲寅四月廿一日徐府君終于揚州江陽縣瑞芝里」第，春秋八十有四。越來年乙卯歲十月廿八日合祔于揚子縣曲江」鄉五乍村先歿夫人故塋禮也。府君諱及，其先東海郡焉。曾」祖瓌，婚李氏。祖明，婚王氏。考璟，婚朱氏。而生府君，婚劉氏。而生五」男二女，諫、暈二子，存歿莫知，早列前銘，禮無再述。其存曰震，高上」不仕；次曰砅，殿中省掌御服七色主衣；次詠，宣節校尉，前守左」衛翊壹府翊行常州蘭山戍主；一女適劉氏，不幸早世，星霜數秋；一女」適吕氏，早孀于家，三從并絶。府君忠孝二備，仁信兩全，門風肅清，訓」子以道。夫顯於身者德也，顯世者壽也。詵詵子孫，弓喪不墜，府君三」絶矣。古之葬者無銘誌，起自魏時。繆襲乃施之嗣子，習古之規，敢不」修撰，不捨此事，稱家有無。而命余琢他山之石，慮虞陵谷，直書其實，乃爲銘曰：

轂則異室兮死也同穴，府君夫人兮于兹永訣，刊石于墓兮克荷前烈。嗣子哀哀兮攀號泣血，寒郊蒼茫兮悲風切切，萬古千秋兮孤墳弔月。」

其墓園地東弦南北逕直長肆拾壹步，西弦南北逕直長肆拾」壹步，南弦東西逕直長闊貳拾肆步，北弦東西逕直長闊貳」拾肆步。南至官路，北至賣地主許倫界，東至許界，西至王珍」界。其墓園地於大和伍年叁月拾肆日立契用錢壹拾叁阡伍伯」文於楊子縣百姓許倫邊買此墓園地。其墓園内祖墓壹穴肆方」各壹拾叁步，丙首壬穴，記地主母河宫。同賣地人親弟文秀，保」許林、保人許亮、保人萇寧。」

（周紹良藏拓本）

大和〇九七

【蓋】似無。

【誌文】磚。

唐吕媛，大和七年以」樂藝與姊俱進於」祁公。明年，姊以疾殁。」後一年，媛繼終，年十」七。父嘉榮其年仲冬」月朔日葬於金鵝村」祁公塋西北二百步，」與其姊同塋别兆。」

（北京圖書館藏拓本）

大和〇九八

【蓋】解府君墓誌銘

【誌文】

唐故鹽鐵轉運江淮留後勾檢官文林郎試太常寺協律郎騎都尉解君墓誌銘并序　從表弟潁川陳正言撰」

序曰：士庶之道，欲可大可久者，非藝博而屋豐之所致，致之」者積其善，直其躬，公忠孝義偕備，則何往不適，當可大可久」哉？雁門解府君名少卿，字次□曾緒，祖暈，父琚，君則次子。弱」冠仕於吴中，人欽靜慎，孝義之美。元和歲，監察殷公領嘉」禾煮海務。公性本綱質，清廉有守，到職逾月，乃訪良能委事，」得之府君，一用不疑。監察□滿績高加秩，分巡浙右，府君佐」事如初，日彰美聞。後殷公臺遷省轉，爲牧爲郎，亦佐鹾帥，」改揚子留後，每隨履歷，始終不渝。洎夫職係惟揚，年逼耳順，」心切婚嫁，殷公作鄞江守□府君憇兹，乃曰：余承命鄞」川，豈不念舊同理，但以江山遐阻，爾以家故求安，且暫睽索，」以俟其大。不料殷公薨於鄞川，府君□固揚子，以公奉上，」以德臨下，十有餘載，婚嫁將畢，儲不半秉，□不盈緡，大哉大」哉！真古人也。享年六十六，大和九年九月七日寢疾，終于私」第。夫人蔡氏。有二子：長牟，次章；二女：長適邵氏，小歸顧氏。皆」承嚴訓，孝行俱著。以其年十一月八日葬于揚子縣風亭坊」之原，禮也。恐桑田變易，無以表明，刊石紀□文曰：

我銘解兄，兄德維京，處衆其平，主務其清。既留既征，亦久亦亨，將語將默，外融内明。紀之千古，不絶芳馨。」

（周紹良藏拓本）

大和〇九九

【蓋】失。

【誌文】

唐故京兆杜氏夫人墓誌銘并序　朝議郎前守太子少詹事上柱國新野縣開國男食邑三百户賜緋魚袋杜

寶符撰　裴瀚書」

夫人京兆杜氏。氏爲名有日月矣，自虞以還，譜牒承美，揮翰於太史氏也，閱周」秦漢魏之書，迨于革隋，不遠百祀，而杜之嗣續官業有功于時者，有名赫于」代者，有負大人之材，不伸於巖□者，有詞清人標爲搢紳之准繩者。暨夫」神堯帝天下，」文皇宅四海，若室屋之時賢相有翼戴之功，推夫人七世祖也，時封萊國公，」名見史籍。厥後隨聖葉而代有焕於文學者，夫人曾大父諱含章，任左千」牛，累贈鄭州刺史；夫人大父諱綰，任京兆府司録，累贈尚書左僕射；夫人」父諱黄裳，任檢校司空、同中書門下平章事兼河中、晉、絳、慈、隰等州節度使，累」贈太尉。外族李氏，出趙郡，封東祖，世有大官，不書可認，其業茂矣。門風清揚，有」弟兄四人，皆服勤儒業；姊妹五人，舉其顯者，由次姊適宰相韋執誼；外生有官」于臺閣者。夫人天錫明敏，若非學知，罔究古籍，而洞得淑態。笄年適河東裴」瀚。瀚以門子入仕，歷官五任。瀚氏之有別也，則涉河而東，直指大山，山突古墳，」松櫝百里，崗環勢止，徙塋畿洛，自得姓以來，代修儒業，史筆褒之爲第一，衣冠」凡三世，外内皆顯名跡，追封定謚，爲琳瑯慕嚮。瀚之同氣，周行迭進；瀚之甥」姪，錯落文秀。人不知瀚之昭叙，自爲闟耳，故不備録也。瀚性謹厚，志尚儒雅，凡」未識瀚者，見瀚之風度俯仰，皆曰豈非碩德名儒之家耶？由是人十之七八其」詞也。瀚曾官于河潼知華驛，時屬河北有師拒王命者，持詔之臣，往復軍」師，日之百數輩，闐溢館舍，公食不足，即夫人罄其私室，以備官須，往往寒衣」不纊，簞食絶味。慮瀚之内愧以職公而不補其家，則假以他事而飾詞以相怡」悦。時家甚窘而禮義富之。適瀚廿年，生子九人，長曰枘，業擅兩經；次及女等年」皆稚子，志性甚高。夫人享年卅七，大和乙卯歲，歿於崇賢里僦宅。嗚呼！天施」幾何？何人鶴年，餘馨尚存，吉人遺旨，里閭爲哭，親愛無生。以其年十一月廿」九日權窆萬年縣寧安鄉杜光里。時弟賓符追亡姊之行止，未編史策，愿與」誌石。其文曰：

高道浮雲，雲散何尋？德潤和璧，其璧永沉。合門正肥，青樓始構，」寂寞其生，煒燁其後。巖璧甚壯，有時而傾；窮冬枯邊，有時而精；」滄波萬里，有時而田；邱墟荒野，有時而城；死楊空株，有時而梯。夫人此去，」永永無期，善惡莫分，孰宰窅冥，夫人之夭，蒼旻不知。」

（録自《關中石刻文字新編》卷四）

大和一〇〇

【蓋】失。

【誌文】

唐故朝議郎行陝州硤石縣令上柱國侯公墓誌銘并叙　朝議郎行尚書膳部員外郎史館修撰上柱國劉軻撰」

公諱績，字夏士，上谷人。六代祖安都，陳司空桂陽郡公；高祖稜，皇密」州高密縣令；曾祖元晧，皇杭州司倉參軍；祖諱愉，皇進士出」身，幽州固安縣令；父諱潤，皇京兆府三原縣尉，累贈左僕射；」妣高陽許氏，贈潁川郡太夫人；皇兵部侍郎孟容之姊也。公生於士林，中」外顯榮，冠蓋組黻，輝映鄉里，里人謂之禮樂侯家。公禀沖和之氣，恬澹寡」慾，初習黄老之道，以存神守一，靜專動直；次入金人止觀之境，融冶真性，日」諷數十言，雖雪霜風雨，未嘗輒懈。此外讀書，甚有文學，長於詩詠，每良辰美」景，雅韻清發，忽有所得，便驚衆聽。公兄繼以文科入仕，公方以退靜爲」意，不事趨競，故不取進士，時論高之。貞元十二年，明經出身。十五年，丁」先府君憂，柴毀骨立。元和三年，釋褐授常州義與縣尉。十五年，授宣州宣城」縣主簿。長慶四年，京兆胡公証奏授京兆府好畤縣尉。大和元年，爲福建觀」察使張公辟，授監察御史裏行，充觀察推官。五年，敕授陝州硤石縣令。縣」當大路，公以清白守官，儉恪剋厲，政尚寬簡，人用寧息。應奉親朋，往來公」子，未嘗不竭其所有以充其欲，雖冠蓋憧憧，星使落驛，公處之有術，人忘」其勞，此亦公之若政也。公方雅厚重，雅副名實，知之者以長者目之。其」踐履教義，不落小人之阱，不譽浮薄之口，真守道君子也。九年夏，自硤石移」疾於洛陽。八月四日，竟不起。嗚呼哀哉！春秋六十六。夫人高陽齊氏，皇吏部」侍郎，汴、常、潤、濠等五州刺史，河南、江東兩道採訪使，平陽郡太守，襲高陽公」之曾孫也。皇大理司直掄之幼女。妣姑臧李氏，故太尉公逢吉之姑。柔明淑」哲，母儀婦道，得自家法，凡卅年。作配君子，夫婦之道，恩敬兩極。自公之疾，」夫人已骨立矣。及奉公喪，哀殞慟絶，感慟行路。長子寀，次子彙，并挽郎出」身，恭順端謹，頗極子道。以其年十二月十一日歸葬於河南府洛陽縣清風」鄉張方里從舊塋也。其孤以軻嘗陪公閩州同寮，情契頗至，故走僮來京」師，俾余論譔。軻悲涕且久，敢無辭乎？文曰：」

自古皆有，聖狂共盡，莊墨柳跖，各臻其分。允矣侯公，」堅白無磷，位未充德，壽逾耳順。閟于幽泉，友生孤憤，」執筆酸惻，莫追風韻。」

（北京圖書館藏拓本）

大和一〇一

【蓋】失。

【誌文】

唐故雲麾將軍左龍武軍將軍九原張公墓志銘并序　河東進士周□製　集賢院上柱國吕通書」

猗夫乘閒氣，□淳精，扇風雲，盪河岳，體五行之秀，應三才之」靈者，繄惟我張公而是焉。公諱源，九原人也。祖成，隱德不仕，」耽逸邱□□亮采，竟以子貴，克大其門，皇朝贈南谿郡司」馬。公清德可尚，至理足師，屬我皇撥亂之開元也，公提劍」□從，杖□而先，附鳳高翔，攀龍潛躍，遂使郡兇泥首，萬方革」面，□□授翊麾副尉、行興州大桃戍主，遷右衛甯州彭池府」□□毅。靈鑒洞照，應變知微，命偶聖君，職參都尉，又改昭武」□尉、行左衛陝州曹陽府折衝，轉左領軍衛同州襄城府折」衝。參謀帷幄之中，制勝樽俎□右。無何，拜甯遠將軍、左武□」翊府右郎將，贈紫金魚袋。旋授定遠將軍、行左龍武軍翊府」右郎將，又遷明威將軍、右隴武翊府中郎將。公位階鴻漸，官」達虎賁，騰淩建信之名，標准公幹之氣。轉雲麾將軍、左龍武」軍將軍、上柱國，進封九原郡開國子食邑六百户。皇帝迺」命圖形麟閣，賜印雲臺，公侯伯子之榮封，河山茅土；貝胄朱」綅之貴列，長戟高門。忽興逝水之悲，終銜過隙之歎，以大和」十二年二月廿一日薨於永平里之第，春秋六十有九。以其」年十月朔日葬於萬年縣龍首原，禮也。嗚呼！地埋勇骨，天墜」將星，蕭瑟松門，淒涼薤韻。嗣子福等，哀哀血淚，欒欒棘心，愿」誦惟家之風，以篆他山之石。銘曰：
三秦岡，九原窟，鶴□」地兮潛恍惚；森拱木，間荒墳，人瘞玉兮碎氛氳。」

（周紹良藏拓本）